सामाजिक अनुसंधान

सामाजिक अनुसंधान

डॉ. मिथिलेश कुमारी मिश्रा

इशिका पब्लिशिंग हाउस
जयपुर दिल्ली

इशिका पब्लिशिंग हाउस

ए -25, ''गणेश सदन'', गली न. 4, आदर्श बस्ती,
बी.एल. हाउस के पास, टोंक फाटक,
जयपुर-302018 (राजस्थान) भारत
फोन : 0141-2761280, Mob. 9887532741
Email: ishikapublishinghouse@yahoo.in

दिल्ली कार्यालय : 102, प्रथम मंजिल, 'सत्यम हाउस'
4324/3, अंसारी रोड़, दरियागंज, नई दिल्ली - 110 002
फोन : 011-45652440

ISBN: 9788189471262

टाइपसेटिंग : बी.एस. कम्प्यूटर्स, जयपुर

मुद्रक : थॉमसन प्रेस, नई दिल्ली

भूमिका

विश्व की सारी प्रगति विभिन्न क्षेत्रों में किये गये अनुसन्धानों के कारण ही है। आज प्रत्येक क्षेत्र में इस बात का अनुभव किया जा रहा है कि यदि ज्ञान के विस्फोट को समझना है, प्रगति की होड़ में आगे बढ़ना है तो उसका एकमात्र साधन वैज्ञानिक अनुसन्धान ही हो सकता है। शिक्षा और मनोविज्ञान में हमारा प्रयास,मानव के व्यवहार को समझने, उसकी भविष्यवाणी करने तथा उस पर नियन्त्रण के लिए है। इसके लिए अनुसन्धान कार्य एक प्रमुख साधन है। व्यवहार के विभिन्न घटकों को जानने, उसे उत्पन्न करने वाली परिस्थितियों को जानकर उसके सम्बन्ध में भविष्यवाणी करने तथा व्यवहार के नियन्त्रण का मार्ग केवल अनुसन्धान के द्वारा ही ढूँढ़ा जा सकता है। ज्ञान की वह शाखा अब बहुत पीछे रह जायेगी, जिसमें वैज्ञानिक अनुसन्धानों का अभाव है। अत: इन क्षेत्रों में अनुसन्धान को निम्नलिखित कारणों से अधिक महत्त्व दिया जा रहा है। अनुसन्धान ज्ञान के किसी एक सूक्ष्म अंग का विस्तृत, सम्पूर्ण एवं नवीन चित्र प्रस्तुत करता है। इसके द्वारा ज्ञान कोष में वृद्धि एवं विकास होता है। गुड तथा स्केट का कहना है कि विज्ञान का कार्य बुद्धि का विकास करना है तथा अनुसन्धान का कार्य विज्ञान का विकास करना है। अत: यदि हम बुद्धिमत्ता का विकास चाहते हैं तो अनुसन्धान करना ही होगा।

यह एक उद्देश्यपूर्ण क्रिया है। इसकी समूची क्रिया उसी निश्चित उद्देश्य की प्राप्ति की ओर अग्रसर रहती है। इसके अन्तर्गत अनर्गल बातों के लिए स्थान नहीं है। उदाहरणार्थ, यदि हमें धर्म निरपेक्ष नागरिक उत्पन्न करना है तो हमें अपनी शिक्षा व्यवस्था को भी धर्म निरपेक्ष बनाना होगा। इसके लिए सुव्यवस्थित कार्यक्रम का निर्माण करना होगा। इसी प्रकार, अन्य समस्याओं के समाधान हेतु मार्गदर्शन करना होगा। मानव समाज परम्पराओं तथा रूढ़ियों की लीक सदियों तक पीटता रहता है। उसके प्रवाह की गति को मोड़ना सरल नहीं है। रेल के आविष्कार के पूर्व मानव ने अपनी उसी स्थिति से समायोजन कर रखा था। किन्तु रेल के आविष्कार के बाद समाज में एक बड़ा परिवर्तन दिखायी पड़ा। इसी प्रकार, अनुसन्धान मानव जीवन को गति देने एवं दिशा परिवर्तन में अत्यन्त सहायक होता है। राष्ट्रीयता की भावना के विकास में शिक्षा का महत्त्वपूर्ण योगदान रहा है। किन्तु शिक्षा का वास्तविक उद्देश्य केवल यहीं तक सीमित नहीं है कि हमारा देश अन्य सभी देशों से श्रेष्ठ है अपितु उनमें **''वसुधैव कुटुम्बकम्''** के भाव भी विकसित करना है। इसकी पूर्ति जागरूक प्रयास पर ही निर्भर है। अनुसन्धान के अन्तर्गत लोक हितकारी भावनाओं का समन्वय होता है, इसी कारण अनुसन्धान से राष्ट्रीयता की भावना को भी आघात नहीं पहुँचता तथा अन्तर्राष्ट्रीयता की कोमल पुष्पलतिका भी पुष्पित होती रहती है।

इसी प्रकार, विभिन्न अनुसन्धानों के माध्यम से अन्तर्राष्ट्रीयता की भावना का विकास भी किया जा सकता है। उद्देश्यों की पूर्ति हेतु सरल साधनों को प्राप्त करना मानव स्वभाव है। इस मार्ग में अनुसन्धान मनोविज्ञान तथा शिक्षा एवं समाज विज्ञान सभी क्षेत्रों में सहायक होता है। अनुसन्धान रूढ़िगत विचारों एवं व्यवहारों में सुधार का मार्ग प्रस्तुत करता है, क्योंकि इसका पथ वैज्ञानिक होता है जिसमें इस प्रकार की भ्रान्तियों एवं अपुष्ट धारणाओं के लिए स्थान नहीं होता। अनुसन्धानकर्ता सदैव सत्य ज्ञान की खोज में व्यस्त रहता है। अत: अनुसन्धान उसकी उत्सुकता को शान्त एवं सत्य की खोज की पिपासा को सन्तुष्ट करता है। अनुसन्धान अनेक प्रशासनिक गुत्थियों को सुलझाकर स्वस्थ प्रशासनिक व्यवस्था के सफल संचालन में सहायक होता है। अध्यापक के लिए तो यह प्राण ही है। अनुसन्धान उनकी सैद्धान्तिक एवं व्यावहारिक समस्याओं का समाधान कर प्रगति का पथ प्रशस्त करता है। अत: यह कहा जा सकता है कि अनुसन्धान शिक्षकों, छात्रों, अभिभावकों तथा प्रशासकों एवं पर्यवेक्षकों को स्वयं के ज्ञान, परस्पर एक-दूसरे के ज्ञान एवं मनोवैज्ञानिक एवं शैक्षिक समस्याओं का सुनियोजित समाधान प्रस्तुत करने के कारण अत्यन्त महत्त्वपूर्ण है।

लेखक

अनुक्रमणिका

1

शोध प्रविधि का महत्त्व

मूल रूप से सहभागी अवलोकन एक मानवशास्त्रीय प्रविधि है। इस प्रविधि द्वारा कई सुप्रसिद्ध सामाजिक एवं सांस्कृतिक अध्ययन हुए हैं। मैलिनोवस्की (Malinowki) ने पश्चिमी प्रशांत महासागर के तटीय क्षेत्रों में रहने वाली एग्रोनॉट (Agronauts) जनजाति का सहभागी - अवलोकन द्वारा अध्ययन किया। रेमण्ड फर्थ (Raymond Firth) ने ''टिकोपिया'' का अध्ययन इसी प्रविधि द्वारा किया।

जॉन हॉवर्ड (John Howard) जेल एवं कैदियों के विषय में अध्ययन करने के लिए वर्षों तक जेल में कैदियों के साथ रहे। स्मरणीय है कि उनकी मृत्यु भी जेल में ही हुई। ऐडक्लिफ ब्राउन, सी.बूथ (Charles Booth) एवं ली-प्ले (Le-Play) जैसे विद्वान भी सहभागी अवलोकन से सम्बद्ध हैं। वाइट (W.F.Whyte) का कॉरनरवाइल (Cornerville) अध्ययन तथा पॉल क्रिस्से (Paul Cressey) का टैक्सी डॉन्स हॉल (Taxi Dance Hall) अध्ययन भी उल्लेखनीय हैं।

अर्ध-सहभागी अवलोकन (Quasi-Participant Observation)

सहभागी एवं असहभागी अवलोकन दोनों की अपनी सीमाएं हैं। पूर्णतया सक्रिय सहभागिता एवं पूर्णरूपेण अध्ययन समूह से तटस्थता एक कठिन कार्य है। अतः सहभागी एवं असहभागी अवलोकन के मध्य का मार्ग अर्ध-सहभागी अवलोकन कहलाता

है। अर्ध-सहभागी अवलोकन में अध्ययनकर्त्ता समूह के साधारण क्रिया-कलापों में तो भाग लेता हैं, लेकिन अधिकांशत: वह तटस्थ भाव से प्रघटना का अवलोकन करता रहता है। अध्ययन समूह के साथ निरीक्षक अर्ध-तटस्थ नीति को बनाए रखता है।

सहभागी एवं असहभागी अवलोकन के दोषों एवं सीमाओं से बचने के लिए गुड्डे एवं हाट (William J.Goode and Paul K.Hatt ; methods in Social Research 1952) ने वस्तुपरक अवलोकन के लिए इन दोनों के मध्यवर्ती मार्ग को अपनाने का सुझाव दिया है। इस प्रकार अर्ध-सहभागी अवलोकन की उत्पत्ति हुई। हमारे समाज की जटिलता तथा सामाजिक-सांस्कृतिक वैभिन्नता के कारण पूर्ण एकीकरण का दृष्टिकोण अव्यावहारिक लगता है। अत: अर्ध-सहभागी अवलोकन में अध्ययनकर्त्ता दोनों प्रकार के अवलोकनों के लाभों को प्राप्त कर सकता है।

अर्ध सहभागी अवलोकन के गुण (Merits of Quasi Participant Observation)

1. भावनात्मक-एकीकरण एवं पूर्ण-पृथक्करण के अभाव में वस्तुपरक एवं यथार्थ अध्ययन सम्भव है। अर्ध-सहभागी अवलोकन में अध्ययन-समूह से सामाजिक सम्बन्ध तो बनाए जाते हैं, लेकिन तटस्थता बराबर रखी जाती है।
2. अवलोकनकर्त्ता को इस प्रविधि में पर्याप्त सम्मान एवं आदर अध्ययन-समूह द्वारा मिलता है। अत: विश्वसनीय सूचनाएं प्राप्त होती हैं।
3. अर्ध-सहभागी अवलोकन में अपेक्षाकृत कम धन एवं कम समय की आवश्यकता होती है। इसमें सहभागी एवं असहभागी अवलोकन की भाँति भेद खुलने जैसा डर या भय नहीं रहता है। इसलिए स्वतंत्रतापूर्वक अध्ययन सम्भव हो पाता है।
4. प्रत्यक्ष, गहन, आन्तरिक एवं वास्तविक व्यवहार का अध्ययन सम्भव है। साथ में संगृहीत-सूचनाओं की विश्वसनीयता एवं वैधता की जाँच (परीक्षण) इस प्रविधि में हो सकती है।
5. सामाजिक अध्ययनों में अर्ध-सहभागी अवलोकन एक सर्वाधिक लोकप्रिय एवं प्रचलित प्रविधि के रूप में स्थापित हो रही है। इससे अध्ययनकर्त्ता के अनुभव में बढोतरी होती है। परिणामस्वरूप प्राक्कल्पना (परिकल्पना) के निर्माण में सहायक सिद्ध होती है।

अर्ध-सहभागी अवलोकन की सीमाएं (Limitations of Quasi-Participant Observation)

1. मानवीय प्रकृति के अनुसार जब किसी के क्रियाकलापों का अवलोकन किया जाता है तो वे अपने व्यवहार में परिवर्तन कर लेते हैं। अथवा सतर्क हो जाते हैं,

फलस्वरूप अध्ययन में कृत्रिमता आ जाती है। स्वाभाविक अध्ययन नहीं हो पाता।

2. अर्ध-सहभागी अवलोकन में अवलोकनकर्त्ता घटनाओं को स्वतन्त्र रूप में देखता है। अत: उसके अपने आदर्श, मूल्य, भावना, संस्कृति एवं विचार इसमें सम्मिलित हो सकते हैं। इस प्रविधि से वस्तुपरक अध्ययन में अध्ययनकर्त्ता का पूर्वाग्रह एवं झुकाव (Bias) बाधक बन सकता हैं।

3. इसमें सहभागी अवलोकन की तरह न तो प्रघटना की गहराई में जा सकते हैं और न ही असहभागी अवलोकन की भाँति पूर्णतया तटस्थ रह सकते। मध्यवर्ती स्थिति कई बार अपूर्ण एवं अस्वाभाविक अध्ययन के लिए जिम्मेदार हो जाती है।

4. मिसेज पी.वी.यंग (P.V.Young ; Scientific Social Surveys and Research, 1954) लिखती हैं कि - समस्त घटनाएं अवलोकन का अवसर नहीं देती, कई घटनाओं के घटित होते समय अवलोकनकर्त्ता अनुपस्थित रहता है तथा सभी घटनाएँ अवलोकन द्वारा अध्ययन किए जाने योग्य भी नहीं होतीं।

अवलोकन प्रविधि में पूर्ण सहभागी या पूर्ण-असहभागी अवलोकन सदैव सम्भव नहीं होता। विकल्प के रूप में अर्ध-तटस्थता को अपनाना वैज्ञानिकता को सुनिश्चित करता है। जैसा कि प्रो. विलियम व्हाइट लिखते हैं-अवलोकनकर्त्ता को अर्ध-सहभागी अवलोकन में सामाजिक उत्सवों, खाना-पीना, खेलना एवं अन्य सामुदायिक क्रियाकलापों में भाग लेते हुए अपने अनुसंधानिक उद्देश्य के प्रति सजग रहना चाहिए।

सामाजिक घटनाओं का वैज्ञानिक अध्ययन सामाजिक अनुसंधान या सामाजिक शोध कहलाता है। सामाजिक अनुसंधान वह क्रमबद्ध तथा वैज्ञानिक अध्ययन-विधि है जिसके आधार पर सामाजिक घटनाओं के सम्बन्ध में हम नवीन ज्ञान की प्राप्ति करते हैं या विद्यमान ज्ञान को विस्तृत या परिष्कृत करते हैं एवं विभिन्न घटनाओं के पारस्परिक सम्बन्धों की व उपलब्ध सिद्धान्तों की पुन: परीक्षा करते हैं। संक्षेप में सामाजिक घटनाओं या विद्यमान सिद्धान्तों के सम्बन्ध में नवीन ज्ञान की प्राप्ति के लिए प्रयोग में लाई गई वैज्ञानिक विधि, सामाजिक अनुसंधान है।

बोगार्डस (Emory S Bogardus; Sociology) के अनुसार - "एक साथ रहने वाले लोगों के जीवन में क्रियाशील अन्तर्निहित प्रक्रियाओं का अध्ययन ही सामाजिक अनुसंधान है।"

श्रीमती यंग (Pauline V. Young : Scientific Social Surveys and Research, 1960) के अनुसार–''सामाजिक अनुसंधान एवं वैज्ञानिक योजना है जिसका उद्देश्य तार्किक तथा क्रमबद्ध पद्धतियों के द्वारा नवीन तथ्यों का अन्वेषग कथन पुराने तथ्यों की पुनः परीक्षा एवं उनमें पाए जाने वाले अनुक्रमों, अन्तःसम्बन्धों, कारण सहित व्याख्याओं तथा उनकों संचालित करने वाले स्वाभाविक नियमों का विश्लेषण करना है।''

सी.ए.मोसर (C.A.Moser) सामाजिक अनुसंधान को सरल शब्दों में परिभाषित करते हुए अपनी पुस्तक "Survey Methods in social Investigation, 1961" में लिखते हैं-सामाजिक घटनाओं व समस्याओं के सम्बन्ध में नवीन ज्ञान की प्राप्ति के लिए किए गए व्यवस्थित अध्ययन को सामाजिक- अनुसंधान कहते हैं।

सामाजिक अनुसंधान के प्रमुख चरण

सामाजिक अनुसंधान की प्रकृति वैज्ञानिक है इसलिए इसके चरण वैज्ञानिक-पद्धति के समान होंगे। चरणों के स्वरूपों में क्षेत्रीय पूर्व-क्षेत्रीय तथा उत्तर क्षेत्रीय चरण मुख्य हैं। इन तीनों स्वरूपों के अन्तर्गत वैज्ञानिक पद्धति के सभी चरण सम्मिलित किए जा सकते है।

(1) विषय का चुनाव (2) विषय से सम्बद्ध साहित्य का अध्ययन (3) अध्ययन से जुड़ी अवधारणा का परिभाषित करना (4) प्राक्कल्पना या परिकल्पना (Hypothesis) का निर्माण (5) सूचना के स्त्रोत तथा अध्ययन के लिए उपयोगी पद्धतियों का चुनाव (6) तथ्यों का निरीक्षण एवं संकलन- यह अनुसंधान का वास्तविक भाग है जिसमें आलेखन (Recarring) भी चलता रहता है। (7) तथ्यों का क्रमबद्ध श्रेणीकरण या वर्गीकरण (8) निष्कर्ष एवं सामान्यीकरण यह अनुसंधान अध्ययन या अन्तिम चरण है।

स्लुटर (W.C. Schluter ; How to Research, 1926) ने सामाजिक शोध के चरणों को विस्तृत रूप में 15 भागों में विभाजित किया है। सामाजिक अनुसंधान सामाजिक घटनाओं का निष्पक्ष वैज्ञानिक विश्लेषण करता है। यह समाज, समुदाय एवं सामाजिक जीवन के सम्बन्ध में हमारे ज्ञान की सीमाओं को विस्तृत करता है। सामाजिक प्रक्रियाओं की भावी गतिविधियों के सम्बन्ध में हमें सावचेत करता है। नवीन ज्ञान के साथ सामाजिक घटनाओं की वास्तविक प्रकृति को उद्घाटित करके उनके सम्बन्ध में व्याप्त अन्धविश्वासों (Dogmatism) को समाप्त करने में सहायक होता है। समाजशास्त्रीय अनुसंधान सामाजिक कल्याण, सामाजिक प्रगति एवं सामाजिक नियंत्रण में महत्त्वपूर्ण भूमिका निभाते हैं। यह समाजशास्त्र के विकास के साथ-साथ सामाजिक विज्ञानों की उन्नति में महती भूमिका

अदा करता है।

सामाजिक सर्वेक्षण (Social Survery)

सामाजिक जीवन से सम्बन्धित तथ्यों के एक विशिष्ट सांस्कृतिक या भौगोलिक क्षेत्र में व्यवस्थित संकलन की विधि को सामाजिक सर्वेक्षण कहते हैं। अठारहवीं सदी के अंत में ब्रिटेन में किए गए सामाजिक अध्ययनों का सम्बन्ध सामाजिक-सर्वेक्षण की उत्पत्ति से हो रहा है। लेकिन आधुनिक युग में इस शब्द का प्रयोग 1935 ई. में **ए.एफ. वैल्स** (A.F.Wells ; The Local Social Survery in Britain) द्वारा दिए गए अर्थ में नहीं किया जाता है।

आधुनिक अवधारणा के अनुसार सामाजिक सर्वेक्षण तथ्य संकलन की वह विधि है, जिसमें साक्षात्कार या प्रश्नावली के माध्यम से सूचनाओं के एक वृहत वर्ग से क्रमबद्ध तरीके से तथ्यात्मक अथवा विचारात्मक सूचनाएं संकलित की जाती हैं।

आर्थर जैम्स टॉड (Arthur James Todd ; Dictionary of Sociology) के अनुसार - ''एक समुदाय के सम्पूर्ण जीवन या एक पहलू जैसे स्वास्थ्य, शिक्षा, मनोरंजन के सम्बन्ध में तथ्यों के बहुत कुछ व्यवस्थित व विस्तृत संकलन तथा विश्लेषण को सामाजिक सर्वेक्षण कहते हैं।''

सामाजिक सर्वेक्षण के उद्देश्य (Role of Objects of Sociology Survery)

ज्ञान प्राप्ति, समस्या का समाधान तथा सामाजिक कल्याण की परियोजना को प्रस्तुत करना सामाजिक सर्वेक्षण के प्रमुख उद्देश्य हैं। इसके महत्त्व को विस्तृत रूप में निम्न प्रकार प्रस्तुत किया जा सकता है -

1. सामाजिक तथ्यों का संकलन (Collection of Social facts)
2. सामाजिक समस्याओं का अध्ययन (Study of Social Problems)
3. कार्य-कारण समबन्धों की खोज (Search for Causal Relationship)
4. पूर्व-सर्वेक्षण (Pilot Survey) प्राक्कल्पना (Hypothesis) के निर्माण में अत्यन्त सहायक होता है।
5. सामाजिक सिद्धान्तों की पुनर्परीक्षा (Verification of Social theories)
6. श्रमिक वर्ग या अन्य वर्ग विशेष की दशाओं का अध्ययन (Study of the enditions of specific class or working class)
7. सामाजिक समस्याओं का समाधान एवं सामाजिक सुधार में सहायक (Solution of Social Problems and Social reforms)

सामाजिक सर्वेक्षण के गुण (Merits of Survey Method)

सामाजिक अनुसंधान में एकाधिक विधियों और पद्धतियों का प्रयोग किया जाता है। सामाजिक सर्वेक्षण इनमें से एक पद्धति है। अन्य पद्धतियों की तुलना में इसकी कुछ विशेषताएं इस प्रकार हैं –

1. सर्वेक्षण में अनुसंधानकर्त्ता अपने अध्ययन विषय के सीधे सम्पर्क में आता है।
2. इसके अनुसंधानकर्त्ता अपने विषय से सम्बन्धित आँकड़ों तथा तथ्यों को उनके यथार्थ रूप में एकत्रित करने का प्रयत्न करता है, जिसके परिणामस्वरूप उसका निष्कर्ष वस्तुपरक होता है, न कि प्रतीतिक।
3. यह ऐसे ऐसी सामाजिक घटनाओं के विषय में अध्ययन कार्य को सम्भव बनाता है, जिनका घर बैठे सैद्धान्तिक तौर पर अध्ययन नहीं किया जा सकता।
4. सर्वेक्षण पद्धति वैज्ञानिक स्थिति को प्राप्त करने में अधिक सफल रही है।
5. सामाजिक सर्वेक्षण प्रत्यक्ष ज्ञान प्राप्ति के लिए एक सीधा-सम्पर्क युक्त साधन हैं।

सर्वेक्षण की सीमाएं (Limitations of Survey Method)

1. सामाजिक सर्वेक्षण द्वारा केवल उन्हीं घटनाओं का अध्ययन किया जा सकता है जो मूर्त हों, दृष्टिगोचर योग्य हों। परन्तु अधिकांश सामाजिक घटनाएं अमूर्त एवं भावात्मक होती हैं। इस अवस्था में सर्वेक्षण की उपयोगिता स्वत: कम हो जाती है।
2. सर्वेक्षण में अधिक धन एवं अधिक समय की आवश्यकता होती है।
3. सर्वेक्षण की प्रक्रिया में एक पूर्व नियोजित कार्यक्रम के अनुसार खोज करनी पड़ती है, परिणामस्वरूप कभी-कभी सम्पूर्ण कार्य यन्त्रवत चलता रहता है। अनुसंधानकर्त्ता के लिए अपनी बुद्धि एवं विवेक के स्वतंत्र प्रयोग का मौका कम मिल पाता है।
4. सर्वेक्षण के दौरान अनुसंधानकर्त्ता की व्यक्तिगत पसन्द / नापसन्द, पक्षपात एवं पूर्वधारणाओं के कारण इसके द्वारा प्राप्त निष्कर्षों की विश्वसनीयता (Reliability) पर सन्देह किया जा सकता है।
5. सामाजिक घटनाएं अमूर्त एवं अत्यधिक बिखरी हुई होती हैं और इसीलिए एक सर्वेक्षण द्वारा उन्हें किसी समान सूत्र में बांधना अत्यन्त कठिन होता है।

सामाजिक अनुसंधान एवं सामाजिक सर्वेक्षण

सामाजिक अनुसंधान तथा सर्वेक्षण एक-दूसरे से घनिष्ठ रूप से जुड़े हुए हैं। सर्वेक्षण में सामाजिक तथ्यों का संकलन, घटनाओं का कार्य-कारण सम्बन्ध एवं सिद्धान्तों की पुनर्परीक्षा की जाती है। ये सभी सामाजिक अनुसंधान के अनिवार्य अंग हैं। इनके बिना अनुसंधान की कल्पना भी नहीं की जा सकती। सर्वेक्षण की सहायता से ही शोधकर्त्ता अपनी प्राक्कल्पना की सत्यता की जाँच करता है। अनुसंधान तथ्य-संकलन की अनेक नवीन प्रविधियों की खोज कर सकता है और सामाजिक घटनाओं के सम्बन्ध में हमारे ज्ञान को विस्तृत करता है, जो सर्वेक्षण में सहायक सिद्ध होती हैं। अत: अनुसंधान एवं सर्वेक्षण एक-दूसरे के पूरक के रूप में कार्य करते रहते हैं। सामान्यतया हम सामाजिक घटना के अध्ययन को व्यक्त करने के लिए सामाजिक सर्वेक्षण या सामाजिक अनुसंधान कोई भी शब्द प्राय: प्रयोग कर लेते हैं। ये दोनों ही सामाजिक घटनाओं या समस्याओं के सम्बन्ध में अधिकाधिक ज्ञान प्राप्त करने के उद्देश्य से तथ्यों का अध्ययन करते हैं। दोनों वैज्ञानिक पद्धति को प्रयुक्त करते हैं तथा साक्षात्कार, अवलोकन, प्रश्नावली, अनुसूची, निदर्शन इत्यादि प्रविधियों को प्रयुक्त करते हैं। सामाजिक प्रघटनाओं पर उत्तरोत्तर मानवीय नियंत्रण बढाने हेतु दोनों नवीन तथ्यों की खोज में संलग्न रहते हैं। अनुसंधान एवं सर्वेक्षण में बहुत कुछ समानता होने के कारण कई अमरीकी समाजशास्त्री सामाजिक-सर्वेक्षण को प्राय: ''सर्वेक्षण-अनुसंधान'' (Survey Research) के नाम से पुकारते हैं।

भिन्नता (Distinetion)

सामाजिक अनुसंधान एवं सामाजिक सर्वेक्षण में घनिष्ठता होने के साथ-साथ इनमें कुछ आधारभूत अन्तर भी हैं -

1. सामाजिक सर्वेक्षण का सम्बन्ध विशिष्ट (Specific) स्थानों, लोगों, समस्याओं एवं विशिष्ट परिस्थितियों से होता है, जबकि सामाजिक अनुसंधान अधिक सामान्य व अमूर्त समस्याओं से सम्बद्ध है।

2. सर्वेक्षण का उद्देश्य किसी समस्या के सम्बन्ध में जानकारी प्राप्त कर उसका समाधान ढूंढकर तात्कालिक आवश्यकता की पूर्ति करना होता है। इस विपरीत अनुसंधान का उद्देश्य दीर्घकालीन होता है, जो विषय की अधिक विस्तृत व गहन ज्ञान करनेका प्रयत्न करता है। संक्षेप में सर्वेक्षण एवं अनुसंधान की प्रकृति क्रमश: व्यावहारिक एवं सैद्धान्तिक कही जा सकती है।

3. सर्वेक्षण के लिए प्राक्कल्पना की आवश्यकता नहीं होती है, परन्तु अनुसंधान का आधार प्राक्कल्पना ही होती है। इस सम्बन्ध में पार्क (Park, Robert ;

1864-1944) ने अपनी कृति "Introduction to the Science of Society" में लिखा है- "सर्वाधिक सीमित अर्थ में यह कहा जा सकता है कि एक सर्वेक्षण कदापि अनुसंधान नहीं है- यह केवल व्याख्या है। यह प्राक्कल्पना की परीक्षा करने के स्थान पर समस्याओं को परिभाषित करता है।"

4. सर्वेक्षण में स्थूल-अध्ययन (Extensive Study) तथा अनुसंधान में सूक्ष्म अध्ययन (Intensive Study) होता है।

5. सर्वेक्षण का सम्बन्ध मुख्य रूप से व्याधिकीय सामाजिक समस्याओं से होता है, जिनका उद्देश्य सामाजिक-कल्याण या समाज-सुधार होता है। जबकि अनुसंधान प्रत्येक सामाजिक घटना से सम्बन्धित है और इसका उद्देश्य समाज-मानवीय ज्ञान को विस्तृत करना है।

6. सर्वेक्षण व्यावसायिक आधार (Ocupational Basic) पर सम्पन्न किया जा सकता है, जबकि अनुसंधान के लिए अनुसंधानकर्त्ता की ज्ञान पिपासा ही आवश्यक प्रेरणा प्रदान करती है। इस प्रकार अनुसंधान का क्षेत्र सर्वेक्षण से कहीं अधिक विस्तृत, व्यापक एवं गहन होता है।

7. सर्वेक्षण का संगठन प्राय: एक अध्ययन दल (Study Team) द्वारा होता है, इसके विपरीत अनुसंधान का संगठन व्यक्तिगत रूप से होता है। क्योंकि विभिन्न दृष्टिकोण वाले व्यक्तियों को होकर अनुसंधान कार्य नहीं किया जा सकता।

ग्लेन एम.फिशर ने फेयरचाइल्ड की "Dictionary of Sociology" में लिखा है – "अनुसंधान सर्वेक्षण की अपेक्षा अधिक गहन एवं सूक्ष्म होता है और सामान्य सिद्धान्तों की खोज से अधिक सम्बन्धित रहता है।" यद्यपि दोनों के मध्य इस प्रकार के भेद का दृष्टिकोण दिन प्रतिदिन कमजोर पड़ता जा रहा है। इस बाबत **गुन्नार मिर्डल** (Gunnar Mirdal) ने "Value in Social Theory" में लिखा है कि – "सभी समाज विज्ञानों को अपने अध्ययन कार्य में प्रेरणा समाज को उन्नत करने की अभिलाषा से न कि केवल उसकी कार्य-प्रणाली के प्रति जिज्ञासा से प्राप्त हुई है।"

सामाजिक घटनाओं की प्रकृति (Nature of Social Pheuomena)

सामाजिक घटनाओं की जटिलतम परिवर्तनशील एवं भावात्मक प्रकृति समाजशास्त्र के लिए यथार्थ-विज्ञान के रूप में विकसित होने के रास्ते में एक बड़ी बाधा है। वस्तुत: सामाजिक एवं प्राकृतिक घटनाओं में मूलभूत अन्तर देखा जा सकता है। सामाजिक घटनाओं की कुछ विशेषताएं इस प्रकार हैं –

1. सामाजिक घटनाएं जटिल हैं।

2. सामाजिक घटनाओं की व्यक्तिनिष्ठता एवं अमूर्तता अधिकांश सामाजिक-अन्त:क्रियाएं प्रत्यक्ष अवलोकन या निरीक्षण योग्य नहीं होती। मानवीय-भावनाएं, विचार, आदर्श-प्रतिमान, मूल्य, प्रथा, परम्पराएं प्रेम ये सभी व्यक्तिपरक (Suspactive) एवं अमूर्त (Intangible or Abstract) हैं। इन्हें शब्दों के माध्यम से केवल प्रतीकात्मक रूप में ही समझा जा सकता है।
3. सामाजिक घटनाएं गुणात्मक प्रकृति की होती हैं (Social Phenomens Qualitative Nature of)
4. समरूपता का अभाव (Locle of Homogeneity)
5. सार्वभौमिकता का अभाव (Lake of Universality)
6. सामाजिक घटनाओं की गतिशील प्रकृति (Dynamic Nature of Soicial Phenomena)
7. पूर्वकथनीयता का अभाव (Unpredictability of Social Phenomenia)

जॉन मैज (John A Madge) लिखते हैं कि - कॉम्टे एवं स्पेन्सर समेत सभी समाज वैज्ञानिक इस मत में एक है कि भौतिक व प्राकृतिक घटनाओं की तुलना में मानवीय व्यवहार अर्थात् सामाजिक- प्रघटनाओं के सम्बन्ध में भविष्यवाणी करना कहीं अधिक कठिन है।

सामाजिक अनुसंधान का उद्देश्य एक घटना विशेष के सम्बन्ध में वैज्ञानिक निष्कर्ष निकालना होता है। सामाजिक अध्ययन की वैज्ञानिकता एवं विश्वसनीयता की बुनियादी शर्त अध्ययन-विषय से सम्बन्धित वास्तविक तथ्यों का संकलन करना है। तथ्य संकलन के लिए कुछ प्रमाण सिद्ध तरीकों का होना आवश्यक है, जिन्हें प्रविधि (Techniques) या तकनीकें कहते हैं।

सामाजिक अनुसंधान में विभिन्न प्रकार की सूचनाओं या तथ्यों की आवश्यकता होती है। इन्हें दो भागों में विभाजित किया जा सकता है -

1. प्राथमिक तथ्य (Primary Data) एवं
2. द्वितीयक तथ्य (Secondary Data)

प्राथमिक तथ्य वे मौलिक सूचनाएं या आँकड़ें हैं, जिन्हें एक अध्ययनकर्त्ता वास्तविक अध्ययन स्थल (Field) में जाकर एकत्रित करता है। ये तथ्य सम्बन्धित समस्या से सम्बद्ध जीवित व्यक्तियों से साक्षात्कार अथवा प्रत्यक्ष अवलोकन के द्वारा प्राप्त किए जाते हैं। प्राथमिक तथ्यों को अध्ययनकर्त्ता अपने उपकरणों की सहायता से प्रथम

बार एकत्रित करता है अथवा अवलोकन करता है।

द्वितीयक तथ्य वे सूचनाएं हैं, जो अध्ययनकर्त्ता को प्रकाशित अथवा अप्रकाशित प्रलेखों (Douments), रिपोर्ट, सांख्यिकी (Statistics), पाण्डुलिपि, पत्र डायरी आदि से प्राप्त होते हैं।

समाजशास्त्रीय अध्ययन में तथ्य संकलन की प्रविधियों को समाजशास्त्र ने अपने अध्ययन विषय में सामाजिक घटनाओं की प्रकृति के अनुसार विकसित किया है। प्रश्नावली, अनुसूची, साक्षात्कार, अवलोकन (सहभागी एवं असहभागी) निदर्शन, समाजमिति, मनोवृत्ति मापक पैमाने, वैज्ञानिक अध्ययन पद्धति, प्रक्षेपण प्रविधियों, अन्तर्वस्तु विश्लेषण प्रविधि इत्यादि प्रमुख तकनीकें हैं।

अवलोकन या निरीक्षण (Observation)

अध्ययन विषय सम्बन्धी महत्त्वपूर्ण सूचनाओं को अध्ययन स्थल पर जाकर वास्तविक अवलोकन द्वारा प्राप्त किया जा सकता है। अवलोकन या प्रेक्षण विचारपूर्वक अध्ययन (Deliberate Study) करने की मौलिक प्रविधि है जिसमें इन्द्रियों का उपयोग कर कार्यकारण सम्बन्धों (Cause-effect Relations) को ज्ञात किया जाता है।

सी.ए.मोजर एवं जी.काल्टन (C.A.Moser and G. Kalton) ने "Survey Methods in Social Investigation, 1979" में लिखा है कि - अवलोकन में कानों और वाणी की अपेक्षा आँखों का प्रयोग होता है।

अवलोकन वैज्ञानिक अध्ययन की सर्वप्रचलित समाजशास्त्रीय प्रविधि है। सरलता, अधिक यथार्थता, सत्यता की जाँच, गहन एवं सूक्ष्म अध्ययन तथा अधिक समझने योग्य परिणाम अवलोकन के प्रमुख गुण हैं।

यद्यपि अवलोकन एक महत्त्वपूर्ण विधि है परन्तु फिर भी सामाजिक अनुसंधान में इसका प्रयोग सभी क्षेत्रों में सम्भव नहीं हैं। कुछ सामाजिक घटनाओं का अवलोकन सम्भव नहीं है। अवलोकन योग्य घटनाएँ आवश्यक नहीं कि अवलोकनकर्त्ता की उपस्थिति में घटित हों। अमूर्त सामाजिक घटनाओं (भावना, उद्वेग आदि) का अवलोकन द्वारा अध्ययन सम्भव नहीं किया जा सकता। दोषपूर्ण ग्राह्यता एवं विषयपरक निष्कर्ष अवलोकन के अन्य दोष हैं।

अवलोकन के छः स्वरूप या प्रकार हो सकते हैं - 1. अनियन्त्रित अवलोकन, 2. सहभागी अवलोकन, 3. असहभागी अवलोकन, 4. अर्ध-सहभागी अवलोकन, 5. नियन्त्रित या व्यवस्थित अवलोकन, 6. सामूहिक अवलोकन।

अनियन्त्रित अवलोकन स्वाभाविक परिस्थितियों एवं पर्यावरण में किया जाता है। इसमें बाहरी शक्तियों का हस्तक्षेप न्यूनतम होता है। सहभागी, असहभागी एवं अर्धसहभागी अवलोकन अनियन्त्रित या साधारण अवलोकन की श्रेणी में आते हैं। व्यवस्थित अवलोकन से प्राप्त जानकारी को रिकार्ड करने हेतु नवीन तकनीकें प्रयुक्त होने लगी है। **चैपल** (Chapple) ने परस्पर क्रिया के ''क्रोनोग्राफ'' तथा **बेल्स एवं गार ब्राण्डस** (Bales and Ger brands) ने परस्पर क्रिया रिकार्डर ईजाद किया। **हेलेन** (Helen) ने **श्रवण इंद्रोस्पेक्ट्रो मीटर** का प्रयोग किया।

सहभागी अवलोकन (Practical Observation)

सहभागी अवलोकन से अभिप्राय है कि अनुसंधानकर्त्ता द्वारा अध्ययन-समूह की क्रियाओं में स्वयं भाग लेकर उनमें घुल-मिलकर सामूहिक क्रियाओं या व्यवहार का अवलोकन करना। **जॉन मैज** (John Madge) के अनुसार - अवलोकनकर्त्ता के हृदय की धड़कनें जब समूह के अन्य सदस्यों के हृदयों की धड़कनों से मिल जाती हैं और वह अनजाना व्यक्ति नहीं रहता, तब वह अध्ययनकर्त्ता सहभागी अवलोकनकर्त्ता कहलाने का अधिकार पा लेता है।

सहभागी अवलोकन या निरीक्षण शब्द का सर्वप्रथम प्रयोग **एडवर्ड लिण्डमैन** (Edward Lindman) ने अपनी पुस्तक "Social Discovery, 1924" में किया । यद्यपि इससे पूर्व भी इस पद्धति का प्रयोग होता रहा था। प्रो.लिण्डमैन के अनुसार - बाहरी एवं आन्तरिक दृष्टिकोण में समानता, इच्छाओं एवं स्वार्थों में एकरूपता सहभागी अवलोकन के मूल तत्त्व हैं।

लुण्डबर्ग (G.A.Lundberg) "Social Research, 1951" में लिखतें हैं - अवलोकनकर्त्ता अध्ययन समूह के साथ एक सक्रिय सदस्य की भाँति घनिष्ठ सम्बन्ध स्थापित करता है अर्थात् समूह के दैनिक जीवन में भाग लेता है। सिनपाओं यांग (Hsin Pao Yang ; Fact Finding with Rural People) ने लिखा है कि सहभागी निरीक्षक को समूह के साथ भावनात्मक होने के बावजूद उसे अपने अस्तित्व का ध्यान रखना चाहिए और सत्य की खोज हेतु प्रयत्नशील बने रहना चाहिए।

अध्ययन समूह को अनुसंधानकर्त्ता के बारे में असलीयत का पता होना चाहिए अथवा नहीं। इस विषय में मतैक्य नहीं हैं। अमेरिकन समाज वैज्ञानिकों का मत है कि अवलोकनकर्त्ता को अपना परिचय एवं मूल उद्देश्य को गुप्त रखना चाहिए। इसके विपरीत भारतीय समाज वैज्ञानिकों का विचार है कि अवलोकनकर्त्ता को अपना वास्तविक परिचय अवश्य देना चाहिए तथा सत्यता के आधार पर समूह में अपना स्थान बनाना चाहिए। भारतीय विद्वान नैसर्गिक अध्ययन एवं नैतिकता के आधार पर इसकी वकालात करते हैं।

सहभागी अवलोकन के गुण (Merits of Particpant and Observation)

1. समाजिक-सांस्कृतिक अध्ययन की इस पद्धति में घनिष्ठ एवं अनौपचारिक सम्बन्धों की स्थापना के कारण सामुदायिक व्यवहार एवं क्रियाओं का प्रत्यक्ष अध्ययन सम्भव हो जाता है।

2. प्रघटना के साथ अध्ययनकर्त्ता स्वयं सहभागी रहता है अतः इससे विषय की अति गहन, आन्तरिक एवं सूक्ष्म जानकारियाँ अध्ययन में प्राप्त हो जाती हैं। समस्या के कारणों के साथ-साथ उसके समाधान की भी उचित एवं प्रभावी युक्ति इस प्रविधि द्वारा निकाली जा सकती है।

3. सहभागी-अवलोकन में सदैव वास्तविक व्यवहार का अध्ययन होता है, व्यवहार के कृत्रिम होने की कोई सम्भावना नहीं होती। संगृहीत सूचनाओं की परीक्षा सम्भव हो पाती है। अतः इससे शुद्ध, वैध एवं विश्वसनीय सूचनाएं संगृहीत की जा सकती हैं।

4. सुविधाजनक, सरल एवं विस्तृत जानकारी सहभागी अवलोकन की महत्त्वपूर्ण उपलब्धि है। जहोदा एवं कुक (Selltiz, Jahoda, Deutsch and Cook ; Research Methods in Social Relations) लिखते हैं कि - सक्रिय सहभागिता उन सूचना स्त्रोतों के द्वार खोलती है, जो सर्वथा बन्द ही रह सकते थे।

सहभागी अवलोकन के दोष एवं सीमाएँ (Domerits or Limitations of Participant Observation)

1. पूर्ण सहभागिता कठिन ही नहीं अपितु असम्भव है। एम.एन.बसु (M.N.Basu) अपनी पुस्तक "Field Methods in Anthropology and other Social Science, 1961" में लिखते हैं कि - एक क्षेत्रीय कार्यकर्त्ता (Field Worker) की आयु-लिंग, सामाजिक-सांस्कृतिक भिन्नता के कारण वह अध्ययन समूह के जीवन में पूर्णरूपेण भाग नहीं ले सकता। इसी कारण प्रो. रेडिन (Redin) एवं हर्षकोविट्स (Herskovitz) इस पद्धति को अव्यावहारिक मानते हैं।

2. अध्ययन समूह के साथ अत्यधिक भावनात्मक एकीकरण हो जाने से अध्ययन में विषयपरकता का समावेश हो जाता है। तटस्थता एवं वैज्ञानिक दृष्टिकोण समाप्त हो जाते हैं तथा पक्षपात की पूरी सम्भावना रहती है। परिणामस्वरूप वस्तुनिष्ठ अध्ययन सम्भव नहीं हो पाता।

3. अत्यधिक खर्चीली होने के कारण इसका सीमित प्रचलन ही हो सकता है। अध्ययन में समय भी अधिक लगता है।

4. अध्ययनकर्त्ता की दोहरी भूमिका-(एक अनुसंधानकर्त्ता के रूप में, दूसरी समूह-सदस्य के रूप में) होने के कारण आलेखन (Recording) की समस्या का सामना करना पड़ता है।

5. अध्ययन समूह से घनिष्ठता होने के कारण कई महत्त्वपूर्ण घटनाओं को भी सामान्य समझकर छोड़ दिया जाता है। फलस्वरूप अवलोकनकर्त्ता को "अपरिचित मूल्य" (Stranger Value) का लाभ नहीं मिल पाता। जिससे विस्तृत अध्ययन बाधित होता है।

6. अवलोकनकर्त्ता की उपस्थिति में समूह के व्यवहार में परिवर्तन होने की सम्भावना रहती है। फलस्वरूप स्वाभाविक अध्ययन के स्थान पर कृत्रिम अध्ययन ही हो पाता है।

□□□

2

शोध सर्वेक्षण

सभी अनुसंधानों और अध्ययनों का आधारभूत उद्देश्य ज्ञान प्राप्ति होता है। लेकिन इस उद्देश्य की पूर्ति विभिन्न प्रकार से हो सकती है तथा उसी के अनुसार अनुसंधान प्रारूप के स्वरूप भी अलग-अलग हो सकते हैं।

आर.एल.ऐकॉफ (R.L.Ackoff; The Design of Social Research, 1953) ने अनुसंधान प्रारूप को दो रूपों में विभाजित किया है -

(i) आदर्श अनुसंधान प्रारूप (Ideal Research Design)

(ii) कार्यकारी या व्यावहारिक अनुसंधान प्रारूप (Practical or working Research Design)

व्यावहारिक अनुसंधान प्रारूप में अवलोकन-प्रारूप, सांख्यिकीय प्रारूप एवं कार्यविधि प्रारूप को सम्मिलित किया जाता है, जिससे कि परिस्थिति मूलक संशोधन की संभावनाएं उत्पन्न हो सकती हैं। जबकि आदर्श अनुसंधान प्रारूप में संशोधन की संभावना नगण्य होती हैं। ऐकॉफ ने व्यावहारिक अनुसंधान प्रारूप (Operational Design) की तीन प्रारूपों को तीन स्वतन्त्र चरणों की संज्ञा दी है। सामाजिक घटनाओं की प्रकृति के आधार पर अनुसंधान प्रारूप को चार स्वरूपों में विभाजित कर सकते हैं। ये चार प्रकार प्रारूप के सभी चरणों को अपने में सम्मिलित करते हैं।

(i) विश्लेषणात्मक (निरूपणात्मक) या अन्वेषणात्मक अनुसंधान प्रारूप (Exploratory or Formula live)

(ii) वर्णनात्मक या विवेचनात्मक अनुसंधान प्रारूप (Descriptive Research Design)

(iii) निदानात्मक अनुसंधान प्रारूप (Diognostic Research Design)

(iv) परीक्षणात्मक या प्रयोगात्मक अनुसंधान प्रारूप (Experimental Research Design)

अन्वेषणात्मक अनुसंधान प्रारूप (Expleratory R-D)

जब किसी अनुसंधान कार्य का उद्देश्य सामाजिक घटना में अन्तर्निहित कारणों को ढूंढना होता है, तब ऐसे प्रारूप को अन्वेषणात्मक अनुसंधान प्रारूप कहते हैं। इस प्रारूप को एक सीमा तक विवेचनात्मक अनुसंधान प्रारूप की पूर्वस्थिति माना जा सकता है। इस प्रकार अन्वेषणात्मक एवं विवेचनात्मक प्रारूप के मध्य कारण-परिणामरूपी सम्बन्ध प्रस्तुत किया जा सकता है।

अन्वेषणात्मक प्रारूप में 1. सम्बद्ध साहित्य का अध्ययन एवं पुर्नमूल्यांकन 2. अनुभव-सर्वेक्षण (Experience Survey) 3. वैयक्तिक अध्ययन पद्धति और अन्तर्दृष्टि-प्रेरक घटनाओं का विश्लेषण इत्यादि तीन अनिवार्यताओं को सम्मिलित किया जाता है। इस प्रारूप का उद्देश्य तथ्यों की खोज एवं नवीन दृष्टिकोण प्रस्तुत करना है। इस प्रारूप के लचीलेपन की सम्भावनाएं अधिक होती हैं।

अन्वेषणात्मक अनुसंधान प्रारूप के मुख्य कार्य सात प्रकार के हो सकते हैं -

1. पूर्व निर्धारित परिकल्पनाओं का तात्कालिक स्थितियों के संदर्भ में परीक्षण
2. विभिन्न अनुसंधान पद्धतियों के प्रयोग की सम्भावनाओं का स्पष्टीकरण
3. महत्त्वपूर्ण समस्याओं की ओर ध्यान आकर्षण
4. विस्तृत अनुसंधान हेतु अपरिचित क्षेत्र में व्यवस्थित परिकल्पना का आधार प्राप्त करना
5. अनुसंधान कार्य को एक विश्वसनीय रूप में प्रारम्भ करना
6. विज्ञान की सीमाओं का विकास एवं विस्तार
7. अधिक महत्त्वपूर्ण विषयों पर ध्यान केन्द्रित करने हेतु प्रेरित करना।

सेल्टिज-जहोदा एवं साथियों (Selltiz, Jahoda, Deytsch and Cook ; Research Methods in Social Relations) के अनुसार - अन्वेषणात्मक अनुसंधान उस अनुभव को प्राप्त करने के लिए आवश्यक है जो कि अधिक निश्चित अनुसंधान के हेतु सम्बद्ध परिकल्पना के निरूपण में सहायक होगा।

विवेचनात्मक अनुसंधान-प्रारूप (Descriptive R-D)

किसी विषय (अध्ययन-विषय) या समस्या के बारे में वास्तविक तथ्यों के आधार पर वर्णनात्मक या विवेचनात्मक विवरण प्रस्तुत करना, इस प्रारूप का मुख्य उद्देश्य है। इसके लिए विषय के सम्बन्ध में हमें यथार्थ एवं सम्पूर्ण सूचनाएं प्राप्त होनी चाहिए। इस प्रारूप में तथ्य संकलन हेतु किसी भी वैज्ञानिक प्रविधि को प्रयुक्त किया जा सकता है।

विवेचनात्मक प्रारूप में अध्ययन विषय का चुनाव, प्रविधियों का उचित चुनाव, मिथ्या झुकाव (.......) व पूर्वधारणा से सुरक्षा एवं शोध व्यय में मितव्ययिता आदि ध्यान देने योग्य प्रमुख बातें हैं। विवेचनात्मक शोध कार्य प्राय: विस्तृत होते हैं। अत: अनुसंधान प्रयटन को सीमित करना आवश्यक है।

विवेचनात्मक प्रारूप में निम्न चरणों को सम्मिलित किया जाता है -

1. अनुसंधान के उद्देश्यों का निरूपण
2. तथ्य संकलन की प्रविधियों का उचित ढंग से चुनाव
3. निदर्शनों का चुनाव
4. तथ्य- आँकड़ों का संकलन एवं उनकी जाँच
5. परिणामों का विश्लेषण
6. प्रतिवेदन का प्रस्तुतीकरण-इसमें शोध विषय के सम्बन्ध में तथ्य-युक्त विवरण तथा सामान्य निष्कर्ष प्रस्तुत किया जाता है। इस स्तर पर भाषा के प्रयोग में सावधानी बरतने की आवश्यकता होती है। अलङ्कार युक्त भाषा अवधारणात्मक त्रुटि या भ्रम पैदा कर सकती है।

निदानात्मक अनुसंधान प्रारूप (Diagnostic Research Design)

निदानात्मक अनुसंधान कार्य का उद्देश्य किसी सामाजिक समस्या या व्याधि के कारणों प्रकृति एवं कारकों के साथ-साथ उसका समाधान प्रस्तुत करना है। शोधकर्त्ता स्वयं उस समस्या को हल करने का प्रयास कदापि नहीं करता। वह तो केवल समाधान के सर्वोत्तम हल की खोज करता है। समस्या को हल करना समाज सुधारक प्रशासक एवं

सरकार का काम होता है। निदानात्मक प्रारूप में निम्न विशेषताओं का समावेश होना चाहिए – 1. वैज्ञानिक- पद्धति का योजनाबद्ध रूप से अनुसरण 2. सामाजिक व्यवस्था तथा सामाजिक सम्बन्धों से उत्पन्न समस्याओं को तत्काल दूर करने या उपचार की खोज। 3. सर्वप्रथम वैज्ञानिक-ढंग से समस्या के कारणों का सही रूप में पता लगाना। 4. निदानात्मक-शोध किसी विशिष्ट सामाजिक समस्या के निदान की खोज से सम्बद्ध होता है।

प्रयोगात्मक अनुसंधान प्रारूप (Experimental Research Design)

प्राकृतिक एवं भौतिक विज्ञानों की भाँति कुछ निश्चित नियन्त्रित अवस्थाओं में रखकर विषय का अध्ययन करने हेतु निरीक्षण-परीक्षण द्वारा बनाई रूपरेखा प्रयोगात्मक प्रारूप कहलाता है। संक्षेप में प्रयोगशाला-पद्धति (Laboratory-Method) के द्वारा विषय का अध्ययन प्रयोगात्मक अनुसंधान का ही दूसरा नाम है।

चैपिन (Chapin) ने "Experimental Designs in Sociological Research" में लिखतें हैं कि-समाजशास्त्रीय अनुसंधान में प्रयोगात्मक-प्रारूप की अवधारणा नियन्त्रण की दशाओं के अन्तर्गत अवलोकन द्वारा मानवीय सम्बन्धों के व्यवस्थित अध्ययन की ओर संकेत करती है।

यदि सामाजिक अनुसंधान प्रारूप को प्राकृतिक एवं भौतिक विज्ञानों के समकक्ष रखा जाए तब प्रयोगात्मक प्रारूप के तीन प्रकार सामने आते हैं –

1. पश्चात परीक्षण प्रारूप (After only Experimental Design)
2. पूर्व-पश्चात परीक्षण प्रारूप (Before-After Experimental Design)
3. कार्यान्तर तथ्य परीक्षण प्रारूप (Expert Facts Experimental Design)

पश्चात-परीक्षण में समान प्रकृति के दो समूहों को चुनकर एक को नियन्त्रित समूह तथा दूसरे को प्रयोगात्मक समूह माना जाता है। प्रयोगात्मक समूह में किसी एक कारक द्वारा परिवर्तन लाने का प्रयास किया जाता है। पूर्व-पश्चात प्रकारके परीक्षण में केवल एक ही समूह का चुनाव किया जाता है और उसी का अध्ययन स्थिति (अवस्था विशेष) से पहले और बाद में किया जाता है। कार्यान्तर तथ्य परीक्षण में ऐतिहासिक घटनाओं का परीक्षण करके वर्तमान घटनाओं (अवस्थाओं) के कारणों की खोज की जाती है। यद्यपि प्रयोगात्मक प्रकार के अनुसंधान प्रारूप समाज विज्ञानों में विकसित करना मुश्किल है। फिर भी गिब्स जैसे विद्वान औपचारिक सिद्धान्त निर्माण में इस प्रकार के प्रारूपों का निर्माण वांछनीय मानते हैं। इस विवाद से पृथक यह निर्विवाद सत्य है कि कोई भी वैज्ञानिक विषय और उससे सम्बद्ध अध्ययन अनुसंधान प्रारूप के निर्माण के अभाव में व्यवस्थित रूप से नहीं किया जा सकता है।

अनुसंधान कार्य के उद्देश्यों को ध्यान में रखकर विभिन्न स्थितियों का सफलतापूर्वक सामना करने के लिए अनुसंधान की एक रूपरेखा, अनुसंधान प्रारूप कहलाती है। यह अध्ययन कार्य करने से पूर्व बनाई जाती है तथा इसी रूपरेखा के आधार पर क्षेत्र में अनुसंधान के विभिन्न चरणों को संचालित किया जाता है। संक्षेप में अनुसंधान कार्य से सम्बन्धित आयोजना (Planning) अनुसंधान प्रारूप कहलाता है।

अनुसंधान प्रारूप शब्द का प्रयोग

शोध व्यूह (Research Strategy) तथा शोध-संरचना (Research Structure) के अर्थ में भी किया जाता है। शोध-व्यूह या अनुसंधान व्यूह का दायरा अध्ययन-विधियों तक सीमित है। अनुसंधान में प्रयुक्त विधियों का चुनाव शोध-व्यूह को केन्द्रीय विषय है। शोध संरचना अन्वेषण के विश्लेषण की प्रवृत्ति को इंगित करती है। अनुसंधान प्रारूप की अवधारणा इन दोनों से अधिक व्यापक है। इसमें उक्त दोनों के अर्थ सम्मिलित हैं।

आर.एल.ऐकॉफ (R.L.Ackoff) ने "The Design of Social Research, 1953" में लिखा है कि – ''निर्णय क्रियान्वित करने से पूर्व ही निर्णय-निर्धारित करने की प्रक्रिया को अनुसंधान प्रारूप कहते हैं।'' इसी प्रकार **सकमैन** (E.A.Suchman) लिखते हैं कि – अनुसंधान प्रारूप कुछ ऐसे निर्देशक तत्त्वों का समुच्चय है जिसके द्वारा अध्ययनकर्त्ता सही है एवं व्यवस्थित निर्देशन प्रास करता है। मिसेज पी.वी.यंग अनुसंधान प्रारूप को एक व्यवस्थित एवं तार्किक (Systematic and Logical) योजना मानती हैं, जो अनुसंधान को निर्देशित करती है। किसी भी अनुसंधान प्रारूप में समस्या विषय, उद्देश्य, अवधारणा, पद्धतियाँ एवं इससे सम्बन्धित विभिन्न चरणों को सम्मिलित किया जाता है। इस प्रारूप में परिकल्पना, सिद्धान्त, क्षेत्र, निदर्श इकाइयों के गुण भी सम्मिलित होते हैं। प्रारूप में सीमित संशोधन और विस्तार कुछ सीमा तक सम्भव हो सकता है।

मिसेज पी.वी.यंग (Pauline V.Young ; Scientific Social Survey and Research, 1951) ने अनुसंधान प्रारूप में निम्न प्रश्नों की चर्चा की है, जिनका अनुसंधान प्रारूप उत्तर प्रदान करता है-

1. अध्ययन का विषय क्या है तथा किस प्रकार के प्रदत्त की आवश्यकता है।
2. अध्ययन का उद्देश्य क्या है एवं इसका क्षेत्र (Scope) क्या है।
3. एकत्रित किए जाने वाले प्रदत्तों के स्त्रोत कौनसे हैं।
4. अध्ययनों का स्थान या क्षेत्र (Area) क्या होगा।
5. अध्ययन में अनुमानित समय कितना लगेगा।

6. अध्ययन के लिए कितनी इकाइयों का चयन किया जायेगा।
7. निदर्शन इकाइयों के चयन में किस प्रविधि का प्रयोग होगा।
8. प्रदत्तों के चयन की प्रविधि कौनसी होगी।
9. प्रदत्तों का विश्लेषण कैसे किया जाएगा।
10. सम्पूर्ण अध्ययन पर अनुमानित व्यय।
11. अध्ययन सम्बन्धी पद्धतिशास्त्र किस प्रकार का होगा।
12. अध्ययन की विशिष्ट प्रकृति क्या होगी।

उपर्युक्त प्रश्नों के सम्भावित अन्तर यदि शोध प्रकरण में सम्मिलित हो जाते हैं, तो यह कहा जा सकता है कि शोध-प्रारूप विश्वसनीय एवं वस्तुपरक है। ऐसे प्रारूप के द्वारा अध्ययनकर्त्ता के भ्रमित होने की संभावनाएं लगभग समाप्त हो जाती हैं।

❑❑❑

3

शोध प्रविधि की पद्धतियाँ

किसी वस्तु अथवा घटना के वैज्ञानिक अवलोकन के आधार पर निर्मित विचारों की अभिव्यक्ति जो शब्द-संकेतों के रूप में प्रयुक्त की जाती हैं, अवधारणा या संबोध (प्रत्यय) कहलाती है। सिद्धान्त रचना में इनकी अहम् भूमिका होती है। अवधारणाएं स्थिर नहीं होती, समयानुसार इनमें परिष्करण होता रहता है।

एच.पी.फेयरचाइल्ड ने ''Dictionary of Sociology, 1944'' में लिखा है ''अवधारणाएं वे विशिष्ट मौखिक संकेत हैं जो वैज्ञानिक अवलोकन व चिन्तन के आधार पर निकाले गए सामान्यीकृत विचारों को दिए जाते हैं।''

सी.श्रैग (C.Schrag ; Sociological theory ; Inquiry and Paradigms, 1967) ने अवधारणाओं को सिद्धान्त की शब्दावली एवं विषयवस्तु प्रदान करने वाले शब्द कहा है। इसी प्रकार जी.डी.मिचैल ने ''A Dictionary of Sociology, 1968'' में अवधारणा को विवरणात्मक सम्बंध (Descriptive property or relation) की आर संकेत करने वाला पद (item) बताया है।

अवधारणा वास्तव में परिस्थिति या प्रघटना विशेष का एक संक्षिप्त परिचय होती है। इसका प्रयोग सुविधा की दृष्टि से तथा विचारों को विकसित करने के लिए आवश्यकता हो जाता है। अवधारणा के महत्त्व को स्पष्ट करते हुए **गुडे एवं हाट**

(W.J.Goode and P.K.Hatt ; Methods in Social Research, 1952) लिखते हैं कि – अवधारणा को विकसित करने की प्रक्रिया इंद्रियजनित बोध को प्राप्त करने एवं निष्कर्ष निकालने में सहायक सिद्ध होती हैं।

अवधारणा की विशेषताएं –

1. एक या दो शब्दो में तथ्यों के एक समूह या वर्ग को परिभाषित करने में सहायक।
2. अवधारणा वैज्ञानिक अवलोकन या चिन्तन के आधार पर निर्मित होती है, न कि अनुमान के आधार पर।
3. अवधारणा तथ्यों के समूह की विशेषताओं का प्रतिनिधित्व करती है, अतः ये अर्थयुक्त होती हैं।
4. इनका एक निश्चित तार्किक आधार होता है।
5. अवधारणा प्रघटना की सम्पूर्ण व्याख्या नहीं करती अपितु इस बारे में एक संकेत मात्र है।
6. नवीनतम ज्ञान की प्राप्ति एवं अध्ययनकर्त्ता के विशिष्ट दृष्टिकोण आदि के कारण अवधारणाओं में आवश्यकतानुसार परिवर्तन होता रहता है।

सिद्धान्त (Theory)

सिद्धान्त 'क्यों' और 'कैसे' जैसे प्रश्नों का उत्तर देने का एक तरीका है। एक वैज्ञानिक सिद्धान्त विभिन्न चरों के मध्य कारणात्मक सम्बन्धों को प्रदर्शित करने वाली अनुभवजन्य अभिमान्यताओं (प्रस्थापनाओं) का समूह है। सिद्धान्त रचना के लिए प्रथम स्तर पर मूर्त घटनाओं का अवधारणों के रूप में अमूर्तिकरण करके इन्हें तर्क संगत आधार पर व्यवस्थित करके सिद्धान्त में परिणत किया जाता है।

टिमाशेफ (Nicholas S. Timasheff) अपनी पुस्तक "Sociological theory ; Its Nature and Growth" में लिखते हैं कि – परस्पर संगतपूर्ण एवं यथार्थ रूप में परिभाषित ऐसे अवधारणा–समूह को सिद्धान्त कहते हैं जिनसे निगमनात्मक (Deductive) सामान्यीकरणों को निकाला जा सके।

कोहेन (Percy S. Cohen) ने "Modern Social Theory-1968" में सिद्धान्तों के चार स्वरूपों की चर्चा की है –(i) विश्लेषणात्मक सिद्धान्त (Analytic Theories)– तर्कशास्त्र एवं गणितीय सिद्धान्त (ii) आदर्शात्मक सिद्धान्त (Normalative Theories), (iii) वैज्ञानिक सिद्धान्त (Scientific Theory), (iv) तात्विक सिद्धान्त (Metaphysical

Theories) जैसे- प्राकृतिक-प्रवरण (Natural Selection) का सिद्धान्त। यद्यपि समाजशास्त्रीय सिद्धान्त के सम्बन्ध में मत-भ्रांति है, तथापि समाजशास्त्रीय सिद्धान्त ऐसे वैज्ञानिक सिद्धान्त ही हैं जिनका सम्बन्ध सामाजिक घटना या घटना समूह से होता है। समाजशास्त्र में सिद्धान्त के स्वरूप में विद्वानों में मतभेद हैं। कुछ विद्वान समाजशास्त्रीय सिद्धान्त की संभावना को अस्वीकार करते हैं। टालकॉट पारसंस (1902-79) सार्वलौकिक तथा महत् सिद्धान्तों (Grand Theories) की बात करते हैं तो दूसरे ओर कुछ लघु सिद्धान्त (Minor Theories) के विचार को प्रतिपादित करते हैं। टी.एच.मार्शल (1893-1981) एवं रॉबर्ट मर्टन ने मध्यवर्ती सिद्धान्त (Middle Range Theory) को प्रस्तुत किया है। कमोबेश समाजशास्त्रीय सिद्धान्त विज्ञान की आदर्श कसौटी पर खरे नहीं उतरे है, इसके कई कारण हैं - (1) समाजशास्त्रीय सिद्धान्त प्राय: विश्लेषणात्मक प्रकृति से मिलते-जुलते हैं, इसीलिए उनका आनुभाविक परीक्षण कठिन होता है। (2) कुछ समाजशास्त्रीय सिद्धान्त न तो शुद्ध सार्वभौमिक कथन (Genuine Universal Statemants) होते हैं और न ही तथ्य के कथन (Statement of Fact)। (3) बहुत से सामाजिक सिद्धान्तों का परीक्षण इसलिए भी कठिन हो जाता है क्योंकि दो अस्पष्ट विधान प्रस्तुत करते हैं। सभी समाजशास्त्रीय सिद्धान्त उपर्युक्त जैसे नहीं होते। कुछ परिशुद्ध एवं परीक्षण योग्य सामाजिक सिद्धान्त भी हैं। प्रतीकात्मक अन्त:क्रियावादी अमरीकी समाजशास्त्री **हरबर्ट ब्लुमर** (1900-87) का कथन है कि - सिद्धान्तों का उपयोग अनुसंधान के पथ का संगठित-निर्देशित करने के लिए करना चाहिए, परन्तु इन सिद्धान्तों की परीक्षा एवं परिशुद्धता वास्तविक अनुभवाश्रित अवलोकनों द्वारा होनी चाहिए।

तथ्य (Fact)

ऐसे कथन या घटनाएं तथ्य हो सकती है, जिनका आनुभाविक आधार पर परीक्षण या प्रामाणिकता की पुष्टि संभव होती है। वैज्ञानिक तथ्य अवलोकन परीक्षण की उपज होती हैं और अर्थपूर्ण होते हैं।

एच.पी.फेयरचाइल्ड ने "Dictionary of Sociology, 1944" में लिखा है कि "तथ्य एक घटना है जिसमें अवलोकनों व मापों के विषय में सभी में बहुत कुछ सहमति पाई जाती है।" **अमरीकी कॉलेज शब्दकोश** के अनुसार - जो वास्तव में घटित हुआ है (What has really happened), वह तथ्य है। वस्तुत: वैज्ञानिक-अध्ययन का सम्पूर्ण मार्ग तथ्यों से होकर गुजरता है।

तथ्य की विशेषताएँ -

1. तथ्य ऐसी मूर्त या अमूर्त घटना है, जो वास्तविक रूप में घटित हुई हो या विद्यमान हो।

2. तथ्य परक या घटना की पुन: परीक्षा अथवा सत्यापन सम्भव होता है।
3. इसके अवलोकनों एवं मापों के सम्बन्ध में सहमति हो, एकमतता हो। तथा इसे व्याख्यानात्मक रूप में (World of Dis course) सच कहकर स्वीकार किया जाता है।
4. यह आवश्यक नहीं कि एक तथ्य किसी घटना (प्रक्रिया) की सदैव पूर्ण व्याख्या प्रस्तुत करे। बहुत से तथ्य एक साथ मिलकर उस प्रक्रिया की पूरी तरह व्याख्या करने में समर्थ होते हैं।
5. गुडडे एवं हाट (Methods in Social Research, 1852) के अनुसार - तथ्य एक अनुभवसिद्ध सत्यापनीय अवलोकन है।

तथ्यों के सामाजिक स्वरूप को इमाइल दुर्खाइम (1858-1917) ने विस्तृत रूप में प्रस्तुत किया है। दुर्खाइम के अनसार-सामाजिक तथ्य सोचने-समझने, अनुभव करने व व्यवहार करने के वे तरीके हैं, जो प्रेक्षक की दृष्टि में वस्तुपरक हैं तथा सामान्यता, बाह्यता एवं बाध्यता सम्बन्धी गुणों से युक्त हैं। दुर्खाइम अपनी कृति "The Rules of Sociological Method, 1895" में लिखतें हैं कि-सामाजिक तथ्यों को वस्तुओं के रूप मे समझना चाहिए। आपके अनुसार समाजशास्त्र सामाजिक तथ्यों का वैज्ञानिक अध्ययन है ये सामाजिक तथ्य यथार्थ के रूप में स्वनिर्मित (Suigeneris) हैं।

तटस्थ एवं पक्षपात रहित अवलोकन द्वारा तथ्यों का उनके वास्तविक रूप में संकलन एवं विश्लेषण वस्तुनिष्ठता या वस्तुपरकता है। वस्तुत: यह घटनाओं के अध्ययन का एक दृष्टिकोण है। वैज्ञानिक अनुसंधान या शोध की यह परम आवश्यकता है कि अनुसंधानकर्त्ता अपने आपको उन स्थितियों से अलग-थलग रखने का प्रयत्न करे जिनमें उनके व्यक्तिगत या व्यक्तिश: घुलमिल जाने की संभावना रहती है। सामाजिक विज्ञानों, विशेषत: समाजशास्त्र में आज भी यह विवाद का विषय बना हुआ है कि ''क्या समाजशास्त्र में पूर्ण वस्तुपरकता सम्भव तथा वांछनीय है?''

एल.जे.कार (Lowell J. Carr) अपनी पुस्तक ''Analytical Sociology,1935'' में लिखते हैं कि-सत्य की वस्तुनिष्ठता का अर्थ यह है कि घटनामय संसार किसी व्यक्ति के विश्वासों आशाओं अथवा भय से स्वतंत्र एक वास्तविकता है जिसका सब कुछ हम अन्तर्दृष्टि व कल्पना से नहीं अपितु वास्तविक अवलोकन द्वारा प्राप्त करते हैं।

ग्रीन (Green ; Sociology) के अनुसार ''वस्तुपरकता निष्पक्षता से प्रमाण का परीक्षण करने की इच्छा और योग्यता है।'' इस प्रकार वस्तुनिष्ठता वैज्ञानिक अनुसंधान

की आधारशिला है। इसके बिना वैज्ञानिक अनुसंधान की आधारशिला है। इसके बिना वैज्ञानिक अध्ययन निरर्थक और प्रयोजनहीन होते हैं।

समाजशास्त्र को वैज्ञानिक स्थिति प्रदान करने के लिए वस्तुपरकता अपरिहार्य है। इस अभाव में अध्ययन द्वारा निष्पक्ष निष्कर्षों की प्राप्ति सम्भव नहीं है। अगर हमें सामाजिक घटनाओं के सम्बन्ध में वास्तविक ज्ञान की वृद्धि करनी है तो वस्तुपरकता ही इसकी आधारशिला है। वस्तुपरकता द्वारा एक अध्ययनकर्त्ता उचित रूप से प्रतिनिधित्व करने वाले तथ्यों का संकलन करता है। वस्तुपरक अध्ययन नए अनुसंधानों की सम्भावनाओं को विकसित करता है, और इस प्रकार वैज्ञानिक पद्धति के प्रयोग सफल होते हैं।

समाजशास्त्रीय अध्ययनों में वस्तुपरकता की प्राप्ति में कठिनाई का अनुभव किया जा सकता है। इसका प्रमुख कारण सामाजिक घटनाओं की अपनी कुछ विशेषताएं हैं-जैसे : जटिलता (Complexity), अमूर्तता (Intangibility), गुणात्मकता (Qulitativeness), परिवर्तनशीलता (Changeability), भावात्मकता (Emotionality) अन्य कठिनाइयाँ जो वस्तुपरकता की प्राप्ति में बाधक हैं -

1. सामाजिक घटनाओं से सम्बद्ध भावनात्मक प्रवृत्तियों का प्रभाव
2. चूँकि अध्ययनकर्त्ता स्वयं उस सामाजिक परिवेश एवं अन्तः सम्बन्धों का एक अंग होता है, अतः अध्ययन-विषय से सम्पूर्ण अलगाव सम्भव नहीं होता।
3. सामान्य ज्ञान तथा विशिष्ट ज्ञान के मध्य भ्रम
4. असत्य या प्रतीकात्मक प्रतिमाएं
5. विशिष्टमूलक भ्रान्ति
6. अध्ययनकर्त्ता का व्यक्तिगत स्वार्थ
7. बाहरी दबाव या बाहरी हितों का हस्तक्षेप
8. सजातीयवाद या स्वजातिवाद (Ethnocentrism)
9. पक्षपात या पूर्वाग्रह तथा इसके विपरीत विरोधी-पूर्वाग्रह की समस्या
10. भ्रमपूर्ण प्रत्यक्षीकरण अथवा मनोवैज्ञानिक असमायोजन (असमंजस) की समस्या
11. शीघ्र निर्णय लेने की आवश्यकता भी वस्तुपरकता प्राप्ति में बाधक हो सकती है।

दरअसल वस्तुपरकता विषय (Subject) तथा वस्तु (Object) के मध्य पृथक्करण पर आधारित प्रघटना का यथार्थ विवेचन है। वैज्ञानिकों ने विज्ञान के तीन प्रमुख संदर्भों की चर्चा की है-

(i) प्रत्यक्षपरक संदर्भ - इसमें यह माना जाता है कि भौतिक या प्राकृतिक विज्ञानों और समाज विज्ञानों के मध्य पद्धतिशास्त्रीय समानता पाई जाती है। प्रत्यक्षपरक संदर्भ (Positivistic Reference) का उद्देश्य बाहरी विश्व के बारे में भविष्यवाणी सहित ज्ञान को संवर्धित करना है।

(ii) यथार्थपरक संदर्भ (Realistic Reference) उस प्रकार की विज्ञान तार्किकता तथा आनुभाविकता को तो स्वीकार करती है, लेकिन पूर्वकथनीयता को अस्वीकार करती है। यथार्थवादी विज्ञान के अनुसार घटनाएं (अन्तर्वस्तु) वस्तुपरक हैं, लेकिन उनका अर्थ विषयपरक हो सकता है।

(iii) मूल्यांकनात्मक संदर्भ (Conventionalistic Reference) ऐसे विज्ञान में सामाजिक -मूल्यों (Social Value) की भूमिका अहम होती है। जैसे - सौन्दर्यपरकता, नैतिकता, अहिंसा, देशभक्ति, स्वतंत्रता इत्यादि। इस संदर्भ के चलते प्राकृतिक एवं सामाजिक विाानों के मध्य की खाई स्पष्ट होने लगती है और यह विवाद गति प्राप्त करता है।

सामाजिक विज्ञानों में वस्तुपरकता को परिस्थितिमूलक अर्थ दिया जाना चाहिए। विषयपरक-वस्तुनिष्ठता (Subjective Objectivity) और वस्तुनिष्ठ विषयपरकता (Objective Subjectivity) । ये दो स्वरूप समाज विज्ञानों में निरपेक्ष मूल्यांकन के समय देखे जा सकते हैं। प्रथम प्रकार के यथार्थ में अध्ययनकर्त्ता के आन्तरिक अनुभव एवं उसकी बाहरी अनुभूति के मध्य कोई अन्तर नहीं होता। जबकि दूसरे में अध्ययनकर्त्ता के दृष्टिकोण को सभी समान रूप से स्वीकारते हैं।

वस्तुपरकता का दूसरा स्वरूप सामाजिक विज्ञानों को भौतिक या प्राकृतिक विज्ञानों के समकक्ष खड़ा करने में सहायक सिद्ध हुआ है। इसे अन्तरवैषयिक सहमति (Inter-suspective Agreement) भी कहते हैं। वस्तुपरकता का आधुनिक अर्थ यही है। और इस अर्थ में समाजशास्त्र में वस्तुपरकता को आसानी से पाया जा सकता है। परिणामस्वरूप निरपेक्ष मूल्यांकन संभव है।

सामाजिक विज्ञान में मापन की समस्या (Problem of Measurement in Social Science)

सामाजिक विज्ञानों को वैज्ञाकिन कसौटी पर खरा उतरने के लिए यह आवश्यक है कि वे अपने अध्ययन में अधिकतम वैज्ञानिक पद्धति एवं विधियों को प्रस्तुत करें। धीरे-धीरे इस प्रकार के दृष्टिकोण का विकास भी हो रहा है। लेकिन यह एकदम सच है कि प्राकृतिक या भौतिक-विज्ञानों की भाँति सामाजिक विज्ञानों में घटनाओं की माप

सम्भव नहीं है। सामाजिक घटनाओं के मापन की प्रचलन पार्क एवं बर्गेस बोगार्डस, थर्सटन, निकर्ट, मोरेनों, जेनिंग्स एवं गटमैन (Guttman) ने प्रारम्भ किया। यद्यपि मापन की ऐसी पद्धतियाँ समाज-मनोविाान के क्षेत्र में अधिक प्रचलित रही हैं। फिर भी आधुनिक प्रगतिवादी समाजशास्त्री ऐसी मापनियों को समाजशास्त्र में प्रयुक्त करने को उत्सुक रहते हैं। और इस प्रकार इनका प्रयोग अब बढने लगा है।

सामाजिक विज्ञानों में चूँकि मानव एवं समाज की प्रघटनाओं सम्बन्धी अध्ययन किए जाते हैं। अत: ऐसी घटनाओं की विशिष्ट विषयपरक अमूर्त प्रकृति के कारण इनके मापन में कठिनाइयाँ देखी जा सकती हैं। इन समस्याओं को निम्न प्रकार वर्जित किया जा सकता है-

1. **सामाजिक घटनाओं की जटिल-प्रकृति (Complexity of Social Phenomens)**-समाज विज्ञानों में मापन सम्बन्धी प्रक्रिया में प्रमुख समस्या घटनाओं की जटिलता होती है। सामाजिक तथ्य प्राय: कई कारकों का परिणाम होते हैं। ये सामाजिक-कारक इतने अन्त: निर्भर होते हैं कि इनकी पृथक-पृथक माप सम्भव नहीं हो पाती।

2. **सामाजिक घटनाओं की असमान -प्रकृति (Heterogeniety of Social Phenomens)** - मानवीय समाज के प्रत्येक समूह की अपनी भिन्न संस्कृति, प्रथा, परम्परा, मूल्य, भाषा, आदर्श, धर्म एवं विश्वास होते हैं। यहाँ तक कि एक ही समूह के सदस्यों के विचार, भावना एवं आदर्श मूल्यों में भी विविधताएं देखी जा सकती हैं। अत: किसी एक ही समाजशास्त्रीय पैमाने से यथार्थ मापन सम्भव नहीं हो सकता।

अवधारणा, सिद्धान्त एवं तथ्य (Concept, Theory and Fact)

अवधारणा, सिद्धान्त एवं तथ्य तीनों ही किसी भी अनुसंधान या शोध कार्य के मूलभूत स्तम्भ हैं। और तीनों ही आपस में परस्पर घनिष्ठ रूप से सम्बद्ध हैं। किसी विषय या घटना के बारे में वैज्ञानिक अध्ययन करने के लिए सर्वप्रथम घटना से सम्बन्धित वास्तविक तथ्यों का संकलन किया जाता है। तथ्यों का क्रमबद्ध एवं व्यवस्थित वर्गीकरण एवं विश्लेषण करके अध्ययन विषय सम्बन्धी अवधारणाओं का निर्माण किया जाता है और सही अवधारणाओं के आधार पर ही सिद्धान्तों को प्रतिपादित करना सरल होता है। वस्तुत: तथ्यों तथा अवधारणाओं के विश्लेषण व्याख्या को अंतिम चरण में सिद्धान्त बनता है।

□□□

4

शोध प्राक्कल्पना (परिकल्पना)

परिकल्पनाएँ चूँकि अनेक वैचारिक स्थितियों से विकसित होती हैं। सभी विचारों को वैज्ञानिक कदापि नहीं माना जा सकता। अत: परिकल्पनाओं में कुछ ऐसे तत्त्वों को सम्मिलित किया जाना चाहिए ताकि इन्हें कार्यकारी परिकल्पना का रूप प्रदान किया जा सके। एक अच्छी परिकल्पना की निम्न विशेषताएं होनी चाहिए –

1. अवधारणात्मक स्पष्टता (Conceptnal clarity)–इसमें भाषा सम्बन्धी स्पष्टता भी शामिल है।
2. प्रयोग सिद्धता (Moral Inpirical Referents) – परिकल्पनाओं में आदर्शात्मकता का पुट नहीं होना चाहिए।
3. विशिष्टता एवं निश्चितता (Specificity and Precision)
4. उपलब्ध पद्धतियों से सम्बद्ध (Related to Available Techniques)
5. सिद्धान्त समूह से सम्बद्ध (Related to the body of Theory)
6. सरलता एवं सुगमता (Simplicity and convenience)–परिकल्पना का सरल एवं प्रसंग के अनुरूप होना आवश्यक है। अधिक सरल परिकल्पनाएं, जिनका प्रचलन राजनीतिशास्त्र एवं अर्थशास्त्र में हो रहा है, अधिक घातक हो सकती

हैं। इसीलिए विलियम ओक्कम (W. Occum) ने इन्हें चाकू या उस्तरा (Razor) की संज्ञा दी है।

परिकल्पना का महत्त्व (Importance of Hypothesis)

किसी भी अध्ययन में परिकल्पना को एक मार्ग-दर्शक या गाइड के रूप में महत्त्वपूर्ण एवं उपयोगी स्थान प्राप्त होता है।

सेल्टिन-जहोदा एवं साथियों (Selltize, Jahoda, Deutsch and Cook) ने "Research Methods in Social Relations" में लिखा है कि-परिकल्पनाओं का निर्माण तथा प्रामाणिकता, वैज्ञानिक अध्ययन का उद्देश्य है।

1. अध्ययन के उद्देश्य का निर्धारण (Determining the purpose of study)
2. अध्ययन में निश्चितता लाना (Bringing Definit chess in the study) - अच्छे अनुसंधान में प्राक्कल्पना का निर्माण एक केन्द्रीय पथ है। गुडे एवं हॉट (W.J. Goode andP.K.Hatt) ने अपनी पुस्तक "Methods in Social Research, 1952" में लिखा है-एक परिकल्पना यह बताती है कि हम किसकी खोज करें।
3. अध्ययन क्षेत्र को सीमित करना (Restricting the Sphere of Study)
4. तथ्यों के संकलन में सहायक (Helpful in Collecting of Facts)
5. अध्ययन को उचित दिशा देने में सहायक (Helpful in Directing the Study) - मिसेज पी.वी.यंग (Pauline V.Young) ने "Scientific Social Survey and Research,1951" में लिखा है कि परिकल्पना का प्रयोग एक दृष्टिहीन खोज (Blind Research) से बचाता है।
6. निष्कर्ष निकालने एवं समाधानों में सुविधा (Helpful in Conclusion and Solutions)
7. लुण्डबर्ग (G.A.Lundberg) अपनी कृति "Social Research, 1942" में लिखते हैं - "........ परिकल्पना के आधार पर हम जानबूझकर अपनी विचार-शक्तियों को स्वीकार करते हैं तथा त्रुटियों की सम्भावना को कम करने का प्रयास करते हैं।"

घटनाओं या प्रक्रियाओं के सम्बन्ध में निर्मित एक अनुमान परिकल्पना या उपकल्पना कहलाता है। अनुसंधान सम्बन्धी अर्थ में न्यूनतम दो चरों के अन्तर्सम्बन्धों को व्यक्त करने वाला अस्थायी कथन या सामान्यीकरण परिकल्पना कहलाता है, जिसका

आनुभाविक परीक्षण होना बाकी है। इस प्रकार वैज्ञानिक अध्ययन में प्रत्येक परिकल्पना वास्तव में एक परीक्षण योग्य परिकल्पना (Testable Hypothesis) होती है। किसी एक अध्ययन में एक से अधिक परिकल्पनाएं हो सकती हैं।

कोहेन एवं नागेल (Cohan and Nagel) के अनुसार -किसी अध्ययनकर्त्ता के द्वारा अपने अध्ययन में अपनाया गया प्रारम्भिक बिन्दु या कदम प्राक्कल्पना या परिकल्पना के रूप में समझा जा सकता है। यह अध्ययन की आधारशिला है, जिसे लेकर अनुसंधानकर्त्ता अपने अध्ययन को आगे बढाता है तथा इसे सही या गलत सिद्ध करने का प्रयास करता है।

परिकल्पना के स्त्रोत (Sources of Hypothesis origin)

सामाजिक विज्ञानों में कार्य-कारण सम्बन्धों की बहुआयामी प्रकृति, घटनाओं की जटिलता एवं अनुसंधानकर्त्ता की परिवर्तनशील चेतना, इसकी परिकल्पनाओं को प्राकृतिक विज्ञानों की परिकल्पनाओं से पृथक करती हैं। अत: परिकल्पनाओं के निम्न उद्‌गम स्त्रोत हो सकते हैं इनकी प्रकृति निजी (Personel) तथा बाह्यता (External) प्रकार की हो सकती हैं -

1. **सामान्य संस्कृति (General Culture)**-अनुसंधानकर्त्ता की सांस्कृतिक पृष्ठभूमि, संस्कृति के चिन्ह (Cultural Traits) एवं सामाजिक-सांस्कृतिक परिवर्तन परिकल्पना के निर्माण में सहायक हो सकते हैं।

2. **वैज्ञानिक सिद्धान्त (.Scientific Theories)**-अध्ययन विषय पर पहले से स्थापित वैज्ञानिक सिद्धान्त परिकल्पना निर्माण में सहायता देते हैं। गुड्‌डे एवं हाट के अनुसार-परिकल्पनाओं का जन्म स्वयं विज्ञान में होता है (Hypothesises originatic in the Science itself)।

3. **सादृश्यताएं (Analegies)**- दो विभिन्न क्षेत्रों में पायी जाने वाली सादृश्यताओं के आधार पर परिकल्पनाओं का निर्माण हो जाता है।

4. **वैयक्तिक अनुभव (Personel Experience)**-आजकल सामाजिक अध्ययनों में अधिकांशत: सामान्य व्यक्तिगत अनुभवों अथवा घटनाओं के प्रति विशिष्ट दृष्टिकोणों पर आधारित परिकल्पना निर्माण की प्रवृत्ति बढती जा रही है। न्यूटन एवं डार्विन के उदाहरण इसमें सम्मिलित किए जा सकते हैं।

इस प्रकार अनुसंधान सम्बन्धी अध्ययनों में परिकल्पना का महत्त्व स्वत: सिद्ध होता है। जैसा कि गुड्‌डे एवं हाट ने कहा है - परिकल्पना के अभाव में शोध एक प्रकार से निरूद्देश्य या अनिर्दिष्ट विचारहीन भटकता है।

परिकल्पना की सीमाएं (Limitations of Hypothesis)

एक अच्छी परिकल्पना (Working Hypothesis) वैज्ञानिक अध्ययन में एक मार्गदर्शक की भाँति सहायता करती है। लेकिन यदि इसका सावधानीपूर्वक निर्माण नहीं किया गया, तो यह दोषपूर्ण परिकल्पना घातक भी सिद्ध हो सकती है। परिकल्पना के दोषों को इस प्रकार वर्णित किया जा सकता है –

1. तथ्य आधारित परिकल्पना के स्थान पर परिकल्पना आधारित तथ्य संकलन (Hypothesis Based Facts or Data Collection) – सामान्यत तथ्यों के आधार पर परिकल्पना का निर्माण किया जाना चाहिए। लेकिन कई बार इसके विपरीत परिकल्पना के आधार पर तथ्यों या सामग्री का संकलन किया जाने लगता है। यह वैज्ञानिक अध्ययन में बाधक होता है।
2. परिकल्पना में अटूट विश्वास (Full and Over Confidence in Hypothesis) – परिकल्पना में अधिक विश्वास हो जाने पर अध्ययनकर्त्ता प्रभावहीन तथ्यों को परिकल्पना इस प्रकार प्रस्तुत करता है कि परिकल्पना केवल सत्य या सकारात्मक प्रमाणित हो। इससे वास्तविकता सामने नहीं आ सकेगी।
3. अभिवृत्ति एवं संवेग प्रभावशाली (Attitudes and Emotions Effective) – अपनी वैयक्तिक विशेषताओं या अभिरूचियों के परिणामस्वरूप परिकल्पना – प्रमाणीकरण तथा इसके परीक्षण- पुनर्परीक्षण में वस्तुनिष्ठता नहीं आ सकेगी।
4. अध्ययनकर्त्ता का प्रतिष्ठा बिन्दु (Prestige-Point of the Investigator) – यदि शोधकर्त्ता परिकल्पना का सकारात्मक या सत्य प्रमाणित करने को अपनी प्रतिष्ठा मान लेता है, तो इससे वैज्ञानिक अध्ययन सम्भव नहीं हो सकता है।

इस विषय में परिकल्पना के सम्भावित खतरों से बचने के लिए **मिसेज पी.वी.यंग** (Pauline V. Young ; Scientific Social Survey and Research) ने लिखा है – यदि शोधकर्त्ता, वास्तविक वैज्ञानिक भावना के आधार पर किसी विशेष परिस्थिति में तथ्यों को सिद्ध करने का नहीं, बल्कि सीखने या समझने की ओर बढ़ता है, तब उसकी परिकल्पना कोई निजी स्वार्थ नहीं बनेगी और यदि नवीन तथ्य उसकी परिकल्पना को असत्य सिद्ध करते हैं तो उसकी प्रतिष्ठा को कोई आघात नहीं पहुँचेगा।

❑❑❑

5

शोध प्रविधि में अनुसन्धान की विधियाँ

ऐतिहासिक अनुसन्धान के उतने उद्देश्य होंगे जितने अनुसन्धानकर्ता, किन्तु मूल रूप में इसके निम्नलिखित उद्देश्य हो सकते हैं :

1. ऐतिहासिक अनुसन्धान का मूल उद्देश्य भूत के आधार पर वर्तमान को समझना एवं भविष्य के लिए सतर्क होना है। अधिकांश वस्तुओं का कोई न कोई ऐतिहासिक आधार होता है। अतः किसी समस्या, घटना अथवा व्यवहार से समुचित मूल्यांकन के लिए उसकी ऐतिहासिक पृष्ठभूमि से परिचित होना आवश्यक है। अनुशासन सम्बन्धी वर्तमान धारणा, शिक्षक के स्थान पर छात्र को महत्त्व, छात्र-परिषदों का गठन एवं उन पर नियन्त्रण, व्यक्ति की वर्तमान अवधारणा, मापन और मूल्यांकन आदि सभी एक ऐतिहासिक पृष्ठभूमि में विकसित हुए हैं और आज वर्तमान रूप में हैं। अतः ऐतिहासिक अनुसन्धान का मूल्य उद्देश्य ऐतिहासिक पृष्ठभूमि में इन समस्याओं का मूल्यांकन करना है।

2. ऐतिहासिक अनुसन्धान का दूसरा प्रमुख उद्देश्य शिक्षा मनोविज्ञान अथवा अन्य सामाजिक विज्ञानों में चिन्तन को नयी दिशा देने एवं नीति निर्धारण में सहायता करना है। वह यह भी स्पष्ट करता है कि आज नवीन कही जाने वाली वस्तुओं में नवीनता कहाँ तक है तथा बीच के परितर्वनों के क्या प्रभाव पड़े हैं। इस प्रकार ऐतिहासिक अनुसन्धान त्रुटियों के प्रति सतर्क कर मार्ग प्रशस्त करता है।

3. ऐतिहासिक अनुसन्धान का तीसरा उद्देश्य वैज्ञानिकों की भूतकालीन तथ्यों के प्रति जिज्ञासा की तृप्ति एवं भूत वर्तमान तथा भविष्य का सम्बन्ध स्थापन है।

4. ऐतिहासिक अनुसन्धान का एक उद्देश्य किसी क्षेत्र विशेष के व्यावसायिक कार्यकर्ताओं के लिए पूर्व अनुभव के आधार पर भावी कार्यक्रम की रूपरेखा निर्धारित करने में सहायता करना है।

5. यह इस तथ्य को स्पष्ट करता है कि किन परिस्थितियों में, किन कारणों से व्यक्ति अथवा व्यक्तियों ने एक विशेष प्रकार का व्यवहार किया है, उसका प्रभाव उसके ऊपर तथा समाज पर क्या पड़ा है।

6. ऐतिहासिक अनुसन्धान इस तथ्य का भी विश्लेषण करता है कि आज जो सिद्धान्त तथा क्रियाएँ व्यवहार में हैं, उसका उद्‌भव एवं विकास किन परिस्थितियों में हुआ है।

ऐतिहासिक अनुसन्धान का महत्त्व

1. इतिहास भूतकालीन घटनाओं के परिणामों को स्पष्ट करते हुए उसके गुण दोषों से परिचित कराता है। ऐतिहासिक अनुसन्धान शिक्षा तथा मनोविज्ञान के क्षेत्र में स्थित वर्तमान क्रियाओं और प्रवृत्तियों के आधार का सम्यक् विवेचन करता है। इससे किसी उलझी समस्या का हल ढूँढ़ने में सहायता मिलती है। अत: ऐतिहासिक अनुसन्धान वर्तमान शैक्षिक एवं मनोवैज्ञानिक समस्याओ का हल ढूँढ़ने में सहायक होता है।

2. ऐतिहासिक अनुसन्धान शिक्षा तथा मनोविज्ञान के क्षेत्र में सिद्धान्त एवं क्रिया पक्ष की आलोचनात्मक व्याख्या करता हुआ उनके वर्तमान स्वरूप की ऐतिहासिक एवं विकासात्मक स्थिति को स्पष्ट करता है।

3. ऐतिहासिक अनुसन्धान भूतकालीन त्रुटियों से परिचित कराकर भविष्य के प्रति सतर्क करता है।

4. शिक्षा के क्षेत्र में ऐतिहासिक अनुसन्धान समाज एवं विद्यालय के सम्बन्धों की व्याख्या करता है तथा मनोवैज्ञानिक क्षेत्र में इसके कारणों का विश्लेषण प्रस्तुत करता है।

5. ऐतिहासिक अनुसन्धान शिक्षा तथ मनोविज्ञान के लिए वैज्ञानिक आधार प्रस्तुत करता है।

6. यह शिक्षाशास्त्रियों, मनोवैज्ञानिकों तथा शोध कार्य में लगे अन्य व्यक्तियों के प्रति सम्मान प्रकट करता है।

7. ऐतिहासिक अनुसन्धान अन्धविश्वासों एवं भ्रमों का निवारण करता है।

ऐतिहासिक अनुसन्धानकर्ता के गुण

ऐतिहासिक अनुसन्धान का कार्य अत्यन्त कठिन है। अत: वही व्यक्ति इसमें सफल हो सकता है जिसमें निम्नलिखित गुण हों–1. सांस्कृतिक रुचि, 2. विश्व बन्धुत्व को भावना, 3. विशिष्ट क्षेत्र का गहन ज्ञान, 4. निष्पक्षता एवं मानसिक असन्तुलन, 5. स्वच्छ मस्तिष्क व क्रमिक अध्ययन में रुचि तथा 6. विषय से परिचय क्षमता।

ऐतिहासिक अनुसन्धान के प्रकरण

ऐतिहासिक अनुसन्धान की विषय-वस्तु चुनने में निम्नलिखित दो तथ्यों पर ध्यान देना आवश्यक है : 1. ऐसे क्षेत्र में प्रवेश करना जिसका पता न लगा हो, तथा 2. पुराने अनुसन्धान का संशोधन।

अच्छे प्रकरण प्राप्त करने के उपाय–

1. विषय विशेष का गहन अध्ययन।

2. सन्देहात्मक बुद्धि से साहित्य सर्वेक्षण।

3. अन्वेषणात्मक एवं आलोचनात्मक दृष्टिकोण।

उपर्युक्त दृष्टिकोण से अध्ययन करने में सरलता होती है।

ऐतिहासिक अनुसन्धान के विभिन्न पद

ऐतिहासिक अनुसन्धान के निम्नलिखित पद होते हैं :

1. आँकड़ों का संग्रह, 2. आँकड़ों का विश्लेषण तथा 3. उपर्युक्त के आधार पर तथ्यों के विश्लेषण एवं रिपोर्ट।

डेविड फॉक्स ने ऐतिहासिक अनुसन्धान के निम्नलिखित पद बताये हैं :

1. यह निश्चय करना कि समस्या का समाधान ऐतिहासिक विधि से होगा।

2. किस प्रकार के आँकड़ों की आवश्यकता है, इसका निश्चय करना।

3. पर्याप्त आँकड़ें प्राप्त हों, इसका निश्चय करना।

4. निम्नलिखित माध्यमों से आँकड़े प्राप्त करके प्रारम्भ करना :

अ. ज्ञात आँकड़े ब. ज्ञात स्त्रोतों से नवीन आँकड़े प्राप्त करना–1. प्राथमिक स्त्रोत, 2. माध्यमिक स्त्रोत, स. नवीन और पूर्व अज्ञात आँकड़ों की खोज–1. आँकड़ों के रूप में 2. स्त्रोत के रूप में।

5. प्रतिवेदन लिखना प्रारम्भ करना।

6. आँकड़ों का परीक्षण करते जाना।

7. अनुसन्धान प्रतिवेदन का वर्णनात्मक भाग पूर्ण करना।

8. अनुसन्धान प्रतिवेदन का विश्लेषणात्मक भाग पूर्ण करना।

9. आँकड़ों का वर्तमान के प्रयोग और भविष्य के लिए परिकल्पना का निर्माण करना।

ऐतिहासिक अनुसन्धान में आँकड़ों की प्राप्ति के साधन

जिज्ञासु अनुसन्धानकर्ता के लिए ऐतिहासिक साधन यह विचित्र विश्व ही है। सत्य की खोज के लिए उसे इसी विश्व में भ्रमरण करना पड़ता है। यह विचित्र विश्व गुप्त रहस्यों तथा आच्छन्न तथ्यों से परिपूर्ण है। इन रहस्यों का उदघाटन तथा तत्वों का विश्लेषण एवं अन्वेषण इतिहासकार का मुख्य लक्ष्य होता है। ऐतिहासिक साधनों का विभाजन निम्नवत् है :

1. प्राथमिक साधन–वे साधन हैं जो घटना, व्यक्ति या संस्था के विषय में प्रथम साक्षी का कार्य करते हैं। इस प्रकार के साधन घटना से तात्कालिक सम्बन्ध रखने वाले होते हैं, जिनके समक्ष वास्तव में घटना घटित होती है। इस प्रकार के साधनों में निम्नलिखित महत्त्वपूर्ण हैं :

1. सचेतन रूप से प्रदर्शित सूचनाएँ–अ. लिखित साधन–जैसे, वृत्तान्त, कथा, जीवन वृत्तान्त, दैनन्दिनी, वंशावलियाँ तथा शिलालेख आदि।

ब. मौखिक परम्परा–जैसे, ऐतिहासिक चित्र, मूर्तियाँ, सिक्के आदि।

2. अवशेष अथवा अचेतन प्रमाण-पत्र–यथा, मानवीय अवशेष, भवन, अस्त्र-शस्त्र, वस्त्र एवं ललित कलाएँ आदि।

इन अवशेषों से तत्कालीन घटना, काल विशेष या व्यक्ति विशेष के विषय में प्राथमिक ज्ञान प्राप्त होता है।

2. द्वितीयक साधन–ऐतिहासिक घटना या व्यक्ति के विषय में जो कुछ तथ्य प्रदान करते हैं, उनकी आवृत्ति उन साधनों के अन्तर्गत प्रत्यक्षतः समाहित नहीं रहती। एक व्यक्ति जो ऐतिहासिक तथ्य के विषय में तात्कालिक घटना से सम्बन्धित व्यक्ति के मुँह से सुने सुनाये वर्णन को अपने शब्दों में व्यक्त करता है, ऐसे वर्णन को द्वितीयक साधन कहते हैं। इनमें यद्यपि सत्य का अंश रहता है किन्तु प्रथम साक्षी से द्वितीय श्रोता तक पहुँचते-पहुँचते वास्तविकता में कुछ परिवर्तन आ जाता है जिससे उसके दोष युक्त होने की सम्भावना रहती है।

शैक्षिक तथा मनोवैज्ञानिक इतिहास के साधन

घटना की रिर्पोट–इसके अन्तर्गत लिखित प्रमाण–पत्र तथा ऐतिहासिक महत्त्व की वस्तुओं को लिया गया है। उदाहरणार्थ, विद्यालय का वातावरण, विद्यालय भवन एवं सज्जा, छात्रों के सामूहिक चित्र, शैक्षिक क्रिया अथवा मनोवैज्ञानिक प्रयोग में लगे अध्यापकों, मनोवैज्ञानिकों, छात्रों आदि के चित्र, डिप्लोमा, उपस्थिति रजिस्टर, प्रमाण–पत्र के नमूने, बैंक अभिलेख, पाठ्य पुस्तकें, अभ्यास पुस्तिकाएँ, मानचित्र डिजाइन आदि। एच. जी. गुड के अनुसार, "किसी घटना विशेष का उल्लेख जब तक नहीं किया जाता, उन्हें अवशेष कहते हैं।" उदाहरणार्थ, साधारण प्रमाण–पत्र अथवा उपस्थिति रजिस्टर का नमूना अवशेष है, परन्तु यदि उस पर किसी छात्र का पूर्ण विवरण लिख दिया जाये तो वह लिखित प्रमाण–पत्र हो जाता है। कुछ प्रमाण–पत्र निम्नलिखित हैं–क. वैधानिक एक्ट–जैसे संविधान, कानून चार्टर, आदि। ख. अदालती फैसले, ग. कार्यकारिणी या अन्य कार्यालय सम्बन्धी लेखे, घ. समाचार पत्र पत्रिकाएँ, ङ निजी सामग्री, च. साहित्यिक सामग्री आदि।

ऐतिहासिक आँकड़ों के साधनों का संग्रह एवं प्रयोग

आँकड़ों का संग्रह करने के बाद विशेषज्ञों द्वारा प्रयोग हेतु परामर्श लेना चाहिए। इसके लिए एक तालिका बनानी होगी। संकलित आँकड़ों को विभिन्न प्रकरणों में विभाजित कर उनका वर्गीकरण कर लेंगे, जैसे नालन्दा विश्वविद्यालय के अनुसन्धान के लिए शिक्षा किस स्थान पर दी जाती थी, कार्यालय कहाँ पर था, पाठ्यक्रम क्या था, पाठ्य पुस्तकें कैसी थीं, परीक्षा प्रणाली क्या थी? आदि की योजना बनानी होगी और इसके अनुकूल प्रमाणित साधनों को सुव्यवस्थित करना होगा।

आँकड़ों की आलोचना या मूल्यांकन–आँकड़ों के संग्रह के साथ–साथ उपका मूल्यांकन भी करना होता है कि किसे तथ्य माना जाय, किसे सम्भावित माना जाये और किस आँकड़े का भ्रमपूर्ण माना जाय? इसके लिए दो तथ्यों को ध्यान में रखते हैं :

1. आन्तरिक क्रमबद्धता–जिन आँकड़ों में आन्तरिक क्रमबद्धता नहीं होगी अर्थात् विरोधाभास का अभाव हो, वे सत्य के अधिक निकट होंगे।

2. बाह्य क्रमबद्धता–इसका तात्पर्य यह है कि अन्य साधनों से प्राप्त सूचनाओं से इसका विरोध न हो।

तथ्यपूर्ण कैसे मानें?–1. यदि दो प्राथमिक स्त्रोत एक ही तथ्य पर सहमत हों। 2. एक प्राथमिक स्त्रोत तथा एक माध्यमिक स्त्रोत एक मत हो। 3. उस तथ्य का विरोधी किसी ने न किया हो।

उपर्युक्त तीनों विशेषताओं के आधार पर किसी आँकड़े को तथ्यपूर्ण मान लेते हैं, उसके पश्चात् ही उसकी समालोचना प्रारम्भ करते हैं।

1. बाह्य आलोचना–इसमें इस तथ्य की जाँच करते हैं कि प्राप्त आँकड़ों या प्रमाण–पत्र अपने बाह्य स्वरूप की दृष्टि से उचित है अथवा नहीं इसके अन्तर्गत लिखित प्रमाण–पत्र की यथार्थता की जाँच की जाती है। बाह्य आलोचना के अन्तर्गत आँकड़ों के रूप, रंग, समय, स्थान तथा परिणाम की दृष्टि से यथार्थता की जाँच करते हैं। यह देखते हैं कि प्राप्त आँकड़ों जब लिखा गया, जिस स्याही से लिखा गया, लिखने में जिस शेली का प्रयोग यिा गया तथा जिस प्रकार की भाषा, लिपि, रचना, हस्ताक्षर, आदि प्रयुक्त हैं, वे सभी तथ्य मौलिक घटना के समय उपस्थित थे या नहीं यदि नहीं तो आँकड़ा जाली हैं। इसके परीक्षण हेतु निम्न तथ्यों पर ध्यान देते हैं :

1. लेखक कौन था तथा उसका चरित्र और व्यक्तित्व कैसा था?

2. सामान्य रिर्पोटर के रूप में उसकी योग्यताएँ क्या थीं?

3. इस तथ्य के रिपोर्टर के रूप में उसकी विशिष्ट योग्यता क्या थी–अ. सम्बन्धित घटना में रुचि कैसी थी? ब. घटना का निरीक्षण उसने किस स्थिति में किस मन:स्थिति से किया था? स. घटना की रिपोर्ट और उसके अध्ययन के लिए उसे क्या आवश्यक सामान्य और प्राविधिक ज्ञान उपलब्ध था? स. घटना की रिपोर्ट और उसके अध्ययन के लिए उसे क्या आवश्यक सामान्य और प्राविधिक ज्ञान उपलब्ध था?

5. प्रमाण–पत्र किस प्रकार लिखा गया–स्मरण द्वारा, परामर्श द्वारा, देखकर या पूर्व ड्राफ्टों को मिलाकर?

6. लिखित प्रमाण–पत्र अन्य प्रमाण–पत्रों से कहाँ तक मिलता है?

आँकड़ों की यथार्थता का ज्ञान करने हेतु इतिहासकारों ने अलग–अलग विज्ञानों का अपने क्षेत्र में प्रयोग किया है। उदाहरणार्थ, शिलालेखों का अध्ययन करने के लिए इपिग्राफी, डिप्लोमा आदि का ज्ञान करने हेतु डिप्लोमेटिक्स, लिखावट का ज्ञान करने हेतु पैलियोग्राफी, तारीखों का ज्ञान करने हेतु फिलोलॉजी, स्याही हेतु केमिस्ट्री, आदि के प्रयोग द्वारा आँकड़े के बाह्य स्वरूप के विषय में पूर्ण रूप से ज्ञान प्राप्त करने में सफलता मिलती है।

धनात्मक तथा ऋणात्मक ऐतिहासिक समालोचना

आन्तरिक समालोचना को उस समय धनात्मक कहते हैं, जब अनुसन्धानकर्ता का प्रयत्न अभिलेख का सत्य, वास्तविक और अक्षरश: अर्थ ज्ञात करने का होता है। आन्तरिक समालोचना को उस समय ऋणात्मक कहते हैं, जब अनुसन्धानकर्ता का प्रत्येक प्रयत्न अभिलेख की अविश्वसनीयता को ज्ञात करना रहता है।

शिक्षा तथा मनोविज्ञान में ऐतिहासिक अनुसन्धान की प्रक्रिया

ऐतिहासिक अनुसन्धानकर्ता को निम्नलिखित प्रक्रिया अपनाने में सरलता होगी :

1. ऐसे क्षेत्र का चुनाव करना जिसमें पर्याप्त प्रमाण एवं अनुसन्धान सामग्री प्राप्य हो।

2. जहाँ तक सम्भव हो, प्राथमिक साधन ही प्रयोग करें।

3. आवश्यकतानुसार सामान्य रूप से माध्यमिक साधनों का भी प्रयोग कर सकते हैं।

4. सुपरिभाषित समस्या पर कार्य प्रारम्भ करें।

5. व्यक्तिगत पक्षपातों से सदैव बचते रहें।

6. विभिन्न परिस्थितियों एवं वातावरण की स्थिति के सन्दर्भ में अध्ययन को आगे बढ़ायें।

7. कार्य कारण सम्बन्ध पर विशेष ध्यान दें।

8. विभिन्न आँकड़ों के आधार पर अर्थपूर्ण निष्कर्ष प्राप्त करें।

निम्नलिखित तथ्यों से बचने का प्रयास करें :

1. आँकड़ों को अत्यन्त सरल बनाने का दुष्प्रयास न करें।

2. स्वल्प सामग्री के आधार पर ही सामान्यीकरण न करें।

3. विशिष्ट और सामान्य तथ्यों को एक दृष्टि से न देखे।

4. बहुत व्यापक समस्या न ले लें जो पूर्ण ही न हो।

5. माध्यमिक आँकड़ों पर ही विश्वास न कर लें।

6. अनेक व्यक्तियों द्वारा प्रदत्त तथ्यों को उचित मानने से न चूकें।

7. व्यक्तिगत पक्षपात से बचने का प्रयास करें।

8. वर्णन नीरस न हो।

9. शब्दों के पूर्व निश्चित अर्थ को छोड़कर नये अर्थ में उसे न लें। अर्थ परिवर्तित होते रहते हैं।

ऐतिहासिक अनुसन्धान का क्षेत्र

वैसे तो ऐतिहासिक अनुसन्धान का क्षेत्र उतना ही व्यापक है, जितना स्वयं जीवन, किन्तु संक्षेप में इसके क्षेत्र में निम्नलिखित को सम्मिलित कर सकते हैं :

1. बड़े शिक्षाशास्त्रियों एवं मनोवैज्ञानिकों के विचार।

2. संस्थाओं एवं प्रयोगशालाओं द्वारा किये गये कार्य।

3. विभिन्न कालों में शैक्षिक एवं मनोवैज्ञानिक विचारों के विकास की स्थिति।

4. एक विशेश प्रकार की विचारधारा का प्रभाव और उसके स्त्रोत।

5. शिक्षा के लिए संवैधानिक व्यवस्था।

6. पुस्तक सूची की तैयारी आदि।

ऐतिहासिक शोध प्रबन्ध के मूल्यांकन के आधार

1. समस्या अनुसन्धान के योग्य हो।

2. निश्चित लेखक, स्थान और समय के अनुसार स्त्रोत का वर्गीकरण हो।

3. अध्ययन परिसीमित हो।

4. शोध प्रबन्ध की व्यवस्था तार्किक आधार पर हो।

5. तथ्यों की समुचित व्याख्या की गयी हो।

6. स्त्रोत पर्याप्त रूप में हों तथा प्राथमिक एवं माध्यमिक, दोनों प्रकार के साधन प्रयोग में आये हों।

7. साधन उचित और विश्वसनीय हों।

8. शोध प्रबन्ध भावी अनुसन्धान के लिए सुझाव प्रस्तुत करें।

9. अध्ययन में समय एवं धन का ध्यान रखा गया हो।

10. कम से कम दो स्वतन्त्र साक्षियों द्वारा तथ्यों की जाँच कर ली गयी हो।

उपर्युक्त तथ्यों के आधार पर किसी ऐतिहासिक शोध प्रबन्ध का मूल्यांकन किया जा सकता है।

अनुसन्धान के स्वरूप का विस्तृत विवरण हम पूर्व ही दे चुके हैं। यहाँ पर सर्वप्रथम हमें विधि एवं प्रक्रिया पर विचार करना है। अनुसन्धान की विभिन्न विधियों का वर्गीकरण अनेक प्रकार से किया गया है जिनकी चर्चा आगे की गयी है। सामान्यत: विद्यार्थी विधियों को ऐतिहासिक विधि, वर्णनात्मक विधि तथा प्रयोगात्मक विधि आदि नामों से जानते हैं। हैनरी लेस्टर स्मिथ ने तो 131 शब्दावलियों की एक सूची प्रस्तुत की है जिसे शिक्षा सम्बन्धी अनुसन्धानों में विभिन्न प्रसंगों व विभिन्न रूपों में प्रयोग किया गया है। वास्तव में इन्हें हम विधियाँ न कहकर अनुसन्धान के प्रकार कहें, तो अधिक संगत होगा। प्रत्येक अनुसन्धान एक विशेष प्रकृति की समस्या का वैज्ञानिक समाधान प्रस्तुत करता है। यदि समस्या की प्रकृति ऐतिहासिक है, तो उसे हम ऐतिहासिक अनुसन्धान कहेंगे। यदि समस्या की प्रकृति वर्णनात्मक है, तो उसे वर्णनात्मक अनुसन्धान, और यदि समस्या की

प्रकृति के ऊपर निर्भर है कि अनुसन्धान कैसा होगा अथवा उसकी विधि क्या होगी? यदि उचित रूप में विचार करें तो इनमें कोई दीवार नहीं है। समुचित वैज्ञानिक निष्कर्ष के लिए तो सबसे अच्छा होगा कि अनुसन्धानकर्ता किसी समरूप के ऐतिहासिक पक्ष का विश्लेषण करे, वर्तमान का अध्ययन करे तथा आवश्यकतानुसार प्रयोग भी करके देखे। इस प्रकार की समन्वित प्रणाली ही सर्वोत्तम प्रणाली है। अनुसन्धान की विधियों का वर्गीकरण विद्वानों ने अनेक प्रकार से किया है। किसी ने क्षेत्र के अनुसार वर्गीकरण किया है तो सिकी ने उसके उद्देश्य अथवा आँकड़े प्राप्त करने की विधि के आधार पर वर्गीकरण किया है। सामान्य रूप से अधिकांश विद्वान निम्नलिखित वर्गीकरण को मानते हैं :

1. **ऐतिहासिक अनुसन्धान**–इनका सम्बन्ध भूत से है तथा यह भविष्य को समझाने के लिए भूत का विश्लेषण करता है।

2. **वर्णनात्मक अथवा सर्वेक्षण प्रकार का अनुसन्धान**–इसका सम्बन्ध वर्तमान से होता है तथा इसके अन्तर्गत अनुसन्धान के विषय का स्तर निर्धारित करने का प्रयास करते हैं।

3. **प्रयोगात्मक अनुसन्धान**–इसका उद्देश्य वैज्ञानिक रूप में दो या दो से अधिक तत्वों के सम्बन्ध की व्याख्या करना होता है।

ऐतिहासिक अनुसन्धान

ऐतिहासिक अनुसन्धान को ज्ञात करने से पूर्व इतिहास और ऐतिहासिक ज्ञान की प्रकृति को ज्ञात करना आवश्यक है। इतिहास के लिए अंग्रेजी में हिस्ट्री शब्द का प्रयोग होता है। इसका मूल शब्द हिस्टोरिया है। इसका अर्थ होता है–जाँच के द्वारा प्राप्त ज्ञान। अब इसका अर्थ भूतकालीन अभिलेख तक सीमित हो गया है। यद्यपि भूतकालीन अभिलेख पृथ्वी, नक्षत्र आदि सभी के होते हैं किन्तु यहाँ हम मानव इतिहास की ही चर्चा करते हैं।

इतिहास क्या है?–मानव की उपलब्धि का पूर्ण, सही और अर्थपूर्ण अभिलेख इतिहास कहलाता है। यह केवल कुछ घटनाओं की सूचीमात्र नहीं होता अपितु एक विशेष समय एवं स्थान पर घटित मानव जीवन से सम्बन्धित घटनओां का एक सत्य, सुनियोजित एवं परीक्षित अभिलेख होता है। इस इतिहास का प्रयोग भूतकाल की पृष्ठिभूमि में वर्तमान को समझने एवं भविष्य के लिए पूर्व कथन करन के लिए किया जाता है जिससे भविष्य के सम्बन्ध में उचित निर्णय करने में सरलता हो सके। यह कहावत प्रचलित है कि इतिहास अपने को दुहराता है। इसका तात्पर्य यह है कि समान परिस्थितियों में त्रुटियों की पुनरावृत्ति होती है।

ऐतिहासिक सामग्री की विशेषताएँ–ऐतिहासिक सामग्री की कुछ मूल विशेषताएँ हैं जो उसे अन्य प्रकार के ज्ञान से अलग करती हैं।

1. इतिहास की विषय सामग्री अपरिवर्तनीय भूतकालीन परिधि में बँधी होती हैं। भूतकालीन घटनाओं को न तो प्रस्तुत कर सकते हैं न उनमें परिवर्तन कर सकते हैं। यह बन्द प्रकार के आँकड़े होते हैं, जबकि विज्ञान के अन्तर्गत अनुसन्धानकर्ता ऐसी सामग्री पर कार्य करता है जो खुली हुई है और उसे पुन: प्रस्तुत किया जा सकता है।

2. ऐतिहासिक आँकड़ों की एक विशेषता यह है कि वे भूतकालीन घटनाओं के अभिलेख के रूप में ही मिलते हैं जिनका वर्तमान अध्ययन से प्रत्यक्ष या अप्रत्यक्ष सम्बन्ध होता है। वास्तव में भूतकालीन अवशेषों के आधार पर उन घटनाओं को सजीव रूप में चित्रित करने का प्रयास किया जाता है।

3. ऐतिहासिक आँकड़ों के विश्लेषण में व्यक्तिगत पक्षपात के लिए बहुत स्थान हैाता है। अत: ऐतिहासिक अनुसन्धानकर्ता को ऐतिहासिक आँकड़ों के विश्लेषण में बहुत ही सतर्क रहना पड़ता है। वह घटना का प्रत्यक्ष दर्शक नहीं है। निरीक्षण करने और रिर्पोर्ट देने वाला कोई और था। अत: वस्तुनिष्ठता लाने में कठिनाई होती है।

4. विज्ञान में वर्तमान के आधार पर भविष्य के विषय में पूर्व कथन करते हैं किन्तु इतिहास में वर्तमान के आधार पर भूत का विश्लेषण करने का प्रयास करते हैं।

इन विशेषताओं के कारण ऐतिहासिक अनुसन्धान अन्य अनुसन्धानों से भिन्न होता है और इन्हें ध्यान में रखकर कार्य करने वाला ही सफल होता है।

वास्तव में ऐतिहासिक अनुसन्धान को उचित रूप में पूर्ण करना अत्यन्त कठिन है क्योंकि सही आँकड़े प्राप्त करने में बड़ी कठिनाई होती है।

ऐतिहासिक अनुसन्धान क्या है?

जॉन डब्ल्यू. बेस्ट के अनुसार, ऐतिहासिक अनुसन्धान का सम्बन्ध ऐतिहासिक समस्याओं के वैज्ञानिक विश्लेषण से है। इसके विभिन्न पद भूत के सम्बन्ध में एक नयी सूझ पैदा करते हैं जिसका सम्बन्ध वर्तमान और भविष्य से होता है।

एफ. एल. ह्विटनी के अनुसार, ''ऐतिहासिक अनुसन्धान भूत का विश्लेषण करता है। इसका उद्देश्य भूतकालीन घटनाक्रम, तथ्य और अभिवृत्तियों का आधार पर ऐसी सामाजिक समस्याओं का चिन्तन एवं विश्लेषण करना है जिनका समाधान नहीं मिल सका है। यह मानव-विचारों और क्रियाओं के विकास की दिशा की खोज करता है जिसके द्वारा सामाजिक क्रियाओं के लिए आधार प्राप्त हो सके।''

ऐतिहासिक अनुसन्धान की समस्याएँ

ऐतिहासिक अनुसन्धान को निम्नलिखित समस्याएँ अत्यधिक कठिन बना देती हैं :

1. उपयुक्त समस्या का चयन एक कठिन समस्या है। समस्या ऐसी होनी चाहिए जिसका समुचित अध्ययन एवं विश्लेषण सम्भव हो। अधिकतर प्रारम्भिक अनुसन्धानकर्ता बड़ी विस्तृत समस्या ले लेते हैं, जिसका निर्वाह कठिन हो जाता है। अत: समुचित सीमांकन आवश्यक है। विद्वानों का विचार है कि अनुसन्धान में किसी व्यापक समस्या के सर्वेक्षण मात्र से उत्तम होगा, यदि संक्षिप्त समस्या का गहन अध्ययन किया जाये।

2. उपयुक्त परिकल्पना के निर्माण में भी कठिनाई आती है जो अत्यन्त महत्त्वपूर्ण है इससे दिशा निर्देश मिलता है। उपयुक्त परिकल्पना के अभाव में ऐतिहासिक आँकड़ों की प्राप्ति निरुद्धेश्य संग्रह मात्र हो जाती है, जिसके आधार पर वर्तमान का समुचित विश्लेषण और भविष्य के लिए पूर्व कथन कठिन हो जाता है।

3. आँकड़ों का संग्रह और विश्लेषण भी अनेक कठिनाइयाँ प्रस्तुत करता है। ऐतिहासिक अनुसन्धानकर्ता उस काल की घटनाओं का प्रत्यक्ष दर्शक तो नहीं होता, उसे प्राप्त सामग्री पर विश्वास करना पड़ता है तथा अपनी सूझ-बूझ से निष्कर्ष निकालना पड़ता है। अत: विश्वसनीय आँकड़ों की प्राप्ति के साथ ही साथ उनका समुचित विश्लेषण भी कठिन होता है। इसके लिए अनुसन्धानकर्ता में उच्च कोटि की कल्पना, बुद्धिमत्ता तथा सूझ आवश्यक है।

4. ऐतिहासिक अनुसन्धानकर्ता प्राप्त सामग्री का विश्लेषण करते समय बहुधा उस काल की सामाजिक, आर्थिक और राजनीतिक स्थिति एवं व्यवस्था का समुचित ध्यान नहीं रखते जो किसी भी क्षेत्र में व्यक्तियों के चिन्तन तथा व्यवहार को एक बड़ी सीमा तक प्रभावित करती है। अत: इनके सन्दर्भ में ही विचार संगत होगा।

पश्चोन्मुखी अनुसन्धान

ग्रीनवुड के अनुसार, ''उत्तेजक के कार्यशील होने के पश्चात् नियन्त्रण द्वारा पीछे की ओर कार्य करते हैं। इस प्रकार ऐसी परिस्थिति की पुन:रचना करते हैं जिसे प्रयोगात्मक परिस्थिति कहा जा सके।''

इस परिभाषा से यह स्पष्ट है कि उत्तेजक को अन्वेषक नियन्त्रित नहीं करता। ऐसे प्रयोगों में प्रयोगकर्ता द्वारा किये जाने वाले प्रायोगिक परिवर्तन बहुत ही सीमित हैं। पश्चोन्मुखी प्रयोग केवल प्रयोग न रह कर एक प्रकार के अनुसन्धान के वर्ग का स्वरूप ले चुके हैं। अनुसन्धान के दृष्टिकोण से, **करलिंगर** इसे इस प्रकार पारिभाषित करते हैं : यह एक ऐसे प्रकार का अनुसन्धान है जिससे स्वतन्त्र चर अथवा चरों का कार्य हो चुका

है तथा अनुसन्धानकर्ता किसी आश्रित चर अथवा चरों के निरीक्षण से कार्य प्रारम्भ करता है। वह स्वतन्त्र चर का पश्चावलोकन करता है ताकि आश्रित चरों पर पड़ने वाले प्रभावों तथा उनके सम्बन्धों को वह ज्ञात कर सके। ऐसे अनुसन्धान, जहाँ स्वतन्त्र चर अपना कार्य कर चुके हैं, आश्रित चरों के माध्यम से किये जाते हैं। अनुसन्धानकर्ता अपने अनुसन्धान में आश्रित से स्वतन्त्र की ओर चलता है। ऐसे अनुसन्धानों में कभी-कभी प्रदत्त की व्याख्या करने में त्रुटि होने की सम्भावना अधिक रहती है जबकि अनुसन्धानकर्ता का समय तथा स्वतन्त्र चर पर नियन्त्रण बहुत कम हो।

प्रयोगात्मक तथा पश्चोन्मुखी अनुसन्धान में अन्तर

प्रयोगात्मक अनुसन्धान में शोधकर्ता नियन्त्रण तथा यादृच्छीकरण द्वारा अपनी उपकल्पना की सत्यता जाँचता है। उदाहरण के लिए, वह यह उपकल्पना करता है कि कुण्ठा आक्रामक व्यवहार उत्पन्न करती है। प्रयोगात्मक अनुसन्धान में प्रयोगकर्ता का स्वतन्त्र चर पर कम से कम हस्तादि नियन्त्रण अवश्य होता है क्योंकि उसके पास केवल एक चर ही क्रियाशील होता है। एक वास्तविक प्रयोग में यह नियन्त्रण को यादृच्छिकरण से भी बढ़ा सकता है। किन्तु पश्चोन्मुखी प्रयोग में न तो स्वतन्त्र चर पर ही नियन्त्रण सम्भव है और न ही यादृच्छीकरण की कोई सम्भावना है। ऐसे अनुसन्धान में शोधकर्ता को वस्तुएँ उसी रूप में लेनी पड़ती हैं, जिसमें वे हैं तथा उनहें अलग करने का प्रयास करना पड़ता है।

आत्मचयन तथा पश्चोन्मुखी अनुसन्धान

आदर्श रूप में समाज, वैज्ञानिक अनुसन्धानों में न्यादर्श के सदस्यों का यादृच्छीकृत रूप में चुनने तथा इन सदस्यों को यादृच्छीकृत रूप में समूहों में विभक्त करने आदि की सदैव सम्भावना रहती है। किन्तु वास्तविक अनुसन्धान में इन सभी सम्भावनाओं को पूर्ण करना कठिन होता है। पश्चोन्मुखी तथा प्रयोगात्मक अनुसन्धान में न्यादर्श को यादृच्छीकृत रूप में चयन करना सम्भव होता है। किन्तु पश्चोन्मुखी अनुसन्धानों में न्यादर्श सदस्यों को समूह में यादृच्छीकृत रूप में रखना अथवा इन समूहों को यादृच्छीकरण कार्य करवाना सम्भव नहीं होता। वास्तव में, पश्चोन्मुखी अनुसन्धान में प्रयोज्य पात्र स्वयं ही समूहों में सम्मिलित होते हैं और स्वयं को समूहों में उन विशेषताओं के अतिरिक्त, जिनको अनुसन्धानकर्ता अध्ययन करने में रुचि नहीं रखता, सम्मिलित करते हैं। इस प्रकार आत्मचयन एक ऐसी प्रक्रिया है जिसमें अध्ययन किये जाने वाले सदस्यों के समूहों में अनुसन्धान की समरूप से बाह्य विशेषताएँ विभिन्न मात्रा में पायी जाती है। किन्तु ये विशेषताएँ अनुसन्धान की समस्या से चरों से किसी न किसी रूप में सम्बन्धित होती है। न्यादर्श के आत्मचयन की इस प्रक्रिया में दो तत्व सम्मिलित होते हैं यथा 1. न्यादर्श में

आत्मचयन, तथा 2. तुलनात्मक समूहों में आत्मचयन। तुलनात्मक समूहों में आत्मचयन की समस्या उस समय उत्पन्न होती है जबकि सदस्यों को किसी एक अथवा अन्य समूह में किसी आधार पर चुना गया हो। ऐसा चयन इस कारण किया जाता है क्योंकि उनमें कोईन कोई आश्रित चर होता है। न्यादर्श में आत्मचयन उस समय होता है जबकि सदस्यों को बिना किसी यादृच्छीकृत विधि से चुना गया हो।

आत्मचयन एक गम्भीर समस्या उत्पन्न करता है। यदि हस्तान्तरण यादृच्छीकृत न हो तो अन्य चरों को अनुसन्धान में सम्मिलित होने की सम्भावना अधिक रहती है। यदि सदस्यों को अनुसन्धानकर्ता समूहों में विभक्त करे अथवा सदस्य स्वयं अपने को किसी एक चर आदि की विशेषता के आधार पर समूहों में विभक्त करे तो यह सम्भावना अधिक रहती है कि कोई अन्य चर अध्ययन में चर से सम्बन्धित होकर इस सम्बन्ध का वास्तविक आधार बन जाये। पश्चोन्मुखी अनुसन्धान मुख्यतया ऐसे समूहों पर अध्ययन करता है जिनमें आश्रित चर की मात्रा को स्पष्ट अन्तर प्रदर्शित होता है।

सामाजिक विज्ञानों, यथा शिक्षा, मनोविज्ञान आदि में पश्चोन्मुखी अनुसन्धान का महत्त्वपूर्ण योग है। मनुष्य के व्यवहार के विभिन्न क्षेत्रों को पश्चोन्मुखी अनुसन्धान द्वारा विस्तृत रूप में ज्ञात करने के प्रयास किये गये हैं, जैसे किन्से का लैंकगिक व्यवहार पर अध्ययन राजनीति तथा धार्मिक सम्बन्ध एवं अभिवृत्तियाँ, शैक्षिक उपलब्धि तथा सामाजिक आर्थिक स्तर जाति, लिंग, अभिक्षमता तथा बुद्धि आदि। अधिकांश शैक्षिक तथा समाजशास्त्रीय अनुसन्धानों का स्वरूप पश्चोन्मुखी है। मनोवैज्ञानिक अनुसन्धानों के सन्दर्भ में भी यही कहा जस कता है कि यद्यपि इन अनुसन्धानों में क्रियाशील तथा दत्तकार्यशील चरों का उपयोग होता है, फिर भी अधिकांश अनुसन्धान पश्चोन्मुखी हैं।

पश्चोन्मुखी अनुसन्धान का मूल्यांकन

यद्यपि प्रयोगात्मक अनुसन्धान की तुलना में पश्चोन्मुखी अनुसन्धान निकृष्ट प्रतीत होता है, फिर भी इस प्रकार के अनुसन्धान का अपना महत्त्व है। तुलनात्मक दृष्टिकोण से यह कह देना आसान है कि प्रयोगात्मक अनुसन्धान अच्छा एवं उपयोगी अनुसन्धान है तथा पश्चोन्मुखी केवल सह-सम्बन्धात्मक अनुसन्धान मात्र है। पश्चोन्मुखी अनुसन्धान की सीमाएँ–पश्चोन्मुखी अनुसन्धान में निम्न तीन कमियाँ हैं :

1. स्वतन्त्र चर को हस्तादि उपयोग न कर सकना,
2. न्यादर्श को यादृच्छीकृत न कर सकने की शक्ति तथा
3. प्राप्त प्रदत्त की उचित व्याख्या तथा विश्लेषण न कर सकना।

प्रदत्त की उचित व्याख्या एवं विश्लेषण न कर सकने की सम्भावना इस प्रकार के अनुसन्धान में इसलिए अधिक रहती है क्योंकि अध्ययन की जाने वाली जटिल घटना के विभिन्न कारण तथा व्याख्याएँ उपलब्ध रहती हैं तथा अनुसन्धानकर्ता को उनमें से किसी भी कारण को घटना से सम्बन्धित कर विश्लेषण करने में सुविधा रहती है। ऐसी सम्भावना उस समय अधिक होती है जबकि अनुसन्धान में परिकल्पना का निर्माण न किया गया हो तथा अनुसन्धान आश्रित चर से स्वतन्त्र चर को खोजने के लिए किया जा रहा हो। ऐसे दोनों प्रकार के अनुसन्धान पश्चोन्मुखी होते हैं।

परिकल्पना भविष्य कथन के रूप में होती है। अनुसन्धान में परिकल्पना का कार्य यदि कथन होता है। प्रयोगात्मक अनुसन्धान में भविष्य कथन का कार्य भली भाँति नियन्त्रित चर से किया जाता है। अनुसन्धानकर्ता को अपनी परिकल्पना के चयन तथा उसकी सत्यता की जाँच के सम्बन्ध में विशेष सावधानी रखनी चाहिए। पश्चोन्मुखी अनुसन्धान में कार्य कारक सम्बन्धी भविष्य कथन सत्य न होते हुए भी शोधकर्ता के पूर्व निश्चित दृष्टिकोण से अपील करने तथा उससे अनुरूपता होने के कारण स्वीकार योग्य हो सकता है। ऐसे पश्चोन्मुखी अनुसन्धान, जो बिना किसी परिकल्पना निर्माण तथा बिना किसी भविष्य कथन द्वारा किये जा रहे हों, विश्लेषण तथा व्याख्या के लिए कठिन हो सकते हैं। ऐसे अनुसन्धानों में सर्वश्रेष्ठ प्रदत्त का संकलन होता है तत्पश्चात् उनकी व्याख्या। ऐसी स्थिति में त्रुटिपूर्ण व्याख्या हो जाने की सम्भावना अधिक रहती है।

पश्चोन्मुखी अनुसन्धान का महत्त्व

इन जन्मजात त्रुटियों के पश्चात् भी पश्चोन्मुखी अनुसन्धान मनोविज्ञान शिक्षा तथा समाजशास्त्र के अनुसन्धानों के लिए आवश्यक है। शिक्षा, समाजशास्त्र तथा मनोविज्ञान की अधिकांश समस्याओं को प्रयोगात्मक रूप से अध्ययन नहीं किया जा सकता। बुद्धि, पारिवारिक वातावरण, शिक्षा के प्रभाव, स्कूल, वातावरण आदि सम्बन्धी अध्ययन स्पष्ट रूप से हस्तादि प्रयोग के लिए उपयुक्त नहीं है। ऐसे अध्ययनों में केवल नियन्त्रित ज्ञान तो सम्भव है किन्तु पूर्ण रूप से वैज्ञानिक विधि का उपयोग नहीं हो सकता। इसी प्रकार, विभिन्न सामाजिक समस्याओं के अध्ययन में प्रयोगात्मक विधि का उपयोग नहीं कर सकते। ऐसी समस्याओं से सम्बन्धित अनुसन्धानों में न चाहते हुए भी पश्चोन्मुखी अनुसन्धान का उपयोग करना पड़ता है। इस दृष्टिकोण के आधार पर यह कह सकते हैं कि प्रयोगात्मक अनुसन्धान की अपेक्षा पश्चोन्मुखी अनुसन्धान अधिक महत्त्वपूर्ण है।

□□□

6

शोध में अनुसंधान

अनुसंधान के निष्कर्षों को शुद्धता की दृष्टि से दो वर्गों में विभाजित किया जा सकता है–

(1) प्रयोगात्मक अनुसन्धान (2) अप्रयोगात्मक अनुसन्धान

प्रयोगात्मक अनुसन्धान के निष्कर्षों की शुद्धता अधिक होती है क्योंकि इसमें नियन्त्रण, शुद्ध मापन तथा निरीक्षण विशेषआतों को ध्यान में रखा जाता है। अप्रयोगात्मक अनुसन्धान से निष्कर्षों की शुद्धता कम होती है क्योंकि मापन अधिकांश शुद्ध नहीं होता, निरीक्षण तथा नियन्त्रण भी सम्भव नहीं होता है।

शिक्षा-अनुसन्धान के कार्य

शिक्षा अनुसन्धान से अधोलिखित प्रमुख कार्य होते हैं–

(1) शिक्षा-अनुसन्धान का प्रमुख कार्य शिक्षा की प्रक्रिया में सुधार तथा विकास करना है। यह कार्य ज्ञान के प्रसार से किया जाता है।

(2) शिक्षा की प्रक्रिया के विकास के लिये आन्तरिक सोपान नवीन में वृद्धि करना तथा वर्तमान ज्ञान में सुधार करना है।

शैक्षिक विकास का सम्बन्ध शिक्षा के विभिन्न पक्षों से होता है–

(अ) शिक्षा के विशिष्टट क्षेत्र में ज्ञान में वृद्धि करना उसमें सुधार करना तथा प्रसार करना है।

(ब) शिक्षा की समस्याओं का समाधान करना, छात्रों के अधिगम में विकास करना। शिक्षण की प्रभावशाली प्रविधियों का विकास करना।

(स) शिक्षा-प्रशासन तथा शिक्षा प्रणाली में अनुसन्धान प्रक्रिया द्वारा सुधार तथा विकास करना है।

शैक्षिक अनुसन्धान प्रक्रिया द्वारा शिक्षा के सिद्धान्तों तथा अभ्यास में योगदान करना है। शिक्षा-शास्त्रियों को शैक्षिक प्रक्रिया के विकास हेतु नवीन प्रविधियों के प्रयोग में 'शिक्षा-अनुसंधान' सहायता प्रदान करती है।

शिक्षा-अनुसंधान की विशेषताएँ

(1) शोध कार्य का मुख्य आधार शिक्षा-दर्शन होता है। शिक्षा वैज्ञानिक प्रक्रिया भी दर्शन पर आधारित होती है।

(2) शिक्षा-अनुसंधान की प्रक्रिया कल्पनाशक्ति तथा अन्तर्दृष्टि पर आधारित होती है।

(3) शिक्षा-अनुसंधान में साधारणत: अन्त:अनुशासन उपागम का प्रयोग किया जाता है।

(4) शिक्षा-अनुसंधान में निगमन तार्किक चिन्तन प्रक्रिया का प्रयोग किया जाता है।

(5) शिक्षा-अनुसन्धान के निष्कर्षों से शिक्षा-प्रक्रिया को उत्तम तथा प्रभावशाली बनाया जाता है।

स्टीफन एम. कोरे का कथन है कि "उत्तम शिक्षा" का अर्थ होता है-उत्तम विकास, अनुदेशन के उद्देश्यों का निर्धारण, छात्रों को उत्तम प्रकार से अभिप्रेरणा देना, उत्तम प्रकार की शिक्षण विधियों को प्रयोग करना, उत्तम प्रकार के छात्रों की निष्पत्तियों का मूल्यांकन करना तथा सभी प्रकार की क्रियाओं का प्रशासन तथा सर्वेक्षण उत्तम प्रकार से करना।

(6) शिक्षा-अनुसंधान, भौतिक विज्ञान के शोध कार्यों के समान पूर्ण रूप में शुद्ध नहीं होता है, क्योंकि न्यादर्श जनसंख्या का शुद्ध रूप में प्रदर्शन नहीं करता है।

(7) शिक्षा-अनुसन्धान केवल विशेषज्ञों द्वारा ही नहीं किये जाते हैं अपितु कोई भी शिक्षक तथा शिक्षक छात्र शोध कार्य की क्षमता रखता है तथा उन्हें अवसर दिया जाता है।

(8) शिक्षा अनुसन्धान व्यक्तिनिष्ठ होते हैं और सामाजिक तथ्यों पर आधारित होते हैं। सामाजिक तथा व्यावहारिक तथ्यों का मापन अप्रत्यक्ष रूप में किया जाता है।

(9) शिक्षा-अनुसंधान परिमाणात्मक की अपेक्षा गुणात्मक अधिक होता है, जबकि प्रदत्तों के विश्लेषण में सांख्यिकी प्रविधियों को प्रयुक्त किया जाता है। व्यापक-सामान्यीकरण साधारणतः गुणात्मक होते हैं।

(10) शिक्षा अनुसन्धान के कारण प्रभाव की पारस्परिक निर्भरता को आधार माना जाता है, परन्तु यह निश्चित करना कि क्या प्रभाव है और क्या कारण है ? यह कठिन होता है।

(11) शिक्षा-अनुसंधान में यान्त्रिक प्रक्रिया का प्रयोग नहीं किया जा सकता है। नवीन मौलिक शोध कार्य द्वारा शिक्षा के क्षेत्र में योगदान किया जा सकता है। इसके लिये नवीन प्रक्रिया प्रयुक्त की जाती है।

शिक्षा-अनुसन्धान के चार स्तर

शिक्षा-अनुसंधान की व्यवस्था चार स्तर पर की जाती है। इन चार स्तरों को चढ़ाव के क्रम में प्रस्तुत किया जाता है। उच्च स्तरीय अनुसंधान की पूर्व आवश्यकता उससे निम्न स्तरी अनुसन्धान की प्रविधियाँ होती है।

प्रथम स्तर-प्रदत्तों का संकलन (Data Collection)

निम्न ↓

द्वितीय स्तर-आन्तरिक वैधता (Internal Validity)

↓ ↓

तृतीय स्तर-बाह्य वैधता (External Validity)

↓

उच्च चतुर्थ स्तर -सैद्धान्तिक-अनुसंधान (Theoretical Research)

इस प्रकार के अनुसंधानों की व्याख्या अधोलिखित है-

प्रथम स्तर-आँकड़ों का संकलन-इन स्तरों की व्यवस्था तथा वर्गीकरण प्रश्नों व समस्याओं की प्रकृति के आधार पर की गई है। यह सबसे निम्न स्तर का अनुसन्धान माना जाता है जिसके अन्तर्गत अधोलिखित प्रकार के प्रश्नों का उत्तर देने का प्रयास किया जाता है-

क्या होता है ? क्या समस्या है ? क्या हम सही करना चाहते हैं ? क्या यही होना चाहिये ?

यह शोध का स्तर अधिक विश्वसनीय माना जाता है, क्योंकि जो कुछ भी हो रहा है, उसका मापन भली प्रकार किया जाता है। अन्य स्तरों के निष्कर्ष उसी स्तर के शोध कार्यों पर आधारित होते हैं। इन शोध कार्यों से शिक्षा की प्रक्रिया में सुधार तथा परिवर्तन किया जाता है और उसके प्रभाव का मापन किया जाता है कि सुधार से क्या हुआ ? साधारणतः शोध-कर्त्ता इस स्तर से ऊपर नहीं जा पाते हैं।

द्वितीय-स्तर-आन्तरिक वैधता-इस स्तर के शोध कार्यों द्वारा अधोलिखित प्रश्नों का उत्तर देने का प्रयास किया जाता है-जो हो रहा है उसका क्या कारण है ? क्या इसका कारण में हूँ ? क्या इसमें परिवर्तन किया जा सकता है ?

प्रथम स्तर के शोध कार्यों द्वारा अनुसन्धानकर्त्ता यह जानना चाहता है कि वह क्या चाहता है, उसे वह जानता है और अपना समय नष्ट नहीं करता है। द्वितीय स्तर के शोध कार्यों द्वारा कारण जानने का प्रयास किया जाता है कि जो हो रहा है वह क्यों हो रहा है ? क्या कारण है ? शोधकर्त्ता को कारणा जानने के लिए अतिधक समय, धन तथा शक्ति का व्यय करना होता है। यदि नवीन विधि प्रभावशाली तथा मितव्ययी है तब यह कारण को जान पाता है जो अधिक महत्त्वपूर्ण नहीं होता है। इस स्तर के लिये प्रयोगात्मक विधि का अनुसरण कि जाता है।

तृतीय स्तर-बाह्य वैधता-इस स्तर के शोध-कार्यों से अधोलिखित प्रश्नों का उत्तर ज्ञात करने का प्रयास किया जाता है-क्या यही क्रियाएँ भिन्न परिस्थितियों के अन्तर्गत होंगी ? कहाँ तक शोध के निष्कर्षों का सामान्यीकरण किया जा सकता है ?

इस प्रकार शोध-कार्यों को शिक्षक द्वारा नहीं किया जाता है जबकि द्वितीय स्तर के शोध-कार्य शिक्षकों द्वारा ही किये जाते हैं। तृतीय स्तर के शोध-कार्यों का महत्त्व तब अधिक होता है जबकि अन्य शोध-कर्त्ताओं के निष्कर्षों का प्रयोग हम अपनी परिस्थितियों में करना चाहते हैं। इस प्रकार के शोध-कार्यों से सामान्यीकरणों का प्रतिपादन किया जाता है। इस प्रकार शोध निष्कर्षों का प्रयोग शिक्षक व्यापक निर्णय लेने में करता है। साधारणतः सर्वेक्षण विधि का प्रयोग किया जाता है।

चतुर्थ स्तर-सैद्धान्तिक अनुसन्धान-इस स्तर के शोध-कार्यों द्वारा अधोलिखित प्रकार के प्रश्नों का उत्तर दिया जाता है-जो हो रहा है उसमें कौन-से सिद्धान्त निहित हैं ?

इस स्तर के शोध-कार्यों के लिए पूर्व स्तर के शोध, पूर्व आवश्यकता होते हैं। इस प्रकार शोध-कार्य वैज्ञानिक होते हैं जिनमें नवीन सिद्धान्तों तथा नियमों की खोज की जाती है। उदाहरण-यदि निरन्तर पुनर्बलन दिया जाए तक नवीन व्यवहारों को बालक शीघ्रता से सीख लेते हैं। इस स्तर के शोध-कार्यों में सामान्यीकरणों का प्रदर्शन ही विश्वसनीय रूप में नहीं किया जाता है अपितु निहित सिद्धान्तों का भी उल्लेख किया जाता है।

इस स्तर के शोध-कार्यों से उत्तम प्रकार के अनुसन्धान ही नहीं किये जाते हैं अपितु उत्तम प्रकार के चिन्तक भी तैयार किये जाते हैं। इन चारों स्तर की जानकारी से विविध प्रकार की समस्याओं के अध्ययन में सहायता मिलती है।

क्रियात्मक अनुसन्धान की परिभाषा

शिक्षा के क्षेत्र में क्रियात्मक अनुसन्धान की प्रक्रिया को प्रयोग में लाने का श्रेय स्टीफेन एम. कोरी को हैं। उनके अनुसार क्रियात्मक अनुसन्धान की परिभाषा निम्नलिखित है-"अभ्यासकर्त्ता अपनी समस्याओं का वैज्ञानिक ढंग से अध्ययन करता है जिससे सही कार्य को दिशा मिल सके और निर्णयों का मूल्यांकन कर सके। इसे अनेक व्यक्ति क्रियात्मक अनुसन्धान कहते हैं।"

मैक ग्रेथटे के अनुसार, "क्रियात्मक अनुसन्धान व्यवस्थित खोज की क्रिया है जिसका उद्देश्य व्यक्ति या समूह क्रियाओं में रचनात्मक सुधार तथा विकास लाना है।" क्रियात्मक अनुसन्धान एक विधि है जिसके द्वारा कार्य-प्रणाली की समस्याओं का अध्ययन वस्तुनिष्ठ रूप में किया जाता है और उनमें सुधार लाया जाता है। क्रियात्मक अनुसन्धान का प्रयोग केवल शिक्षा के क्षेत्र में ही नहीं किया जाता है अपितु सभी प्रकार की संस्थाओं में प्रयोग किया जाता है। जीवन के विभिन्न क्षेत्रों में अभ्यासकर्त्ता अपनी कार्य-प्रणाली की समस्याओं के अध्ययन के लिए क्रियात्मक अनुसन्धान का प्रयोग करते हैं।

शैक्षिक अनुसंधान के उपकरण

अनुसंधान कार्य में समस्या के निश्चय एवं परिकल्पना-निर्माण के बाद प्रमुख समस्या परिकल्पना के परीक्षण के लिए आंकडों का संग्रह करने तथा आँकड़ों के संग्रह के लिए प्रयुक्त होने वाले उपकरणों के चयन से सम्बन्धित पैदा होती है। इस स्थिति में अनुसन्धानकर्त्ता उपलब्ध उपकरणों का विश्लेषण करके उपयुक्त उपकरण का चयन कर

लेता है। यदि उपलब्ध उपकण उसकी आवश्यकता की पूर्ति नहीं करते हैं तो वह उसमें आवश्यकतानुसार सुधार कर लता है या फिर नवीन उपकरण का निर्माण कर लेता है। आँकड़े एकत्रित करने के लिए चाहे जिस उपकरण का प्रयोग नहीं किया जाता है। प्रत्येक उपकरण एक विशेष प्रकार के आँकड़े एकत्रित करने के लिए उपयुक्त होता है। अतएव अनुसंधानकर्त्ता के लिए आवश्यक है कि उसे उपकरणों का व्यापक ज्ञान हो। वह उनको विशेषताओं तथा परिसीमाओं से परिचित हो।

अनुसंधान के उपकरण

अनुसंधान के उपकरण निम्नलिखित हैं-

1. परिविक्षा- किसी प्रकार की जानकारी प्राप्त करने के लिए प्रयुक्त होने वाले उपकरण इस वर्ग के उपकरण निम्नलिखित हैं-

(क) प्रश्नावली (ख) चिह्नांकन सूची

(ग) अनुसूची (घ) अभिवृत्ति

(ड) निर्धारण मापनी

(2) अवलोकन

(3) साक्षात्कार

(4) समाजनीति विधि

(5) मनोवैज्ञानिक विधि

उपकरणों के सामान्य

अनुसंधान में आँकड़ों को एकत्रित करने में प्रयुक्त करने वाले उपकरणों में निम्नलिखित गुण होने चाहिये-

(1) उपकरण की विश्वसनीयता-उपकरण में विश्वसनीयता का गुण होना चाहिये। विश्वसनीयता परीक्षण प्राप्तांकों की स्थिरता है। यदि प्रत्येक परीक्षण के बाद प्राप्तांकों में भिन्नता आती है तो ऐसे उपकरण को विश्वसनीयता नहीं जा सकता है। विश्वसनीयता ज्ञात करने की तीन प्रमुख विधियाँ हैं जो निम्नलिखित हैं-

1. परीक्षण-पुर्न परीक्षण-इसमें उद्देश्य यह रहता है कि परीक्षकों द्वारा प्रदत्त क्रम थोडी अवधि के बाद कहाँ तक स्थिर रहते हैं। इस कार्य के लिए एक परीक्षण का उपयोग होता है। और अंक लिख जाते हैं। इसके थोड़े समय बाद उसी समूह पर उसी परीक्षण को पुनः लागू किया जाता है। इस प्रकार पुराने तथा नवीन अंको में सह-सम्बन्ध

ज्ञात किया जाता है। यही सह-सम्बन्ध गुणज विश्वसनीयता गुणांक को कम कर देते हैं। यदि परिपक्वता, प्रशिक्षण तथा स्मृति अंकों का प्रभावित करते हैं। तो इस विश्वसनीयता का मापन शुद्धतापुर्वक नहीं हो सकता है।

2. समानान्तर रूप विश्वसनीयता-इसमें यह जाँच की जाती है कि परीक्षण के प्रश्नों के content में परिवर्तन क्रमान्तरों में क्या परिवर्तन करता है। समानान्तर विधि में दो सामान्तर परीक्षण तैयार किये जाते हैं तथा एक के बाद दूसरे का प्रयोग तुरन्त एक के बाद किया जाता है तथा दोनों परीक्षणों के प्राप्तांकों के मध्य सह-सम्बन्ध विश्वसनीयता गुणांक प्रदान करता है। इसमें एक ही कठिनाई है कि दो समरूप का निर्माण एक दुष्कर कार्य है।

3. Split-half reliability- इसमें एक ही परीक्षण का प्रयोग होता है। किन्तु परीक्षण को दो भागों में बाँटकर उन पर अलग-अलग अंक प्रदान किये जाते हैं। तथा इन दोनों अंकों के समूहों में सह-सम्बन्ध ज्ञात किया जाता है। किन्तु यह सम्बन्ध केवल आधे परीक्षण की विश्वनीयता को प्रकट करता है। पूरे परीक्षण की विश्वसनीयता ज्ञात करने के लिए स्पिरमैन ब्राउन का सूत्र प्रयोग में लाते हैं-

4. Inter consisiteny Reliability- इस विधि में परीक्षण को दो भागों में विभाजित न करके अनेक उपविभागों में बाटते है तथा कूडर रिचर्डसन के सूत्र द्वारा सम्पूर्ण परीक्षण की विश्वसनीयता ज्ञात करते हैं।

(2) उपकरण की वस्तुनिष्ठ- उपकरण का वस्तुनिष्ठ होना आवश्यक है। वस्तुनिष्ठ से तात्पर्य उपकरण को अंक देने एवं अंको के विश्लेषण में व्यक्तिगत रुचि एवं पक्षपात विहीनता से है।

(3) उपकरण की वैधता- एक वैध उपकरण वह है जो उसी बात का मापन करता है अथवा वही सूचना देता है। जो हम प्राप्त करना चाहते हैं। वैधता का वर्गीकरण निम्न प्रकार किया जा सकता है-

(अ) विषय-वस्तु वैधता- यह सम्प्राप्ति परीक्षण से सम्बन्धित है। इस प्रकार के परीक्षण में वैधता बढ़ाने के लिए प्रश्न विषय-वस्तु तथा उद्देश्य दोनों का होने चाहियें। इस उद्देश्य के लिए अध्यापकों के साथ परामर्श करके तथा पाठ्यपुस्तकों की सहायता से विषय-वस्तु तथा प्रश्नों का विश्लेषण होना चाहिये।

(ब) भविष्यवाणी वैधता-इसके द्वारा उन गुणों का मापन होता है जो किसी कार्य या पाठ्यक्रम में सफलता की भविष्यवाणी करते हैं। यह वैधता सांख्यिकीय विधि द्वारा निकाली जाती है।

(स) सम वैधता- सूचनाएं एकत्रित करने की पहले से उपलब्ध श्रमसाध्य विधियों के स्थान पर नवीन उपकरणों का विकास अनेक परिस्थितियों में करना पड़ता है। इस नवीन परीक्षण की वैधता सांख्यिकीय विधियों द्वारा निश्चत की ज ती है।

(4) विभेदीकरण-उपकरण इस प्रकार का होना चाहिये जो विभिन्न प्रकार के छात्रों में विभेद कर सके।

(5) प्रमापीकरण- सदैव प्रमापीकरण उपकरणों का प्रयोग करना चाहिए।

(6) इनके अतिरिक्त उपकरण अधिक खर्चीले नही होने चाहिये। उपकरणों का प्रशासन सरल होना चाहिये।

प्रश्नावली

अनुसंधान कार्य में आँकड़े एकत्रित करने का यह एक महत्त्वपूर्ण उपकरण है। इसमें अनेक प्रश्नों का समूह होता है। जब इसका उपयोग व्यक्ति के व्यक्तित्व या व्यवहार का मापन करने के लिए होता है तो इसे तालिका कहते है। व्यक्तियों से सूचना प्राप्त करने के लिए बनाये गये प्रश्नों की कम्रबद्ध सूची को प्रश्नावली कहते हैं। जिसे कि डाक द्वारा भेजकर सूचना एकत्रित की जाती है। प्रश्नावली को परिभाषित करते हुए **वान डैलेन** ने लिखा है प्रश्नावली एक उपकरण है जो शिक्षा के क्षेत्र में कार्य करने वालों के द्वारा वर्तमान परिस्थितियों तथा क्रियाओं के बारे में तथा अभिवृत्ति एवं मत जानने के लिए व्यापक रूप मे प्रयोग किया जाता है।

गुड तथा हैट ने प्रश्नावली की परिभाषा में लिखा है। "प्रश्नावली एक प्रकार का उत्तर प्राप्त करने का साधन है जिसका उत्तर ऐसा होता है कि उत्तर दाता उसकी पूर्ति स्वयं करता है।"

प्रो. सिनपाओंयांग के शब्दों में, " अपने सरलतम रूप में प्रश्नावली प्रश्नों की एक अनुसूची है जिसे के निदर्शन के रूप में चुने हुए व्यक्तियों के पास डाक द्वारा भेजा जाता है।"

इन सभी परिभाषाओं से स्पष्ट है कि प्रश्नावली प्रश्नों की एक विशेष प्रकर की अनुसूची है जो उत्तर प्राप्त करने के लिए अभिप्रेरक का कार्य करती है। इसको डाक द्वारा व्यक्तियों के पास उत्तर देने की दृष्टि से भेजा जाता है।

प्रश्नावली की विशेषताएं

प्रश्नावली की विशेषताएं निम्नलिखित हैं-

1. प्रश्नावली में प्रश्नों की भाषा तथा शब्दावली बहुत ही स्पष्ट होती है।

2. प्रश्नावली में प्रश्नों का उत्तर स्वयं सूचनादाता को लिखना पड़ता है।

3. इसके द्वारा बिना सम्पर्क किये व्यक्तियों से सूचना प्राप्त की जा सकती है।

4. प्रश्नावली द्वारा साक्षात्कार से उत्पन्न दोषों से बचा जा सकता है।

5. पर्याप्त समय मिलने से व्यक्ति सोच-विचारकर उत्तर दे सकते हैं।

6. अधिक विस्तृत क्षेत्र में फैले हुए व्यक्तियों से इसके द्वारा सूचनाएं एकत्रित की जा सकती है।

7. इनके द्वारा गुप्त तथा आन्तरिक सूचनाओं को सरलता से प्राप्त कर लिया जाता है।

8. अच्छी प्रश्नावली विश्वसनीय एवं वैध होती है।

9. अच्छी प्रश्नावली के प्रश्न वस्तुनिष्ठ होते हैं।

10. यह कम खर्चीला एवं सरल साधन है।

11. प्रश्नावली द्वारा सूचना शीघ्र प्राप्त करना सम्भव है।

12. प्रश्नावली द्वारा सूचना एकत्रित करने मे अनुसंधानकर्त्ता को अधिक धन समय व परिश्रम नहीं करना है।

प्रश्नावली के दोष

प्रश्नावली मे निम्नांकित सामान्य दोष या त्रुटियाँ देखने को मिलती है-

1. बहुधा प्रश्नावली काफी लम्बी होती है।

2. प्रश्नों में व्यापकता का अभाव होता है।

3. प्रश्नों का क्रम असंगत होता है।

4. महत्त्वहीन प्रश्नों की बार-बार पुनरावृत्ति होती है।

5. प्रश्न अधिकांश वस्तुनिष्ठ नहीं होते हैं।

6. प्रश्नावली पर अनुसंधानकर्त्ता के पक्षपातपूर्ण का प्रभाव होता है।

7. कभी-कभी प्रश्नों के भ्रामक उत्तर प्राप्त होते हैं।

8. अनेक बार निरर्थक प्रश्न सम्मिलित हो जाते हैं।

प्रश्नावली के प्रकार

प्रश्नावली निम्न प्रकार की होती है-

1. प्रतिबन्धित प्रश्नावली– इसमें प्रश्नों के उत्तर साथ में दिये होते हैं अत: सीमा से बाहर जाने में उत्तरदाता के लिए बन्धन हो जाता है। उसे पूर्व निर्धारित उत्तरों में से ही एक के साथ अपनी सहमति प्रकट करनी पड़ती है। इस प्रकार प्रश्नावली का लाभ यह है कि इससे प्राप्त सामग्री का वर्गीकरण करने में सुविधा रहती है।

2. अप्रतिबन्धित प्रश्नावली– इस प्रकार की प्रश्नावली में उत्तरदाता को सोचने, विचारने की पूर्ण स्वतंत्रता होती है। इनमें सम्भावित उत्तर नहीं दिये जाते हैं। गुणात्मक तथ्यों की जानकारी प्राप्त करने के लिए प्रश्नावली अधिक उपयोगी है।

3. चित्रमय प्रश्नावली– इस प्रकार की प्रश्नावली में निर्देशों के साथ चित्र दिये होते हैं तथा उत्तरदाता इन चित्रों पर चिन्ह लगाकर प्रश्नों के उत्तर देता हैं। ऐसी प्रश्नावली अशिक्षित, बच्चे तथा कम बुद्धि वाले व्यक्तियों से सूचनाएं प्राप्त करने में उपयोगी सिद्ध होती है।

4. संरचित प्रश्नावली–इस प्रकार की प्रश्नावली की रचना अनुसंधान आरम्भ करने से पहले कर ली जाती है। और बाद में कोई परिवर्तन नही किया जाता।

5. मिश्रित प्रश्नावली– यह ऐसी प्रश्नावली है, जिसमें प्रतिबन्धित तथा अप्रतिबन्धित प्रश्न पाये जाते हैं।

6. असंरचित प्रश्नावली– इस प्रकार की प्रश्नावली में किसी प्रकार के प्रश्नों का निर्माण पहले से ही किया जाता है। केवल उन विषयों का उल्लेख होता है। जिनके सम्बन्ध में उत्तरदाताओं से सूचना प्राप्त करनी है।

प्रश्नावली का निर्माण

अनुसंधान की सफलता में प्रश्नावली का स्थान अत्यन्त महत्त्वपूर्ण है। अत: प्रश्नावली के निर्माण में सावधानी और सतर्कता आवश्यक है। इसके लिए निम्न बातों को ध्यान में रखना चाहिये–

1. समस्या के विभिन्न पक्षों का विश्लेषण–सबसे पहले उद्देश्यों को स्पष्ट रूप से लिखकर उसके विभिन्न अंगो की विस्तृत सूची तैयार करनी चाहिये। इसके बाद समस्या के विभिन्न पक्षों का विश्लेषण करना चाहिए ताकि उन पक्षों का तुलनात्मक महत्त्व स्पष्ट हो जाय। इसके आधार पर ही प्रश्नों का निर्माण हो सकता है।

2. प्रश्नावली का प्रकार निश्चित कर लिया जाय।

3. प्रश्नों का निर्माण निम्न बिन्दुओं को ध्यान मे रखकर करना चाहिए–

(अ) प्रश्नों की भाषा सरल तथा स्पष्ट होनी चाहिये।

(ब) असमंजस पैदा करने वाले प्रश्न नहीं होने चाहिये।

(स) प्रश्नों में भावात्मक शब्द, पारिभाषिक शब्द तथा बहुअर्थक शब्दों का प्रयोग नही करना चाहिये।

(द) प्रश्नावली के प्रत्येक भाग के लिए निर्देश होने चाहिये।

(त) लम्बे प्रश्न नहीं होने चाहिये।

(थ) प्रश्न उत्तेजित या अपमानित करने वाले नही होने चाहिये।

(प) प्रश्नों की संख्या अधिक नहीं होनी चाहिये।

(फ) प्रश्न सांख्यिकीय विवेचन के योग्य होने चाहिये।

4. प्रश्नों क निर्माण करने के बाद सहयोगियों से प्रश्नावली की समीक्षा करवानी चाहिये।

5. प्रश्नावली का आकार न तो बहुत बड़ा हो और न ही बहुत छोटा हो।

6. प्रश्नावली की छपाई आकर्षक होनी चाहिये।

निर्धारण मापनी

इस विधि का प्रयोग तथा साफल्यता के मापन में होता है, यह एक आत्मनिष्ठ विधि है, अत: वैधता तथा विश्वसनीयता कम पायी जाती है।

निर्धारण मापनी के सम्बन्ध में **रूथस्ट्रैग** ने लिखा है ''निर्देशित निरीक्षण ही निर्धारण है।'' अर्थात् जिन तथ्यों के निर्धारण किया जाता है। उनका सार निकाल कर संख्यात्मक रूप में व्यक्त करना ही निर्धारण है। वान डेनल ने निर्धारण मापनी के सम्बन्ध मे लिखा है कि ''निर्धारण मापनी किसी चर की श्रेणी, उसकी गहनता अथवा महत्त्व तथा बारम्बारता को निश्चित करती है।''

बार तथा अन्य के अनुसार- ''किसी परिस्थिति, वस्तु अथवा व्यक्ति के सम्बन्ध में मत अथवा निर्णय देने की विधि को निर्धारण मापनी कहते हैं।'' सामान्यत: मत को किसी मूल्य-मापक के आधार पर व्यक्त करते हैं।

जॉन डल्यू. वेस्ट के अनुसार ''निर्धारण- मापनी किसी व्यक्ति के गुणों अथवा वस्तु के सीमित पक्षों का गुणात्मक विवरण प्रस्तुत करती है।''

निर्धारण मापनी के प्रकार

निर्धारण मापनी कई प्रकार की होती हैं। गिलफर्ड ने निर्धारण मापनी के निम्नलिखित प्रकार बताये है-

1. रेखांकित मापनी, 2. संख्यात्मक मापनी, 3. संचित बिन्दु मापनी, 4. स्तर मापनी, 5. बाध्य विकल्प मापनी।

1. रेखांकित मापनी- इस मापनी का व्यापक रूप में प्रयोग होता है। इसमें एक रेखा बनी रहती है जिसको कई भागों में विभक्त किया जाता है। प्रत्येक भागो में विशेषण लिख दिये जाते हैं। निर्णायक को इनमें से ही किसी चिह्न लगाना होता है। गिलफर्ड ने रेखांकित मापनी बनाने के लिये निम्नलिखित सिद्धान्त बताये।

(अ) रेखा की लम्बाई लगभग 5 इंच होनी चाहिये।

(ब) रेखा कटी-फटी नहीं चाहिए।

(ग) तीन या पाँच विशेषण का प्रयोग करना चाहिये।

(घ) औसत या निष्पक्ष विशेषण मध्य में होने चाहिये।

(ङ) आवश्यक नहीं कि रेखांकित संकेतों के मध्य समान दूरी हो।

(च) कम प्रयोग में आने वाले संकेतों से बचना चाहिये।

उपयोग-

(i) यह सरल होने के कारण आसानी से समझ मे आ जाती है।

(ii) इसको शीघ्रता से भरा जा सकता है।

(iii) निर्णायक को सूक्ष्म विभेद करने का अवसर मिलता है।

(iv) तुलनात्मक निर्णय देने की सुविधा है।

2. संख्यात्मक मापनी- इस विधि में अंकों को उद्दीपकों के साथ सम्बन्धित कर देते हैं। इसमें गुणों के आधार पर अंक दिये जाते हैं। ये अंक भी 3, 5 या 7 के पैमाने पर रखे जाते हैं।

उपयोग-

(i) इस निर्धारण मापनी का बनाना सरल है।

(ii) इससे उच्च मापन भी किया जा सकता है।

3. संचित बिन्दु मापनी- इस विधि में व्यक्ति के गुणों का मूल्यांकन करके अंक प्रदान कर दिये जाते हैं। इन अंकों के कुल योग के आधार पर व्यक्ति के सम्बन्ध में निर्णय किया जाता है।

4. पदक्रम मापदण्ड- इसमें नियमानुसार उच्च से निम्न स्तर की ओर क्रम से स्थान दिये रहते हैं। निर्णायक व्यक्ति को एक क्रम के विशेष स्थान पर रखा जाता है। समूह में उस व्यक्ति की तुलना करके उचित स्थान पर रखा जाता है।

निर्धारण मापनी की रचना

निर्धारण मापनी द्वारा मूल्यांकन में तीस प्रमुख तत्त्व होते हैं-

1. निर्णायक- एक मूल्यांकन में एक से अधिक निर्णायक रखना ठीक रहता है। निर्णायक की कुछ विशेषताओं निर्णय प्रभाव डालते है-

(क) व्यक्तिगत भिन्नता के कारण, (ख) निर्णय पर सतत त्रुटियों का प्रभाव पड़ता है, (ग) समयाभाव के कारण विभेदीकरण ठीक नहीं हो जाता है, (घ) निकट सम्बन्ध पक्षपात का कारण बनता है, (ङ) प्रशिक्षण से निर्णय पर ठीक प्रभाव पड़ता है।

2. विषयी अथवा गुण-जिस गुण का निर्धारण करना है उसे स्पष्ट रूप में परिभाषित करना चाहिये। प्रत्येक गुण पृथक होना चाहिये। सामान्य पदों का प्रयोग नहीं करना चाहिये। गुण का वस्तुनिष्ठ वर्णन होना आवश्यक है।

3. सातत्य- सातत्य का निर्धारण सावधानी से करके समुचित संकेत देना चाहिये। इनका पाँच से सात श्रेणियों में विभाजन करना चाहिये। गुण की मात्रा प्रकट करने वाले शब्द बांयें से दाएं आरोही या अवरोही क्रम में लिखने चाहिये।

निर्धारण मापनी के दोष

निर्धारण मापनी में व्याप्त दोष निम्नलिखित हैं-

1. उदारता के दोष- परिचित व्यक्ति का मूल्यांकन करते समय निर्णायक के निर्णय में उदाहरण प्रवेश कर जाती है।

2. केन्द्रीय प्रकृति के दोष- निर्णायक चरण निर्णय देते समय संकोच करते हैं। उनका विचार होता है कि किसी व्यक्ति में कोई भी गुण पूर्णतः उपस्थित या अनुपस्थित नहीं रहता है। अतः निर्णायक द्वारा उसकों मध्य में स्थान दे दिया जाता है।

3. पूर्ण प्रभाव सम्बन्धी त्रुटि- एक बार जो प्रभाव निर्णायक के मस्तिष्क पर जम जाता है। निर्णायक उसके अनुसार ही उसे व्यक्ति का निर्धारण करता है।

4. तार्किक त्रुटि- जब निर्णायक दो छात्रों के कार्य में समानता देखता है तो उनकों एक ही निर्धारण देता है। इसको तार्किक त्रुटि कहते हैं।

5. निर्णायक के मूल्यांकन की योग्यता के अन्तर-निर्णायक की बुद्धि तथा योग्यता में अन्तर उनके द्वारा किये गये मूल्यांकन में अन्तर पैदा कर देता है।

निर्धारण मापनी के लाभ

1. इसके आधार पर माता-पिता को छात्र के सम्बन्ध में रिपोर्ट भेजने में सहायता मिलती है। प्रतिवेदन में छात्र का कक्षा में स्थान भी लिखा जा सकता है।

2. यह छात्रों के सम्बन्ध में अन्य साधनों द्वारा प्राप्त जानकारी में पूर्ति करते हैं।

3. विषय चयन में छात्रों की मदद की जा सकती है।

4. विषयी के प्रेरणा के माध्यम है।

5. इससे व्यक्तियों की नियुक्ति पदोन्नति आदि के बारे में उचित निर्णय लेने में सहायता मिलती है।

6. इसका प्रयोग आसान है तथा समय भी कम लगता है।

अवलोकन

शिक्षा तथा मनोविज्ञान के क्षेत्र में अनुसंधानकर्त्ताओं द्वारा, आँकड़े एकत्रित करने में इस विधि का प्रयोग आजकल अधिक किया जा रहा है। व्यक्तित्व के अध्ययन के अवलोकन एक महत्त्वपूर्ण विधि है। निर्धारण विधि का आधार ही अवलोकन होता है। अवलोकन एक आत्मनिष्ठ विधि है।

अवलोकन के प्रकार

अवलोकन का वर्गीकरण निम्न प्रकार से किया जा सकता है-

1. **नियंत्रित का अनियंत्रित अवलोकन**-नियंत्रित अवलोकन कुछ निश्चित परिस्थियों में किया जात है। इसमें अवलोकन के लिए समय, स्थान तथा अवलोकनार्थ इकाइयाँ पहले से निश्चित कर दी जाती है। अनियंत्रित अवलोकन में अवलोकनकर्त्ता को स्वतंत्रता प्राप्त होती है।

2. **प्रत्यक्ष तथा अप्रत्यक्ष अवलोकन**- व्यवहार जैसा हो रहा है, उसी रूप में अवलोकन करना प्रत्यक्ष अवलोकन है। परोक्ष निरीक्षण में प्राप्त तथ्यों के आधार पर व्यक्ति का अवलोकन होता है।

3. **निर्देशित या उपपत्ति अवलोकन**- निर्देशित अवलोकन में पहले से बनाई गई सूची के आधार पर अवलोकन किया जाता है। उपपत्ति अवलोकन में निरीक्षण करने वाला व्यक्ति दी गई परिस्थिति का अवलोकन करता है।

4. **बाह्य या स्वयं प्रेरित अवलोकन**- बाह्य अवलोकन के किसी बाहरी व्यक्ति पर निर्भर रहता पड़ता है। स्वयं प्रेरित अवलोकन में व्यक्ति से स्वयं अपना

विवरण देने के कहा जाता है। इस प्रकार के अवलोकन में व्यक्ति बहुत सी बातों को छिपा लेता है।

अच्छे अवलोकन के आवश्यक तत्त्व

1. अवलोकन किये जाने वाले व्यवहार का विश्लेषण कर लेना चाहिये।
2. इसके द्वारा न्यायदर्श का निर्धारण होता हैं।
3. अवलोकन के लिए समय निश्चित करना चाहिए।
4. अवलोकन के लिए आवश्यक प्रशिक्षण की व्यवस्था होनी चाहिए।
5. अवलोकन आँकड़े लिखने के लिए उपकरण का निश्चय होना चाहिए।

अवलोकन के व्यस्थित संचालन के लिए आवश्यकताएँ–

(1) बाधारहित वातावरण हो,

(2) समुचित परिस्थितियों का निर्माण,

(3) प्रत्यक्ष अथवा अनेक बार निरीक्षक की व्यवस्था,

(4) लेखक उपकरण का उचित प्रयोग होना चाहिए।

अवलोकन तथ्यों का विवरण अवलोकन के साथ-साथ लिखना चाहिए।

उचित प्रकार के उपकरणों की पहले व्यवस्था रखनी चाहिए।

अवलोकन विधि का महत्त्व

1. अन्य जाँच से प्राप्त तथ्यों की पुष्टि में अवलोकन सहायक होता है।

2. अन्य विधियों द्वारा प्राप्त न होने वाले तथा अवलोकन द्वारा संकलित होते हैं।

3. निरीक्षणों द्वारा चुने हुए महत्त्वपूर्ण तथ्यों का अवलोकन किया जाता है।

4. निरीक्षण की अवलोकन क्षमता का विकास होता है।

अवलोकन के लिए आवश्यक सिद्धान्त

1. अवलोकन में केवल व्यक्ति के व्यवहार तक ही सीमित न रहकर पूर्ण परिस्थितियों का अवलोकन करना चाहिए।

2. एक समय में एक ही व्यक्ति का निरीक्षण करना चाहिए।

4. व्यक्ति के व्यवहार क निरीक्षण लम्बी अवधि तक होना चाहिए।

अवलोकन के लाभ

1. अवलोकन में व्यक्ति के वास्तविक या भौतिक व्यवहार का निरीक्षण होता है।

2. अवलोकन स्वाभाविक परिस्थितियों में सम्भव है।

3. इसमें अधिक प्रशिक्षण की आवश्यकता नहीं होती है।

4. व्यक्ति या समूह दोनों का अवलोकन सम्भव है।

समाजमिति

हैलेन हाल जेनिग्स ने समाजमिति का आविष्कार किया था। इसमें किसी समूह में व्यक्तियों के आकर्षक तथा विकर्षण तथा समूह गठन की प्रकृति का अध्ययन होता हैं। **एण्डू तथा विली** ने समाजमिति की परिभाषा इस प्रकार दी है

''समाजमिति एक रेखांचित्र है जिसमें कुछ चिह्न या निशान का प्रयोग करके सामाजिक समूह में सदस्यों द्वारा प्रदर्शित स्वीकृति या निकर्षण का प्रतिरूप अंकित होता है।'' इस विधि द्वारा एक समूह के सदस्यों की पारस्परिक मित्रता का पता लगाया जा सकता है।

समाजमिति में प्रयुक्त होने वाली विधियाँ

समाजमिति में दो विधियाँ मुख्यत: काम में लायी जाती हैं–

1. प्रश्नावली और 2. निरीक्षण।

प्रश्नावली विधि– प्रश्न दो प्रकार के होते हैं–

1. स्वीकारात्मक प्रश्न

2. नकारात्मक प्रश्न

(अ) स्वीकारात्मक प्रश्न व्यक्ति की सामाजिक स्वीकारोक्ति को प्रकट करते हैं। प्रत्येक प्रश्न के साथ तीन या चार नाम इच्छानुसार प्राथमिकता देते हुए लिखने को कहा जाता है। उदाहरण के लिए

(1) तुम किसको अपनी कक्षा का मानीटर चुनना पसन्द करोंगे?

पहला–

दूसरा–

तीसरा–

(2) नकारात्मक प्रश्न समाज द्वारा तिरस्कृत व्यक्तियों का पता लगाने को पूछे जाते हैं-

(1) तुम किसको खेल का नेता चुनना पसन्द नहीं करोगे?

प्रथम-

द्वितीय

तृतीय-

प्रश्नों से प्राप्त तत्त्वों का सारणीकरण करना पड़ता है। उसके बाद प्राप्त तत्त्वों की संख्या की जाती है। सारणी बनाते समय ये बातें ध्यान में रखनी चाहिए-

1. चुनाव करने वाले लम्बवत दूरी में लिखे जाते हैं।

2. चुने गये व्यक्ति क्षैतिज खाने में लिख जाते हैं।

3. प्रत्येक व्यक्ति द्वारा प्राप्त चुनावों के योग को नीचे लिखने हैं।

4. इसी प्रकार तिरस्कृत व्यक्तियों की सारणी बनायी जाती हैं।

समाजमिति की व्याख्या

समाजमिति का अध्ययन व्यक्तियों के पारस्परिक सामाजिक सम्बन्ध को प्रकट करता है। इसमें निम्नलिखित प्रमुख तथ्य हैं-

समाजमिति के लिये एकत्रित किये गये सभी आंकड़ों की व्याख्या करने के लिए सारणी बनानी पड़ेगी। इसमें चयनकर्त्ता ऊपर के खाने में तथा चयन किये गये व्यक्ति द्वितीय अधिमान 2 अंक द्वारा प्रदर्शित किये जाते हैं। इन अधिमानों का योग करने के लिए तीन खाने बनाने चाहिए। प्रत्येक खाने के प्रथम तथा द्वितीय अधिमानों का पृथक-पृथक योग करना चाहिए। समाजनीति की व्याख्या करने में अधोलिखित सुझाव सहायक हो सकते हैं।

1. एक समय में एक व्यक्ति पर ध्यान केन्द्रित करना चाहिए और सभी प्राप्त चयनों का गहन अध्ययन करना चाहिए।

2. तटस्थ नायक व्यक्तियों का पता लगने पर उन कारणों पर ध्यान केन्द्रित करना चाहिए जिनके कारण उनकों यह स्थान प्राप्त हुआ हैं।

मनोवैज्ञानिक परीक्षण

शैक्षिक अनुसंधान के उपकरणों में मनोवैज्ञानिक परीक्षणों का स्थान अत्यधिक महत्त्वपूर्ण है। आजकल इनका उपयोग बहुलता से हो रहा है। मनोवैज्ञानिक परीक्षणों के

द्वारा मानवीय व्यवहार के कुछ पक्षों तथा आन्तरिक गुणों को मापने के लिए किया जाता है। इनके द्वारा व्यक्तित्व के अनेक पक्षों का वर्णन वस्तुनिष्ठता के साथ किया जा सकता है तथा उनकी संख्यात्मक रूप में व्यक्त किया जा सकता है। विभिन्न गुणों के मापने के आधार पर मनोवैज्ञानिक परीक्षण अनेक प्रकार के होते हैं। इनमें से प्रमुख निष्पत्ति परीक्षण, बुद्धिपरीक्षण, अभिवृत्ति परीक्षण तथा व्यक्तित्व मापक है।

निष्पत्ति परीक्षण- निष्पत्ति परीक्षण विद्यालय में विषय सम्बन्धी अर्जित ज्ञान के का परीक्षण है। इस परीक्षा के द्वारा अध्यापक यह निश्चित कर सकता है कि छात्र ने किस विषय में कितना ज्ञान प्राप्त किया है। इस तरह निष्पत्ति-परीक्षा अर्जित ज्ञान का मापन करती है। **सुपर** ने निष्पत्ति परीक्षा की परिभाषा देते हुए लिखा है-''एक निष्पत्ति या दक्षता परीक्षा यह निश्चित करने के लिए प्रयोग की जाती है कि क्या तथा कितना सीखा गया है या किस दक्षता से कार्य सम्पन्न किया गया है।''

जोन्स के अनुसार निष्पत्ति परीक्षण का प्रयोग यह जानने के लिए किया जाता है कि, ''क्या सीखा गया है अर्थात् एक विशेष समय तक अध्ययन या अभ्यास के बाद ज्ञान कौशल में कितना विकास हुआ है।''

निष्पत्ति परीक्षा के प्रकार

निष्पत्ति-परीक्षण दो प्रकार के होते हैं-

1. सामान्य निष्पत्ति परीक्षण- इनके द्वारा किसी विषय अथवा क्षेत्र में व्यक्ति की सामान्य उपलब्धि का मापन किया जाता है।

2. निदानात्मक परीक्षण- इनके द्वारा किसी व्यक्ति की किसी विषय में दुर्बलता या अच्छाई का पता लगाया जाता है।

निष्पत्ति परीक्षण प्रश्नों तथा वैधता के आधार पर दो प्रकार के होते हैं-

1. निबन्धात्मक निष्पत्ति परीक्षण- इनमें निबंधात्मक प्रश्न होते हैं। इन परीक्षणों के निम्नलिखित गुण होते हैं-

(क) प्रश्नों का निर्माण सरल होता है, (ख) इनको उपयोग में लाना भी सरल है, (ग) इसके द्वारा भाषा का ज्ञान बढ़ता है, (घ) अभिव्यक्ति का अवसर मिलना है, (ङ) मौलिक चिन्तन को बढ़ाता मिलता है।

दोष-

(क) निबन्धात्मक परीक्षण वैध, वस्तुनिष्ठ तथा विश्वसनीय नही होते हैं।

(ख) इसके द्वारा उचित मूल्यांकन सम्भव नहीं है।

(ग) इनमें व्यापकता का अभाव होता है।

(घ) छात्र केवल चुनें अंशो का अध्ययन करते हैं।

2. वस्तुनिष्ठ परीक्षण– ये उद्देश्यों पर आधारित परीक्षण हैं। वस्तुनिष्ठ परीक्षण में निम्नलिखित गुण पाये जाते हैं–

(क) ये विश्वसनीय, वैध तथा वस्तुनिष्ठ होते हैं, (ख) इनमें व्यापकता होती है, (ग) इनका अंकन सारणीयन एवं विश्लेषण सरल है, (घ) ये मापक होते हैं।

दोष–

(क) ये चिन्तन का विकास नहीं करतें है।

(ख) इसमें मौलिक चिन्तन को स्थान नहीं है।

(ग) भाषा का विकास नहीं होता है।

(घ) इस प्रकार के परीक्षणों का निर्माण कठिन है।

वस्तुनिष्ठ परीक्षणों के प्रकार– वस्तुनिष्ठ परीक्षणों में निम्न प्रकार के प्रश्न सम्मिलित किये जाते हैं–

(क) समतुल्यता प्रकार

(ख) रिक्त स्थान पूर्ति प्रकार

(ग) सत्य–असत्य प्रकार

(घ) बहुत विकल्प प्रकार

अभिरुचि परीक्षण

बैस्ट महोदय ने अभिरुचि परीक्षण को परिभाषित करते हुए लिखा है–

'अभिरुचि परीक्षण में व्यक्तियों की किसी विशिष्ट क्रिया की प्रत्याशित क्षमताओं अथवा निष्पत्ति की मात्रा का पूर्वानुमान ज्ञात करने का प्रयास किया जाता है।'

बुद्धि परीक्षण भी एक प्रकार से अभिरुचि परीक्षण है क्योंकि उनके द्वारा भी किसी व्यक्ति की उपलब्धि सम्बन्धि क्षमता का प्रदर्शन होता है। अभिरुचि परीक्षणों का उपयोग विशिष्ट क्षेत्र में व्यक्ति की क्षमतो को जानने के लिए किया जाता है। इनके द्वारा पता चलता है कि प्रशिक्षण और उपयुक्त वातावरण की सुविधा मिलने पर व्यक्ति को कितनी सफलता मिल सकती है। ध्यान रहे कि अभिरुचि को बुद्धि के समान प्रत्यक्ष रूप में नही माप सकते हैं। सामान्य बुद्धि परीक्षा विशेषत: परीक्षा ज्ञानात्मक प्राप्ति के लिए

आवश्यक योग्यताओं का मापने करती है इनमें यान्त्रिक, संगीत आदि से सम्बन्धित योग्यता पर ध्यान नहीं दिया जाता। इनके परीक्षण के लिए विशिष्ट मापक बनाये गये। यह भी पता लगाया गया कि सामान्य बुद्धि परीक्षा के विभिन्न भागों में व्यक्तियों की उपलब्धि भिन्न-भिन्न रही। कुछ ने संख्यात्मक प्रश्नों की अधिक ठीक किया तो किसी ने अन्य भाग की। किन्तु बुद्धि के मापन के लिए इन सभी का योग लिया गया तथा मानसिक योग्यता के विभिन्न अंगों पर कोई ध्यान नहीं दिया गया। थर्स्ट्रोन तथा अन्य से सम्बन्धित कार्यों ने यह सिद्ध कर दिया कि बुद्धि को विभिन्न योग्यताओं मे बाँटा जा सकता है। इस ज्ञान ने अमेरिकन मनोवैज्ञानिक को विविध अभिरुचियों की परख करने के उद्देश्य से पृथक-पृथक अभिरुचि परीक्षण बनाने के लिए प्रेरित किया। इन परीक्षणों को Differential Test Batteries या Multiple Aptitude Test Batteries से नाम से जाना गया। ये परीक्षण विभिन्न कार्यों के लिए आवश्यक योग्यताओं के परीक्षण में अधिक सहायक सिद्ध हुए हैं। भारत में भी अनेक अभिरुचि परीक्षण विकसित कर लिये गये हैं।

अभिरुचि परीक्षण के प्रकार

1. सामान्य अभिरुचि परीक्षण।
2. विशेष अभिरुचि परीक्षण।
3. सामान्य अभिरुचि परीक्षण।
4. व्यावसायिक अभिरुचि परीक्षण।
5. क्षमता अभिरुचि परीक्षण।

अभियोग्यता मापनी

वॉरिन ने अभियोग्यता को स्पष्ट करते हुए लिखा है कि, "अभियोग्यता वह दक्षता या गुणों का रूप है जो व्यक्ति की उस योग्यता की ओर संकेत करती है जो प्रशिक्षण के बाद ज्ञान, दक्षता या प्रतिक्रियाओं को सीखता है, जैसे भाषा बोलने या संगीतोत्पादन की योग्यता।"

अभियोग्यता एक वर्तमान स्थिति है जो भविष्य की ओर संकेत करती है प्राय: अध्यापकों या अभिभावकों को कहते हुए सुना जाता है कि वह तो जन्मजात कवि है या उसमें चित्रकला की प्रतिभा है। इन कथनों से स्पष्ट होता है यही गुण या योग्यता 'अभियोग्यता' के नाम से जाने जाते हैं। ट्रैक्सलर ने लिखा है कि "अभियोग्यता वर्तमान दशा है जो व्यक्ति की भावी क्षमताओं पर प्रकाश डालती है।"

विंघम अभियोग्यता की निम्नलिखित विशेषताएं बताई हैं–

1. अभियोग्यता वर्तमान दशा या गुणों का समुच्च है जो व्यक्ति की क्षमताओं पर प्रकाश डालता है। यह क्षमता जन्मजात तथा वातावरण जन्म दोनों पर प्रकार की परिस्थितियों की अन्तः क्रिया पर निर्भर है।

2. अभियोग्यता किसी कार्य में सम्भाव्य योग्यता से भी अधिक है। इसमें किसी क्रिया को पूर्ण करने में समुपयुक्ता का भाव भी निहित है।

3. अभियोग्यता व्यक्तित्व का अंग है। यह व्यक्ति के गुणों की ओर संकेत करती है।

4. अभियोग्यता वर्तमान वस्तुस्थिति होने पर भी भविष्य की ओर निर्देश करती है।

वेस्ट के अनुसार–"सूचना प्राप्त करने का वह रूप पत्र जिसके द्वारा किसी व्यक्ति की मापित अभिवृत्ति को जानने का प्रयास अभिवृत्ति मापनी कहलाता है।"

अभियोग्यता मापन की सीमाएँ

1. व्यक्ति वास्तविक अभिवृत्ति को छिपाकर समाज सम्मत विचार व्यक्त करते हैं।

2. व्यक्ति ने उस समस्या पर विचार ही नहीं किया हो, जिस पर उसका मत जाना गया है।

3. अमूर्त रूप में स्थित किसी परिस्थिति को समझाने में असमर्थ होने के कारण वह अपना मत प्रकट करने में असमर्थ हो।

4. अनेक बार व्यक्ति अपने मन की बात व्यवहार में प्रकट नहीं होने देता है।

5. जनसंख्या बडी होने पर प्रत्येक क निरीक्षण कर पाना कठिन है।

अभियोग्यता मापन की विधि

अभियोग्यता की जाँच निम्नलिखित विधियों द्वारा सम्भव है–

1. किसी विवादास्पद विषय के सम्बन्ध थे अनेक कथन देकर व्यक्ति को उनके प्रति सहमति या असहमति ज्ञात की जाती है।

2. प्रश्नावली, अभिसूची या साक्षात्कार विधि द्वारा किसी व्यक्ति या वस्तु के बारे में मत ज्ञात करना।

3. कुछ कथन देकर व्यक्ति से सहमति की स्थिति में उन सही (√) का चिह्न लगवाना।

4. प्रेक्षेपी विधियों द्वारा सचेतन रूप में व्यक्ति की प्रतिक्रियाके विश्लेषण से व्यक्ति की अभिवृत्ति या अनुमान लगाना।

अभियोग्यता के मापन के लिए दो विधियाँ अधिकतर प्रयोग में आती हैं-

लिकर्ट विधि-यह लिकर्ट की संकलित निर्धारण विधि भी कहलाती है। इसमें सहमति तथा असहमति प्रकट करने वाले 50 से 60 कथन सम्मिलित किये जाते हैं। ये कथन उन व्यक्तियों से लिखवाये जाते हैं। जिनकी अभियोग्यता का मापन होता है या स्वयं शोधकर्त्ता लिखता है। इनमें से आधे कथन सहमति वाले तथा आधे असहमति वाले होने चाहिए। इन कथनों को बिना किसी क्रम के लिखते हैं। प्रत्येक कथन के आगे पाँच बिन्दु निर्धारण मापनी बनाते हैं। जिन पर विशेषण लिख दिये जाते हैं। यह सूची 200 व्यक्तियों को दी जानी चाहिए। कथनों में निम्न गुण होने चाहिए-

1. कथन छोटे, सीधे तथा स्पष्ट होने चाहिए। 20 शब्दों से अधिक लम्बे नहीं होने चाहिए।

2. कथन ऐसे हों जो उस जनसंख्या की समझ में आ सकें।

3. कथन में किसी तथ्य को प्रकट नहीं करना चाहिए।

उत्तर प्राप्त होने के बाद निम्नलिखित विधि द्वारा प्रश्नों या कथनों का मूल्यांकन किया जाता है। इस प्रकार की उत्तर पुस्तिकाओं में 0, 1, 2, 3, 4 के क्रम से विशेषण के अनुसार अंक दिये जाते हैं। प्रत्येक कथन में दिये गये अंकों का योग कर लिया जाता है। इसके बाद उत्तरपुस्तिकाओं को सर्वाधिक योग के क्रम में व्यवस्थित करते हैं। व्यवस्थित करने के बाद 25 से 27 प्रतिशत उत्तर पुस्तिकाएं ऊपर से तथा इतनी ही नीचे से लेते है। ऊपरी तथा नीचे की इन उत्तरपुस्तिकाओं के प्रत्येक प्रश्न या कथन का मध्यमान निकाल कर अन्तर की सार्थकता की जाँच निम्न सूत्र द्वारा करते हैं-

जब भी t का मूल्य + 1.65 या अधिक माना है तो अन्तर सार्थक माना जाता है। ऐसे सभी प्रश्नों को उपयुक्त मानकर चयन कर लिया जाता है। इस प्रकार अन्तिम मापनी तैयार करने के लिए 20 से 30 कथन चुन लिये जाते हैं। इन कथनों का बिना किसी क्रम के लिख जाता है।

बर्स्टोन मापनी- इसमें भी कथनों की लिकर्ट की भाँति लिखा जाता है। अन्तर केवल इतना है कि इसमें 5-6 कथन निष्पक्ष भी रखे जाते हैं। इन कथनों को पृथक कागज पर लिखकर तथा बिना निर्धारण मापनी लिखे लगभग 30 निर्णायक को दिये जाते हैं तथा उनसे उनको 9 या 11 बिन्दु मापनी पर निर्धारण के लिए कहा जाता है। 9 बिन्दु निर्धारण मापनी मे 1 अत्यधिक अनुपयुक्त होगा तथा 9वां अत्यधिक उपयुक्त होगा तथा

5 बिन्दु तटस्थता का प्रतीक होगा। निर्णयकों द्वारा कार्य सम्पन्न होने पर प्रत्येक कथन के लिए आवृत्ति सारणी बनायी जाती है। इनसे संचीय आवृत्ति की गणना करके मूल्यों को निर्धारण किया जाता है। प्रत्येक कथन का मापनी मूल्य होता है। अन्त में चूने गये 20 से 22 कथनों को विषयी को देते है। प्राप्तांको के मध्यांक मूल्य के आधार पर उनकी अभिवृत्ति का निर्णय करते हैं।

व्यक्तित्व तालिकाएँ

व्यक्तित्व वर्तमान में सर्वाधिक महत्त्वपूर्ण विषय रहा है। व्यक्तित्व मापन की अनेक विधियाँ हैं। इन विधियों को मुख्यत: तीन वर्गों में वर्गीकरण किया जा सकता है।

1. व्यक्तित्व सूचियाँ
2. प्रक्षेपन विधियाँ

इनके वर्गीकरण की अन्य विधि इस प्रकार है-

1. आत्मनिष्ठ विधियाँ
2. वस्तुनिष्ठ विधियाँ
3. प्रक्षेपी विधियाँ

1. आत्मनिष्ठ विधियों-ये आत्मकथाएं, व्यक्ति इतिहास, साक्षात्कार तथा तालिकाएँ आदि होती है। इन विधियों में व्यक्तिगत पक्षपात की संभावना रहती है। ये विधियाँ अधिक वैध नहीं होती विश्वसनीयता संदिग्ध रहती हैं।

2. वस्तुनिष्ठ विधियों- वस्तुनिष्ठ विधियों के अन्तर्गत निरीक्षण, निर्धारण मापनी, समाजमिति, प्रश्नावली आदि सम्मिलित किये जाते हैं। इनकी वैधता तथा विश्वसनीयता अधिक होने के कारण आत्मनिष्ठ की अपेक्षा अधिक श्रेष्ठ मानी जाती है।

3. प्रक्षेपी विधियाँ- प्रक्षेपी विधियों के द्वारा चेतन और अचेतन दोनों प्रकार के व्यक्तित्व का मापन सफलतापूर्वक किया जा सकता है। इसमें टी.ए. पी. ए. टी., रोशा-परीक्षण, शब्द साहचर्य परीक्ष, मनोनाटक विधि आदि को सम्मिलित किया जाता है।

बुद्धि परीक्षण

बुद्धि शब्द का परिभाषित करना कठिन कार्य है। अनेक विद्वानों ने इसकों परिभाषित करने का प्रयास किया। किसी विद्वान ने बुद्धि को जन्मजात मानसिक प्रवृत्तियों से जुड़ा हुआ माना है तो कुछ ने इसको योग्यताओं का पुंज माना है।

बुद्धि परीक्षणों के प्रकार-सुविधा एवं सरलता की दृष्टि से बुद्धि परीक्षणों का वर्गीकरण निम्न प्रकार से किया जा सके।

1. (अ) व्यक्तिगत परीक्षा

(आ) समूह परीक्षा

2. (अ) शक्ति परीक्षा

(आ) गति परीक्षा

3. (अ)शाब्दिक परीक्षा

(आ) क्रियात्मक या निष्पादन परीक्षा

1. (अ) **अव्यक्तिगत परीक्षा**- यह परीक्षण एक समय में एक ही व्यक्ति पर प्रशासित होता है। निष्पादन परीक्षाएं व्यक्तिगत परीक्षण होते हैं। बिने-स्टेफोर्ड परीक्षण, वैश्लर-वैलेव्यू परीक्षण, बर्ट के तर्क परीक्षण आदि व्यक्तिगत परीक्षण के प्रकार हैं।

(आ)**समूह परीक्षा**-एक साथ पूरे समूह को दिये जाने वाला परीक्षण सामूहिक परीक्षण कहलाता है। ये परीक्षाएँ सेना, अनुसंधान, विद्यालय, उद्योग आदि में उपयोगी होता है। प्रशासन के लिए विशेषज्ञ आवश्यक नहीं है। इनकी विश्वसनीयता बढ़ाना सरल है। आर्मी अल्फा परीक्षण, आर्मी बीटा परीक्षण, टरमन ग्रुप टैस्ट ऑफ मेन्टल मैच्यूरिटी, प्रयाग मेहता का सामान्य बुद्धि परीक्षण इसके उदाहरण हैं।

2. (अ) **शक्ति परीक्षा**- शक्ति परीक्षा में समय की अवधि का कोई बन्धन नही होता है।

(आ) **गति परीक्षा**- इसमें प्रश्नों को करने के लिए समय की सीमा का बन्धन होता है। ये परीक्षाएँ मानसिक गति का मापन करती है।

2. शाब्दिक परीक्षा- (अ) भाषा तथा संख्याओं का जहां प्रयोग होता है। उनकों शाब्दिक परीक्षा कहते हैं।

(आ) **निष्पादन परीक्षण**- ये परीक्षण गूंगे, बहरे तथा भाषा न जानने वालों पर प्रयोग में आते है।

'रि' का अंग्रेजी में अर्थ होता है 'बार-बार' तथा सर्च का अर्थ है 'खोजना'। अंग्रेजी का यह शब्द शोध की प्रक्रिया को प्रस्तुत करता है कि शोध कर्त्ता किसी तथ्य को बार-बार देखता है जिससे उसके सम्बन्ध में प्रदत्तों को एकत्रित करता है तथा उनके आधार पर उसके सम्बन्ध में निष्कर्ष निकालता है।

अनुसन्धान की परिभाषाओं से अधोलिखित विशेषताओं का उल्लेख किया जा सकता है-

(1) अनुसन्धान की प्रक्रिया से नवीन ज्ञान की वृद्धि एवं विकास किया जाता है।

(2) इसमें सामान्य नियमों तथा सिद्धान्तों के प्रतिपादन पर बल दिया जाता है।

(3) अनुसन्धान की प्रक्रिया वैज्ञानिक, व्यवस्थित तथा सुनियोजित होती है।

(4) इसमें विश्वसनीय तथा वैध प्रविधियों को प्रयुक्त किया जाता है।

(5) यह तार्किक तथा वस्तुनिष्ठ प्रक्रिया है।

(6) अनुसन्धान की प्रक्रिया में प्रदत्तों के आधार पर परिकल्पनाओं की पुष्टि की जाती है।

(7) इसमें व्यक्तिगत पक्षों, भावनाओं तथा विचारों (रुचियों) को महत्त्व नहीं दिया जाता है। इन प्रभावों के लिए सावधानी रखी जाती है।

(8) शोध-कार्य में गुणात्मक तथा परिमाणात्मक प्रदत्तों की व्यवस्था की जाती है और उनका विश्लेषण करके निष्कर्ष निकाले जाते हैं।

(9) शोध-कार्य में धैर्य रखना होता है तथा इसमें शीघ्रता नहीं की जा सकती है।

(10) प्रत्येक शोध-कार्य की अपनी विधि तथा प्रविधियाँ होती हैं जो शोध कार्य के उद्देश्यों की प्राप्ति में सहायक होती हैं।

(11) शोध कार्य का आलेख सावधानीपूर्वक तैयार किया जाता है तथा शोध प्रबन्ध तैयार किया जाता है।

(12) प्रत्येक शोध-कार्य से निष्कर्ष निकाले जाते हैं और समान्यीकरण का प्रतिपादन किया जाता है।

ये विशेषताएँ वैज्ञानिक शोध-कार्यों की होती हैं। गुणात्मक शोध-कार्यों की विशेषतायें भिन्न होती हैं, क्योंकि इन्हें वस्तुनिष्ठ नहीं बनाया जा सकता। अर्थापन व्यक्तिगत पक्षों से प्रभावित होता है।

शिक्षा अनुसन्धान की अवधारणा

शिक्षा-अनुसंधान की अनेकों परिभाषाएँ उपलब्ध हैं परन्तु कुछ महत्त्वपूर्ण तथा व्यापक परिभाषाओं का उल्लेख अग्रलिखित प्रकार किया गया है- **एफ.एल. भिटनी** के अनुसार, "शिक्षा अनुसंधान का उद्देश्य शिक्षा की समस्याओं का समाधान करके उनमें योगदान करना है जिसमें वैज्ञानिक विधि, दार्शनिक विधि तथा चिन्तन का प्रयोग किया

जाता है। वैज्ञानिक स्तर पर विशिष्टट अनुभवों का मूल्यांकन और व्यवस्था की जाती है। इसके अन्तर्गत परिकल्पनाओं का प्रतिपादन किया जाता है। इनकी पुष्टि से सिद्धान्तों का प्रतिपादन होता है, इसमें निगमन (Deductive) चिन्तन किया जाता है। दार्शनिक शोध विधि में व्यापक सामान्यीकरण किये जाते हैं जिससे सत्य एवं मूल्यों का प्रतिस्थापन किया जाता है।''

'भिटनी' ने अपनी इस परिभाषा में दो प्रकार के शिक्षा-अनुसंधानों का उल्लेख किया है-वैज्ञानिक तथा दार्शनिक। वैज्ञानिक शोध-कार्यों से नये सिद्धान्तों का प्रतिपादन किया जाता है और दार्शनिक शोध-कार्यों से नवीन सत्यों का प्रतिस्थापन किया जाता है।

मोनरो के अनुसार, ''शिक्षा-अनुसंधान का अन्तिम लक्ष्य सिद्धान्तों का प्रतिपादन करना और शिक्षा के क्षेत्र में नवीन प्रक्रियाओं का विकास करना है।''

मानरो के 'शिक्षा-अनुसंधान' में नवीन सिद्धान्तों के प्रतिपादन के साथ उनकी उपयोगिता को भी महत्त्व दिया गया। शोध निष्कर्षों की व्यावहारिक उपयोगिता 'शिक्षा-अनुसंधान' का प्रमुख मानदण्ड माना जाता है।

डब्ल्यू.एम. टैवर्स के अनुसार, ''शिक्षा-अनुसंधान वह प्रक्रिया है जो शैक्षिक परिस्थितियों में व्यवहार विज्ञान का विकास करती है।''

शिक्षा अनुसंधानों का अन्तिम लक्ष्य शिक्षण सिद्धान्तों तथा अधिनियमों का प्रतिपादन करना और शिक्षा की प्रक्रिया को प्रभावशाली बनाना है।

शिक्षा अनुसंधान की अवधारणा के उद्देश्य

शिक्षा-अनुसंधान की समस्याओं में विविधता अधिक है इसलिए इसके प्रमुख चार उद्देश्य होते हैं-

(1) सैद्धान्तिक उद्देश्य, (2) तत्यात्मक उद्देश्य, (3) सत्यात्मक उद्देश्य तथा (4) व्यावहारिक उद्देश्य। इनका संक्षिप्त विवरण हस प्रकार है-

(1) सैद्धान्तिक उद्देश्य-शिक्षा-अनुसंधानों में वैज्ञानिक शोध-कार्यों द्वारा नये सिद्धान्तों तथा नये नियमों का प्रतिपादन किया जाता है। इस प्रकार के शोध-कार्य व्याख्यात्मक होते हैं। इनके अन्तर्गत चरों के सह-सम्बन्धों की व्याख्या की जाती है। इस प्रकार के शोध कार्यों से प्राथमिक रूप से नवीन ज्ञान की वृद्धि की जाती है, जिनका उपयोग शिक्षा की प्रक्रिया को प्रभावशाली बनाने में किया जाता है।

(2) तथ्यात्मक उद्देश्य-शिक्षा के अन्तर्गत ऐतिहासिक शोध-कार्यों द्वारा नये तथ्यों की खोज की जाती है। इनके आधार पर वर्तमान को समझने में सहायता मिलती है।

इन उद्देश्यों की प्रकृति वर्णनात्मक होती है क्योंकि तथ्यों की खोज करके, उनका अथवा घटनाओं का वर्णन किया जाता है। नवीन तथ्यों की खोज शिक्षा-प्रक्रिया के विकास तथा सुधार में सहायक होती है।

(3) सत्यात्मक उद्देश्य-दार्शनिक 'शोध' कार्यों द्वारा नवीन सत्यों का प्रतिस्थापन किया जाता है। इनकी प्राप्ति अन्तिम प्रश्नों के उत्तरों से की जाती है। दार्शनिक शोध-कार्यों द्वारा शिक्षा के उद्देश्यों, सिद्धान्तों तथा शिक्षण विधियों तथा पाठ्यक्रम की रचना की जाती है। शिक्षा की प्रक्रिया के अनुभवों का चिन्तन बौद्धिक स्तर पर किया जाता है जिससे नवीन सत्यों तथा मूल्यों का प्रतिस्थापन किया जाता है।

(4) व्यावहारिक उद्देश्य-शिक्षा-अनुसंधान के निष्कर्षों का व्यावहारिक प्रयोग होना चाहिए, परन्तु कुछ शोध-कार्यों में केवल उपयोगिता को ही महत्त्व दिया जाता है, ज्ञान के क्षेत्र में योगदान नहीं होता है। इन्हें विकासात्मक अनुसन्धान भी कहते हैं। क्रियात्मक अनुसन्धान से शिक्षा की प्रक्रिया में सुधार तथा विकास किया जाता है अर्थात् इनका उद्देश्य व्यावसायिक होता है। स्थानीय समस्या के समाधान से भी इस उद्देश्य की प्राप्ति की जाती है।

शिक्षा अनुसंधान की अवधारणा

शिक्षा-अनुसंधान के उद्देश्यों से यह स्पष्ट है कि शैक्षिक अनुसंधानों का वर्गीकरण कई प्रकार से किया जा सकता है। प्रमुख वर्गीकरण के मानदण्ड अधोलिखित हैं-

(1) मौलिक अनुसन्धान, तथा (2) क्रियात्मक अनुसंधान

(1) मौलिक अनुसन्धान-इन शोध-कार्यों द्वारा नवीन ज्ञान की वृद्धि की जाती है-नवीन सिद्धान्तों का प्रतिपादन नवीन तथ्यों की खोज, नवीन सत्यों का प्रतिस्थापन होता है। मौलिक अनुसन्धानों से ज्ञान-क्षेत्र में वृद्धि की जाती है। इन्हें उद्देश्यों की दृष्टि से तीन वर्गों में बाँटा जा सकता है-

(अ) प्रयोगात्मक शोध कार्यों से नवीन सिद्धान्तों तथा नियमों का प्रतिपादन किया जाता है। सर्वेक्षण-शोध भी इसी प्रकार का योगदान करते हैं।

(ब) ऐतिहासिक शोध कार्यों से नवीन तथ्यों की खोज की जाती है, जिनमें अतीत का अध्ययन किया जाता है और उनके आधार पर वर्तमान को समझने का प्रयास किया जाता है।

(स) दार्शनिक शोध कार्यों से नवीन सत्यों एवं मूल्यों का प्रतिस्थापन किा जाता है। शिक्षा को सैद्धान्तिक, दार्शनिक-अनुसंधानों से विकसित किया जा सकता है।

(2) क्रियात्मक अनुसन्धान-इस प्रकार के शोध-कार्यों से स्थानीय समस्याओं का अध्ययन किया जाता है, जिससे शिक्षण की प्रक्रिया में सुधार तथा विकास किया जाता है। इनमें ज्ञान-वृद्धि नहीं की जाती है। इन्हें प्रयोगात्मक अनुसन्धान भी कहते हैं।

शोध-उपागम की दृष्टि से-शोध कार्यों में तथ्यों का अध्ययन करने के लिए दो उपागमों का प्रयोग किया जाता है-(1) अनुदैर्ध्य उपागम तथा (2) कटाव उपागम।

(1) अनुदैर्ध्य उपागम-यह शब्द वनस्पति विज्ञान से लिया गया है। जब किसी पौध का अध्ययन बीज बोने से लेकर फल आने तक किया जाता है तब उसे अनुदैर्ध्य उपागम कहा जाता है। इसे उपागम भी कहा जाता है, क्योंकि अध्ययन में समय प्रमुख घटक होता है। ऐतिहासिक, इकाई तथा उत्पत्ति सम्बन्धी अनुसन्धान विधियों में इसी उपागम का प्रयोग किया जाता है।

(2) कटाव उपागम-यह शब्द भी वनस्पति विज्ञान का है। जब किसी पौधे के तने, पत्ती या जड़ तथा अन्य किसी अंग के स्वरूप का अध्ययन करना होता है तब किसी पौधे के उसे अंग का कटाव करके अध्ययन कर लिये जाते हैं । तब उसे कटाव उपागम की संज्ञा दी जाती है। इसमें समय का महत्त्व नहीं होता है। प्रयोगात्मक, तथा सर्वेक्षण विधियों में इस उपागम का प्रयोग किया जाता है। उदाहरण के लिए-'अध्यापक-शिक्षा के आविर्भाव के कारणों' का अध्ययन करने के लिए अनुदैर्ध्य-उपागम से किया जायेगा। अध्यापक-शिक्षा के नवीन प्रवर्त्तनों का अध्ययन कटाव-उपागम से किया जायेगा।

❑❑❑

7

शोध में निर्देशन

ऐतिहासिक विधि इतिहास से सम्बन्धी है। इतिहास ज्ञान की व्यवस्थित खोज से सम्बन्धी होती है। शिक्षा तथा समस्याओं का भी अपना इतिहास होता है। इनकी व्यवस्थित खोज करना ही अनुसंधान की ऐतिहासिक विधि का कार्य है। इसके द्वारा अतीत की घटनाओं से सम्बन्धित तथ्यों का व्यवस्थित अध्ययन कर निष्कर्ष निरूपण किया जाता है। शिक्षा के क्षेत्र में अनेक ऐसी समस्याओं आती है जिनका अध्ययन ऐतिहासिक दृष्टि से किया जाता है। उदाहरण के लिए प्राथमिकता शिक्षा का ऐतिहासिक विकास, स्त्री शिक्षा की समस्यायें, शैक्षिक प्रशासन, ग्रामीन शिक्षा का विकास आदि। स्पष्ट है कि ऐतिहासिक विधि एक सैद्धान्तिक विधि है तथा मुख्य रूप से पुस्तकालय सेवाओं पर आधारित है। इसमें वर्तमान समस्याओं के समाधान हेतु अतीत की घटनाओं से लाभ उठाया जाता हैं। इसी दृष्टिकोण को सामने रखकर शैक्षिक अनुसंधान के लिए ऐतिहासिक विधि अपनाई जाती है।

ऐतिहासिक विधि के सोपान

ऐतिहासिक विधि अनुसंधान करने के लिए नीचे लिखे सोपानों की आवश्यकता होती है–

1. समस्या निर्माण तथा उसका परिभाषीकरण

2. समंकों का संग्रह

3. समंकों की समीक्षा

4. पठनीय रूप में तथ्यों का प्रस्तुतीकरण

नीचे इन चारों सोपनों का संक्षिप्त परिचय प्रस्तुत है-

1. समस्या निर्माण तथा परिभाषीकरण- सर्वप्रथम ऐतिहासिक विधि के अनुसंधान करने वाला अपने अनुसंधान के लिए समस्या का निर्माण करता है तथा फिर उस समस्या के विभिन्न अंगों पर प्रकाश डालते हुए उसका परिभाषीकरण करता है। यहाँ पर ही वह अपनी समस्या के क्षेत्र तथा परिसीमाओं का निर्धारण करता है। उसके महत्त्व, योगदान तथा उपयोगिता का निर्धारण करता है, उसके उद्देश्य तथा कार्यप्रणाली की रूपरेखा बनाता है।

2. समंक संग्रह- वह समस्या से सम्बन्धित समंकों का संग्रह करता है। इसके लिए वह प्राथमिक तथा द्वितीयक समकों का उपयोग कर सकता है। प्राथमिक समंक होते हैं जो उनके मूल स्रोत से ही उपलब्ध किये जाते हैं जबकि द्वितीयक स्रोत वे होते हैं, जो किसी अन्य शोधकर्त्ता द्वारा प्रयुक्त किये गये हों, वहाँ से लिये गये हों। प्राथमिक समंकों को भी पुन: दो वर्गों में विभक्त किया जाता है-

1. अवशेष तथा

2. आलेख

अवशेष में प्राचीन मूर्तियाँ, सिक्के, भग्नावशेष, पुराने औजार, हथियार, भाषा-साहित्य, भवन, घरेलू सामान, खिलौने आदि को सम्मिलित करते हैं। आलेखों में संविधान, उद्घोषणायें, चार्टर, रसीदें, पत्रिकायें, प्रतिवेदन, मान-पत्र वंशावली, आत्मचरित्र, आत्मकथा आदि को सम्मिलित करते हैं।

3. समंकों की समीक्षा- समंकों का संग्रह करने के उपरान्त उनकी आलोचनात्मक समीक्षा की जाती है। यह समीक्षा दो प्रकार की होती है-

1. आन्तरिक समीक्षा तथा 2. बाह्य समीक्षा।

आन्तरिक समीक्षा का मुख्य उद्देश्य संग्रहीत समंकों के स्रोत की यथार्थता और सार्थकता का मूल्यांकन करना है। यहाँ यह देखना पड़ता है कि संग्रहित समंक कितना यथार्थ, वैध विश्वसनीय, पक्षपातहीन तथा सत्य को प्रदर्शित करने वाला है। बाह्य आलोचना में समंकों के स्त्रोत की प्रामाणिकता के देखा जाता है। कहीं समंक एक धोखा तथा भुलावा तो नहीं, वह कहीं असत्य तो नही। क्या प्राचीन भग्नावशेषों में प्राप्त वस्तुएँ

वास्तव में उसी जमाने की हैं, सिक्के, लकड़ी आदि की प्राचीनता का रासायनिक परीक्षण किया जा सकता है।

6. तथ्यों का प्रस्तुतीकरण–समंकों के संग्रहण तथा उनकी समीक्षा के उपरान्त उनकी विवेचना की जाती है। इस विवेचना के आधार कुछ निष्कर्ष निकाले जाते हैं और इन निष्कर्षों के आधार पर उपकल्पनाओं की जाँच की जाती है। तदोपरान्त सम्पूर्ण विवेचना को इस प्रकार लिपिबद्ध करके प्रस्तुत किया जाता है कि वे बोध्यगम्य रूप से पठनीय हों। प्रस्तुतीकरण में जो कुछ भी कहा जा रहा है उसकी प्रामाणिकता के लिए यथास्थान उपयुक्त फुट नोट्स देकर कथन की सत्यता को सिद्ध किया जाता है। प्रस्तुतीकरण में ही आवश्यक स्थलों पर तर्क प्रस्तुत किये जा सकते हैं किन्तु इन तर्कों की प्रामाणिता प्रस्तुत करनी आवश्यक होती है। एक अच्छे इतिहासकार कार्टर गुड ने लिखा है–"इसके अनुसार जो भी तथ्य प्राप्त हों उन्हें बिना किसी संवेगात्मक भग्नावेश अथवा अतिशयोक्ति के कहना ही अच्छे इतिहास के लक्षण हैं। इसलिए ऐतिहासिक विधि से लिख गये सभी अनुसंधानों में भी यही विशेषताओं होनी चाहिए।"

प्रयोगात्मक विधि

अनुसंधान करने की अनेक विधियाँ हैं। इन समस्त विधियों में अनुसंधान की एक महत्त्वपूर्ण विधि प्रयोगात्मक विधि है। यह विधि जहाँ सर्वोत्तम है वहीं सर्वाधिक कठिन भी है। जहाँ यह सबसे अधिक वैज्ञानिक है। वहीं यह सर्वाधिक शुद्ध एवं सुनिश्चित है किन्तु नाजुक भी है। इसमें जरा सी चूक या भूल समस्त परिणामों पर उल्लेखनीय प्रभाव डाल सकती है। अनुसंधान की प्रयोगात्मक विधि में विभिन्न चरों में से किन्हीं चरों को नियंत्रित करके अनियंत्रित चरों के प्रभावों का अध्ययन किया जाता है। चरों को हम वर्गों में विभक्त करते हैं। स्वतंत्र तथा आश्रित एक तीसरे प्रकार का चर भी होता है जिसे बाधित चर कहा जाता है। प्रयोगात्मक विधि में बाधित चरों के प्रभावों के दूर करके आश्रित चरों को बदल-बदल कर उनके स्वतंत्र चरों पर पड़ने वाले प्रभावों का अध्ययन किया जाता है। इस प्रकार कारण तथा अभावों के मध्य सम्बन्धों का भी पता लगाया जाता है।

प्रयोगात्मक अनुसंधान के सोपान

प्रयोगात्मक विधि में प्रमुख रूप से चार सोपान पाये जाते हैं–

1. समस्या का निर्माण तथा परिभाषीकरण
2. समस्या की योजना बनाना
3. योजना का क्रियान्वयन तथा संचालन

4. प्रयोगों के परिणामों को प्रस्तुत करना

नीचे इन चारों सोपानों का संक्षिप्त परिचय प्रस्तुत है–

समस्या का निर्माण– प्रयोगात्मक विधि में सबसे पहले किसी समस्या की अनुभूति करके उसके विभिन्न पक्षों का निर्धारण किया जाता है। समस्या में सम्बन्धित साहित्य का अध्ययन कर यह पता लगाया जाता है कि इस दिशा में क्या-क्या अध्ययन हुए हैं तथा वे कौन-कौन से क्षेत्र है जिनमें अभी भी शोध कार्य आवश्यकता है।

2. योजना निर्माण–द्वितीय चरण में शोधकार्य की योजना बनाई जाती है। यहाँ आकर ही प्रयोग के विभिन्न पक्षों तथा घटकों का निर्धारण किया जाता है। प्रयोग की सीमायें निर्धारण की जाती है कार्य-विधि का निश्चिय किया जाता है, योजना की रूपरेखा बनाई जाती है, प्रयोग की विषय-वस्तु, स्वतंत्र, आश्रित तथा बाधक चरों निर्धारण किया जाता है, और प्रारम्भिक परीक्षण कर लिये जाते हैं।

3. प्रयोग का क्रियान्वयन– प्रयोग के संचालन तथा क्रियान्वयन के समय विभिन्न प्रकार के चरों को समुचित उपचार दिया जाता है जो आश्रित चर है, उन्हें बदल-बदल कर उनके स्वतंत्र चर पर प्रभावों को देखा जाता है, बाधक चरों के प्रभावों को दूर किया जाता है, स्वतंत्र चरों पर पड़ने वाले प्रभावों को मापा जाता है, उनका विश्लेषण तथा विवेचन और व्याख्या की जाती है। स्वतंत्र चरों पर जो प्रभाव पड़ते है उन्हें सत्यापित किया जाता है और अन्त में सामान्यीकरण करके निष्कर्ष निरूपित किये जाते हैं।

4. प्रतिवेदन लेखन– प्रतिवेदन लेखन में समस्या का परिचय, योजना का निर्माण तथा कार्य-विधि, योजना संचालन तथा प्रयोग-विधि, प्रयोग-परिणाम तथा निकाले गये निष्कर्षों को पठनीय तथा बोधगम्य भाषा प्रस्तुत किया जाता है।

प्रयोगों के प्रकार

शिक्षा के क्षेत्र में प्रयोगात्मक विधि से जो अनुसंधान किये जाते हैं वे किसी न किसी प्रयोग के आधार पर किये जाते हैं। विशेषताओं के आधार पर इन प्रयोगों को हम तीन वर्गों में विभक्त कर सकते हैं–

1. एकल समूह प्रयोग 2. समानान्तर समूह प्रयोग 3. घूर्णन समूह प्रयोग

1. एकल समूह प्रयोग– प्रयोगात्मक प्रारूप की यह सबसे सरल विधि है। इस विधि में केवल मात्र एक चर को नियंत्रित किया जाता है अथवा किसी स्वतंत्र चर के साथ एक अथवा एक-एक करके आश्रित चर प्रभावी किये जाते हैं और एक चर को प्रभावी करने के बाद चर में हुये परिवर्तन को मापा जाता है। इसे एक रेखाचित्र द्वारा स्पष्ट किया जा सकता है–

उपरोक्त रेखाचित्र में तथा के चर से प्रभावित किया गया तो परिणामस्वरूप प्राप्त हुआ। इसी प्रकार जब में का प्रभावी किया जायेगा तो प्राप्त होगा। संक्षेप में कहा जा सकता है क एकल समूह प्रयोग में एक समय में एक ही चर को या चर से उपचार किया जाता है। एक समूह का प्रयोग बड़ा ही प्रारम्भिक तथा सरल है इसलिये इसके परिणाम सदा ही शुद्ध तथा वैध नहीं होते हैं। इसमें अन्य चरों के प्रभावों को ध्यान में नहीं रखा जाता है। इसके परिणाम भी उतने अधिक विश्वसनीय भी नहीं होते हैं।

2. समानान्तर समूह प्रयोग–इस प्रयोग प्रारूप में दो या अधिक समानान्तर समूह बनाये जाते हैं। एक समूह को नियंत्रित रखा जाता है। शेष समूह को विविध प्रकार के उपचार दिये जाते हैं और उन पर विविध प्रकार के उपचारों के प्रभाव नियंत्रित समूह की तुलना में मापे जाते हैं। इन्हें तकनीकी भाषा में प्रयोगात्मक समूह कहते हैं। इस प्रयोग में चार सोपानों की आवश्यकता होती है।

	नियंत्रित समूह	**प्रयोगात्मक समूह**
सोपान– I	पूर्ण परीक्षण	पूर्व परीक्षण
सोपान– II	नियंत्रण तत्त्व का लागू करना	प्रयोगों का लागू करना
सोपान–III	अन्तिम परीक्षण	अन्तिम परीक्षण
सोपान–IV	नियंत्रित समूह तथा प्रयोगात्मक समूह के अन्तरों का माप कर उनका विश्लेषण करना।	

3. घूर्णन समूह प्रयोग– जब नियंत्रित तथा प्रायोगिक समूहों का निर्माण इस प्रकार किया जाता है कि दोनों ही करीब–करीब सभी दृष्टियों से समान हों तो दोनों ही प्रकार के समूहों की बारी–बारी के समान उपचार दिये जाते हैं और उन पर उपचार के प्रभाव देखे जाते हैं। इस प्रकार यह प्रयोग विधि कहीं अधिक जटिल तथा क्लिष्ट है। किन्तु अत्यन्त ही वैध, विश्वसनीय तथा शुद्ध परिणाम देने वाली है।

अर्ध प्रयोगात्मक प्रारूप

कभी प्रयोगकर्त्ता अनेकानेक कारणों से किसी समूह को पूरी तरह नियंत्रित नहीं कर पाता है। वह चरों पर कुछ ही सीमा तक नियंत्रण कर पाता है। ऐसी स्थिति में जो प्रयोग किये जाते हैं। उन्हें अर्ध–प्रयोगात्मक प्रारूप कहते हैं।

एक्स–पोस्ट फैक्टो प्रारूप– प्रयोगात्मक अनुसंधान विधि में प्रयोगकर्त्ता के लिए यह आवश्यक होता है कि वह किसी एक चर या समूह को नियंत्रित करे, किन्तु कभी–कभी उसके लिये इन पर नियंत्रण लगाना विभिन्न कारणों से असंभव हो जाता है।

ऐसी स्थिति में प्रयोगकर्त्ता वास्तविक समूह या चर पर नियंत्रित न लगाकर ऐसे विषयों या समूहों का चयन करता है, जिनका स्वभाव नियंत्रित समूह से मिलता-जुलता हो अथवा अनुसमीकरण के द्वारा वांछित परिणाम प्राप्त करता है। कार्टर गुड इस सम्बन्ध में लिखते हैं- यहाँ 'Ex-post-fact'का अर्थ है कि स्वतंत्र चर समूह मे पहिले से ही परिवर्तन हो चुके है और इन परिवर्तनों के अनुसार उन्हें पहिले से ही वर्गीकृत किया जा सकता है। ''अच्छे और बुरे दम्पत्तियों की सन्तानों की निष्पात्तियों का अध्ययन'' भवन-आकार स्थिति तथा स्थिति का बालापराध पर प्रभाव आदि ऐसी समस्याएँ हैं जिनका अध्ययन इस प्रकार किया जा सकता है।

ज्ञान प्राप्त करने की विधियाँ

मनुष्य अन्य प्राणियों से भिन्न है। उसकी भिन्नता का एक आधार उसमें अपने अनुभवों को सुरक्षित रखने तथा उसे अगली पीढ़ी तक पहुँचाने की क्षमता है। जहाँ अन्य प्राणी पीढ़ी-दर-पीढ़ी अपनी उन्हीं जीवन प्रक्रियाओं को दुहराते रहते हैं और हर पीढ़ी में नये सिरे से ज्ञानार्जन प्रारम्भ करते हैं। मनुष्य अपने ज्ञान को आगे बढ़ाता जाता है। ज्ञान की वृद्धि के साथ-साथ उसकी शक्ति में भी वृद्धि होती है और वह अपने वातावरण से अधिक अच्छा समन्वय स्थापित कर पाता है। सैकड़ों हजारों वर्षो से चली आ रही यह मानव यात्रा जहाँ जैविक क्षेत्र में कुण्डलाकार है, अर्थात् जन्म शैशव युवावस्था, वृद्धावस्था मृत्यु के वृत्त में घूम रही है, वहाँ ज्ञान के क्षेत्र में वह निरन्तर प्रगति के पथ पर है। उसकी इस प्रगति का एक मूल कारण उसकी जिज्ञासा है। वह सदैव अपने वातावरण को जिज्ञासा की दृष्टि से देखता है, उसे समझने और नियन्त्रित करने का प्रयास करता है। बहुधा उसकी दृष्टि अन्तर्मुखी हो जाती है और वह अपने को भी समझने एवं नियन्त्रित करने का प्रयास करता है। हजारों वर्षों से वह चन्द्रमा की ओर कुतूहल भरी दृष्टि से देख रहा था। अन्त में, 20 जुलाई, 1969 को उसने उस पर पदार्पण कर ही दिया। जिज्ञासु मानव की शक्ति असीमित है। जैसे ही उसके सामने कोई समस्या आती है, उसकी समस्त शारीरिक एवं मानसिक शक्तियाँ उसके समाधान के लिए एकाग्र हो जाती हैं। दिन-रात कठिन परिश्रम, चिन्तन एवं मनन करके जैसे भी सम्भव होता है वह उसे समस्या को हल करने का प्रयास करता है। यह जरूरी नहीं कि वह अपने प्रयास में सफल ही हो, लेकिन जिज्ञासा की ज्योति को वह प्रज्वलित कर जाता है और आगे आने वाली पीढ़ी उस समरूप को हल करने में लग जाती है। कितने ही लोगों ने गौरीशंकर की चोटी तक पहुँचने के प्रयास में जीवन खो दिया किन्तु मनुष्य ने वहाँ पहुँच कर ही दम लिया।

मनुष्य कैसे ज्ञान प्राप्त करता है, इसकी विवेचना करने से पूर्व यह जान लेना आवश्यक है कि ज्ञान क्या है?

ज्ञान क्या है?

इस दार्शनिक प्रश्न की गूढ़ता में न जाकर यहाँ इतना कहना ही पर्याप्त होगा कि ज्ञान बहुत से तथ्यों, स्वयं सिद्धियों, सिद्धान्तों, सम्बन्धों, मान्यताओं एवं प्रक्रियाओं का संकलन है जिनकी जानकारी से मनुष्य अपनी समस्याओं एवं जिज्ञासा को शान्त करता है, जिनकी जानकारी उसके व्यवहार को प्रभावित करती है। किन्तु जो कुछ भी मनुष्य के व्यवहार को प्रभावित करे वह सब ज्ञान नहीं है। कभी-कभी मनुष्य अन्धविश्वासों के आधार पर व्यवहार करता है परन्तु उसे ज्ञान नहीं कहा जा सकता है। ज्ञान में निम्नलिखित विशेषताएँ होनी चाहिए :

1. इसमें अन्तर्व्यक्तिगत स्थायित्व होना चाहिए, अर्थात् एक व्यक्ति ज्ञान को जिस प्रकार जानता है, दूसरे लोग भी उसे वैसा ही जानें। जैसे सभी जानकार लोग जानते हैं कि स्वस्थ मनुष्य के शरीर का तापमान 98.4° F और 98.6° एफ के मध्य होता है।

2. ज्ञान का प्रत्यक्षीकरण किया जा सके और उसे सत्यापित किया जा सके। यदि कोई व्यक्ति यह कहै कि वह नंगे पैर पानी पर चलने की विधि जानता है और चल कर दिखा न सके तो उसे हम ज्ञान नहीं कहेंगे।

3. ज्ञान में किसी घटना को स्पष्ट करने या उसे पूर्व घोषित करने की क्षमता होनी चाहिए।

इन विशेषताओं से युक्त जानकारी को हम ज्ञान कहेंगे। यह आवश्यक नहीं है कि ज्ञान की किसी बात में उपर्युक्त सभी विशेषताएँ पायी ही जायें। एक दो विशेषताओं से युक्त होने पर भी हम किसी बात को ज्ञान कह सकते हैं।

मनुष्य जैसे जेसे प्रगति के पथ पर बढ़ता गया, उसने ज्ञान प्राप्त करने की नवीन विधियाँ खोजीं। बहुधा वह अपनी समस्या का समाधान प्रयास एवं भूल के सिद्धान्त से करता है। समस्या-समाधान के लिए वह एक उपाय का उपयोग करता है और उस उपाय के प्रभावकारी न होने पर उसे छोड़ कर वह दूसरे उपाय की परीक्षा करता है। इस प्रकार से समस्या समाधान के ढंग को प्रयास एवं भूल का सिद्धान्त कहते हैं। किन्तु यह ज्ञान प्राप्त करने की प्रामाणिक विधि नहीं है। नीचे पाँच अन्य विधियों का वर्णन किया गया है, जिनमें केवल अन्तिम विधि अर्थात् वैज्ञानिक विधि ही ज्ञान प्राप्त करने की प्रामाणिक विधि मानी जाती है: 1. सत्ता, 2. वैयक्तिक अनुभव, 3. निगमन विधि, 4. आगमन विधि और 5. वैज्ञानिक विधि।

1. सत्ता–मानव सभ्यता से आदिकाल से मनुष्य किसी न किसी व्यक्ति में किसी ज्ञान के लिए आस्था रखता आ रहा है। अपनी समस्या के समाधान के लिए वह उसके

पास जाता है और उसकी सलाह के अनुसार काम करता है। आज का व्यक्ति भी विशेशज्ञ की सलाह से काम करता है या उसकी राय को ही ज्ञान समझता है। एक बड़ा वकील भी एक मानसिक चिकित्सालय की सहायता से अपने विरोधी व्यक्ति की मन:स्थिति की जाँच करता है तथा उसकी सलाह को ही प्रमाण मानता है। यदि एक सुप्रसिद्ध भौतिकशास्त्री कहता है कि ईश्वर है, तो ईश्वर है।

बहुत सी परिस्थितियों में आज का मनुष्य अपने पूर्वजों की मान्यताओं में ज्यों का त्यों विश्वास रखता है और उनकी सत्यता की जाँच नहीं करता है। अपनी संस्कृति में प्रचलित परम्परा को वह ज्ञान समझता है और उसे व्यवहार में लाता है। परम्परा का सभी ज्ञान प्रामाणिक समझा जाता है। लेकिन इतिहास इस सत्य का साक्षी है कि समाज ने ज्ञान के साथ-साथ अज्ञान एवं अन्धविश्वास का संग्रह किया है। बहुत से बहुमान्य शैक्षिक, वैज्ञानिक एवं आयुर्वेदीय सिद्धान्त असत्य एवं अप्रामाणिक सिद्ध किये जा चुके हैं। उदाहरण के लिए, कभी विश्वास किया जाता था कि बच्चे युवकों से केवल आकार एवं महत्त्व में भिन्न होते हैं, बच्चे को कड़े अनुशासन में रखना चाहिए नहीं तो वे बिगड़ जायेंगे। यह पृथ्वी के चारों और चक्कर लगाते हैं, इत्यादि। किन्तु आज यह ज्ञान अमान्य हो गया है। किसी प्रकार के विश्वास की सत्यता या असत्यता का आधर उसकी प्राचीनता नहीं हो सकती है।

परम्परा के साथ मन्दिर, राज्य या विद्वान लोग भी ज्ञान प्राप्ति के स्रोत हैं। पहले लोग विश्वास क रते थे कि धर्मवेत्ताओं या विद्वानों ने सदैव के लिए सत्य बातें कह दी हैं, अब और अधिक ज्ञातव्य नहीं है अथवा सभी प्रकार का ज्ञान वेदों, धर्मग्रन्थों या प्राचीन पुस्ताकें में संगृहीत है। उदाहरण के लिए, लोग अरस्तू के इस कथन में विश्वास करते थे कि स्त्रियों के पुरुषों से अधिक दाँत होते हैं। जब गैलीलियो ने अपने दूरदर्शी यन्त्र द्वारा चन्द्रमा एवं बृहस्पति को देखने के लिए एक विद्वान को आमन्त्रित किया तो उसने साफ इन्कार कर दिया। उसका कहना था कि चन्द्रमा को नहीं देखा जा सकता है क्योंकि अरस्तू ने अपनी ज्योतिष में चन्द्रमा का वर्णन नहीं किया है। ये विद्वान किसी ऐसे सिद्धान्त को मानने को तैयार नहीं होते थे जो प्राचीन मान्य सिद्धान्तों का विरोध करते थे।

वर्तमान में भी विशेषज्ञ की राय मानने की परम्परा है। किसी विषय का विशेषज्ञ उस विषय का जनसाधारण से अधिक ज्ञान रखता है, अत: उसकी राय मान्य होनी चाहिए। समाज की प्रगति के लिए आवश्यक है कि उनकी राय मानी जाय। किन्तु किसी विशेषज्ञ की सभी रायों को बिना शर्त या बिना सत्यापन किये मान लेना भूल होगी, क्योंकि विशेषज्ञ की राय सदैव ज्ञान के आधार पर नहीं होती है। कभी वह अपने मूल्यों या सामाजिक अथवा राजनीतिक दबावों में पड़ कर भी राय दे सकता है, और ऐसी राय को संज्ञान नहीं दी जा सकती है।

2. वैयक्तिक अनुभव–ज्ञान का दूसरा प्रबल स्त्रोत वैयक्तिक अनुभव है। अपने अनुभव के आधार पर व्यक्ति प्राय: अपनी समस्याओं का समाधान करता है। भेड़ बकरी चराने वाले जानते हैं कि कुछ प्रकार की झाड़ियों की पत्तियों को खाने पर उनके जानवर अधिक दूध देते हैं। हम बहुधा अपने अनुभवों के आधार पर ही किसी व्यक्ति या घटना के विषय में अपनी राय बना लेते हैं और फिर उसी के अनुसार आचरण करते हैं। ज्ञान प्राप्ति के इस स्त्रोत में जहाँ स्वानुभव की सत्यता है, वहाँ इसकी बहुत सी सीमाएँ भी हैं। मनुष्य का अनुभव बहुत सी चल राशियों पर आश्रित होता है, जैसे मन:स्थिति, पूर्व घटनाएँ एवं स्वयं के जीवन मूल्य। अत: एक ही घटना विभिन्न व्यक्तियों में विभिन्न अनुभव उत्पन्न कर सकती है। इस वैयक्तिक वैभिन्न के कारण स्वानुभवजन्य ज्ञान में प्रामाणिकता की कमी होती है। किन्तु हम इस ज्ञान को निम्न कोटि का ज्ञान कह सकते हैं।

3. निगमन विधि–ग्रीक दार्शनिक अरस्तू के समय से लेकर बेकन के समय तक निगमन विधि ज्ञान की जननी थी। तर्कवादी दार्शनिक जिनकी प्रतिभा अन्तर्मुखी अधिक और बहिर्मुखी कम थी और जो कमरे की वस्तुओं को भी आँखें बन्द करके देखना ही अधिक पसन्द करते थे, किसी मौलिक सत्य से प्रारम्भ करके, विशिष्ट उदाहरण द्वारा निष्कर्ष निकालते थे। इस तर्क प्रणाली में तीन पद होते हैं–1. मुख्य पद, जो एक सामान्य सत्य होता है 2. गौण पद, जो एक विशिष्ट उदाहरण होत है। इस पद को निरीक्षण के आधार पर प्रस्तुत किया जाता है। तथा 3 निष्कर्ष। निगमन विधि का एक उदाहरण नीचे दिया गया है :

1. मनुष्य मरणशील है मुख्य पद–सामान्य सत्य।
2. राजा एक मनुष्य है गौण पद–निरीक्षित सत्य।
3. अत: राजा मरणशील है निष्कर्ष।

वस्तुत: निगमन विधि निरीक्षित तथ्य की सत्यता स्थापित करने की एक विधि है। यदि कोई व्यक्ति पहले दो कथनों से सहमत है तो उसे निष्कर्ष से सहमत होना चाहिए। इस विधि का प्रयोग वकील, सैनिक, डॉक्टर या गुप्तचर अपने निष्कर्षों पर पहुँचने के लिए करते हैं। आजकल अनुसन्धानकर्त्ता भी इस विधि का प्रयोग करते हैं।

निगमन विधि की कुछ दुर्बलताएँ हैं जिनसे अवगत होना आवश्यक है। इस विधि में शाब्दिक संकेतों का उपयोग किया जाता है। इन संकेतों का अर्थ भिन्न-भिन्न व्यक्तियों के लिए भिन्न-भिन्न हो सकता है। आज रूस भी अपने को प्रजातन्त्र कहता है और संयुक्त राज्य अमरीका भी। किन्तु दोनों की शासन प्रणालियों एवं जीवन शैलियों में जमीन आसमान का अन्तर है। इस विधि की दूसरी दुर्बलनता यह है कि इसमें पूर्व ज्ञान से केवल

निष्कर्ष निकाला जा सकता है, नवीन ज्ञान की उत्पत्ति नहीं की जा कसती है। इसा विधि के द्वारा यह प्रयास किया जाता है कि किसी विशेष तथ्य को एक पूर्व ज्ञान आदर्श सिद्धान्त, ढाँचा या सामान्यीकरण में ढाला जाय। उपर्युक्त उदाहरण से यह सिद्ध किया गया है कि राजा भी मरणशीलता के गुण में अन्य मनुष्यों जैसा ही है।

4. आगमन विधि–निगमन विधि से निकाले गये निष्कर्ष तभी सत्य होते हैं जब मुख्य पद सत्य हो। आगमन विधि सत्य मुख्य पदों को खोज निकालने की एक विधि है। आगमन तर्क प्रणाली में मनुष्य उन दृष्टान्तों का संग्रह करता है जिनकी सहायता से वह सामान्यीकरण कर सके। एक-एक उदाहरणों के अध्ययन या निरीक्षण से वह अपनी खोज प्रारम्भ करता है और अन्त में निरीक्षित घटनाओं, वस्तुओं या धारणाओं को वर्गीकृत करता है या उनके विषय में सामान्य कथन कहता है। आगमन विधि से सामान्यीकरण करने का एक ढंग पूर्ण गणना का है। किसी समुदाय के 40 सदस्यों का व्यवसाय पूछने पर निम्न सूचना मिली :

1. श्री हरीश डॉक्टर है।

32. कु. शरला डॉक्टर है।

....

50. श्री श्रीकृष्ण डॉक्टर है।

समुदाय के सभी 50 सदस्य डॉक्टर हैं। किन्तु ज्ञान संग्रह या सामान्यीकरण की यह प्रणाली बहुत ही कष्टसाध्य एवं असामान्य है। इस विधि से समस्याओं को हल नहीं किया जा सकता है।

आगमन प्रणाली में वर्गीकरण कुछ सीमित विशेषताओं के आधार पर किया जाता है। जिन जिन घटकों में विशेषताएँ पायी जाती है, उन्हैं उस वर्ग में रख दिया जाता है। वह तीन प्रकार के उदाहरणों की खोज करता है।

1. धनात्मक उदाहरण–जिनमें अभीष्ट लक्षण वर्तमान है।

2. ऋणात्मक उदाहरण–जिनमें अभीष्ट लक्षण अनुपस्थित है।

3. संदिग्ध उदाहरण–जिनमें अभीष्ट लक्षण न्यूनाधिक मात्रा में वर्तमान है।

इन उदाहरणों की सहायता से किसी वस्तु, घटना या धारणा को किसी वर्ग में रखा जाता है अथवा नहीं रखा जाता है या पुनर्विचार के हेतु स्थगित कर दिया जाता है। किसी भी अध्ययन में सभी इकाइयों का अध्ययन करना असम्भव नहीं तो बहुत कठिन अवश्य है। अत: सामान्यीकरण सीमित किन्तु प्रतिनिधि इकाइयों के आधार पर किया जाता है।

आगमन विधि द्वारा नवीन ज्ञान की खोज की जा सकती है। बेकन ने जब से अपनी पुस्तक नोवम ऑर्गेनम में इस विधि का वर्णन किया, विज्ञान की प्रचुर उन्नति हुई। किन्तु यह विधि स्वयं में पूर्ण नहीं है क्योंकि इससे ज्ञान का सत्यापन नहीं किया जा सकता है।

5. वैज्ञानिक विधि–ज्ञान प्राप्त करने की उपर्युक्त विधियाँ मनुष्य के क्रमिक विकास की कड़ियाँ हैं। जैसे-जैसे उसका मस्तिष्क विकसित होता गया,उसने क्रमोत्तर में अच्छी विधियाँ खोज निकालीं। ज्ञान प्राप्त करने की सबसे अच्छी विधि इस समय वैज्ञानिक विधि है। बैस्ट 1970 ने अनुसन्धान और वैज्ञानिक विधि को समानार्थक बताते हुए अनुसन्धान को वैज्ञानिक विश्लेषण की अधिक औपचारिक, सुव्यवस्थित एवं गहन प्रक्रिया कहा है। वैज्ञानिक विधि द्वारा प्राप्त ज्ञान प्राकृतिक घटनाओं का शृंखलाबद्ध एवं सूक्ष्म सामान्यीकरण होता है। इस विधि को हम परिभाषित नहीं कर सकते हैं। किन्तु इसे हम उसके लक्षणों की सहायता से समझ सकते हैं। इस विधि की विशेषता का वर्णन करते हुए अमेरिकन दार्शनिक पियर्स कहता है :

अपनी शंकाओं के समाधान के लिए एक ऐसी विधि को खोजा जाय जिसमें विश्वासों को मनुष्येतर तत्वों ऐसे तत्व जिनमें स्थायित्व हो और जिन पर मानवीय विचारों का प्रभाव न पड़े द्वारा निर्धारित किया जा सके। विधि को ऐसा होना चाहिए कि सभी मनुष्य अन्त में एक ही निष्कर्ष पर पहुँचे। यही विज्ञान की विधि है। इस विधि की मौलिक मान्यता है कि चीजें वास्तविक हैं और उनकी विशेषताएँ लोगों की उसके बारे में दी गयी रायों पर नहीं निर्भर होता है।

वैज्ञानिक विधि की विशेषताएँ–

इस विधि की कुछ विशेषताएँ जिनकी सहायता से हम इस विधि को समझ सकते हैं एवं इसका उपयोग कर सकते हैं, निम्नलिखित हैं :

1. वस्तुगतता–यह विधि तथ्यों की खोज करती है और स्वयं तथ्यों पर आधारित होती है। तथ्य वे निरीक्षण हैं जिनका मान निरीक्षक के बदलने पर भी स्थिर रहता है। निरीक्षण शब्द का उपयोग इन्द्रियजन्य ज्ञान के पर्यायवाची रूप में किया गया है, जैसे चीनी का स्वाद मीठा होत है। यह एक तथ्य है। व्यावहारिकी में प्राप्त तथ्यों में वह उच्चकोटि की वस्तुगतता नहीं पायी जाती है जो भौतिक विज्ञानों में, किन्तु फिर भी इन तथ्यों में वस्तुगतता की सम्भावना उच्चकोटि की होती है। वस्तुगत गुण की खोज विज्ञान का उद्देश्य हैं और वही वास्तविक गुण है। वस्तुत: वास्तविक शब्द वस्तु शब्द का विशेषण रूप है। किन्तु वस्तुगतता से यह अभिप्राय नहीं निकालना चाहिए कि व्यावहारिकी में मानव की पक्षपातपूर्ण भावनाओं, संवेगों, मूल्यों या अभिवृत्तियों के लिए स्थान नहीं है। व्यावहारिकी में इन चीजों का भी अध्ययन होता है किन्तु इनको अध्ययन का आधार नहीं

बनाया जाता है। अत: वैज्ञानिक विधि व्यक्तिगत पक्षपातों एवं रायों से मुक्त ऐसे तथ्यों पर आधारित है जिनका सत्यापन सभी लोग कर सकते हैं।

2. आत्म-संशोधनीयता–वैज्ञानिक विधि की दूसरी विशेषता उसकी वह क्षमता है, जिसके आधार पर वह अपनी भूलों को सुधार सकती है। कोई परिकल्पना प्रारम्भ में सही प्रतीत हो सकती है किन्तु वैज्ञानिक उसको बार-बार सत्यापित करता है और परिकल्पना के असत्य सिद्ध होने पर उसे बिना किसी मोह माया के त्याग देता है, किन्तु उसके निर्णय का आधार संगृहीत आँकड़े की विश्वसनीयता एवं वैधता का निर्धारण कर लेते हैं।

3. परिकल्पना का प्रयोग–इस विधि की विशेषता यह है कि इसमें परिकल्पना का प्रयोग किया जाता है यद्यपि परिकल्पना के विषय में विस्तृत विवेचन बाद में किया जायेगा, तथापि यहाँ यह जान लेना आवश्यक है कि परिकल्पना एक कथन है जिसमें समस्या का सम्भावित हल प्रस्तुत किया जाता है। यदि समरूप में बहुत से चरों का अध्ययन निहित है तो परिकल्पना उन चरों के मध्य पाये जाने वाले सम्भव सम्बन्ध के बारे मे एक कथन होता है। यदि समस्या में केवल एक चर की तात्कालिक स्थिति का अध्ययन प्रस्तावित है तो परिकल्पना उस चर के एक सम्भव मान के बारे में क कथन है। दोनों प्रकार के कथनों के उदाहरण नीचे दिये गये हैं :

उदाहरण 1–यदि हमारी समस्या बुद्धि एवं सामंजस्य है तो हम निम्नलिखित परिकल्पनाएँ बना सकते हैं :

परिकल्पना 1 : अधिक बुद्धिमान लोगों को सामंजस्य अधिक अच्छा होता है।

परिकल्पना 2 : अधिक बुद्धिमान लोगों का सामंजस्य खराब होता है।

परिकल्पना 3 : बुद्धि एवं सामंजस्य में कोई सम्बन्ध नहीं है।

यद्यपि दो चरों के बीच सम्बन्ध खोजने के प्रयास में परिकल्पना 3 का बनाना हास्यास्पद सा लगता है तथापि हम आगे देखेंगे कि परिकल्पना 3 को ही वैज्ञानिक सर्वोत्कृष्ट मानते है।

उदाहरण 2–यदि अध्ययन के लिए प्रस्तावित समस्या एक भू-भाग के एक विशेष आयु वर्ग के बालकों की औसत बुद्धिलब्धि ज्ञात करता है, तो हम निम्न परिकल्पनाएँ बना सकते हैं :

परिकल्पना : दिये हुए भू-भाग के प्रस्तावित आयु वर्ग के बालकों की औसत बुद्धि लब्धि 110 है। वैज्ञानिक विधि में परिकल्पनाओं का सत्यापन बिलकुल सीधे तरीके से नहीं होता है। परिकल्पनाओं के आधार पर तर्कशास्त्र के सिद्धान्तों द्वारा हम कुछ

निष्कर्ष निकालते हैं। निष्कर्ष निकालने में तर्कशास्त्र की निगमन विधि का सहारा लेते हैं। पुनः प्राप्त निष्कर्षों की सत्यता जाँचने के लिए प्रमाणों को संग्रह करते हैं। यदि प्राप्त प्रमाण निष्कर्ष की सत्यता को संस्थापित करते हैं। तो हम परिकल्पना को सम्भव मान लेते हैं, अन्यथा हम उसे त्याग देते हैं। इस प्रकार परिकल्पना सत्यापन में तीन चरण होते हैं–अ. परिकल्पना का प्रस्तुतीकरण, ब. निष्कर्षों का निगमन, एवं निष्कर्षों का सत्यापन। इसी कारण कभी-कभी वैज्ञानिक विधि को परिकल्पनात्मक निगमन विधि भी कहते हैं। यहाँ चेतावनी के रूप में यह कह देना नितान्त आवश्यक है कि वैज्ञानिक विधि में परिकल्पना का होना अनिवार्य नहीं है। बहुत से प्रारम्भिक वैज्ञानिक अध्ययन ऐसे भी होते हैं जिनमें अनुभव एवं पूर्व ज्ञान के अभाव में हम कोई परिकल्पना नहीं बना सकते हैं। ऐसी परिस्थिति में हम एकांकी तथ्यों का संग्रह करते हैं और आगमन विधि द्वारा संगृहीत तथ्यों से कुछ व्यापकीकरण या सामान्यीकरण करते हैं।

4. मात्रात्मक अनुमान–वैज्ञानिक विधि की एक विशेषता यह भी है कि इसमें संख्याओं या मात्रासूचक अक्षरों का प्रयोग किया जाता है। विज्ञान में विचार वाहन की विश्वसनीयता पर अधिक बल दिया जाता है क्योंकि कोई कथन तब तक सत्य नहीं होता जब तक कि सुनने वाला उस कथन से वही अर्थ न निकाले जिस अर्थ में वह कथन कहा गया है। गुणात्मक कथनों में यह निश्चितता तथा विश्वसनीयता नहीं होती है। उदाहरण के लिए, यदि हम कहें कि राकेश बहुत लम्बा है तो 5 फीट लम्बा एक आदमी अनुमान लगायेगा कि राकेश लगभग 5. 6'' लम्बा होगा और 5. 6'' लम्बा आदमी उसे 5.10'' लगभग लम्बा समझेगा। लम्बा, नाटा,मोटा, पतला इत्यादि गुणात्मक विशेषण सापेक्षिक अर्थ रखते हैं। इस भ्रम को दूर करने के लिए मात्रात्मक वर्णन अधिक पसन्द किया जाता है। किन्तु यहाँ तथ्य का मात्रात्मक निरूपण सम्भव नहीं है वहाँ ऐसा करना अवांछनीय है। व्यावहारिकी में मात्रात्मक वर्णन को एक अन्य कारण से भी स्थान दिया जाता है। व्यावहारिकी में किये जाने वाले प्रयोग या मापन अनिश्चित होते हैं। अत: विशेषताओं का सम्भव मूल्य ज्ञात करने के लिए सांख्यिकी का प्रयोग किया जाता है और सांख्यिकी में मात्रात्मक अनुमान संख्याओं का प्रयोग सरल एवं स्वाभाविक होता है।

इस प्रकार हम देखते हैं कि 1. वस्तुगतता 2 असंशोधनीयता 3. परिकल्पना का प्रयोग, एवं 4. मात्रात्मक अनुमान, वैज्ञानिक विधि की मुख्य विशेषताएँ हैं।

टर्नी तथा रोब ने वैज्ञानिक विश्लेषण की प्रमुख विशेषताओं की चर्चा करते हुए लिखा है कि वैज्ञानिक विश्लेषण की विधि विज्ञान की अग्रलिखित छ: विशेषताओं पर आधारित है, जो इसके स्वरूप को स्पष्ट करती है :

1. विज्ञान तथ्य पर आधारित होता है।

2. जटिल घटनाओं के विश्लेषण के लिए विज्ञान में विश्लेषण विधि का प्रयोग किया जाता है।

3. विज्ञान के अन्तर्गत चिन्तन में परिकल्पना का प्रयोग होता है।

4. विज्ञान में संवेगात्मक पक्षपात के लिए स्थान नहीं होता।

5. विज्ञान में शुद्ध एवं संक्षिप्त मापन का प्रयोग होता है।

6. विज्ञान में क्रमबद्ध चिन्तन को बढ़ावा दिया जाता है।

इनके अतिरिक्त वैज्ञानिक विधि की एक खास विशेषता है जो ज्ञान प्राप्त करने की अन्य विधियों में नहीं पायी जाती। वह है स्वयं सुधार की प्रक्रिया। वैज्ञानिक अपने ज्ञान एवं अपनी प्रक्रिया में स्वयं निरन्तर संशोधन एवं परिवर्द्धन करता रहता है।

वैज्ञानिक विधि की मान्यताएँ

वैज्ञानिक विधि का प्रयोग कुछ मूल मान्यताओं के आधार पर किया जाता है। इन मान्यताओं की सत्यता या तो स्वयं सिद्ध है, या व्यवस्थित ज्ञान प्रणाली के हेतु उनमें विश्वास रखना आवश्यक है। ये मान्यताएँ निम्नलिखित हैं :

1. प्रकृति की समरूपता–इस मान्यता के अनुसार हम विश्वास करते हैं कि जो एक बार घटता है, वही उन परिस्थितियों के पुन: एकत्र हो जाने पर फिर घटता है या घट सकता है। प्रकृति हर प्रकार से एकरूप है, यह मानना आवश्यक नहीं है, किन्तु उसमें काफी स्थिरता है और उसकी घटनाएँ स्वयं नहीं घटतीं, प्रत्युत कुछ कारणों से घटती हैं। इस मान्यता के अन्तर्गत तीन उपमान्यताएँ हैं–अ. प्राकृतिक प्रकार का सिद्धान्त, ब. स्थिरता का सिद्धान्त तथा स. निर्धारण का सिद्धान्त।

अ. प्राकृतिक प्रकार का सिद्धान्त–यद्यपि प्रकृति में पायी जाने वाली कोई दो वस्तुएँ एकरूप नहीं हैं। यहाँ तक कि नीम की कोई दो पत्तियाँ भी एकरूप नहीं हैं, उनमें कुछ न कुछ अन्तर अवश्य देखा जा सकता है। किन्तु फिर भी प्राकृतिक वस्तुओं को उनके गुणों, रूपों, आकारों या रंगों के आधार पर समूहों में बाँटा जा सकता है। वनस्पतियों, जातियों का वर्गीकरण या व्यक्तित्व प्रकार का निरूपण इसी मान्यता के आधार पर किया जाता है।

ब. स्थिरता का सिद्धान्त–यद्यपि प्रकृति परिवर्तनशील है तथापि यह विश्वास किया जाता है कि प्राकृतिक परिवर्तन आकस्मिक या इतने शीघ्र नहीं होते है कि प्राकृतिक तथ्यों का मापन न किया जा सके। उदाहरण के लिए, किसी वस्तु की ओर मनुष्य की अभिवृत्ति प्रकारान्तर से बदलती रहती है। किन्तु यह परिवर्तन सामान्यत:

धीरे-धीरे होता है और सम्भव है परिवर्तन न भी हो। बहुत कम दशाओं में किसी विशेष घटना के कारण अभिवृत्ति और सम्भव है परिवर्तन न भी हो। बहुत कम दशाओं में किसी विशेष घटना के कारण अभिवृत्ति एकाएक बदलती है। कम से कम इतनी स्थिरता तो होती ही है कि उसे नापा जा सके या उसका अध्ययन किया जा सके। मानवीय घटनाएँ प्राकृतिक घटनाओं से कम स्थायी होती है। क्षणे तुष्टा क्षणे रुष्टा के दृष्टान्त मानव व्यवहार में अधिक पाये जाते हैं किन्तु फिर भी हमारा विश्वास है कि प्रतयेक व्यक्ति के व्यवहार करने के ढंग में एक स्थायित्व रहता है जिसके आधार पर हम किसी वर्णित परिस्थिति में उसके भावी व्यवहार का पूर्वानुमान करते हैं।

स. निर्धारण का सिद्धान्त-विज्ञान का यह विश्वास है कि सभी घटनाएँ किसी भौतिक कारण से घटती हैं, धर्म में विश्वास करने वाले यह सोचते हैं कि प्रकृति की सभी घटनाएँ एक अपरिमेय शक्ति ईश्वर की इच्छा के अनुसार घटित होती हैं, और दार्शनिक आध्यात्मिक निर्धारण में विश्वास करता है, किन्तु वैज्ञानिक प्रत्येक घटना का कारण भौतिक जगत की शक्तियों में, जिसे वह इन्द्रियों के द्वारा जान सकता है, खोजने का प्रयास करता है। इसका यह अर्थ नहीं होता है कि वह नास्तिक है, प्रत्युत वह ऐसे कारणों की तलाश करता है। जिन्हें वह दूसरों को प्रदर्शित कर सके और जिनके सहारे वह घटनाओं को नियन्त्रित कर सके। विज्ञान का मुख्य उद्देश्य घटनाओं को समझने एवं पूर्वानुमानित करने तक ही सीमित नहीं है बल्कि उन पर नियन्त्रण प्राप्त करना है।

2. मनोविज्ञानिक प्रक्रिया सम्बन्धी मान्यता-वैज्ञानिक विधि की दूसरी मान्यता मनोवैज्ञानिक प्रक्रियाओं से सम्बन्धित है। उसका विश्वास है कि देखने, स्मरण रखने और तर्क करने की मनोवैज्ञानिक प्रक्रियाओं के माध्यम से ही ज्ञानार्जन किया जा सकता है। यद्यपि इन प्रक्रियाओं में त्रुटि सम्भव है तथापि उन त्रुटियों को सुधारा जा सकता है और सहायक यन्त्रों का प्रयोग करके त्रुटियों को कम से कम किया जा सकता है। बिना इन प्रक्रियाओं के ज्ञानार्जन असम्भव सा है। उनका विश्वास है कि वह जो कुछ देखता है, सुनता है, सूँघता है, स्पर्श करता है, या चखता है, वह सत्य है। वह इस जगत को माया या भ्रम नहीं मानता है।

इन मान्यताओं पर आधारित पूर्व वर्णित वैज्ञानिक विधि आधुनिक वैज्ञानिक ज्ञान की जननी है। जिस किसी विषय का ज्ञान इस विधि से अर्जित किया जाता है या जिस किसी विषय में वैज्ञानिक चिन्तन का प्रयोग होता है, वह विज्ञान है, पाठ्यवस्तु कुछ भी हो। यही कारण है कि राजनीति शास्त्र, अर्थशास्त्र, भूगोल, सामाजिक शास्त्र, एवं शिक्षा शास्त्र विज्ञान की श्रेणी में गिने जाने लगे हैं या इन विषयों के विद्वान अपने को वैज्ञानिक कहने लगे हैं।

अब हम दो मुख्य प्रसंगों–1. विज्ञान के ध्येय, और 2. प्राकृतिक विज्ञानों एवं सामाजिक विज्ञानों में अन्तर, के विषय में विचार करेंगे।

विज्ञान के ध्येय

विज्ञान के तीन मुख्य ध्येय हैं–अ. घटनाओं या घटकों को समझना, ब. घटनाओं का पूर्वानुमान करना, एवं स. घटनाओं पर नियन्त्रण करना। घटना शब्द का प्रयोग यहाँ उन समस्त प्राकृतिक सत्यताओं के लिए किया गया है, जिनके अध्ययन में मनुष्य की अभिरुचि है। बादल का गरजना, पानी का बरसना, जीवधारियों की प्रजनन क्रिया, पिता का क्रुद्ध होना और चुम्बक का समीप बहती विद्युतधारा पर प्रभाव इत्यादि सभी घटनाएँ हैं।

अ. घटनाओं को समझना–प्राकृतिक या मानवीय घटनाओं को समझने से हमारा तात्पर्य है उनके प्रारूप, गुण, रंग, रचना इत्यादि से परिचित होना जिससे घटनाओं का उपयुक्त वर्गीकरण एवं पहचान सम्भव हो सके तथा एक घटना को दूसरी घटना से भिन्न किया जा सके। किसी घटना को समझने से तात्पर्य है कि हम उसका पूर्वानुमान कर सकें, जैसे रमेश कहता है, मैं अपनी पत्नी को समझता हूँ। इस कथन से उसका अभिप्राय होता है कि वह जानता है कि एक दी हुई परिस्थिति में उसकी पत्नी कैसा व्यवहार करेगी या कैसा अनुीाव करेगी। इसी प्रकार, जब हम कहते हैं कि हम पीलिया रोग को समझते हैं तो हमारा तात्पर्य होता है कि हम रोग के कारणों, लक्षणों या गुणों से परिचित हैं, हम उसे पहचान सकते हैं। घटनाओं को समझना विज्ञान का पहला उद्देश्य है। इससे उच्चतर स्तर का उद्देश्य उन्हें पूर्वानुमानित करने का है।

ब. घटनाओं का पूर्वानुमान–प्राकृतिक या मानवीय घटनाएँ परस्पर सम्बन्धित होती हैं। उनका यह सम्बन्ध कहीं सरल और कहीं जटिल होता है। जब कुछ घटनाएँ कार्य कारण सम्बन्ध में बँधी होती हैं तो उनके घटित होने की सम्भावनाओं को पूर्वानुमानित किया जा सकता है, जैसे विद्युत धारा और चुम्बक का दो सत्यताओं के बीच सरल सम्बन्ध है। जहाँ विद्युत धारा की दशा पर निर्भर होगी। किन्तु शैक्षिक निष्पत्ति एवं बुद्धि का सम्बन्ध जटिल है, क्योंकि शैक्षिक निष्पत्ति बुद्धि के अतिरिक्त अन्य बहुत से निर्णायक तत्वों शैक्षिक सुविधाएँ, प्रेरणा, पठन विधि, अभिरुचि पर भी निर्भर करती है। अत: सम्बन्धित घटनाओं घटकों के बीच कार्यात्मक सम्बन्ध ज्ञान करना विज्ञान का दूसरा उद्देश्य है। कार्यात्मक सम्बन्ध से तात्पर्य है कि एक घटना घटक को एक या अनेक घटनाओं घटकों की सहायता से पूर्णत: निर्धारित करना।

स. घटनाओं पर नियन्त्रण–घटनाओं पर नियन्त्रण विज्ञान का सर्वोत्कृष्ट उद्देश्य है। प्रकृति पर विजय और प्राकृतिक मानवीय घटनाओं पर नियंत्रण करने की मनुष्य की हमेशा से इच्छा रही है। घटनाओं पर नियन्त्रण तभी सम्भव है जब किसी घटना को

निर्धारित करने वाले घटकों का हमें पूर्ण ज्ञान हो और साथ ही उन घटकों को आवश्यकतानुसार परिमार्जित एवं परिणित करने की क्षमता हो। पुनः नियंत्रण का उद्देश्य तभी सम्भव है जब घटना एवं घटना के निर्धारक तत्वों में पाये जाने वाले फलकीय सम्बन्ध का हमें सुनिश्चित ज्ञान हो।

सामाजिक एवं प्राकृतिक विज्ञानों में अन्तर–यद्यपि वैज्ञानिक विधि का प्रयोग सामाजिक विषयों या व्यावहारिकी के अध्ययन के लिए किया जा रहा है तथा सामाजिक विज्ञान, अर्थशास्त्र, शिक्षा इत्यादि प्राकृतिक विज्ञानों भौतिक शास्त्र, रसायन शास्त्र इत्यादि से भिन्न है। बहुत से विद्वानों का मत है कि सामाजिक विज्ञान प्राकृतिक विज्ञानों की तरह वैज्ञानिक विषय कभी नहीं बन सकते हैं, किन्तु कुछ लोगों का मत है कि सामाजिक विज्ञान अभी अविकसित विज्ञान है और कुछ दिनों बाद वे भी विकसित हो जायेंगे। लोगों की राय कुछ भी हो, दोनों प्रकार के विज्ञानों की विषय-वस्तु एवं कार्य कारण सम्बन्ध के मूल में कुछ सत्यताएँ हैं, जिनके कारण दो प्रकार के विज्ञान भिन्न-भिन्न रहेंगे

1. विषय-वस्तु की जटिलता, 2. विषय-वस्तु की निरीक्षणता

3. विषय-वस्तु की अपुनरावृत्ति, 4. विषय-वस्तु और वैज्ञानिक सम्बन्ध

1. विषय-वस्तु की जटिलता–प्राकृतिक विज्ञान में विषय वस्त मनुष्येतर सजीव या निर्जीव पदार्थ या शक्तियाँ होती हैं। वे स्वयं या उनके प्रभाव प्रत्यक्ष रूप से ज्ञानेन्द्रियों द्वारा जाने जा सकते हैं। वे संवेगहीन पदार्थ होते हैं और उन्हें हम स्वेच्छा से घटा-बढ़ा सकते हैं। पुनः प्राकृतिक विज्ञानों में विषय-वस्तु सरल होती है। एक बार में थोड़े से चरों से काम पड़ता है तथा चरों के बीच सरल सम्बन्ध होता है। उदाहरण के लिए,आदर्श गैसों के दबाव, आयतन एवं ताप में कितना सरल सम्बन्ध हैं:

दबाव × आयतन = स्थिरांक × परम ताप

अथवा शून्य में गिरती वस्तु द्वारा प्रारम्भ से 'स' समय में गिरी हुई दूरी 'द' के लिए निम्नलिखित सम्बन्ध है :

द = 14 स 2 फीट

इसके विपरीत, सामाजिक विज्ञानों में विषय-वस्तु बहुत ही जटिल होती है। इसमें प्रयुक्त होने वाले चर अमूर्त भावनाएँ या धारणाएँ होती हैं जिनका प्रत्यक्ष ज्ञान असम्भव है। उदाहरण के लिए, बुद्धि एक धारणा है जिसको न तो हम देख सकते हैं और न स्पर्श कर सकते हैं या अन्य किसी प्रत्यक्ष विधि से मालूम कर सकते हैं। अतः हमें अप्रत्यक्ष रूप से बुद्धि का अनुमान लगाना पड़ता है। हम अपने विवेक के आधार पर कहते हैं कि जो व्यक्ति अमुक अमुक व्यवहार मापनीय दक्षता के साथ कर सकता है, उसमें बुद्धि है।

बुद्धि व्यवहार करने की क्षमता एवं दक्षता के आधार पर अनुमानित की जाती है। अब ये कथित व्यवहार बुद्धि नापने के लिए आवश्यक है किन्तु पर्याप्त नहीं है। कोई व्यक्ति जिसमें बुद्धि है, उन व्यवहारों को कर सकता है। किन्तु ऐसे भी लोग उन व्यवहारों को कर सकते हैं। जिनके पास उन व्यवहारों को करने की बुद्धि नहीं है। ऐसे लोग उन्हें अपने अर्जित ज्ञान के आधार पर करते हैं। अब कौन-कौन व्यवहार बुद्धि को नापने के लिए प्रयुक्त किये जा सकते हैं, इस विषय पर विद्वान एकमत नहीं हैं।

सामाजिक विज्ञान में प्रयुक्त होने वाले चरों के बारे में दूसरी जटिलता यह है कि वे सापेक्षतः अधिक परिवर्तनशील रहते हैं। उदाहरण के लिए, बच्चों की अभिरुचियाँ बदलती रहती हैं। मापन की विश्वसनीयता का मूल्यांकन करने के लिए जब उस चर को कालान्तर में पुनः नापा जाता है तब वह चर स्वयं बदला रहता है। सामाजिक विज्ञान में पढ़ी जाने वाली घटनाओं के घटने के प्रायः अनेक कारण होते हैं। उदाहरण के लिए, एक छात्र के पढ़ने में कमजोर होने के बहुत से कारण हो सकते हैं। उसकी बुद्धि लब्धि कम हो सकती है, उसकी आर्थिक दशा खराब हो सकती है, पढ़ने के लिए प्रेरणा का अभाव हो सकता है, अभिरुचि की कमी हो सकती है या उसका समायोजन खराब हो सकता है। इसके अतिरिक्त भी बहुत से वैयक्तिक या पर्यावरणात्मक के कारण शैक्षिक दुर्बलता को उत्पन्न कर सकते हैं। पुनः ये सब कारण स्वयं स्वतन्त्र नहीं हैं। वे आपस में भी सम्बन्धित हैं और एक कारण के वर्तमान रहने पर दूसरा स्वयं उपस्थित हो जाता है।

2. विषय-वस्तु की निरीक्षणता–प्राकृतिक विज्ञानों में निरीक्षण समय पर कम निर्भर होता है जबकि सामाजिक विज्ञानों में चरों का मान समय के साथ बदलता रहता है। इन विज्ञानों में चरों का निरीक्षण स्वाभाविक परिस्थिति में ही करना श्रेयस्कर होता है क्योंकि प्रयोगशाला की कृत्रिम परिस्थिति में वह चर बदल जाता है। इसको स्पष्ट करने के लिए पैवलव का एक प्रयोग बताया जा सकता है। वह अपने कुत्ते पर प्रायोगिक अनुबन्धन का प्रयोग देख रहा था। जब उसका प्रयोग सफल हो गया तो उसे अतीव प्रसन्नता हुई और वह अपने सहयोगी को सफल प्रयोग देखने के लिए बुला लाया। उसे यह देखकर बड़ी निराशा हुई कि सहयोगी की उपस्थिति में कुत्ते ने अनुबन्धित व्यवहार नहीं प्रदर्शित किया। फिर बाद में उसने पता लगाया कि कुत्ते का परिवर्तित व्यवहार सहयोगी एक अजनबी की उपस्थिति के कारण था। आज हम किसी बालक के 10 वर्ष बाद होने वाली अभिरुचि का पता नहीं लगा सकते हैं। इसी कारण विकासात्मक अध्ययन बहुत खर्चीले एवं समयनाशक होते हैं। वास्तविक समय या परिस्थिति के लिए हमें प्रतीक्षा करनी पड़ती है। इसी प्रकार किसी चर के भूतकालीन मान का पता लगाना भी कठिन है। विषय-वस्तु की पुनरावृती-प्राकृतिक विज्ञानों की घटनाएँ दुहरायी जा सकती हैं। ज्योतिषीय घटनाओं के अतिरिक्त,जहाँ घटनाओं की पुनरावृति समय पर

निर्भर होती है या वे बार-बार स्वयमेव घटती हैं,वहाँ सामाजिक विज्ञानों की घटनाओं में एक ऐतिहासिकता होती है अर्थात् वे एक निश्चित समय पर घटी हुई होती हैं और उनके उसी रूप मे पुन:घटित होने की सम्भावना कम होती हैं यह कहना कि 'इतिहास अपने को दुहराता है',एक सामान्यीकरण है जिसे प्रत्यक्ष रूप में निर्णायक ढंग से कभी प्रयुक्त नहीं किया जा सकता है। हाँ कभी-कभी एक धुँधली,अस्पष्ट एवं अनिश्चित -सी शंका अवश्य प्रतीत होती है कि इस समय किसी अमुक ऐतिहासिक काल की परिस्थितियाँ पुनरुत्पन्न हो गयी है। व्यावहारिक एवं सामाजिक घटनाओं की एकरूपता तथा बारम्बारता का अभाव होता है। अत:सामाजिक सिद्धान्तों का प्रस्थापना सत्यापन मुश्किल होता है।

विषय-वस्तु और वैज्ञानिक का सम्बन्ध

प्राकृतिक विज्ञानों में वैज्ञानिक की विषय-वस्तु या तो निर्जीव पदार्थ होते हैं या मनुष्येतर प्राणी जिनके ऊपर वे संवेगहीन,अव्यक्तिगत निर्ममता से प्रयोग कर सकते हैं। एक वैज्ञानिक किसी धातु की तन्यमयता देखने के लिए उसके तार खींच सकता है या उसकी वर्धनीयता को देखने के लिए उसे पीट सकता है, कुत्ते की लापरवाह नली को काट कर लार की मात्रा को नाप सकता है किन्तु ऐसे अमानुषिक प्रयोग मनुष्यों के ऊपर नहीं कर सकता है। इसी कारण मनोविज्ञान में सीखने के नियम मुख्यत: तुलनात्मक मनोविज्ञान से लिये गये हैं जो मनुष्य के ऊपर पूरी तरह से लागू नहीं होते है। एक भौतिकशास्त्री घण्टों तक उसकी निरीक्ष्य वस्तु एक दूसरा मनुष्य हों व्यावहरिकी में विषय-वस्तु एवं वैज्ञानिक के मध्य अन्तक्रिया होने की सम्भावना रहती है और निरीक्षक एवं निरीक्ष्य परिवर्तित हो जाते हैं। पुन: वांछनीय व्यवहार करने की इच्छा से उसका व्यवहार वास्तविकता से दूर हो जाता है। प्रश्न-'आपकी माताजी आपको प्यार करती हैं?' उत्तर-'जी हा।' यह उत्तर इसलिए नहीं दिया गया कि माताजी आपको वस्तुत:प्यार करती है, बल्कि इसलिए दिया गया कि सही बात कहने से कुल की मर्यादा पर आघात होगा।

ज्ञान प्राप्त करने के आधुनिक साधन

सत्रहवीं शताब्दी के लगभग मनुष्य ने ज्ञान प्राप्त करने की एक नवीन विधि का विकास किया, जिसके फलस्वरूप वर्तमान वैज्ञानिक आन्दोलन का जन्म हुआ। फ्रांसिस बेकन ने उस समय वैज्ञानिक विधि की नींव डाली जबकि उसके निरीक्षित तथ्यों के आधार पर निष्कर्ष निकालने तथा निगमनात्मक विधि का प्रयोग करने पर बल दिया । बेकन की यादृच्छिक तथ्यों को प्राप्त करने की विधि के द्वारा अनियन्त्रित सूचनाओं का ढेर लगने लगा। अत: विश्वसनीय ज्ञान प्राप्त करने की अधिक व्यावहारिक विधि का विकास करने के प्रयास में न्यूटन, गैलीलियो तथा उनके साथियों ने आगमनात्मक तथा

निगमनात्मक चिन्तन की विधि को एक साथ मिलाकर प्रस्तुत किया। निरीक्षण तथा चिन्तन की इसी मिश्रित व्यवस्था ने वर्तमान वैज्ञानिक अनुसंधान प्रणाली को जन्म दिया।

वैज्ञानिक विधि के पद

वैज्ञानिक विधि में तथ्यों का उद्देश्यपूर्ण संग्रह होता है। इस विधि में अनुसन्धानकर्ता निगमन तथा आगमन, दोनों विधियों का प्रयोग करता है। वह विमर्श चिन्तन की प्रणाली को अपनाता है। सन् 1910 ई. में हम कैसे सोचते हैं? का विश्लेषण करते हुए इस प्रणाली पर विस्तार से प्रकाश डाला। वैज्ञानिक अध्ययन विधि का भी यही आधार है।

विभिन्न पद निम्न प्रकार हैं :

पद (1): कठिनाई का अनुभव–विमर्शी चिन्तर अथवा वैज्ञानिक अनुसंधान किसी कठिनाई की अनुभूति से प्रारम्भ होता है। व्यक्ति के मार्ग में कोई बाधा ऐसी उत्पन्न हो जाती है जो उसे व्यग्र कर देती है। यह बाधा निम्नलिखित प्रकार की हो सकती है :

क. उसके पास वांछित वस्तु के प्राप्त करने का साधन नहीं है।

ख. किसी वस्तु की विशेषताओं को पहचानने में कठिनाई हो रही है।

ग. किसी अप्रत्याशित घटना की व्याख्या करने में असमर्थ है।

पद (2): कठिनाई का सीमांकन एवं परिभाषीकरण –अब वह व्यक्ति निरीक्षण के आधार पर तथ्यों का संग्रह करके अपनी कठिनाई का सीमांकन एवं परिभाषीकरण करता है।

पद (3): समस्या के समाधान के सुझाव (प्राक्कल्पनाएँ)–तृतीय स्तर पर तथ्यों के पूर्व–अध्ययन के आधार पर व्यक्ति उन समस्याओं के समाधान के कुछ तर्कपूर्ण सुझाव प्रस्तुत करता है। किसी समस्या के उन्हीं सम्मानित उत्तरों को ही प्राक्कल्पना कहते हैं। अत:वह कतिपय प्राक्कल्पनाओं का निर्माण करता है

पद (4): निगमनात्मक ढंग से सुझावों पर विचार–चतुर्थ स्तर पर वह इस पर विचार करता है कि यदि ये प्राक्कल्पनाएँ सत्य हैं तो इनसे कुछ निष्कर्ष निकलने चाहिए।

पद (5): क्रिया द्वारा प्राक्कल्पनाओं का परीक्षण –इस पद के अन्तर्गत वह व्यक्ति प्रत्येक प्राक्कल्पनो का परीक्षण करता है तो इस निश्चय पर पहुँचने का प्रयास करता है, कि कौनसी प्राक्कल्पनाओं निरीक्षित तथ्यों के अनुरूप है। इसके आधार पर वह सर्वोत्तम समाधान प्रस्तुत करता है।

विमर्शी चिन्तन की प्रक्रिया के ये पद यह प्रकट करते हैं कि किस प्रकार आगमन तथा निगमन वैज्ञानिक अस्त्र की दो तेज धारों के समान सत्य को अनेक खण्डों मे बाँटते

हैं। आगमन प्राक्कल्पना के लिए आधार तैयार करता है,निगमन प्राक्कल्पना के तार्किक निष्कर्षों के लिए साधन प्रस्तुत करता है जिससे तथ्य की विरोधी बातों को अलग किया जा सके। आगमन पुन:शेष प्राक्कल्पनाओं के सत्यापन में सहायता करता है। अनुसन्धानकर्ता लगातार तथ्यों के संग्रह, प्राक्कल्पनाओं का निर्माण,इनके परीक्षण तथा निष्कर्ष निकालने में व्यस्त रहता है। इस प्रकार आगमन तथा निगमन ,दोनों विधियों के प्रयोग द्वारा वह एक विश्वनीय ज्ञान प्राप्त करता है।

उपर्युक्त पद एवं पद्धति अनुसन्धान की विधि को स्पष्ट करते हैं ।यद्यपि इन पदों के उपयोग में कठोरता नही होती अर्थात् अनुसन्धान कर्ता इसी क्रम में चलने के लिए बाध्य नहीं हैं,क्योंकि चिन्तन को किसी सीमा में नहीं बाँधा जा सकता है। एक अनुसन्धानकर्ता ऐसा कभी नहीं करता कि एक पद पर कार्य कर उसे समाप्त करने के बाद दूसरे को शुरू करता हो। वह तो अपना क्रम बना लेता है, तथा एक साथ एक से अधिक पदों पर कार्य करता रहता है, एक से दूसरे पर बदलता भी रहता है। किसी से कम समय एवं श्रम आवश्यक होता है तो किसी में अधिक। जब वह प्रतिवेदन प्रस्तुत करने लगता है तो एक व्यवस्थित क्रम दे देता है।

वैज्ञानिक विधि का एक उदाहरण–एक उदाहरण द्वारा उपर्युक्त बातों एवं पदों का स्पष्टीकरण हो जायेगा।

पद 1. समस्या का अनुभव–अमुक व्यक्ति छुट्टियों के बाद घर लौटता है तो देखता है कि उसका बैठने का छप्पर तथा बगीचा नष्ट हो गया है।

पद 2. वास्तविक तथ्य संग्रह जिनके द्वारा वह कठिनाई को निश्चित कर सका–वह छप्पर तथा ब्रीचे का निरीक्षण करके देखता है कि बाड़ टूटी है, फूल टूटे हैं तथा पौधे उखड़े पड़े हैं और छप्पर उजड़ा हुआ है।

पद 3. प्राक्कल्पना का निर्माण–इसका कारण ढूँढ़ता हुआ वह विचार करता है कि 1. पड़ोसी बच्चों ने जानबूझ कर तो नहीं तोड़ा-फोड़ा है? उसने बच्चों को तोड़ते तो देखा ही नहीं है। फिर यह भी विचार आता है कि 2. तूफान से नष्ट हुआ हो सकता है। अब वह दोनों प्राक्कल्पनाओं का परीक्षण करता है।

पद 4. प्राक्कल्पना का परीक्षण–यदि बच्चों के द्वारा तोड़ने की बात सत्य है तो छुट्टियों में स्काउट कैम्प में बाहर चले गये थे। अत: वह पहली प्राक्कल्पना को अस्वीकार कर देता है क्योंकि तथ्यानुरूप नहीं है।

अब द्वितीय प्राक्कल्पना का परीक्षण करता है। यदि तूफान ने उसके छप्पर तथा बगीचे को नष्ट यिका है तो अन्य पड़ोसियों के भी नष्ट हुए होंगे। इस तथ्य की पुष्टि के

लिए वह अन्य पड़ौसियों के छप्परों तथा बगीचों का निरीक्षण करता है। वह देखता है कि–

क. अन्य लोगों के छप्पर तथा बगीचे भी टूटे-फूटे हैं।

ख. समाचार-पत्रों के पृष्ठों को पलटता है तो इस समाचार की पुष्टि होती है कि तूफान आया था और उसने अनेक बाग-बगीचों तथा घरों को नष्ट कर डाला।

ग. एक पड़ोसी भी तूफान की भयंकरता की पुष्टि करता है।

इन प्रमाणों के आधार पर वह व्यक्ति दूसरी प्राक्कल्पना को स्वीकार कर लेता है और यही निष्कर्ष निकालता है कि तूफान ने छप्पर तथा बगीचे को नष्ट किया।

यह एक उदाहरण है। यही प्रक्रिया अधिक सुव्यवस्थित रूप में आगमन तथा निगमन विधियों का उपयोग करती हुई वैज्ञानिक अनुसन्धान प्रणाली में चलती है।

ह्विटनी ने वैज्ञानिक प्रक्रिया के सात तत्वों की चर्चा की है जो इस प्रकार हैं:

1. उद्देश्यपूर्ण निरीक्षण
2. विश्लेषण एवं संश्लेषण
3. चयनात्मक प्रत्याह्वान
4. परिकल्पना
5. सम्पुष्टि
6. तर्क
    अ. सहमति विधि द्वारा
    ब. असहमति विधि द्वारा
    स. सह-परिवर्तन की विधि द्वारा
    द. अवशेष भागी विधि द्वारा तथा
    य. सहमति एवं असहमति की संयुक्त विधि द्वारा
7. निर्णय।

मनोविज्ञान तथा शिक्षा में वैज्ञानिक अनुसन्धान प्रणाली का उपयोग

अनुसंधान की वैज्ञानिक प्रणाली सभी ज्ञान विज्ञान के क्षेत्रों में उपयोगी सिद्ध हो रही है। एक आधारभूत अनुसन्धानकर्ता नवीन सिद्धान्तों, नियमों एवं तथ्यों की खोज के लिए इस विधि का प्रयोग करता है। व्यावहारिक क्षेत्र में काम करने वाला अनुसन्धानकर्ता इस

विधि के प्रयोग द्वारा अपने व्यावहारिक क्षेत्र की समस्याओं का समाधान प्रस्तुत करता है। मनोविज्ञान तथा शिक्षा, दोनों के सैद्धान्तिक तथा व्यावहारिक, दोनों पक्षों की समस्याओं के समाधान में यह विधि अत्यन्त उपयोगी सिद्ध हुई है। इसके आधार पर मनुष्य ने ज्ञान विज्ञान के क्षेत्र में असीम प्रगति की है तथा करता जा रहा है। एक समय ऐसा था जब मानव यह समझता था कि हमें प्रकृति एवं समाज के विषय में बहुत कुछ ज्ञात है। किन्तु पिछले वर्षों में वैज्ञानिक अनुसन्धान प्रणाली के उउपयोग ने अनेक मान्य सिद्धान्तों एवं धारणाओं को असत्य सिद्ध कर दिया है। अब मानव को यह ज्ञात होने लगा है कि हम जो कुछ जानते हैं, वह अत्यन्त अधूरा तथा अपुष्ट हो सकता है। इसी कारण वह अपने अनुसन्धान के निष्कर्षों को लोगों के सामने प्रस्तुत कर उनके परीक्षण एवं मूल्यांकन की प्रेरणा देता है। इस वैज्ञानिकि अनुसन्धान की विधि ने मनोविज्ञान तथा शिक्षा के क्षेत्र में क्रान्तिकारी परिवर्तन किया है और लोगों की चिन्तन धारा को मोड़ दिया है।

कुछ लोगों का यह विचार है कि वैज्ञानिक विधि का प्रयोग केवल प्राकृतिक विज्ञानों में ही हो सकता है। किन्तु यह बात विवादास्पद होते हुए भी सन्देह रहित है कि वैज्ञानिक पद्धति में जिस प्रक्रिया को अपनाते हैं वह ज्ञान विज्ञान के सभी क्षेत्रों में व्यवहार में आती है तथा अध्ययन को सफल बनाने एवं नवीन ज्ञान को प्राप्त करने में सहायक सिद्ध होती है। विज्ञान किसी एक विषय अथवा क्षेत्र से सम्बन्धित नहीं है, सभी क्रमबद्ध ज्ञान तथा उसके प्राप्त करने की नियोजित प्रक्रिया को वैज्ञानिक ज्ञान तथा वैज्ञानिक प्रक्रिया कहते हैं। अन्तर केवल विषय की प्रकृति में है।

वैज्ञानिक ज्ञान की चार प्रमुख विशेषताएँ हैं :

1. वस्तुनिष्ठता
2. सत्यापन-क्षमता
3. निश्चयात्मकता तथा
4. भविष्य कथन-क्षमता।

जिस सीमा तक जो विषय इस वैज्ञानिक प्रकृति के जितना निकट है, उसी सीमा तक वह विज्ञान है और उसके अध्ययन में वैज्ञानिक प्रणाली का व्यवहार हो सकता है। मनोविज्ञान तथा शिक्षा में वैज्ञानिक ज्ञान प्रणाली की सभी विशेषताएं उपलब्ध हैं, अतः इन क्षेत्रों में इस प्रणाली का उपयोग पूर्ण रूप में होता है। अभी तक हमने ज्ञान, विज्ञान तथा ज्ञान प्राप्ति के विभिन्न साधनों एवं उनमें वैज्ञानिक प्रणाली के महत्त्व पर विचार किया है। हम इस बात को स्वीकार कर चुके हैं कि यह अनुसन्धान की एक महत्त्वपूर्ण प्रणाली है। अगले अध्याय में हम अनुसन्धान और उसकी प्रकृति पर विचार करेंगे।

कुछ को देखकर या परीक्षाकार 'सब' के बारे में अनुमान लेने की विधि को न्यादर्शन कहते हैं। इस विधि की आधारभूत मान्यता यह है कि इन 'कुछ' की विशेषताएँ 'सब' की आधारभूत विशेषताओं की उचित प्रतिनिधित्व कर सकती है। यदि 'कुछ' क चुनाव ढ़ंग से किया जाय। यहाँ 'सब' शब्द का प्रयोग समग्र या जनसंख्या के लिए किया गया है। जनसंख्या से तात्पर्य अनुसंधान क्षेत्र की सभी इकाइयों के समुदाय से है जिसमें कुछ सामान्य विशेषताएँ हों, और जिसमें से कुछ इकाइयाँ अध्ययन हेतु चुनी जाये। जनसंख्या परिमित और अपरिमित-दो प्रकार की हो सकती है। जिनमें इकाइयों की संख्या सुनिश्चित होती है। वे परिमित जनसंख्या होती है। इसके विपरीत अपरिमित जनसंख्या में इकाइयों की संख्या अनिश्चित होती है। जब एक जनसंख्या से सम्बन्धित एक विशेष गुण विशेष या बैरामीटर का अध्ययन सम्पूर्ण जनसंख्या के आधार पर करते हैं तो इस अध्ययन विधि को प्राचलिक कहते हैं। व्यवहारिक दृष्टि से विधि प्रयोग में नहीं आ पाती है क्योंकि इस विधि में समय और धन अधिक खर्च होता है तथा विस्तृत व जटिल संगठन की आवश्यकता पड़ती है। इन कठिनाइयों के कारण शिक्षा तथा मनोविज्ञान के अनुसंधान क्षेत्र में अप्राचलिक विधि का प्रयोग होता है। इस विधि में समस्त जनसंख्या से चुने हुए व्यक्तियों का अध्ययन किया जाता है तो इस अध्ययन से प्राप्त परिणाम के द्वारा समस्त जनसंख्या के विषय में आकलन लगाया जाता है। इस अप्राचल विधि को ही न्यादर्शन विधि कहते हैं। न्यादर्शन तथा न्यादर्श में अन्तर है। न्यादर्श सम्पूर्ण जनसंख्या में चुने हुए प्रतिनिधियों का समूह है जिसका चयन अध्ययन की सुविधा के लिए किया जाता है। न्यादर्शन वह विधि है जिसकी सहायता से जनसंख्या में से प्रतिनिधियों का चयन किया जाता है। बोगार्डस ने न्यादर्शन के बारे मे लिखा है कि "पूर्ण निर्धारण योजना के अनुसार एक समूह मे से निश्चित प्रतिशत की इकाइयों का चुनाव ही न्यादर्शन है।"

न्यादर्शन पद्धति के चरण

कोचरन ने न्यादर्शन द्वारा अध्ययन के निम्न चरण बताये हैं-

1. अध्ययन के उद्देश्यों को परिभाषित करके स्पष्ट करना आवश्यक है। उद्देश्यों का स्पष्टीकरण न्यादर्शन बड़ी सहायता करता है।

2. न्यादर्शन के लिए आवश्यक है कि जनसंख्या या समष्ठि को स्पष्ट तथा परिभाषित किया जाय। इसके स्पष्टीकरण से ही ज्ञात होगा कि प्रतिदर्श कहाँ से चुनना है और किन लोगो को सम्मलित करना हैं।

3. अध्ययन अर्थपूर्ण तथा आवश्यक आँकड़ों का संकलन किया जाना आवश्यक है।

4. परिणामों की आवश्यक शुद्धता की मात्रा को पूर्व निर्धारित कर लेना चाहिए। इससे मापन की त्रुटियों का कम किया जा सकता है।

5. मापन विधि का परिभाषीकरण पहिले ही कर लेना चाहिए। इससे न्यादर्श न चुनने से सरलता रहती है।

6. न्यादर्श की इकाइयों की सूचि को निर्देश सूची कहते हैं। निर्देश सूची का पहिले ही निर्माण कर लेना चाहिए।

7. न्यादर्श विधि का चयन लागत तथा समय का ध्यान में रखकर कर लेना चाहिए।

8. चुने गये न्यादर्श पर पूर्ण परीक्षण करके न्यादर्श की उपयुक्तता की पहिले जाँच कर लेनी चाहिए।

9. आँकड़ों का सारांश निकालकर उनका विश्लेषण निकालना चाहिए।

न्यादर्शन की विधियाँ

न्यादर्शन एक जटिल प्रक्रिया है। जनसंख्या का स्वरूप सजातीय होने की स्थिति में न्यादर्शन की समस्या नहीं होती है क्योंकि प्रत्येक इकाई समिष्टि का सही प्रतिनिधित्व करती है। जनसंख्या के समरूप न होने की स्थिति में सही प्रतिनिधि का चुनाव एक समस्या होती है। इसीलिए न्यादर्शन में कुछ विधियों का प्रयोग किया जाता है। न्यादर्शन की विधियों को दो मुख्य वर्गों में बाँटा जा सकता है-

1. प्राभिकता न्यादर्शन

2. अप्रभिकता न्यादर्शन

1. **प्राभिकता दर्शन**- जब जनसंख्या की किसी इकाई का न्यादर्शन में सम्मिलित करने के लिए उसका संयोग पर निर्भर करे तो इसकों प्राभिकता न्यादर्शन कहते हैं। इस विधि में अनुसंधानकर्त्ता अपनी इन्छानुसार इकाइयों को न्यादर्शन में नहीं रख सकता। इस विधि द्वारा जनसंख्या की प्रत्येक इकाई के न्यादर्शन में चयन की समान सम्भावना रहती है। प्राभिकता न्यायदर्शन निम्न प्रकार होते हैं-**(क) यावृच्छिकी न्यादर्शन**- **एनड्रियाज** ने यावृच्छिकी न्यादर्शन को स्पष्ट करते हुए लिखा है 'एक समष्टि का यावृच्छिकी न्यायदर्शन होता है।'

न्यायदर्शन के लाभ

न्यादर्शन विधि के निम्नलिखित हैं-

1. समस्त जनसंख्या के स्थान पर चुने हुए कुछ व्यक्तियों का अध्ययन करने से समय की बचत होती है।

2. कम व्यक्तियों के अध्ययन में कम परीक्षण सामग्री के उपयोग में आने के कारण की बचत होती है।

3. अध्ययन समूह छोटा होने पर उसका गहन अध्ययन सम्भव होता है।

4. न्यादर्शन पर किये गये अध्ययन से प्राप्त परिणामों में अधिक परिशुद्धता व अधिक यथार्थता की सम्भावना रहती है।

5. न्यादर्शन में व्यक्तियों की संख्या कम होने के कारण परीक्षणों के प्रशासन की सुविधा रहती है।

6. संगणन विधि के उपयोग से उत्पन्न होने वाली कठोर कठिनाइयों से छुटकारा मिल जाता है।

7. प्रयोगात्मक अध्ययनों में न्यादर्शन का अधिक महत्त्व है। प्रयोगशालाओं में सीमित साधन होने के कारण सम्पूर्ण जनसंख्या कठिन होता है।

8. न्यादर्शन के आधार पर किये गये अध्ययनों के परिणाम और निष्कर्ष विश्वसनीय और बोध्यगम्य होते हैं।

9. न्यादर्शन के आधार पर एकत्रित आँकड़ों का विश्लेषण तथा मित्रों द्वारा प्रदर्शन सरल होता है। प्राप्त निष्कर्षों की विवेचना सम्भावना सिद्धान्त के आधार पर की जा सकती है।

न्यादर्शन विधि के दोष

1. न्यादर्शन के चयन में पक्षपात के आने सम्भावना रहती है। पक्षपात से प्रभावित न्यादर्श के अध्ययन से सही परिणाम नहीं प्राप्त होते।

2. जटिलता से युक्त जनसंख्या में से सही प्रतिनिधियों का चयन करना अत्यधिक कठिन कार्य है।

3. न्यादर्शन के आधार पर प्राप्त आँकड़ों के द्वारा प्राचलन के सम्बन्ध के केवल आकलन ही लगाया जा सकता है। इनसे प्राचलन यथार्थ का ज्ञान प्राप्त नहीं होता है।

4. न्यादर्शन की इकाइयों की अस्थिरता के कारण आँकड़े एकत्रित करने में कठिनाई आती है। इन इकाइयों में से कुछ के पते बदलने या पता न चलने से सम्पर्क स्थापित करने में कठिनाई आती है।

5. न्यादर्शन एक जटिल वैज्ञानिक पद्धति है। अतएत इसके लिए तकनीकी ज्ञान की आवश्यकता होती है।

6. जनसंख्या के विषय जातीय होने पर न्यादर्शन का चयन करना कठिन हो जाता है।

7. जनसंख्या का स्वरूप सीमित होने पर न्यादर्शन द्वारा अध्ययन पद्धति दोषपूर्ण होती है।

न्यादर्शन एक ऐसा समूह होता है जिसके अन्तर्गत सम्बन्धित समष्टि प्रत्येक इकाई के सम्मिलित किये जाने का समान अवसर होता है।

सैद्धान्तिक रूप से संयोग का अर्थ प्रसम्भाव्यता से है। इस विधि मे चयन की जाने वाली इकाइयों के चयन का आधार केवल संयोग ही रखा है तथा प्रत्येक इकाई अन्य चयन की गई इकाई से स्वतन्त्र रहती है। इस प्रकार संयोग के आधार पर निर्मित न्यादर्श में अपनी समष्टि की समस्त विशेषताओं का अधिक से अधिक प्रतिनिधित्व करने का गुण होता है।

यावृच्छिकी न्यायदर्शन की विधियाँ

इसमें न्यादर्शन की इकाई का चयन मानव विवेक पर आधारित न होकर कुछ यान्त्रिक या सांयोगिक क्रिया पर निर्भर रहता है। न्यादर्श का चयन करने के लिए निम्न विधियों का प्रयोग होता है।

(अ) लाटरी विधि- इस विधियों में जनसंख्या की प्रत्येक इकाई का नाम या नम्बर पृथक-पृथक कागज पर लिखकर एक डिब्बे में रखकर हिलाते हैं। इसके बाद पूर्ण निश्चित संख्या में आँख बन्द करके कागज के टुकडों को निकालते है।

(ब) निश्चित क्रम विधि-इस विधि में सम्पूर्ण जनसंख्या की एक सूची तैयार करके किसी क्रम के अनुसार इकाइयों का चुनाव करते हैं। सूची क्रमानुसार या वर्गक्रमानुसार तैयार की जा सकती है।

(स) ग्रिड विधि-इसमें सम्पूर्ण जाति का भौगोलिक मानचित्र तैयार करते हैं। फिर एक कागज पर प्रतिदर्श के लिए निश्चित इकाइयों के लिए खाने बनाकर अनियत ढंग से बनाते हैं। इसके बाद इस कागज को भौगोलिक मानचित्र पर रखकर इकाइयों का चयन कर लेते है।

(द) टियिट की अंक विधि- टियिट ने अंकों की सारणियों का निर्माण किया है। इनमें 5-5 खण्डों में अंक याज्ञच्छिकी क्रम में लिखे रहते हैं।

यावृच्छिकी न्यादर्शन विधि के लाभ

1. यह मानवीय पक्षपात से मुक्त होती है क्योंकि इकाइयों का चयन संयोग पर आधारित है।

2. इसमें न्यादर्शन अपनी जनसंख्या का पूर्णनिधित्व करता है।

3. प्रसम्भाव्यता सिद्धान्त पर आधारित होने के कारण न्यादर्श द्वारा प्राप्त निष्कर्षों की त्रुटि का मापन सरलतापूर्णक हो सकता है।

4. जनसंख्या के सम्बन्ध में पूर्व ज्ञान की आवश्यकता नहीं है।

5. न्यादर्शन की यह वैज्ञानिक एवं सरल विधि है।

यावृच्छिकी न्यादर्शन विधि के दोष

1. इसमें सर्वप्रथम सूची बनाना आवश्यक है किन्तु कुछ ऐसी समष्टि है जिनमें सूची बनाना असम्भव है।

2. चयन होने के बाद न्यादर्शन की इकाइयों में कोई भी संशोधन नहीं किया जा सकता है।

3. अधिक व्यापक क्षेत्र में यह असुविधाजनक है क्योंकि प्रत्येक इकाई से सम्पर्क स्थापित करना पड़ता है।

4. अत्यधिक सीमित समष्टि के लिए यह अनुपयुक्त हैं।

5. विषय जातीर्य समष्टि होने पर इस विधि का प्रयोग नहीं करना चाहिए।

स्तरीकृत यावृच्छिकी न्यायदर्शन

इसमें जनसंख्या को समावाची स्तरों में बाँट लिया जाता है और फिर यावृच्छिकी न्यादर्शन विधि इकाइयों का चयन किया जाता है। इस विधि का प्रयोग एक समष्टि की विभिन्न इकाइयों में तुलना करने, प्रशासनिक सुविधा की दृष्टि से अथवा इकाइयों के मान के प्रसार को कम करने की दृष्टि से किया जाता है।

लाभ–

1. इस विधि द्वारा चुने गये न्यादर्शन में प्रतिनिधित्व का गुण अधिक होता है। 2. इसमें मानक त्रुटि का मान कम आता है। 3. इससे प्राप्त निष्कर्ष अधिक विश्वसनीय होते हैं। 4. अनुसंधानकर्त्ता के पक्षपात से मुक्त रहती है। 5. विषम जातीय समष्टि के लिए यह वैज्ञानिक विधि है। 6. इस विधि में किसी भी इकाई को छोड़ा या लिया जा सकता है।

दोष–

1. स्तरों का चयन करना एक कठिन कार्य है। 2. समान अनुपात न होने पर न्यादर्शन पूर्ण प्रतिनिधित्व नहीं करता है। 3. स्तरों का समजातीय बनाना कठिन है। 4. व्यक्तिगत पक्षपात की सम्भावना अधिक है।

(ग) गुच्छ न्यादर्श– समष्टि के व्यापक होने पर प्रतिनिधित्व पूर्ण न्यादर्श के चयन की कठिनाई पैदा होती है। ऐसी स्थिति में गुच्छ न्यादर्श विधि का प्रयोग करते हुए सम्पूर्ण जाति को बड़े समूहों में विभाजित कर लिया जाता है। ये बड़े समूह यादृच्छिकी विधि द्वारा बनाए जाते हैं। इन समूहों में से न्यादर्श की इकाइयों का चुनाव यादृच्छिकी विधि द्वारा किया जाता है।

लाभ–

1. इस प्रकार प्राप्त न्यादर्शन अधिक प्रतिनिधित्व पूर्ण होता है। 2. इसमें शुद्धता अधिक रहती है। 3. इसमें खर्च कम होता है। 4. इसमें गहन अध्ययन किया जा सकता है।

दोष–

1. बड़े समूहों की रचना करना कठिन हैं। 2. स्तर बड़े होने पर पक्षपात की सम्भावना बढ़ जाती है। 3. पुंज बड़े होन पर त्रुटि बढ़ जाती है।

(घ) द्वि-स्तर न्यादर्श– एक ही जनसंख्या से छोटे तथा बड़े न्यादर्शन चुनकर अध्ययन करना द्विस्तर न्यादर्श कहलाता है। इसमें पहले छोटा न्यादर्श अध्ययन करते हैं। बाद में बड़ा न्यादर्श लेकर अध्ययन किया जाता है।

(ङ) क्रमानुसार न्यादर्श– इस विधि में न्यादर्शन तथा जनसंख्या के आकार का अनुपात निश्चित कर लिया जाता है। माना कि यह अनुपात 1:4 है कि 10 का न्यादर्शन लेना है। अब समष्टि की इकाइयों की सूची तैयार करके 1 से 10 तक के क्रमांक में यादृच्छिकी विधि से एक इकाई चुन ली जाती है। इसके बाद 10-10 के अन्तर पर स्थित अन्य इकाइयों को चुन लिया जाता है।

प्रायिकता न्यादर्शन

इसमें अनुसंधानकर्त्ता इकाइयों के चयन में प्रायः स्वतंत्र रहता है। वह अपनी सुविधा, साधन, समय आदि को ध्यान में रखकर न्यादर्शन के लिए इकाइयों का चयन करता है। अप्रायिकता न्यादर्श निम्न प्रकार के होते हैं–

1. यथांश न्यादर्श–इस विधि में सर्वप्रथम समष्टि को कुछ विशेष स्तरों में बाँट लिया जाता है। इसके बाद प्रत्येक उपस्तर में से न्यादर्श के लिए इकाइयों का चयन अनसंधानकर्त्ता अपने विवेक से करता है।

2. आकस्मिक न्यादर्श–अवसर के आधार पर इस विधि में इकाइयों का चयन किया जाता है। इसमें इकाइयों के चयन के लिए पूर्व योजना नहीं होती है। अवसर को ही प्रधानता रहती है। सामाजिक सर्वेक्षण में प्रायः इसी विधि का प्रयोग होता है।

3. सोद्देश्य न्यादर्श–जब अनुसंधानकर्त्ता किसी विशेष उद्देश्य को सामने रखकर जानबूझकर समग्र में से कुछ इकाइयों का चुनाव करता है तो उसे उद्देश्यपूर्व न्यादर्श करते हैं। इसमें अनसंधानकर्त्ता समष्टि की इकाइयों के लक्षणों से पूर्व परिचित होकर न्यादर्श का चुनाव करता है। अध्ययन के उद्देश्यों के अनुरूप अनुसंधानकर्त्ता सम्पूर्ण क्षेत्र से सर्वाधिक प्रतिनिधित्व करने वाली इकाइयों का चुनाव करता है। इसमें पक्षपात की अधिक सम्भावना रहती है। यह कम खर्चीला होता है। क्योंकि इसके न्यादर्श का आकार बहुत बड़ा नहीं होता है।

4. सुविधानुसार न्यादर्श– इस प्रकार के न्यादर्श में इकाइयों के चयन का मुख्य आधार अध्ययनकर्त्ता की सुविधा होती है। इसमें अनुसंधानकर्त्ता ऐसी इकाइयों का चयन करता है, जिनसें उसे सम्पर्क से विशेष सुविधा रहती है।

असम्भाव्यता न्यादर्श के दोष

1. इस प्रकार के न्यादर्श में पक्षपात के आ जाने की अधिक प्रसम्भव्यता रहती है। इसमेंं विचित्र इकाइयों से सम्पर्क नहीं हो पाता है।

2. न्यादर्श समष्टि का सही प्रतिनिधित्व नहीं करता है।

3. इसमें न्यादर्श की न्यादर्शन त्रुटि की गणना का आधार भी नहीं पाया जाता।

4. यह वैज्ञानिक विधि नहीं है।

5. इसके आधार पर भविष्य कथन करना भी सम्भव नहीं है।

❑❑❑

8

शोध प्रविधि में वस्तुनिष्ठता

श्री कार: ''सत्य रूप में वैषयिकता से अभिप्राय है कि दृष्टि विषयक संसार किसी व्यक्ति विश्वासों, आशाओं या भय से स्वतंत्र एक वास्तविकता है, जिसे हम सहज ज्ञान एवं कल्पना से नहीं अपितु वास्तविक अवलोकन के द्वारा प्राप्त करते हैं।''

श्री ग्रीन: ''वैषयिकता निष्पक्षता के साथ प्रमाण का परीक्षण करने की इच्छा तथा योग्यता है।''

उपरोक्त परिभाषाओं से स्पष्ट है कि वैषयिकता अध्ययन की उस स्थिति या दशा को व्यक्त करती है जबकि अध्ययन पक्षपात रहित और अवैयक्तिक हो। इस प्रकार वैषयिकता एक भावना एवं क्षमता है जिसके द्वारा अनुसंधानकर्त्ता घटनाओं को उसी क्रम व रूप में वर्णन करने में समर्थ होता है, जैसा कि वह वास्तव में निरीक्षण करता है। इस प्रकार वैषयिकता वैज्ञानिक अनुसंधान की आधारशिला है।

वैज्ञानिक और वैषयिक अध्ययन की आवश्यकता/वैषयिकता का महत्त्व

सामाजिक घटनाओं का वैज्ञानिक अध्ययन क्यों आवश्यक है? अथवा सामाजिक घटनाओं के अध्ययन में वैषयिकता क्यों आवश्यक है? वास्तव में वैषयिकता के अभाव में सत्य तक नहीं पहुँचा जा सकता है, वैज्ञानिक अध्ययन की सतर्कता सत्य में निहित है और सत्य वैषयिकता में निहित है। इस प्रकार सामाजिक अनुसंधान में वैषयिकता को

बनाये रखना आवश्यक है। कुछ भी हो, सामाजिक अनुसंधान में वैषयिकता के महत्त्व, उपयोग या आवश्यकता को निम्न आधारों पर सरलता से समझा जा सकता है-

1. समाजशास्त्र को वैज्ञानिक स्थिति प्रदान करना-समाजशास्त्र का अधिकांश साहित्य अनेक अवैषयिक अध्ययनों, निष्कर्षों, सिद्धान्तों आदि से भरा पड़ा है इसलिए आज आवश्यकता इस बात की है कि हम सामाजिक अनुसंधान के क्षेत्र में वैषयिकता के प्रति अधिकाधिक सजग रहें और मनगढ़ंत व अलकलपच्चू विचारों व धारणाओं से अपने को मुक्त रखते हुए सामाजिक घटनाओं के वास्तविक क्रम व रूप को जानने के लिए निरन्तर प्रयत्नशील रहें, ताकि समाजशास्त्र को वैज्ञानिक स्थिति प्रदान करने के लिए, सत्य के मार्ग के अतिरिक्त और कोई मार्ग नहीं है और वैषयिकता भी अपने-आप में 'सत्य का मार्ग' ही है और कुछ नहीं।

2. मौलिक तथ्यों की प्राप्ति-अनुसंधानकर्त्ता का प्रमुख लक्ष्य या उद्देश्य घटनाओं, तथ्यों एवं अंतर्संबंधित तथ्यों का उनके मौलिक रूप में वर्णन करना है। मौलिक तथा अपने सजातीय तथ्यों का प्रतिनिधित्व करते हैं, इसलिए अनुसंधानकर्त्ता को न तो उनमें अपनी ओर से कुछ जोड़ना चाहिए और न ही कुछ छोड़ना चाहिए, ताकि किसी भी कीमत पर उनकी मौलिकता नष्ट न हो। इस प्रकार अध्ययन में 'सत्य की खोज' के लिए तथ्यों की मौलिकता आवश्यक है और तथ्यों की मौलिक रूप में प्राप्त करने के लिए वैषयिकता आवश्यक है।

3. निष्पक्ष निष्कर्षों की प्राप्ति-अनुसंधान में और विशेष तौर से सामाजिक अनुसंधान में निष्पक्ष निष्कर्षों की प्राप्ति आवश्यक है। समाज के भावी कल्याण व पुनर्गठन की दृष्टि से वही निष्कर्ष स्वीकार किये जायेंगे जिनमें पक्षतापूर्ण धारणा, कल्पना तथा व्यक्तित्व विचारों की गंध न आती हो अर्थात् जो अपने-अपने में पूर्ण वैषयिक हों अथवा जिनकी प्राप्ति के लिए प्रत्येक स्तर पर वैषयिकता को बनाये रखा गया हो।

4. वैज्ञानिक पद्धति का सफल प्रयोग-सामाजिक घटनाओं के अध्ययन में वैज्ञानिक पद्धति की सफलता वैषयिकता पर आधारित रहती है। इस दृष्टि से वैज्ञानिक पद्धति और वैषयिकता एक ही वस्तु के दो सम्बन्धित पहलू हैं और दोनों साथ-साथ चलते हैं। इस प्रकार वैषयिकता को आनाकर ही वैज्ञानिक पद्धति को सफल या सार्थक बनाया जा सकता है और वास्तविक या सत्य निष्कर्षों तक पहुँचाया जा सकता है।

5. वास्तविक ज्ञान की प्राप्ति-किसी भी वैज्ञानिक अध्ययन का प्राथमिक उद्देश्य घटनाओं के सम्बन्ध में वास्तविक ज्ञान की प्राप्ति है। सामाजिक घटनाओं में प्राप्त वास्तविक ज्ञान के आधार पर समाज कल्याण व सामाजिक पुनर्गठन की योजनाओं को सफलतापूर्वक संचालित किया जा सकता है और वांछित उपलब्धियों को प्राप्त किया जा

सकता है इसलिए सामाजिक घटनाओं के अध्ययन में व्यक्तिगत विचारों के प्रभाव से बचकर वैषयिक आधार पर वास्तविक ज्ञान प्राप्त किया जाना चाहिए। इस प्रकार वैषयिकता की वास्तविक ज्ञान प्राप्ति की कुंजी है।

6. सत्यापन के लिए-किसी भी वैज्ञानिक सिद्धान्त का परीक्षण अथवा पुनर्परीक्षण की कसौटी पर खरा उतरना चाहिए। यदि अध्ययन में थोड़ी-थोडी भी व्यक्तिगत गंध होगी तो वह निकाले गये सिद्धान्त के परीक्षण व पुनर्परीक्षण से स्पष्ट तौर पर पता लग जायेगा। ऐसी स्थिति में अनुसंधानकर्त्ता का सम्पूर्ण प्रयास बेकार हो जायेगा और सत्यापन करना असंभव होगा। इस दृष्टि में सिद्धान्तों के सत्यापन व परीक्षण के लिए वैषयिकता को प्राप्त करना आवश्यक है।

7. नवीन अनुसंधानाअें की संभावनाओं का विकसित करने हेतु-वैषयिकता की प्राप्ति के घटनाओं के अनेक रहस्यमय व अस्पष्ट पक्ष स्पष्ट हो जाते हैं, परिणामस्वरूप अनेक नवीन समस्यों का पता लग जाता है। इन समस्याओं के बारे में अध्ययन करने की प्रवृत्ति हमारे अन्दर स्वत: ही उत्पन्न हो जाती है। इस प्रकार वैषयिकता केवल एक सत्य को की ही नहीं खोज निकालती वरन् अन्य अनेक संभावित सत्यों की ओर हमारा ध्यान भी आकर्षित करती है, जिनके सम्बन्ध में अनुसंधान करने की इच्छा विभिन्न अनुसंधानकर्त्ताओं में जाग्रत होती रहती है।

8. उचित तौर पर प्रतिनिधित्व करने वाल तथ्यों का संकलन करने हेतु-वैषयिकता सामाजिक घटनाओं या घटनाओं के विभिन्न पक्षों के सम्बन्ध में हमें ''संतुलित ज्ञान'' प्रदान करती है। संतुलित ज्ञान के माध्यम से हमारे लिये यह सरल हो जाता है कि हम उचित तौर पर प्रतिनिधित्व करने वाले तथ्यों का व्यवस्थित ज्ञान हमारे समक्ष प्रकट कर देती है जो किसी भी अध्ययन के लिए एक महत्त्वपूर्ण उपलब्धि है।

उपरोक्त विवेचना से स्पष्ट है कि सामाजिक अनुसंधान में वैषयिकता का होना कितना आवश्यक व महत्त्वपूर्ण है, वैषयिकता के अभाव में घटना से सम्बन्धित तथ्यों को न तो मौलिक रूप में संकलित ही किया जा सकता है और न ही इस प्रकार अध्ययन में ही निष्कर्षों को प्राप्त किया जा सकता है। वास्तव में, वैषयिकता के द्वारा ही सत्य तक पहुँचा जा सकता है और अध्ययन को सार्थक बनाया जा सकता है।

सामाजिक विज्ञान अनुसंधान में वस्तुनिष्ठता

सामाजिक घटनाओं के अध्ययन में अनुसंधानकर्त्ता तटस्थ रहने की अभिलाशा रखते हुए भी अनेक वैषयिक नहीं रह पाता क्योंकि अनुसंधानकर्त्ता सामाजिक जीवन का स्वयं एक अंग होता है, परिणामस्वरूप अपनी संस्कृति व विचारधाराओं से किसी न किसी रूप में प्रभावित होता रहता है और अध्ययन में तटस्थ नहीं रह पाता लेकिन इसका

अभिप्राय यह नहीं है कि सामाजिक अध्ययन में वैषयिकता ही नहीं लायी जा सकती है। समाज-वैज्ञानिकों ने स्वाभाविक अन्तरंग भावना से बचने और अध्ययन में वैषयिकता लाने के लिए निम्नलिखित साधनों या उपायों का उल्लेख किया है-

1. प्रयोगसिद्ध विधियाँ-प्रत्यक्ष प्रयोगसिद्ध अध्ययन-पद्धतियाँ वे विधियाँ हैं जिनके द्वारा अनुसंधानकर्त्ता या अध्ययनकर्ता को स्वयं क्षेत्र में जाकर सूचना संकलित करनी पड़ती है। केवल पुस्तकों के आधार पर, मनगढ़ंत अथवा सुनी-सुनाई बातों पर विश्वास करके जो निष्कर्ष निकाले जाते हैं वे व्यक्तिक प्रधान होते हैं, वैषयिक नहीं। बाह्य साधनों के द्वारा जो सूचना या सामग्री मिलती है, क्योंकि कोई भी व्यक्ति निरीक्षण परीक्षण करके बाह्य साधनों से वही सामग्री प्राप्त करेगा जिनके निष्कर्ष समान होंगे। व्यक्तिगत चिंतन-मनन कितना ही व्यवस्थित क्यों न हो, उसमें भ्रम तथा भ्रांतियों के समावेश की संरचना हो सकती है किन्तु क्षेत्रीय साधनों से एकत्रित सूचना में व्यक्तिगत मान्यताओं का प्रभाव कम हो जाता है।

ठोस, निश्चित और गणनात्मक विवरण वैषयिकता प्राप्त करने में सहायक होता है। सामाजिक, अनुसंधान में इन प्रत्यक्ष प्रयोगसिद्ध विधियों का प्रचलन बढ़ रहा है और इसमें अधिकाधिक वैषयिकता लाने का प्रयत्न किया जा रहा है। उदाहरण के लिए, 'रहन-सहन का स्तर' एक सामान्य शब्द है जिसकी माप का कोई विशेष साधन नहीं है, लेकिन प्रत्यक्ष प्रयोगसिद्ध पद्धतियों के आधार पर जीवनोपयोगी वस्तुओं और गुणों की निश्चित सूची बनाकर उनकी प्राप्ति तथा अभाव या प्रत्यक्ष अध्ययन करके किसी को भी व्यक्ति, परिवार, समूह या वर्ग का निश्चित 'रहन-सहन का स्तर' समझने का वर्णन करने में सुविधा हो गई है और इसमे अध्ययनकर्ता का निर्णय या मत कहीं अधिक बाधक नहीं बनता। मानवशास्त्री भी इन विधियों के प्रयोग से अपने अध्ययनों में वैषयिकता प्राप्त करने जा रहे हैं।

2. परिभाषाओं और अवधारणाओं का प्रमापीकरण-समाजशास्त्र में पारिभाषिक शब्द तथा अवधारणाओं का विशेष अर्थ लगाया जाता है और यह विशेष अर्थ भी विभिन्न विद्वानों ने भिन्न-भिन्न रूप में लगाया है। उदाहरणत: साधारण बोल-चाल में संस्था और समिति में कोई भेद नहीं माना जाता है। इस प्रकार स्वय विद्वानों ने 'समाज' शब्द को मूर्त और अमूर्त रूपों में समझा और प्रयोग किया है। इस प्रकार सामाजिक विज्ञानों में कोई व्यक्ति किसी शब्द का मनमाना अर्थ लगा लेता है और जब एक ही तथ्य प्रकट करने वाला निश्चित शब्द नहीं होता तो खोज के निष्कर्ष भी समान नहीं होते। इस दृष्टि से वैषयकिता होते हुए भी छिप जाती है। समाज विज्ञानों के अतिरिक्त प्राकृतिक विज्ञानों में प्रत्येक शब्द अपना विशिष्ट अर्थ रखता है जिसे प्रत्येक अनुसंधानकर्त्ता उसी अर्थ में प्रयोग करता है। समाज-विज्ञानों में प्रयुक्त परिभाषओं और अवधारणाओं का

समान अर्थ न होने के कारण अनुसंधान या अध्ययन में एकरूपता नहीं रहती जो वैषयिकता का प्रधान आधार है। अतः अब प्रयत्न चल रहा है कि प्रत्येक परिभाषा और शब्द निश्चित, प्रमाणित तथा प्रमापित अर्थों में ही प्रयोग किया जाये ताकि सब लोग उसका समान अर्थ लगायें, तथा सामाजिक तथ्यों और इकाइयों को संख्यात्मक रूप में समझ सकें। ऐसा करने से अध्ययन में पर्याप्त वैषयिकता लाई जा सकती है।

3. यांत्रिक साधनों का उपयोग-अनुसंधान में जितना ही अधिक कार्य यंत्रों के आधार पर होगा, उतनी ही अधिक वैषयिकता उपलब्ध हो सकेगी। यद्यपि सामाजिक तथ्यों के अध्ययन की प्रत्येक प्रक्रिया में यंत्रों का उपयोग संभव नहीं हो पाता है, फिर भी मनोविज्ञान से इस प्रकार के यंत्रों का सफल प्रयोग हो रहा है। समाजशास्त्र में भी तथ्यों के संकलन मे 'टेपरिकार्डर' फिल्म, मानचित्र, समाजमिति पैमाने, फोटो आदि के द्वारा वैषयिक सामग्री संकलित की जा रही है। विश्लेषण व विवेचन में गणना करने, सारणीय करने आदि की मशीनों का उपयोग सफलतापूर्वक होता जा रहा है। कुछ भी हो इन साधनों से अधिक प्रयोग द्वारा वैषयिकता लाने पर हर संभव प्रयत्न किया जा रहा है।

4. प्रश्नावली और अनुसूची का उपयोग-सामाजिक घटना का अध्ययन केवल व्यक्तिगत अवलोकन अथवा सामान्य वार्तालाप तक सीमित रहकर कोई भी अनुसंधानकर्त्ता समान निष्कर्ष प्राप्त नहीं कर सकता है। इस समस्या या कठिनाई को दूर करने में प्रश्नावलियाँ तथा अनुसूचियाँ विशेष तौर पर सहायक सिद्ध हुई हैं। अनुसूचियों में प्रमाणित व निश्चित प्रश्न होते हैं, जिनका निश्चित अर्थ होता है। अतः न तो प्रश्नों का अर्थ सूचनाओं द्वारा पृथक-पृथक लगाया जा सकता है और न ही अध्ययनकर्ता अपनी इच्छा से कोई कम या अधिक प्रश्न पूछ सकता है। निश्चित प्रश्न निश्चित उत्तर होने से वैषयिकता के मार्ग में सफलता प्राप्त हो जाती है।

किन्तु सबसे बड़ी कठिनाई प्रश्नावली या अनुसूची के प्रमाणीकरण की है। प्रत्येक अध्ययनकर्ता अनुसूची व प्रश्नावली में प्रश्नों के निर्माण के समय उनके स्वरूप और भाषा में अन्तरंग भावना का समावेश कर सकता है इसलिए यदि भिन्न-भिन्न प्रकार की अनुसूचियों व प्रश्नावलियों का प्रमापीकरण कर दिया जाये तो यह समस्या हल हो सकती है। लेकिन कठिनता यह है कि सामाजिक समस्याएँ, घटनाएँ तथा अध्ययन के उद्देश्य एक समान नहीं होते, अतः एक प्रमाणित प्रश्नावली या अनुसूची समस्याओं को खण्डों में विभाजित करके प्रत्येक खण्ड की पृथक् विशेषताओं या अनुसूची तैयार कर दी जाये और जिस खंड से अध्ययन सम्बन्धित हो, उसकी प्रमाणित प्रतिलिपि प्रयोग में लाई जाये। इस प्रमाणित प्रश्नावली या अनुसूची के साथ अध्ययन-क्षेत्र की स्थानीय विशेषताओं से सम्बन्धित प्रश्न अध्ययनकर्ता स्वयं जोड़ सकता है। इस प्रकार सामाजिक अनुसंधान काफी सीमा तक वैषयिकता लायी जा सकती है।

5. दैव निदर्शन पद्धति का उपयोग–वैषयिकता प्राप्ति में एक कठिनाई, ''सैंपल'' चुनने के कारण भी होती है। वर्ग या समूह में से अध्ययन के लिए प्रतिनिध इकाइयों के चुनाव के समय अध्ययनकर्ता की अभिमति, पक्षपात अथवा बाहरी कारकों का प्रभाव काम कर जाता है और सही प्रतिनिधित्व करने वाली इकाइयों या व्यक्तियों के स्थान पर ऐसी इकाइयों का व्यक्तियों को अध्ययन के लिए चुन लिया जाता है तो वास्तव में समूह का प्रतिनिधित्व नहीं करते, फलस्वरूप निष्कर्ष सत्यापन व परीक्षण के योग्य नहीं होते। इस समस्या या कठिनाई को दूर करने के लिए सैंपल चुनने के लिए 'दैव निदर्शन पद्धति' का प्रयोग किया जाता है। इस पद्धति के द्वारा प्रत्येक इकाई को प्रतिनिधि के रूप में चुने जाने की संभावना होती है और अनुसंधानकर्त्ता या अध्ययनकर्ता की इच्छा उसके चुनाव को प्रभावित नहीं कर पाती है। दैव निदर्शन सांख्यिकीय नियमितता के नियम पर आधारित है जिसके द्वारा कभी भी अनायास चुनाव करने पर हर प्रकार की इकाइयों को चुने जाने की समान संभावना रहती है। अत: दैव निदर्शन के उपयोग से वैषयिकता लाने में पर्याप्त सहायता मिलती जा रही है।

6. सामूहिक अनुसंधान का उपयोग–सामूहिक अनुसंधान का तात्पर्य यह है कि किसी भी सामाजिक समस्या की खोज केवल एक व्यक्ति के द्वारा न होकर अधिक व्यक्तियों द्वारा की जानी चाहिए। एक ही प्रकार की पद्धति तथा प्रणालियों के द्वारा एक ही समस्या का अध्ययन जब कई अनुसंधानकर्त्ता करते हैं या फिर एक ही अनुसंधानकर्त्ता भिन्न-भिन्न प्रणालियों द्वारा एक ही समस्या का अध्यान कर रहा होता है तो अभिमति व पक्षपात की संभावना बहुत कम हो जाती है। सामूहिक अनुसंधान या समूह अनुसंधान से प्राप्त प्रत्येक अध्ययनकर्ता के निष्कर्षों की तुलना की जाती है। तुलना करने पर यदि अन्तर आता है तो इस अन्तर के कारणों का पता लगाया जाता है। इसके अतिरिक्त, यदि एक ही अनुसंधानकर्त्ता विभिन्न पद्धतियों द्वारा प्राप्त निष्कर्षों में अन्तर पाता है तो वह भी अन्तर का कारण ज्ञात कर सकता है। सामूहिक अनुसंधान पद्धति वास्तव में कई व्यक्तियों द्वारा एक ही समस्या के अध्ययन के लिए अधिक उपयोग में लायी जाती है। विभिन्न अनुसंधानकर्त्ताओं के निष्कर्षों में अन्तर दूर करने के लिए पुन: अधिक वैषयिक अध्ययन किया जाता है और इस प्रक्रिया में पूर्ण वैषयिकता प्राप्त की जा सकती है। इतना ही नहीं, अब प्रत्येक अनुसंधानकर्त्ता को यह ध्यान होता है कि अन्य लोग भी उसी समस्या का उसी पद्धति से अध्ययन कर रहे हैं तो स्वाभाविक रूप से वह प्रारंभ से ही सावधानीपूर्वक तटस्थ दृष्टि से निरीक्षण-परीक्षण विवेचन व विश्लेषण करता है ताकि तुलनात्मक अन्वेषण में उसके निष्कर्ष ठीक उतरें। इस विधि में भी एक प्रकार से 'सांख्यिकी नियमितता का नियम' काम कर रहा होता है। सच तो यह है कि यह पद्धति वैषयिकता प्राप्त करने की दृष्टि से अत्यन्त महत्त्वपूर्ण है क्योंकि इसमें अध्ययनकर्ता के दोष स्पष्ट हो

जाते हैं और प्रत्येक दोष का निवारण भी हो जाता है। एक परीक्षण को जितली बार दुहराया जाता है उतनी ही उसमें शुद्धता आती है।

6. प्रयोगात्मक विधियाँ-अध्ययन में पूर्ण वैषयिकता प्राप्त करने के लिए नियंत्रित परीक्षण अत्यन्त उपयोगी व महत्त्वपूर्ण उपाय है। समाज विज्ञानों में यद्यपि विषय-वस्तु को नियंत्रित करके उसका परीक्षण करना सरल नहीं है किन्तु इस दिशा में सतत प्रयत्न किये जा रहे हैं। प्रयोगात्मक विधि में दो प्रकार के समूहों को चुन लिया जाता है। दोनों समूह सभी दृष्टियों में समान होते हैं। एक समूह को परीक्षण के लिए स्वतंत्र कर दिया जाता है। यह स्वतंत्रता केवल विशेष कारक या प्रभाव मालूम करने के लिए की ज़ाती है, अर्थात् परीक्षात्मक समूह में कोई कारक उत्पन्न करके उसका प्रभाव देखा जाता है। उदाहरणार्थ, दो समूहों में से एक में अस्पृश्यकर्त्ता विरोधी प्रचार किया जाये और दूसरे की पूर्वस्थिति में नियंत्रित किया जाये तो कुछ समय पश्चात् इन समूहों में जो भिन्नता होगी वह अस्पृश्यता विरोधी प्रचार के प्रभाव के कारण मानी जायेगी। इस प्रकार प्रयोगात्मक प्रणाली अभिमति व पक्षपात को कम कर देती है किन्तु सामाजिक अनुसंधान में अभी इसका प्रयोग अधिक विकसित नहीं हुआ है। आशा है कि भविष्य में इस दिशा में महत्त्वपूर्ण उपलब्धियाँ प्राप्त होंगी।

7. अन्तर-अनुशासन अथवा सहकारी अनुसंधान-समाज एक जटिल पूर्णता है जिसमें प्रत्येक घटना को मनोवैज्ञानिक, आर्थिक, राजनीतिक, सामाजिक, धार्मिक, सांस्कृतिक तथा अन्य कारक सम्मिलित रूप से प्रभावित करते हैं इसलिए केवल एक ही सामाजिक विज्ञान में निपुण व्यक्ति प्रत्येक दृष्टिकोण से सामाजिक समस्या का सर्वांगीण अध्ययन नहीं कर सकता है। अत: ऐसी स्थिति में भिन्न-भिन्न सामाजिक वैज्ञानिकों द्वारा एक ही समस्या का अपने-अपने विशिष्ट दृष्टिकोंणों से अध्ययन किया जाना चाहिए। इस प्रकार उस समस्या का यथार्थ, वास्तविक व बहुमुखी चित्र पूरे तौर पर सामने आ सकता है। इस सहकारी ढंग से किये गये अध्ययन को ही 'अन्तर अनुशासन' अथवा 'सहकारी अनुसंधान' के नाम से जाना जाता है। मूल बात यह है कि सहकारी अनुसंधान में समाजशास्त्री, मानवशास्त्री, अर्थशास्त्री, राजनीतिशास्त्री, भूगोलशास्त्री, भूगर्भशास्त्री, इंजीनियर आदि सभी विज्ञानों के विशेषज्ञों की सहायता ली जाती है। श्री लीप्ले ने जो एक प्रसिद्ध फ्रांसीसी अर्थशास्त्री थे इस पद्धति के द्वारा पारिवारिक स्तर का सफल अध्ययन किया, इस अध्ययन का उद्देश्य कारीगरों पर औद्योगीकरण का प्रभाव ज्ञान करना था। उन्होंने अपने अन्वेषण में अर्थशास्त्रियों राजनीति-विशेषज्ञों आदि के अतिरिक्त इंजीनियरों से भी सहायता प्राप्त की इस पद्धति की मूल विशेषता यह है कि विषय का अध्ययन सभी दृष्टिकोणों से किया जाता है। विभिन्न शाखाओं के निष्कर्षों के दोष तुलनात्मक अध्ययन

के द्वारा आसानी से स्पष्ट हो जाते हैं और उनके निवारण का पर्याप्त व उचित अवसर भी मिल जाता है।

सहकारी अनुसंधान अग्रलिखित तीन रूपों में किया जा सकता है–

(*i*) केवल समाजशास्त्री सम्पूर्ण अनुसंधान–कार्य स्वयं सम्पन्न करें और यथासंभव आवश्यकतानुसार दूसरे विज्ञानों के विशेषज्ञों को उनसे सम्बन्धित विषय पर परामर्श करता रहे।

(*ii*) समस्या के अध्ययन के लिए सम्बन्धित पक्षों के विशेषज्ञ स्वयं योजना बनाकर उसका समन्वय करें फिर पृथक–पृथक अपना अध्ययन करें, बीच–बीच में जब कभी आवश्यक हो, विचार–विनिमय के लिए संयुक्त रूप से मिलतम रहें तथा अंत में अपनी खोजों को एकीकरण कर लें।

(*iii*) पहले अलग–अलग विशेषज्ञ रूप से अपनी–अपनी खोज करें और बाद में उनके निष्कर्षों का समन्वय करे फिर अनुसंधान कार्य करें।

कठिनाइयाँ

यद्यपि अंतर–अनुशासन अनुसंधान वैषयिकता प्राप्त करने की सर्वाधिक उपयुक्त विधि है किन्तु इस विधि का प्रयोग अत्यन्त जटिल कार्य है। इसमें दो प्रकार की कठिनाइयाँ आ सकती हैं–

1. समन्वयात्मक योजना की कठिनाई–प्रत्येक विज्ञान का विशेषज्ञ समस्या के प्रति अपना पृथक दृष्टिकोण होता है, इसलिए वह खोज को अपने ही अनुसार मोड़ने व ढालने का प्रयत्न करता है। इस प्रकार कोई ऐसी योजना बनाने में बहुत कठिनाई होती है जिससे सभी दृष्टिकोणों का उचित रूप से समन्वय कर लिया गया हो।

2. पद्धतियों के समन्वय में कठिनाई–प्रत्येक विज्ञान की अपनी–अपनी विशिष्ट पद्धति में, इसलिए सभी पद्धतियों का मेल एक ही पद्धति में जो जाये, यह कठिन कार्य है।

लेकिन इन सब कठिनाइयों के होते हुए भी सरकारी अनुसंधान का विकास किया जा सकता है। आवश्यकता केवल इस बात की है कि सभी समाज–वैज्ञानिक परस्पर सहयोग के आधार पर तर्क–वितर्क के अनुसार, "सहकारी कार्य के लिए उन व्यक्तियों के अनुशासनयुक्त सम्मिलित प्रयास की आवश्यकता है जो स्वार्थ, तर्क,दलील तथा ईर्ष्या से विचलि न होते हों।" वास्तव में सहकारी अनुसंधान की आज के युग में प्रधान आवश्यकता है। इसलिए जब तक सब समाज–वैज्ञानिक एक ही मंच से एकत्रित

होकर सम्मिलित प्रयास न करेंगे, तब तक न तो वास्तविकता ही सामने आयेगी और न ही स्वयं पृथक-पृथक इन समाज-विज्ञानों को ही इनका उचित स्थान प्राप्त हो सकेगा। सर्वश्री स्मिथ तथा ह्वाइट ने इस संदर्भ में ठीक ही कहा है, ''जैसा कि हम आज स्पष्ट तौर पर देखते हैं, समाज विज्ञानों को वास्तविक रूप में विज्ञान होने के लिए साथ-साथ उठना या गिरना आवश्यक होगा।''

उपरोक्त विवेचन से स्पष्ट है कि भिन्न-भिन्न नवीन पद्धतियों के प्रयोग से अभिमत व अंतरंग भावना को दूर करने की चेष्टा निरन्तर चल रही है और आशा है कि भविष्य में सामाजिक विज्ञान भौतिक विज्ञानों की भांति वैषयिकता प्राप्त करने में सफल होंगे। इसी आशा व विश्वास के साथ समाज वैज्ञानिक वैषयिकता की दिशा में निरन्तर आगे बढ़ रहा है।

प्रत्येक अध्ययन का उद्देश्य किसी विषय का यथार्थ ज्ञान प्राप्त करना होता है। अध्ययनों में दो प्रकार के दृष्टिकोण अपनाये जा सकते हैं-प्रथम वस्तुनिष्ठ दृष्टिकोण और दूसरा व्यक्तिनिष्ठ । इन दोनों दृष्टिकोणों में पर्याप्त अन्तर है। वस्तुनिष्ठ दृष्टिकोण में अध्ययन करते समय वस्तु या अध्ययन के विषय को महत्त्व दिया जाता है। यह वस्तु केन्द्रित अध्ययन है। इसके विपरीत व्यक्तिनिष्ठ दृष्टिकोण में अध्ययनकर्ता के अपने विचार, भावनाएँ और पूर्वधारणाएँ विशेष महत्त्व रखती हैं। इस दृष्टिकोण के अन्तर्गत अध्ययनकर्ता के पूर्वाग्रह अध्ययन के निष्कर्षों को प्रभावित करते हैं। वस्तुनिष्ठ अध्ययन प्राय: विश्लेषणात्मक होता है और व्यक्तिनिष्ठ अध्ययन प्राय: विश्लेषणात्मक होता है, और व्यक्तिनिष्ठ अध्ययन प्राय: वर्णनात्मक होता है। वस्तुनिष्ठ अध्ययन सदा क्रमबद्ध एवं व्यवस्थित होता है, उसके द्वारा प्राप्त परिणामों तथ्यों से अवलोकन, परीक्षण एवं विश्लेषण पर आधारित होते हैं। इसके विपरीत व्यक्तिनिष्ठ अध्ययन में प्राप्त परिणाम प्राय: अध्ययनकर्ता की भावनाओं एवे कल्पनाओं से मिश्रित होता है।

वैज्ञानिक अध्ययनों की प्रथम शर्त यथार्थता है। यथार्थ अध्ययन के लिए वस्तुनिष्ठ दृष्टिकोण अपनाना आवश्यक है। प्राकृतिक विज्ञानों में वस्तुनिष्ठ दृष्टिकोण अपनाना सरल होता है। इसीलिए उनमें प्राय: सब कहीं वस्तुनिष्ठ दृष्टिकोण ही अपनाया जाता है। इसके विपरीत सामाजिक अध्ययनों में वस्तुनिष्ठ घटनाओं की जटिल प्रकृति है। सामाजिक घटनाओं के अध्ययन में अध्ययनकर्ता स्वयं भी उसी समूह अथवा समाज का अंग होता है, जिसका अध्ययन करना होता है। सामाजिक घटनाओं में समानता एवं सार्वभौमिकता का ही अभाव होता है। इस कारण भी उनके अध्ययन में वस्तुनिष्ठता को बनाये रखना कठिन होता है।

वस्तुनिष्ठता का अर्थ

वस्तुओं के अध्ययन के विषय में महत्त्वपूर्ण मानकर तथा अपने पूर्वाग्रहों से मुक्त होकर किया गया अध्ययन वस्तुनिष्ठ अध्ययन कहलाता है। पक्षपातों एवं लगावों के बिना किया गया निरीक्षण और तथ्यों का वैज्ञानिक संकलन एवं विश्लेषण ही वस्तुनिष्ठता है। वस्तुनिष्ठ अध्ययन में, सम्बन्धित वस्तु जैसी वास्तव में होती है, वैसा ही उसका वर्णन किया जाता है। इसके गुण-दोषों को बढ़ाकर या घटाकर नही मापा जाता। वस्तुनिष्ठ अध्ययन करते समय अध्ययनकर्ता को केवल अपनी इन्द्रियों और मस्तिष्क को कार्य में लाना चाहिये, हृदय एवं भावनाएँ अध्ययन के परिणामों को नापसंद करें, और भले ही प्रत्येक परिणाम उसकी अपनी धारणाओं के विरुद्ध हो, तो भी उन परिणामों को स्वीकार कर लेना होगा जो परिणाम वैज्ञानिक पद्धति से प्राप्त हुए हों। वस्तुनिष्ठ अध्ययन में विश्वास और आस्था की अपेक्षा तर्क एवं बुद्धि का महत्त्व प्रधान होता है। कल्पनाओं की अपेक्षा तथ्यों को प्राथमिकता दी जाती है।

श्री कार ने वस्तुनिष्ठता की परिभाषा इस प्रकार की है; "सत्य की वस्तुनिष्ठता का अर्थ है कि घटनामय संसार किसी व्यक्ति के विश्वासों, आशाओं अथवा भय से स्वतंत्र एक वास्तविकता है जिसका सब कुछ हम अंतदृष्टि और कल्पना से नहीं बल्कि वास्तविक अवलोकन के द्वारा प्राप्त करते हैं।" **श्री कार** की इस परिभाषा से यह पूर्णतया स्पष्ट हो जाता है कि वस्तुनिष्ठ अध्ययन में घटनाओं के वास्तविक रूप का ही अध्ययन किया जाता है, और व्यक्तिगत विश्वासों, आशाओं और भय आदि को अध्ययन की प्रक्रिया से अलग रखा जाता है। वास्तव में यदि अध्ययनकर्ता अपने अध्ययन में अपन विश्वासों, आग्रहों, धारणाओं और संस्कारों का समावेश करता है तो उसके अध्ययन के निष्कर्ष वास्तविक और यथार्थ नहीं होते। इस स्थिति में प्राप्त निष्कर्ष उसके निजी दृष्टिकोण के अनुकूल होते हैं, उनको वैज्ञानिक सार्वजनिक महत्त्व नहीं होता।

श्री ग्रीन ने भी वस्तुनिष्ठता की सुन्दर परिभाषा की है। उनके अनुसार "वस्तुनिष्ठता निष्पक्षता से प्रमाण का परीक्षण करने की इच्छा एवं योग्यता है।" ग्रीन की इस परिभाषा से स्पष्ट होता है कि वस्तुनिष्ठता में इच्छा एवं योग्यता का समावेश होता है। यहाँ इच्छा से आशय है सम्बन्धित घटना के यथार्थ एवं तर्कसम्मत अध्ययन की इच्छा और योग्यता का अर्थ है, अध्ययन में अपने-आपकों विश्वासों, भावनाओं, संस्कारों और पक्षपातों से मुक्त रखने की योग्यता।

सामाजिक अध्ययन में वस्तुनिष्ठता की आवश्यकता

वस्तुनिष्ठता के अर्थ के विवेचन से स्पष्ट है कि प्रत्येक वैज्ञानिक अध्ययन में पर्याप्त वस्तुनिष्ठता अपनाना अनिवार्य है। वैज्ञानिक अध्ययनों से सामान्य एवं सार्वभौमिक

निष्कर्ष प्राप्त करने के लिए भी वस्तुनिष्ठ दृष्टिकोण आवश्यक है। सामाजिक अध्ययनों में वस्तुनिष्ठता क्यों आवश्यक है ? इस प्रश्न का समाधान निम्नलिखित विस्तृत विवरण से हो जायेगा-

1. सामाजिक अध्ययन को वैज्ञानिक बनाने के लिए-प्राय: प्राकृतिक विज्ञानवेत्ता यह कहा करते हैं कि सामाजिक अध्ययन कोई वैज्ञानिक अध्ययन नहीं है और न ही समाजशास्त्र कोई विज्ञान है। इन लोगों की इस धारणा में अधिक सत्य नहीं है। चूँकि समाजशास्त्र एक नया एवं अपेक्षाकृत अल्पविकसित विज्ञान है, इसलिए कहीं-कहीं कुछ समाजशास्त्रियों ने सामाजिक अध्ययनों में वैज्ञानिक नियमों एवं पद्धति को पूरा-पूरा पालन करना संभव है। अत: सामाजिक अध्ययनों में वस्तुनिष्ठता का विशेष महत्त्व एवं आवश्यकता है। यदि सामाजिक अध्ययनों में वस्तुनिष्ठता अपनाई जाये तब लोगों की मिथ्या धारणाओं को दूर किया जा सकता है। समाजशास्त्र के क्रमिक विकास के साथ सामाजिक अध्ययनों में वस्तुनिष्ठता को अधिक से अधिक मात्रा में प्राप्त करना संभव हो गया है। आज के सामाजिक अध्ययनों में वस्तुनिष्ठता को प्राप्त करने के लिए प्रश्नावलियों, अनुसूचियों आदि के अतिरिक्त सांख्यिकीय पद्धतियों ओर समाजमितीय पैमानों का भी पर्याप्त चलन हो गया है।

2. प्रतिनिधि तथ्यों की प्राप्ति के लिए-सामाजिक अध्ययन करते समय प्राय: निदर्शन प्रणाली से सूचनाएँ संकलित की जाती हैं। सम्बन्धित समूह अथवा समुदाय से कुछ ऐसे सदस्य चुन लिये जाते हैं। जो पूरे समूह अथवा समुदाय का प्रतिनिधित्व करते हैं। इस स्थिति मे निदर्शन चुनने का कार्य पूर्ण वस्तुनिष्ठता से होना चाहिये, अन्यथा प्रतिनिधि तथ्यों की प्राप्ति संभव नहीं होगी और अध्ययन के परिणाम सही नहीं होंगे। प्राय: देखा जाता है सामाजिक अनुसंधानकर्त्ता निदर्शन के चुनाव में तटस्थ नहीं रह पाते, वे किसी न किसी आकर्षण, मोह-लोभ अथवा अपनी निजी रुचि के अनुसार निदर्शन के चुनाव में तटस्थ नहीं रह पाते, वे किसी न किसी आकर्षण, लोभ-मोह अथवा अपनी निजी रुचि के अनुसार निदर्शन का चुनाव कर लेते हैं। कॉलेज में अध्ययन करने वाले अनुसंधानकर्त्ता प्राय: सुन्दर एवं आकर्षक युवतियों को सूचना संकलन के लिए चुन लेते हैं। इस स्थिति में सम्बन्धित अनुसंधान अथवा सर्वेक्षण सीमित एवं एकांगी बन जाता है। सम्बन्धित समस्या के प्रति असुन्दर एवं अनाकर्षण लड़कियों के विचार जानने का अवसर ही प्राप्त नहीं होता। अत: प्रतिनिधि तथ्यों की प्राप्ति के लिए अध्ययन में वस्तुनिष्ठ दृष्टिकोण अपनाना आवश्यक है।

3. तटस्थ निष्कर्ष प्राप्त करने के लिए-प्रत्येक विज्ञान का परम उद्देश्य तटस्थ निष्कर्ष प्राप्त करना होता है। सामाजिक अध्ययनों में भी तटस्थ निष्कर्षों की प्राप्ति पर

विशेष जोर दिया जाता है। तटस्थ निष्कर्ष उस निष्कर्ष को कहा जाता है जिसके निगमन एवं प्रस्तुतीकरण में कल्पनाओं, भावनाओं, आग्रहों और संस्कारों को सर्वथा अलग रखा गया है। तटस्थ निष्कर्ष प्राप्त करने के लिए सम्बन्धित अध्ययन पद्धति में पर्याप्त वस्तुनिष्ठता होनी अनिवार्य है। यदि अध्ययन में दृष्टिकोण वस्तुनिष्ठ होता है तो कभी भी तटस्थ निष्कर्ष प्राप्त नहीं हो सकते। वस्तुनिष्ठ दृष्टिकोण रखते हुए अध्ययन करना समय एवं धन का अपव्यय ही माना जाता है। अतः यह स्पष्ट है कि यदि तटस्थ निष्कर्ष प्राप्त करने हो तो अध्ययन में वस्तुनिष्ठता होनी अति आवश्यक है।

4. वैज्ञानिक पद्धति के सफल प्रयोग के लिए-आज सामाजिक अध्ययन को वैज्ञानिक अध्ययन माना जाता है। वैज्ञानिक वह अध्ययन कहलाता है जिसमें वैज्ञानिक पद्धति का प्रयोग किया जाता है। वैज्ञानिक पद्धति की परमावश्यक शर्त वस्तुनिष्ठता है, अर्थात् जब तक किसी पद्धति में वस्तुनिष्ठता नहीं है तब तक उस पद्धति को वैज्ञानिक नहीं कहा जा सकता। अतः वैज्ञानिक पद्धति में सफल प्रयोग लिए वस्तुनिष्ठता होना अति आवश्यक है। यदि सामाजिक अध्ययन में वैज्ञानिक पद्धति का प्रयोग किया जाये और वस्तुनिष्ठता अपनाई जाये तो शत-प्रतिशत सत्य निष्कर्ष प्राप्त करना असंभव नहीं होगा।

5. घटनाओं के वास्तविक अध्ययन के लिए-घटनाओं के वास्तविक अध्ययन के लिए वस्तुनिष्ठता अति आवश्यक है। यदि अध्ययन में वस्तुनिष्ठ दृष्टिकोण नहीं अपनाया जायेगा और विभिन्न अध्ययनकर्ता सम्बन्धित समस्या का व्यक्तिनिष्ठ दृष्टिकोण से अध्ययन करेंगे तो विभिन्न प्रकार के निष्कर्ष प्राप्त होंगे। इस स्थिति में घटना की वास्तविकता पर पर्दा पड़ जायेगा। प्राकृतिक विज्ञानों में वास्तविक अध्ययन सरल होता है, क्योंकि वहाँ व्यक्तिगत रुचियों, अरुचियों अथवा क्षमताओं को प्रधानता नहीं दी जाती। प्राकृतिक घटनाओं के अध्ययन में सम्बन्धित यंत्रों को अधिक महत्त्व दिया जाता है। उदाहरण के लिए एक ही जल किसी व्यक्ति को ठंडा और किसी को गरम प्रतीत हो सकता है, परन्तु वैज्ञानिक अध्ययन में व्यक्तिगत प्रतीतियों को स्थान न देकर थर्मामीटर द्वारा नापे गये तापक्रम को स्थान दिया जाता है। इसी प्रकार यदि सामाजिक अध्ययनों में भी घटनाओं के वास्तविक रूप को जानना हो तो यह आवश्यक है कि अध्ययन में पर्याप्त वस्तुन्ठिता उपस्थित हो।

6. सत्यापन के लिए-वैज्ञानिक अध्ययन में प्राप्त तथ्यों एवं निष्कर्षों की जाँच अथवा सत्यापन अति आवश्यक है। निष्कर्षों की जाँच करने के लिए सम्बन्धित घटना का निश्चित परिस्थितियों में निश्चित पद्धति द्वारा पुनः अध्ययन किया जाता है। इस प्रकार पुनः पुनः अध्ययन करने से निष्कर्षों की जाँच कैसे संभव हो सकती है ? इस समस्या के समाधान के लिए सामाजिक अध्ययनों को वस्तुनिष्ठ बनाना आवश्यक होता है। वस्तुनिष्ठ अध्ययन वैज्ञानिक एवं नियमबद्ध होता है। किसी भी वस्तुनिष्ठ अध्ययन को निश्चित

नियमों एवं पद्धति के द्वारा पुनः पुनः दोहराया जा सकता है और न ही वैज्ञानिक ढंग से सत्यापित की किया जा सकता है। अतः निश्चित एवं सत्यापित निष्कर्ष प्राप्त करने के लिए वस्तुनिष्ठता परमावश्यक है।

7. नये अनुसंधानों की संभावनाओं को जानने के लिए-वस्तुनिष्ठ अध्ययन से नये-नये अनुसंधानों की संभावनाएँ प्रकाश में आती हैं। वस्तुनिष्ठ अध्ययन में सम्बन्धित विषय का विस्तृत अध्ययन करते समय कई अज्ञात तथ्यों का भी प्रकाशन होता है, और अनेक रहस्य स्पष्ट हो जाते हैं। इस प्रकार समस्या के अनेक ऐसे पक्षों का पता चलता है जिनके विषय में स्वतंत्र रूप से अध्ययन करना संभव होता है। वस्तुनिष्ठ अध्ययन के दौरान कई ऐसी घटनाएँ होती हैं जिनके प्रभाव से अध्ययनकर्ता के मन में नये-नये प्रकार के अध्ययन करने की जिज्ञासा और इच्छा पैदा हो जाती है।

वस्तुनिष्ठता को प्राप्त करने में कठिनाइयाँ

सामाजिक अनुसंधान में वस्तुनिष्ठता का स्थान बड़ा महत्त्वपूर्ण है। किन्तु इसे प्राप्त करने में अनेक कठिनाइयाँ हैं। इन कठिनाइयों का उल्लेख निम्न प्रकार किया जा सकता है-

1. भावात्मक प्रभाव-सामाजिक अनुसंधान में, जिन सामाजिक घटनाओं का अध्ययन किया जाता है, वह भावात्मक प्रभाव से परिपूर्ण होती हैं। भौतिक विज्ञानों की भांति सामाजिक विज्ञानों में अनुसंधानकर्त्ता अपने को घटना के प्रभाव से वंचित नहीं कर सकता। भौतिक विज्ञानों की विषय-वस्तु, भौतिक पदार्थ है। इन पदार्थों का अध्ययन, अनुसंधानकर्त्ता के हृदय में कोई प्रभाव-उत्पन्न नहीं करता। लेकिन सामाजिक अनुसंधान में, मनुष्य की संस्कृति, सभ्यता, व्यवहार अथवा प्रकृति का अध्ययन किया जाता है, जिससे शीघ्र ही अनुसंधानकर्त्ता इनमें प्रभावित हो जाता है। इसके फलस्वरूप एक पक्षतावूर्ण स्थिति पैदा हो जाती है। अनुसंधानकर्त्ता इस प्रकार अपने निष्कर्ष को तटस्थ नहीं कर पाता।

2. विषय-वस्तु की जटिलता-सामाजिक अनुसंधान में, वैयक्तिकता प्राप्त करने में द्वितीय कठिनाई अध्ययन की विषय-वस्तु के कारण पैदा होती है। सामाजिक जीवन अत्यंत जटिल और उलझा हुआ है। सामाजिक जीवन के अधिकांश तत्व अस्थायी हैं। उनमें सामाजिक परिवर्तन के साथ-साथ अन्तर उत्पन्न होता है।

3. एकरूपता का अभाव-सामाजिक समस्याओं के बारे में एक उल्लेखनीय तथ्य यह है कि इनमें एकरूपता का नितांत अभाव है। एक प्रकार की समस्या का स्वरूप, विभिन्न काल में अलग-अलग होता है। भौतिक विज्ञानों के अन्तर्गत समस्या का स्वरूप प्रत्येक काल में समान होता है। लेकिन सामाजिक समस्याओं की प्रकृति बदलती रहती

है। उनमें एकरूपता स्थिर नहीं रहती है। इसके अतिरिक्त विभिन्न क्षेत्रों की भौगोलिक परिस्थितियों की भिन्नता एकरूपता को उत्पन्न नहीं होने देती।

4. विषय-वस्तु का गुणात्मक रूप-वस्तुनिष्ठता प्राप्ति की पांचवी कठिनाई विषय-वस्तु के गुणात्मक रूप के कारण उत्पन्न होती है। गुणात्मक रूप का तात्पर्य अमूर्त से है, जिसे देख नहीं कते, केवल अनुभव कर सकते हैं। सामाजिक विश्वास, मान्यताएँ व धारणाओं आदि का रूप गुणात्मक होता है। अतएव उनके अध्ययन में भौतिक विज्ञानों की भांति निश्चित मापदंडों का प्रयोग करना कठिन है।

5. सामान्य ज्ञान द्वारा उत्पन्न भ्रम-सामाजिक अनुसंधान में प्राय हम अपने सामान्य ज्ञान के आधार पर किसी घटना या समस्या के सम्बन्ध में अपना निर्णय निश्चित करते हैं। जो सिद्धान्त हमारे सामान्य ज्ञान की कसौटी पर खरे नहीं उतरते उन्हें हम गलत मान लेते हैं। इसके विपरीत, अनेक गलत सिद्धान्त जो हमारे सामान्य ज्ञान में मेल नहीं खाते हैं, उन्हें हम सही मान लेते हैं। इस प्रकार भ्रम के फलस्वरूप अनेक गलत सिद्धान्तों को सही मान लिया जाता है और अनेक सही सिद्धान्तों को गलत मान लिया जाता है।

6. अनुसंधानकर्त्ता का स्वार्थ-पी.वी. यंग का मत है कि सामाजिक अनुसंधान में वस्तुनिष्ठता प्राप्त करने की एक प्रमुख कठिनाई का कारण अनुसंधानकर्त्ता का निजी स्वार्थ भी है। कभी-कभी अनुसंधान के परिणम में अनुसंधानकर्त्ता का निजी स्वार्थ निहित होता है। अतएव यह उन्हीं तथ्यों को खोजता है, जो उनके स्वार्थ की पूर्ति में सहायक सिद्ध हों। ऐसे अवसर पर वह स्वीकृत सिद्धान्तों को अस्वीकार कर उस सिद्धान्त को अपनाता है जो कि उसके विचारों के अनुकूल हों।

7. नैतिक प्रभाव-अनुसंधानकर्त्ता के नैतिक आदर्शों का प्रभाव भी वस्तुनिष्ठता प्राप्त करने में कठिनाई पैदा करता है। लुंडबर्ग का मत है कि सामाजिक अनुसंधान में अशुद्धता उत्पन्न होने का एक सामान्य कारण अनुसंधानकर्त्ता का नैतिक पक्षपात है। अनुसंधानकर्त्ता तथ्यों के संकलन और विवेचन करने में नैतिक आदर्शों का भी ध्यान रखता है। इनका प्रभाव मुनष्य के हृदय में इतना दृढ़ होता है कि वह प्राय: इनके विपरीत किसी भी निष्ठता को स्वीकार नहीं करता। विज्ञान तभी तक शुद्ध है, जब तक कि वह शोधकर्ता के नैतिक प्रभाव से दूर हो। लेकिन अनुसंधानकर्त्ता का नैतिक प्रभाव, परिणाम को प्रभावित करता है तो इससे अशुद्धता पैदा हो जाती है। इसलिए अनुसंधानकर्त्ता का नैतिक प्रभाव वस्तुनिष्ठता प्राप्त करने में कठिनाई पैदा करता है।

8. अनुसंधान की शीघ्रता-अनेक अवसर पर अनुसंधान कार्य बड़ी शीघ्रता से सम्पन्न किया जाता है। इस शीघ्रता के कारण अनुसंधानकर्त्ता के अन्दर प्राय: किसी भी निष्कर्ष को मान लेने की प्रवृत्ति होती है। इसी कारण सही परिणाम प्राप्त करना कठिन

होता है। इसके अतिरिक्त सामाजिक अनुसंधान की विषय-वस्तु इतनी जटिल होती है जिसके लिए दीर्घकालीन अध्ययन और धैर्य भी आवश्यक होता है। किन्तु अनुसंधान कार्य की शीघ्रता के फलस्वरूप पूर्णतया सही निष्कर्ष प्राप्त नहीं होते हैं। केवल आंशिक रूप से सत्य परिणामों को ही पूर्णरूपेण सत्य मान लिया जाता है। अत: शीघ्र सम्पन्न किये गये अनुसंधान में वस्तुनिष्ठता का निर्वाह नहीं होता है।

9. सामाजिक दर्शन का प्रभाव-भौतिक विज्ञानों में अनुसंधानकर्त्ता का सम्बन्ध जड़ और अचेतन वस्तुओं से है। लेकिन सामाजिक अनुसंधान में मानव समाज का अध्ययन किया जाता है। अतएव समाज का वर्तमान दर्शन भी अनुसंधानकर्त्ता को प्रभावित करता है। इस कारण वस्तुनिष्ठता प्राप्त करने में बाधा पैदा होती है। इसके अतिरिक्त अनुसंधानकर्त्ता स्वयं भी उसके उसी समाज का एक सदस्य होता है जिसे वह अध्ययन के लिए खुलता है। उसके अन्दर भी मानव स्वभाव की कमियाँ का होना स्वाभाविक है। उसके विचार, संस्कार, धारणायें इत्यादि समाज के पर्यावरण द्वारा पहले से निश्चित रहती है। अतएव वह अपने पूर्ण विचार, संस्कार व धारणाओं के अनुकूल, अनुसंधान के परिणामों के टालने का प्रयत्न करता है जिससे अनुसंधानकर्त्ता की तटस्थता समाप्त हो जाती है और वह अपने अनुसंधान में वस्तुनिष्ठता का निर्वाह कर पाता है।

10. निष्पक्ष निष्कर्ष की प्राप्ति-अनुसंधानकर्त्ता को अपने अध्ययन के पश्चात ऐसे निष्कर्षों को वस्तुत: करना चाहिए जो वास्तविकता तथा प्रामाणिकता पर आधारित हों। जनसाधारण इन निष्कर्षों को तभी स्वीकार कर सकता है जब यह पक्षपात और स्वार्थपरता से रहित होंगे। अत: अनुसंधानकर्त्ता को पूरी तरह तटस्थ रहना चाहिए।

11. मौलिक तथ्यों पर प्रभाव-अनुसंधानकर्त्ता का लक्ष्य निहित घटनाओं में मौलिक तथ्यों का वर्णन करता है। यह मौलिक तथ्य अपने सजातीय तथ्यों का प्रतिनिधि होता है। अगर ऐसा नहीं होगा तो अनुसंधान सार्वभौमिक सत्य का आधार नहीं बन सकता। यदि वह अपनी ओर से अध्ययन में थोड़ा सा भी अपना निर्णय जोड़ता है तो तथ्यों की मौलिकता समाप्त हो जाती है। इसलिए तथ्यों को वास्तविक दशाओं में दर्शाने के लिए वस्तुनिष्ठता अत्यन्त आवश्यक है।

सामाजिक अनुसंधान में वस्तुनिष्ठता का महत्त्व

सामाजिक अनुसंधान और वस्तुनिष्ठता का सम्बन्ध बड़ा गहरा है। वस्तुनिष्ठता के बिना अनुसंधान का वैज्ञानिक रूप नहीं दिया जा सकता। उदाहरण के लिए यदि किसी घटना विशेष का अध्ययन किया जाये, तो वस्तुनिष्ठता के अभाव में विभिन्न व्यक्ति उससे विभिन्न प्रकार के परिणाम निकालेंगे। ऐसी स्थिति में अनुसंधानकर्त्ता के पक्षपात के कारण वास्तविक तथ्यों पर प्रकाश नहीं पड़ता। अत: किसी एक घटना या समस्या के

अध्ययन को वैज्ञानिक रूप देने के लिए उसमें वस्तुनिष्ठता का होना आवश्यक है। यदि सामाजिक अनुसंधान में वस्तुनिष्ठता का होना आवश्यक है। यदि सामाजिक अनुसंधान में वस्तुनिष्ठता है तो विभिन्न शोधकर्त्ताओं को किसी एक घटना के अध्ययन से एक ही प्रकार के निष्कर्ष प्राप्त होंगे। सामाजिक अनुसंधान में वस्तुनिष्ठता के महत्त्व को निम्न तथ्यों द्वारा स्पष्ट किया जा सकता है-

1. सत्यापनशीलता के लिए-सत्यापनशीलता की दृष्टि से वस्तुनिष्ठता का होना आवश्यक है। वस्तुनिष्ठता अनुसंधान के प्रत्येक स्तर के लिए आवश्यक है। उदाहरण के लिए यदि अध्ययन विषय-वस्तु का संग्रह वैषयिक है लेकिन उसका वर्गीकरण और विश्लेषण वस्तुनिष्ठ नहीं है, तो एक ही घटना से विभिन्न लोग अलग-अलग निष्कर्ष निकालेंगे। इसलिए अनुसंधान के प्रत्येक स्तर पर वस्तुनिष्ठता का होना नितांत आवश्यक है। इसके अभाव में विषय-वस्तु का सत्यापन अत्यंत जटिल हो जाता है।

2. सामाजिक अनुसंधान को वैज्ञानिक स्थिति प्रदान करने के लिए-भौतिक विज्ञानों में वस्तुनिष्ठता का अभाव, अनुसंधान के परिणाम को उतना विकृत नहीं करता जितना कि समाज विज्ञान में। इसका मुख्य कारण यह है कि भौतिक विज्ञानों की विषय-वस्तु जड़ है, यह विषय-वस्तु न तो अनुसंधानकर्त्ता को प्रभावित करती है, और न अनुसंधानकर्त्ता के व्यक्तिगत विचार, भावनाएँ, मान्यताएँ इत्यादि इस विषय-वस्तु के विवेचन को प्रभावित करती हैं। लेकिन सामाजिक अनुसंधान के क्षेत्र में यह बात लागू नहीं। अत: वस्तुनिष्ठता को बनाये रखना आवश्यक होता है।

3. अनुभव ज्ञान को प्राप्त करने के लिए-सामाजिक घटनाओं के अध्ययन के लिए अनुभवजन्य ज्ञान आवश्यक है। यह अनुभवजन्य घटनाओं के अध्ययन के लिए अनुभवजन्य ज्ञान आवश्यक है। यह अनुभवजन्य ज्ञान तभी संभव है जबकि अनुसंधानकर्त्ता का दृष्टिकोण वस्तुनिष्ठ हो।

4. अभिमति को दूर करने के लिए-सामाजिक घटनाएँ प्राय: अमूर्त और जटिल होती हैं। इनका भावात्मक प्रभाव अनुसंधानकर्त्ता के मस्तिष्क के कुछ निश्चित धारणाओं को अंकित कर, उनकी निष्पक्षता को विकृत कर देता है। इस प्रकार अनुसंधानकर्त्ता की अभिमति वास्तविक परिणाम को पाने में बाधा उत्पन्न करती है। अनुसंधानकर्त्ता अपने निजी स्वार्थ, विचार अथवा रुचि के अनुरूप ही अनुसंधान के परिणाम को ढालता है इसलिए भौतिक विज्ञान की अपेक्षा सामाजिक विज्ञानों में वस्तुनिष्ठता अधिक आवश्यक है।

5. वैज्ञानिक पद्धति के सफल प्रयोग के लिए-सामाजिक अनुसंधान में वैज्ञानिक पद्धति के सफल उपयोग के लिए वस्तुनिष्ठता आवश्यक है। वस्तुनिष्ठता के बिना वैज्ञानिक पद्धति का उपयोग कठिन है। वस्तुनिष्ठता वैज्ञानिक पद्धति को प्रथम

अनिवार्यता है। वस्तुतः वैज्ञानिक पद्धति और वस्तुनिष्ठता एक ही सिक्के के दो पहलू हैं। किसी भी विज्ञान की प्रथम व मूलभूत आवश्यकता यथार्थता है और इस दृष्टि से यथार्थता की प्राप्ति विज्ञान का अंतिम लक्ष्य है। इस लक्ष्य की प्राप्ति तभी संभव है जबकि हम तथ्यों का अध्ययन व विश्लेषण उसी रूप में करें जैसा कि वे वास्तव में है और उनका अध्ययन व विश्लेषण काल्पनिक या मनमाने तौर पर न हो। वास्तव में अध्ययन व विश्लेषण का आधार सत्यता हो। इस प्रकार विज्ञान और वैज्ञानिक अध्ययन की महत्त्वपूर्ण व आवश्यक मान्यता है कि हम अध्ययन की जाने वाली घटना से सम्बन्धित तथ्यों एवं अंतर्संबन्धित तथ्यों को उर्सा क्रम और उसी रूप में खोज निकालें, जैसा कि वे वास्तव में हैं। सच तो यह है कि जैसा है, कि उसी क्रम व रूप में एक घटना विशेष का अध्ययन वैषयिक अध्ययन कहलाता है। वैषयिक अध्ययन ही वैज्ञानिक अध्ययन ही वैज्ञानिक अध्ययन है। वैषयिकता के अभाव में किसी भी अध्ययन का वैज्ञानिक नहीं कहा जा सकता। इस दृष्टि से सर्वप्रथम वैषयिकता की धारणा का स्पष्ट तौर पर समझना होगा।

❑❑❑

9

शोध अभिकल्प

अनुसंधान में तीन प्रकार की समस्याओं का सामना करना पड़ता है। इनमें व्यावहारिक अनुसंधान समस्या, वैज्ञानिक अथवा बौद्धिक अनुसंधान समस्या एवं सैद्धान्तिक व्यवस्थाओं को विकसित करने की अनुसंधान समस्याएँ हो सकती हैं। व्यवहारिक अनुसंधान समस्याएँ, समस्याओं के समाधान एवं सामाजिक नीतियों के निर्धारण में सहायता प्रदान करती हैं, जबकि वैज्ञानिक एवं बौद्धिक अनुसंधान का सम्बन्ध मौलिक वस्तुओं से होता है। इसके अलावा कुछ अनुसंधान ऐसे भी होते हैं जिनका उद्देश्य सैद्धान्तिक व्यवस्थाओं का विकास करना होता है, जिनके आधार पर विचारों का परीक्षण किया जाता है।

लेकिन सामान्यतः अनुसंधान अभिकल्प के दो प्रमुख उद्देश्य होते हैं–

1. अनुसंधान समस्या के उत्तर प्रदान करना, एवं
2. विविधताओं को नियंत्रित करना।

पर हमें ध्यान रखना चाहिए कि अनुसंधान अभिकल्प स्वयं इन उद्देश्यों की पूर्ति नहीं करता वरन् ये उद्देश्य अनुसंधानकर्त्ता द्वारा ही प्राप्त किये जाने हैं। अनुसंधान अभिकल्प अनुसंधानकर्त्ता की इस बात में अवश्य सहायता करता है कि वह अनुसंधान प्रश्नों के उत्तर प्राप्त कर ले तथा विविध त्रुटियों का पता लगा सके। यहाँ हम इन्हें थोड़ा

विस्तार से समझने का प्रयास करेंगे-

1. अनुसंधान समस्या के उत्तर प्रदान करना: अनुसंधान अभिकल्प अनुसंधानकर्त्ता को विभिन्न अनुसंधान प्रश्नों के उत्तर प्रदान करने में मदद करता है। यह अनुसंधान अभिकल्प यथासंभव प्रामाणिकता, विषयात्मकता, यथार्थता, निश्चयात्मकता एवं बचत के साथ प्राप्त करने में सहायता पहुँचाता है। ऐसा करने के लिए अनुसंधान अभिकल्प यथासंभव उन समस्त प्रमाणों को एकत्रित करने का प्रयास करता है, जो समस्या से सम्बन्धित हो। अनुसंधान उपकल्पनाओं के रूप में समस्या को इस तरह प्रस्तुत किया जाता है कि इनका आनुभविक परीक्षण या जाँच संभव हो सके। जितनी संभावनाएँ परीक्षण की होती हैं, उतने ही प्रकार की अनुसंधान अभिकल्पनाएँ तैयार करते हैं कि पर्यवेक्षण करने और परिणाम निकालने के लिए किन ढंगों या प्रविधियों का प्रयोग किया जा रहा है। विश्वसनीय परिणाम निकालने के लिए किन ढंगों या प्रविधियों का प्रयोग किया जा रहा है। विश्वसनीय परिणाम प्राप्त करने के लिए चरों के मध्य पाए जाने वाले सम्बन्धों के उपयुक्त संदर्भ ढांचे की स्थापना की जाती है।

2. विविधताओं को नियंत्रित करना: अनुसंधान अभिकल्प विविधताओं को नियंत्रित करने में अनुसंधानकर्त्ता की सहायता करता है। अनुसंधान के समय में विविध त्रुटियों की संभावना बनी रहती है। अनुसंधान अभिकल्प में इन विविध त्रुटियों को कम करने के दो प्रमुख ढंग हैं-

(*i*) अनुसंधान परिस्थितियों को अधिक नियंत्रित करते हुए परिमापन के कारण उत्पन्न हुई त्रुटियों को यथासंभव कम कीजिए।

(*ii*) मापों की विश्वसनीयता को बढ़ाइये।

वस्तुत: अनुसंधान अभिकल्प के नियंत्रण का कार्य कर तकनीकी है। इस अर्थ में अनुसंधान अभिकल्प एक नियंत्रणकारी व्यवस्था है। इसके पीछे पाया जाने वाला प्रमुख 'सांख्यिकी सिद्धान्त' यह है कि 'क्रमबद्ध विविधताओं को अधिक से अधिक बढ़ाइए, बाध्य क्रमबद्ध विविधताओं को नियंत्रित कीजिए तथा विविध त्रुटियों को कम से कम कीजिए।' इस प्रकार हम देखते हैं कि मूलत: अनुसंधान अभिकल्प के दो प्रमुख मौलिक उद्देश्य हैं और ये दोनों की उद्देश्य स्वयं अभिकल्प के न होकर अनुसंधानकर्त्ता द्वारा ही प्राप्त किये जाते हैं। अनुसंधान अभिकल्प के प्रथम उद्देश्य में अनुसंधानकर्त्ता अपने अनुसंधान के लिए चयनित समस्या से सम्बन्धित प्रश्नों के उत्तर प्राप्त करता है और अनुसंधान अभिकल्प उसे ये उत्तर प्रामाणिक, वैषयिक एवं यथार्थ रूप में प्रस्तुत करता है। इसी प्रकार दूसरे उद्देश्य के द्वारा अनुसंधान अनुसंधान के दौरान उपस्थित विविधताओं को नियंत्रित करता है। यह नियंत्रण भी उसे अनुसंधान अभिकल्प से प्राप्त होता है।

अनुसंधान अभिकल्प का वर्गीकरण या प्रकार

विभिन्न अनुसंधान अभिकल्पों को अनेक आधारों पर वर्गीकृत किया जाता है। सामान्यतः अनुसंधान का वर्गीकरण दो आधारों पर किया जा सकता है-

1. अध्ययन के उद्देश्य के आधार पर-अध्ययन के उद्देश्य के आधार पर अनुसंधान अभिकल्पों को पुनः निम्न चार उपवर्गों में विभाजित किया जा सकता है।

(*i*) अन्वेषणात्क अनुसंधान अभिकल्प

(*ii*) विवरणात्मक या निदानात्मक अनुसंधान अभिकल्प

(*iii*) प्रयोगात्मक अनुसंधान अभिकल्प

(*iv*) मूल्यांकनात्क अनुसंधान अभिकल्प

2. अध्ययन के उपागम के आधार पर -अध्ययन के उपागम के आधार पर भी अनुसंधान अभिकल्पों को पाँच उपवर्गों में रखा जा सकता है-

(*i*) सर्वेक्षणात्मक अनुसंधान अभिकल्प,

(*ii*) क्षेत्र अध्ययन सम्बन्धी अनुसंधान अभिकल्प,

(*iii*) प्रयोग सम्बन्धी अनुसंधान अभिकल्प,

(*iv*) ऐतिहासिक अनुसंधान अभिकल्प,

(*v*) वैयक्तिक अध्ययन सम्बन्धी अनुसंधान अभिकल्प।

लेकिन अनेक समाज वैज्ञानिकों ने भी अनुसंधान अभिकल्प को अनेक आधारों पर अनेक प्रकारों में वर्गीकृत किया है। **क्लेयर सेलिज** तथा अन्य ने अपनी कृति 'रिसर्च मैथड्स इन सोशल रिलेशन्स' में अनुसंधान अभिकल्प का वर्गीकरण प्रमुख रूप से तीन श्रेणियों में किया गया है-

1. प्रतिपादनात्मक अथवा अन्वेषणात्मक अध्ययन-इसका मूल उद्देश्य अधिक सूक्ष्मता के साथ अध्ययन करने, अथवा उपकल्पनाओं का विकास करने अथवा अग्रिम अनुसंधान के लिए प्राथमिकताओं की स्थापना करना होता है।

2. विवरणात्मक अथवा निदानात्मक अध्ययन-इस प्रकार के अभिकल्पों का उद्देश्य एक दी हुइ परिस्थिति की विशेषताओं का वर्णन करना होता है।

3. प्रयोगात्मक अध्ययन-इस प्रकार की संरचनाओं का उद्देश्य उपकल्पनाओं का परीक्षण करना होता है।

हम यहाँ किसी एक विद्वान के वर्गीकरण को न प्रस्तुत कर इनके आधार पर प्रमुख अभिकल्पों की विस्तार से व्याख्या करेंगे। प्रमुखत: अनुसंधान अभिकल्पों को तीन प्रकारों से विभाजित किया जा सकता है, वे हैं–

(*i*) प्रतिपादनात्मक अथवा अन्वेषणात्मक अनुसंधान अभिकल्प।

(*i*) विवरणात्मक अथवा निदानात्मक अनुसंधान अभिकल्प।

(*i*) प्रयोगात्मक अनुसंधान अभिकल्प

इस अनुसंधान अभिकल्पों के बारे में यह कहा जा सकता है कि ये खोज की तीन सीढ़ियाँ हैं। अन्वेषणात्मक अध्ययन किसी विषय में खोज की प्रारंभिक अवस्था होती है। इस प्रकार के अध्ययन के द्वारा विषय से परिचय प्राप्त किया जाता है तथा नवीन अवधारणाओं एवं उपकल्पनाओं का निर्माण किया जाता है। इस खोज की अगली सीढ़ी है वर्णनात्मक अध्ययन। इन अध्ययनों के द्वारा किसी घटना, परिस्थिति, संगठन आदि के लक्षणों का विशुद्ध अध्ययन किया जाता है। खोज की अंतिम सीढ़ी प्रयोगात्मक अध्ययनों की है। इसे 'कार्य-कारण सम्बन्धी अध्ययन' भी कहा जाता है। इसके द्वारा किसी कार्य जैसे मनोबल की कमी के कारणों का पता लगाने का प्रयास किया जाता है। इस हेतु इस लक्ष्य से बनाई गई उपकल्पनाओं का परीक्षण किया जाता है।

अभिकल्प की भूमिका

समाजशास्त्रीय अध्ययन में अभिकल्प का निर्धारण अत्यंत महत्त्वपूर्ण समस्या है प्रकृति तथा अध्ययन में अभिकल्प द्वारा इसका निर्धारण होता है। **जहोडा** तथा अन्य के अनुसार, ''कुछ सीमा तक समस्या की प्रकृति और कुछ सीमा तक क्षेत्र से सम्बन्धित ज्ञान अध्ययन के स्वरूप का निर्धारण करते हैं जो सर्वाधिक उपयोगी हैं।'' उदाहरणार्थ कोई सामाजिक अनुसंधानकर्त्ता, उस सामाजिक पर्यावरण का अध्ययन करना चाहता है, जो मनुष्य में मानसिक स्वास्थ्य को प्रभावित करता है तो ऐसी स्थिति में उस क्षेत्र तथा उस सामाजिक संरचना में निहित मानसिक स्वास्थ्य को प्रभावित करने वाले तत्वों के पूर्व ज्ञान के बिना, किसी प्रकार की उपकल्पना असंभव है। इसलिए ऐसी समस्याओं के लिए अन्वेषणात्मक या निरूपणात्मक अभिकल्प, अधिक, उपयोगी होती है। इसके विपरीत यदि इससे सीमित समस्या के अन्तर्गत, अनुसंधानकर्त्ता किसी समुदाय के मानसिक स्वास्थ्य के रूप का निरीक्षण करना चाहता है तो अनुसंधान को कार्यान्वित करने से पूर्व, उसके लिए यह अनिवार्य है कि सर्वप्रथम मानसिक स्वास्थ्य, को परिभाषित करे और इसके मापन के लिए उपयुक्त पद्धितियों का चुनाव करें। इसके साथ ही, अनुसंधानकर्त्ता के लिये यह भी आवश्यक है कि वह यह निश्चय करे, कि प्रस्तुत समुदाय के अंतर्गत किसे सम्मिलित करे और किसको नहीं। समुदाय के सदस्यों के चुनाव की योजना को

तैयार करना भी आवश्यक है, ताकि समुदाय के प्रतिनिधि सदस्य ही अध्ययन में शामिल किये जा सके। संक्षेप में अनुसंधानकर्त्ता को यह निश्चय करना होता है कि वह मानसिक स्वास्थ्य के स्तर के निरीक्षण के लिये, किस सदस्य का अध्ययन करे व किस प्रकार मानसिक स्वास्थ्य के स्तर का मापन करे और इस मापन के लिए अनुमाप का कौन-सी प्रामाणिक, विश्वसनीय एवं संक्षिप्त प्रणाली का प्रयोग करे। वह पायेगा कि इस प्रकार की समस्याओं के अध्ययन के लिए निदानात्मक अध्ययन अधिक उपयोगी होता है। इसके विपरीत, यदि अनुसंधानकर्त्ता इस उपकल्पना का परीक्षण करना चाहता है कि छुआछूत की सामाजिक बुराइयों को चित्रण करने वाला चलचित्र, छुआछूत की तीव्रता को कम करता है, तो इसके लिये निदानात्मक अथवा अन्वेषणात्मक अध्ययन उपयोगी नहीं है। यद्यपि प्रारंभिक स्तर पर उपकल्पना के स्पष्टीकरण के लिये अन्वेषणात्मक अध्ययन आवश्यक हैं, किंतु उपकल्पना के पूर्ण निरूपण के बाद परीक्षणात्मक पद्धति का उपयोग अनिवार्य हो जाता है।

अन्वेषणात्मक अध्ययन में चलचित्र द्वारा दर्शक के अन्दर उत्पन्न होने वाली प्रतिकिया का अध्ययन नहीं किया जा सकता। चलचित्र को देखने से पूर्व छुआछूत के सम्बन्ध से लोगों की क्या धारणायें थी, चलचित्र देखने के पश्चात् उनमें क्या परिवर्तन हुये, इसके लिये परीक्षणात्मक अध्ययन, सबसे अधिक उपयोगी है।

इससे स्पष्ट है कि समस्या की प्रकृति के अनुसार अध्ययन के स्वरूप का निर्धारण किया जाता है। प्रत्येक प्रकार के अध्ययन की अपनी विशेषताएँ हैं, जिनके कारण समस्या का अध्ययन संभव होता है। इस प्रकार अध्ययन की एक क्रियाशीन प्ररचना सामग्री के संग्रहण में मानवीय अभिमति को कम करती है और प्रामाणिकता तथा विश्वसनीयता में वृद्धि करती है। अनुसंधानों के अभिकल्पों को व्यावहारिक दृष्टि से विभाजित करना कठिन होता है। प्रत्ये प्रकार की समस्या के अध्ययन में अनुसंधान में एक अन्वेषणात्मक या निरूपणात्मक अध्ययन द्वारा, सर्वप्रथम सर्वेक्षण के लिये समस्या का निर्धारण किया जाता है। वर्णनात्मक या उपचारात्मक अध्ययन द्वारा समस्या के अंतर्निहित लक्षणों का मूल्यांकन किया जाता है। इसके अतिरिक्त, परीक्षणात्मक अध्ययन के द्वारा पूर्व निर्मित उपकल्पना की विश्वसनीयता की जाँच की जाती है। इस प्रकार अनुसंधान का प्रत्येक अभिकल्प व्यावहारिक दृष्टि से एक-दूसरे से सम्बन्धित है।

वर्णनात्मक और निदानात्मक अभिकल्प

सामाजिक अनुसंधान में हमे सामान्य नियमों का अन्वेषण करना होता है, एवं उनका विवेचन व विशिष्ट परिस्थितियों का निदान खोजना ही हमारा प्रमुख उद्देश्य होता है, विवरणात्मक एवं निदानात्मक अध्ययनों में एक दी हुई परिस्थिति की विशेषताओं को

व्यक्त करने का प्रयास किया जाता है। अनेक समाज वैज्ञानिक इन दोनों प्रकारों में अन्तर भी करते हैं। विवरणात्मक एवं निदानात्मक अध्ययन अभिकल्पों में एक प्रमुख अन्तर यह है कि नदानात्मक अभिकल्प कारणात्मक सम्बन्धों को व्यक्त करने तथा सामाजिक क्रिया के लिए इन विभिन्न कारणों के आशयों का पता लगाने से सम्बन्धित है। वर्णनात्मक अनुसंधान अभिकल्प का मुख्य उद्देश्य समस्या से सम्बन्धित वास्तविक तथ्यों के आधार पर वर्णनात्मक विवरण प्रस्तुत करना है। इनकी विशेषता पूर्ण और यथार्थ सूचनाएँ प्राप्त रिना है। अतः ये अध्ययन किसी समुदाय या समूह के सम्पूर्ण जीवन से सम्बन्धित प्रक्रियाओं के होते हैं। इन सम्पूर्ण सामाजिक प्रकियाओं का वर्णन वैज्ञानिक विधि की सहायता से किया जाता है। सामाजिक अनुसंधान मूलतः दो प्रकार की समस्याओं सम्बन्धित होते हैं, प्रथम समस्या सामान्य नियमों की खोज होती है, द्वितीय समस्या विशिष्ट परिस्थितियों के निदान से सम्बन्धित होती है।

इस प्रकार वर्णनात्मक अभिकल्प के लिए आवश्यक होता है कि विषय के सम्बन्ध में यथार्थ एवं पूर्ण सूचनाएँ प्राप्त हो जाएँ। ये सूचनाएँ वैज्ञानिक वर्णन के आधार पर प्राप्त की जाती हैं और इनका आधार वास्तविक एवं विश्वसनीय तथ्य ही है।

वर्णनात्मक अनुसंधान अभिकल्प के उद्देश्य

वर्णनात्मक अनुसंधान अभिकल्प में कुछ महत्त्वपूर्ण उद्देश्य हैं। संक्षेप में इन उद्देश्यों का तीन वर्गों में प्रस्तुत किया जा सकता है–

1. समूह अथवा परिस्थिति के लक्षणों का परिशुद्ध वर्णन–वर्णनात्मक अनुसंधान अभिकल्प में हम किसी समूह जैसे कोई राजनीतिक दल अथवा किसी परिस्थिति जैसे हड़ताल या चुनाव आदि के परिशुद्ध वर्णन करते हैं एवं क्रमवार विस्तृत ज्ञान प्राप्त करते हैं। यह ज्ञान गुणात्मक एवं संख्यात्मक दोनों प्रकार का हो सकता है। जैसे गुणात्मक ज्ञान से हम यह पता लगाते हैं कि किस चुनाव के उम्मीदवार किस–किस राजनीतिक दल के थे अथवा वे किस–किस जाति के थे ? संख्यात्मक ज्ञान संख्या पर आधारित होता है। यह सामान्यतः किसी चर की आवृत्ति होती है। जैसे किसी चुनाव में किने लोगों ने भाग लिया।

2. किसी चर की आवृत्ति निश्चित करना–वर्णनात्मक अनुसंधान अभिकल्प से अध्ययन करते समय हमें विषय या समस्या का कुछ ज्ञान रहता है। यह ज्ञान पहले किए हुए अनवेषणात्मक या दूसरे लोगों के अध्ययनों द्वारा प्राप्त होता है। इसलिए वर्णनात्मक अध्ययन के उद्देश्य सुस्पष्ट होते हैं। जैसे यह निश्चित रहता है कि हमें किन लक्षणों का वर्णन करना है। समस्त लक्षणों का वर्णन किसी एक अध्ययन में नहीं होता है। जैसे किसी संस्था के विभिन्न भागों का आकार एक महत्त्वपूर्ण लक्षण हो सकता है

किंतु यह आवश्यक नहीं कि प्रत्ये अध्ययन में इसका समावेश हो। इसी प्रकार किन चरों की आवृत्ति देखनी है यह तय होता है। किसी एक ही समूह का अध्ययन अलग-अलग दृष्टिकोणों से हो सकता है और प्रत्येक के लिए भिन्न चरों की आवृत्ति देखनी होती है।

3. चरों के साहचर्य के विषय में पता लगाना-वर्णनात्मक अनुसंधान अभिकल्प का ऐ और उद्देश्य यह है कि इसके द्वारा चरों के साहचर्य के विषय में पता लगाया जाता है। जैसे पिछड़े देशों में आय और शिक्षा के धनात्मक साहचर्य पाया जाता है अर्थात् अमीर व्यक्ति सामान्यत: अधिक शिक्षित होते हैं। वर्णनात्मक अनुसंधान अभिकल्प में हम इसी प्रकार विभिन्न चरों के साहचर्य का पता लगाते हैं, अर्थात् यह देखते हैं कि साहचर्य या नहीं और यदि है तो किस प्रकार का। यहाँ यद ध्यान रखने योग्य बात हैं कि साहचर्य देखते हैं जहाँ हम इनकी आशा करते हैं। इस प्रकार हम कह सकते हैं कि वर्णनात्मक अभिकल्प वर्णनात्मक उपकल्पनाओं की परीक्षा करना है।

इसके अतिरिक्त वर्णनात्मक अध्ययन कार्यकारण सम्बन्धी उपकल्पनाओं के निर्माण में भी सहायक होता है। इस प्रकार की उपकल्पनाओं का परीक्षण एक अधिक विकसित अभिकल्प द्वारा होता है। वर्णनात्मक अध्ययन द्वारा केवल इन उपकल्पनाओं का निर्माण होता है। जैसे यदि हम किन्हीं चरों में बहुत अधिक साहचर्य पाएं तो हम यह उपकल्पना बना सकते हैं कि उनमें से एक कारण है और दूसरा कार्य। यहाँ यह भी ध्यान रखा जाना चाहिए कि ऐसा संयोग से ही हो सकता है।

सामाजिक अनुसंधान, मूलरूप से दो प्रकार की समस्याओं से सम्बन्धित होते है। प्रथम समस्या सामान्य नियमों के खोज की समस्या है और द्वितीय समस्य विशिष्ट परिस्थितियों के निदान से सम्बन्धित है। इसलिए एक स्वस्थ एवं विवेकशील सामाजिक क्रिया की यह विशेषता है कि यह अनुसंधान से सम्बन्धित दोनों समस्याओं का समाधान प्रस्तुत करती है। इसलिए क्रियाओं की एक उपर्युक्त कार्यविधि के चुनाव के लिए समस्या, के विशिष्ट लक्षणों का ज्ञान आवश्यक है। इस समस्या वर्णनात्मक अभिकल्पों द्वारा होता है जो कि समस्या में निहित लक्षणों के विवेचन को विशेष महत्त्व देते हैं।

ऐतिहासिक दृष्टि से, सामाजिक अध्ययन में वर्णनात्मक पक्ष को महत्त्व दिये जाने की परम्परा प्राचीन-काल से चली आई है। विभिन्न समयों पर राज्यों द्वारा मानवीय साधनों के मूल्यांकन किये जाने का उल्लेख इतिहास द्वारा प्राप्त होता है। किन्तु इन वर्णनात्मक अभिकल्पों का मूल उद्देश्य केवल आर्थिक एवं प्रशासन की सुविधा प्राप्त करना था। समाज विज्ञान के विकास के साथ वर्णनात्मक अभिकल्प के प्रचलन में भी वृद्धि हुई है। वर्णनात्मक अभिकल्पों का प्रधान लक्ष्य, चुनी हुई समस्या के सम्बन्ध में, पूर्ण जानकारी हासिल करना है। इसलिए अन्वेषणात्मक अभिकल्प की अपेक्षा, इसमें

मानवीय अभिमति से बचाव के लिए अधिक ध्यान देने की आवश्यकता होती है। इसके अतिरिक्त, इन अध्ययनों में अधिकतम सामग्री को संग्रह करने के प्रयास किए जाते हैं। अतएव वर्णनात्मक अभिकल्प के लिए मानवीय अभिमति से बचाव की और ध्यान देना आवश्यक है।

वर्णनात्मक अनुसंधान अभिकल्प के विविध चरण

वर्णनात्मक अभिकल्प को तैयार करने से पूर्व, इसके विविध सोपानों को ध्यान में रखना आवश्यक है। ये सोपान या चरण निम्न प्रकार हैं-

1. अध्ययन के उद्देश्यों का निरूपण-किसी भी अनुसंधान कार्य के लिए, सर्वप्रथम अध्ययन के उद्देश्य को प्ररिभाषित करना आवश्यक है। अनुसंधानकर्त्ता के समक्ष, जब तक उद्देश्य स्पष्ट नहीं है, तब तक अनुकूल सामग्री का संग्रहण करना कठिन है।

2. तथ्य संकलन एवं पद्धतियों का चुनाव-उद्देश्य के स्पष्टीकरण के बाद, अनुसंधानकर्त्ता इस बात से अवगत हो जाता है कि उसे किस प्रकार की सामग्री की आवश्यकता है। अतएव सामग्री के संग्रहण के लिए उस पद्धति का चुनाव आवश्यक है जिसके प्रयोग द्वारा विश्वसनीय सामग्री प्राप्त हो सके। अनुसंधानकर्त्ता साक्षात्कार, प्रश्नावली अवलोकन, वैयक्तिक अध्ययन इत्यादि प्रणालियों में से उस प्रणाली का चुनाव करता है जो सामग्री के संकलन के लिए अधिक उपयुक्त होती है।

3. निदर्शन का चयन-किसी समुदाय के विश्वास, मान्यता इत्यादि के सम्बन्ध में विश्वसनीय विवरण को प्राप्त करने के लिए समुदाय के लिए प्रत्ये सदस्य का अध्ययन किया जाना व्यावहारिक दृष्टि से असंभव है। इसलिए उस समुदाय के सदस्यों में से, उस नमूने का चुनाव किया जाता है, जो प्रत्येक दृष्टि से उस संपूर्ण समुदाय का प्रतिनिधित्व करता हो। इस प्रतिनिधि इकाई के अध्ययन के परिणाम भी सम्पूर्ण अध्ययन के परिणामों के समान ही विश्वसनीय होते हैं।

4. सामग्री का परीक्षण-निदर्शन के चुनाव के बाद संग्रहीत सामग्री की विश्वसनीयता की परीक्षा की जाती है। यदि सामग्री वास्तविकता पर आधारित नहीं है, तो इसका प्रभाव अध्ययन की समस्त प्रक्रियाओं पर पड़ता है।

5. परिणामों का विश्लेषण-अध्ययन द्वारा परिणामों की प्राप्ति के पश्चात् उन परिणामों का विश्लेषण वांछनीय है। विश्लेषण के अभाव में, प्राप्त परिणामों की न कोई सामाजिक उपयोगिता होती है और न उसका सामाजिक जीवन में प्रयोग करना ही संभव है।

6. निष्कर्षों का प्रतिवेदन–परिणामों की प्राप्ति के बाद अनुसंधानकर्त्ता के लिए उनका प्रतिवेदन प्रस्तुत करना आवश्यक है। इसके लिए दो बातें उल्लेखनीय हैं। सर्वप्रथम परिणामों का प्रतिवेदन, इस प्रकार का होना चाहिए। जिससे स्पष्टता हो और जिसमें अतार्किक विवेचन का समावेश न हो। इन समस्त चरणों से सफलतापूर्वक गुजरने के साथ ही वर्णनात्मक अनुसंधान अभिकल्प की प्राप्ति संभव होती है।

निदानात्मक अभिकल्प

अनुसंधान का उद्देश्य केवल कोरे ज्ञान की प्राप्ति नहीं है, बल्कि प्राप्त ज्ञान का मानव के हितों में उपयोग होना भी आवश्यक है। अत: समाज सेवा तथा समाज कार्य की दृष्टि से निदानात्मक अनुसंधानों का विशेष महत्त्व है। इसमें किसी भी समस्या के वास्तविक कारणों से ज्ञात कर, उसका निदान किया जाता है। निदानात्मक अध्ययन में समस्या के मूल कारणों को ज्ञात करके उसे हल करने के सुझाव भी शामिल होते हैं। सामाजिक अनुसंधान मूल रूप से दो प्रकार की समस्याओं से सम्बन्धित हैं। एक तो सामान्य सामाजिक नियमों की खोज करने तथा दूसरी भिन्न-भिन्न परिस्थितियों के समाधान से सम्बन्धित है। निदानात्मक अध्ययन वे अध्ययन हैं जो किसी विशिष्ट समस्या के निदान की खोज करते है। निदानात्मक अध्ययन में प्रमुख रूप से निम्नलिखित विशेषताएँ पाई जाती हैं-

(*i*) निदानात्मक अध्ययन, जैसा कि शब्दों से ही स्पष्ट है, केवल ज्ञान प्राप्ति के उद्देश्य से नहीं होता, अपितु किसी सामाजिक परिस्थिति के उपचार से सम्बन्धित होता है।

(*ii*) निदानात्मक अध्ययन सामाजिक ढांचे तथा सामाजिक सम्बन्धों से उत्पन्न उन सामाजिक समस्याओं से सम्बन्धित रहता है जिसको दूर करना तत्काल आवश्यक होता है।

(*iii*) उपचार अथवा निदान प्रस्तुत करने के लिए लक्षण अथवा परिस्थिति को उत्पन्न काने वाले कारकों का पता लगाना अनिवार्य है। अत: निदानात्मक अध्ययन करने वाले कारकों का पता लगाना अनिवार्य है। अत: निदानात्मक अध्ययन कारणों का भी अध्ययन करता है।

(*iv*) निदानात्मक अध्ययन एक स्पष्ट तथा निश्चत उपकल्पना के द्वारा संचालित होता है।

वास्तव में, निदानात्मक अध्ययन का तात्कालिक उद्देश्य होता है और वह वर्णनात्मक अध्ययन के बाद की कड़ी है। चिकित्सा विज्ञान में अपनाई गई विधियों का

भी उसमें उपयोग होता है। जिस प्रकार चिकित्सक रोग के कारणों का पता लगाकर, उपचार करता है उसी प्रकार वैज्ञानिक भी सामाजिक व्याधि के कारणों को ज्ञात कर, उन्हें दूर करने के उपाय बतलाता है। निदानात्मक अनुसंधान में सर्वप्रथम उपकल्पना का निर्माण किया जाता है। इसके बाद, उपकल्पना के अनुरूप अध्ययन का आयोजन किया जाता है। इसके पश्चात् समस्या के कारणों को ज्ञात कर उन्हें दूर करने के उपाय खोजे जाते हैं। अत: अनेक वैज्ञानिक विवरणात्मक एवं निदानात्मक अभिकल्पों को एक साथ ही प्रस्तुत करते हैं। वस्तुत: इनके उद्देश्यों में समानता होते हुए भी थोड़ा भेद है। सामाजिक अनुसंधान सामाजिक समस्याओं से सम्बन्धित नवीन ज्ञान की प्राप्ति और सामाजिक समस्याओं के समाधान से सम्बन्धित उपायों की खोज करता है। इस अभिकल्प के अन्तर्गत समस्या के निदान से सम्बन्धित ब्यौरा प्रस्तुत किया जाता है। इसमें समस्या को किस तरह सुलझाया जा सकता है, इसके वर्णन एवं विश्लेषण प्रस्तुत किए जाते हैं। सारांश में हम कह सकते हैं कि विशिष्ट सामाजिक समस्या के समाधान की खोज करने वाले अनुसंधान कार्य निदानात्मक होते हैं। इस प्रकार के अनुसंधान कार्यों से समस्या का हल या समाधान प्रस्तुत किया जाता है।

वर्णनात्मक और निदानात्मक अभिकल्प में भेद

यद्यपि वर्णनात्मक तथा निदानात्मक अभिकल्प, किसी प्रस्तुत समस्या में प्रकट लक्षणों के विस्तृत अध्ययन पर अधिक महत्त्व देते हैं किन्तु इस समानता के होते हुए दोनों अभिकल्प एक-दूसरे से भिन्न हैं। निम्न प्रकार से इन दोनों अभिकल्पों का अन्तर स्पष्ट किया जा सकता है-

1. अध्ययन क्षेत्र में अन्तर-निदानात्मक अभिकल्प, मूल रूप से सामाजिक संरचना में विदित अस्पष्ट सम्बन्धों एवं प्रस्तुत सामाजिक समस्याओं से सम्बन्धित हैं व समस्या के विदित कारणों के पारस्परिक सम्बन्धों की खोज कर, निदानात्मक क्रियाओं को प्रस्तुत करता है। इस प्रकार वर्णनात्मक अभिकल्प का आरंभ, समस्या के विगत स्वरूप को खोजने के लिए होता है जबकि निदानात्मक अभिकल्प समस्या के विगत स्वरूप खोजने के साथ-साथ, समस्या का निदान प्रस्तुत करता है।

2. उपकल्पना-निदानात्मक अभिकल्प पूर्णरूपेण उपकल्पनाओं द्वारा संचालित होता है। प्राथमिक विवरण के आधार पर, समस्या के सम्बन्ध में एक सामान्य उपकल्पना का निर्धारण किया जाता है और केवल उसी सामग्री का संग्रह किया जाता है। लेकिन वर्णनात्मक अभिकल्प उपकल्पनाओं द्वारा निर्देशित नहीं होता। इसमें उपलब्ध सामग्री के वर्णन के आधार पर, उपकल्पना का निर्धारण किया जाता है।

3. उद्देश्य–उद्देश्य की दृष्टि से निदानात्मक अभिकल्प ऐसे ज्ञान की उपलब्धि पर केन्द्रित है, जिसकी समस्याओं के निदान के लिये क्रियान्वित भी किया जा सके। इस प्रकार, निदानात्मक अभिकल्प कारण और उपचार दोनों से सम्बन्धित हैं, किन्तु वर्णनात्मक अभिकल्प का उद्देश्य केवल ज्ञान प्राप्त करना है। समस्याओं के उपचार के साथ इसका कोई सम्बन्ध नहीं है।

4. क्षेत्र–विस्तार–ऐसे क्षेत्रों के अध्ययन में जहाँ समस्याओं से सम्बन्धित ज्ञान का पर्याप्त विकास नहीं हुआ है, अनुसंधानकर्त्ता केवल वर्णनात्मक अभिकल्प तक ही अपने को सीमित रखता है। ऐसी परिस्थिति में वर्णनात्मे अभिकल्प निदानात्मक अभिकल्प की अपेक्षा अधिक उपयोगी होता है।

5. उपचार–निदानात्मक अभिकल्प में समस्या के कारणात्मक तत्वों का तात्कालिक उपचार आवश्यक है। अनुसंधानकर्त्ता समस्या को उत्पन्न करने वाले तत्वों का अध्ययन करने के पूर्व उन कारणों को दूर करने का प्रयास करता है जो समस्या को प्रधान रूप से प्रभावित करती है। किन्तु वर्णनात्मक अभिकल्प में समस्या के कारणों को परिभाषित करने का कोई प्रयास नहीं किया जाता। उपरोक्त भिन्नताओं के फलस्वरूप भी ये दोनों प्रकार के अध्ययन एक-दूसरे के साथ निकटतम रूप से सम्बन्धित हैं। किसी भी समस्या के लिये इन दोनों प्रकार के अध्ययनों के महत्त्वपूर्ण अंश का समावेश करना अनिवार्य हैं। उपरोक्त विवेचन से हमें यह ध्यान रखना चाहिए कि विवरणात्मक एवं निदानात्मक अनुसंधान अभिकल्प एक ही नहीं है वरन् इनमें अन्तर है। इन दोनों अभिकल्पों में मुख्यत: निम्न आधारों पर अन्तर किया जाता है–

1. विवरणात्मक अनुसंधान अभिकल्प समस्या से सम्बन्धित तथ्यों का वर्णन प्रस्तुत करती है, जबकि निदानात्मक अनुसंधान अभिकल्प समस्या का वास्तविक स्वरूप बताकर समस्या के निदान का उपाय या हल भी बताती है।

2. विवरणात्मक अनुसंधान अभिकल्प का मुख्य उद्देश्य ज्ञान प्राप्ति ही होता है, जबकि निदानात्मक अनुसंधान अभिकल्प का प्रमुख उद्देश्य समाज में उपस्थित निवर्तमान समस्याओं के कारणों का पता लगाकर समाधान प्रस्तुत करना होता है।

3. विवरणात्मक अनुसंधान अभिकल्प के अध्ययन उपकल्पनाओं द्वारा पूर्ण रूप से निर्देशित नहीं होते, जबकि निदानात्मक अनुसंधान अभिकल्प के अध्ययनों को उपकल्पनाएँ पूर्ण रूप से निर्देशित करती है।

4. विवरणात्मक अध्ययन उस क्षेत्र में विकास पाता है, जहाँ समस्याओं के बारे में विशेष जानकारी उपलब्ध नहीं हो चुकी होती है, जबकि निदानात्मक अध्ययन उसी क्षेत्र में हो जाते है, जहाँ पर कि समस्याओं का स्वरूप स्पष्ट रूप से उभर कर सामने आ

जाता है।

5. विवरणात्मक अध्ययन प्राय: प्रारंभिक स्तर के अध्ययन होते हैं जबकि निदानात्मक अध्ययन उच्चस्तरीय होते हैं।

इस प्रकार वर्णनात्मक या विवरणात्मक अनुसंधान अभिकल्प एवं निदानात्मक अनुसंधान अभिकल्प में अन्तर किया जा सकता है। लेकिन इस अभिकल्पों के क्रियान्वयन के लिए अनुसंधानकर्त्ता को अनुसंधान प्रशिक्षण, समय, धन एवं कार्यक्षमता पर ध्यान देना चाहिए। इस प्रकार जब अन्वेषणात्मक ज्ञान की प्राप्ति हमारे अध्ययन का उद्देश्य होता है तो हम अन्वेषणात्मक अनुसंधान अभिकल्प का प्रयोग करते हैं।

अनुसंधान अभिकल्प के अर्थ एवं परिभाषाओं को समझ लेने के बाद अनुसंधान अभिकल्प की कुछ अनिवार्य एवं आधारभूत विशेषताओं का उल्लेख किया जा सकता है। अनुसंधान अभिकल्प की मूलभूत विशेषताएँ निम्नांकित होती हैं–

1. अनुसंधान अभिकल्प का सम्बन्ध सामाजिक अनुसंधान से होता है।

2. अनुसंधान अभिकल्प अनुसंधानकर्त्ता को अनसुधान की एक निश्चित दिशा का बोध कराता है। इस अर्थ में अनुसंधान अभिकल्प इस प्रकार का दिग्दर्शक है।

3. अनुसंधान अभिकल्प की मुख्य विशेषता सामाजिक घटनाओं की जटिल प्रकृति को सरल रूप में प्रस्तुत करना है।

4. अनुसंधान अभिकल्प की एक और विशेषता यह है कि यह अनुसंधान के अधिकतम उद्देश्यों की प्राप्ति में सहायता करता है।

5. अनुसंधान अभिकल्प का चयन सामाजिक अनुसंधान की समस्या एवं उपकल्पना की प्रकृति के आधार पर किया जाता है।

6. अनुसंधान अभिकल्प की एक और विशेषता अनुसंधान प्रक्रिया के दौरान आगे आने वाली परिस्थितियों को नियंत्रित करना एवं अनुसंधान कार्य को सरल बनाना है।

7. अनुसंधान अभिकल्प अनुसंधान की वह रूपरेखा है जिसकी रचना अनुसंधान कार्य प्रारंभ करने से पूर्व की जाती है।

8. अनुसंधान अभिकल्प अनुसंधान के दौरान आने वाली कठिनाइयों को भी कम करने में अनुसंधानकर्त्ता की सहायता करता है।

9. अनुसंधान अभिकल्प न केवल मानवीय श्रम को कम करता है बल्कि वह समय एवं लागत को भी कम करता है।

10. अनुसंधान अभिकल्प का समस्या की प्रतिस्थापना से लेकर अनुसंधान प्रतिवेदन के अंतिम चरण तक के विषय में सभी उपलब्ध विकल्पों के बारे में व्यवस्थित रूप में श्रेष्ठ निर्णय लेने में सहायता करता है।

अनुसंधान अभिकल्प की विषय-वस्तु

एक सामान्य अभिकल्प में निम्नलिखित विषयों का उल्लेख किया जाता है-

1. शोध का विषय-ऐसा करने से अध्ययन के विषय का स्पष्ट ज्ञान हो जाता है तथा इसके क्षेत्र एवं सीमाओं का पता चल पाता है। उसके स्वरूप निर्धारण, खोज आदि के विषय में उपलब्ध साहित्य, पत्र-पत्रिकाओं आदि का अध्ययन करना पड़ता है। अध्ययन के स्रोत सरकारी, गैरसरकारी, व्यक्तिगत, पुस्तकालयों या परिवेश सम्बन्धी हो सकते हैं।

2. अध्ययन की प्रकृति-इसमें शोध का प्रकार एवं स्वरूप निर्धारित करना पड़ता है। वह सांख्यिकीय, व्यक्तिगत, तुलनात्मक, प्रायोगिक, विश्लेषणात्मक, अन्वेषणात्मक या मिश्रित प्रकार का हो सकता है।

3. प्रस्ताव एवं पृष्टभूमि-इसमें उस विषय को चुनने की पृष्टभूमि बतानी पड़ती है तथा उसकी शुरूआत करनी पड़ती है। इससे पता चल जाता है कि शोधक की उक्त विषय में रूचि किस प्रकार उत्पन्न हुई तथा समस्या का स्वरूप एवं स्थिति क्या थी। अब तक उस समस्या का किस-किसने तथा किन परिणामों को प्राप्त एवं अध्ययन किया? उसमें क्या कमियाँ एवं त्रुटियाँ रहीं? उसके अब दूर किया जाना किस प्रकार संभव एवं वांछनीय? आदि।

4. अध्ययन का सामाजिक, सांस्कृतिक, राजनीतिक एवं भौगोलिक संदर्भ-इसमें शोधक स्पष्ट करता है कि वह किस प्रकार के समाज एवं संस्कृति के पर्यावरण में रह रहा है तथा उसके प्रमुख मूल्य, परंपराएँ, मान्यताएँ आदि क्या हैं? इसमें स्थानीय मानक, रीलिरिवाज, परिपाटियाँ आदि भी आ जाती हैं। इसके संदर्भ में राजनीतिक व्यवस्था, व्यवहार एवं मूल्यों का उल्लेख कर दिया जाता है। भौगोलिक संदर्भ में राजनीतिक व्यवस्था, व्यवहार एवं मूल्यों का उल्लेख कर दिया जाता है। भौगोलिक संदर्भ में मानव-व्यवहार को प्रभावित करने वाले तथ्य, स्थिति जलवायु, प्राकृतिक, उत्पादन आदि आते हैं। यदि संभव हो तो आर्थिक परिवेश का भी परिचय दे दिया जाना चाहिए। राजनीतिक शोध को सामाजिक, सांस्कृतिक, आर्थिक एवं औद्योगिक आयामों में समायोजित करना चाहिए।

5. उद्देश्य-अनुसंधानकर्त्ता या गवेषक अपना उद्देश्य बताता है। इसमें वह उप-उपेक्षय या लक्ष्य की प्रकट करता है, अर्थात् प्रमुख एवं सहायक उद्देश्यों का उल्लेख करता है। ये प्राय: चार या पांच वाक्यों में स्पष्ट किए जाते हैं।

6. काल-निर्देश-इसमें यह बताया जाता है कि शोध किस समय, काल या परिवेश से सम्बन्धित हैं। समय राजनीतिक अनुसंधान में एक अतिशय महत्त्वपूर्ण कारक होता है।

7. तथ्य-सामग्री के चयन के आधार पर बताए एवं निश्चित किए जाते हैं। यहाँ उनका औचित्य भी स्पष्ट किया जाना चाहिए। ये आधार प्रेलेखीय, भौतिक अथवा वैचारिक प्रेक्षणीय आदि हो सकते हैं। तथ्य संकलन की प्रविधियाँ मानवीय या मशीनी हो सकती हैं। अवलोकरन, प्रश्नावली, साक्षात्कार प्रक्षेवण आदि युक्तियों के द्वारा तथ्य एकत्र किए जा सकते हैं। इनकी उपयुक्तता पर ध्यान दिया जाना आवश्यक होता है।

8. अवसाधारण, चर एवं प्रकल्पना-इस क्षेत्र में सबसे पहले यदि कोई सिद्धान्त या अवधारणत्मक रूपरेखा को आधार बनाया गया है, तो उसका उल्लेख किया जाना आवश्यक हैं। इसके संदर्भ में प्रमुख अवधारणाओं को स्पष्ट किया जाना चाहिए। उनको सुनिश्चित बनाने के लिए उनकी कार्यकारी परिभाषाएँ दी जानी चाहिए। जैसे यदि 'भ्रष्टाचार' की अवधारणा को प्रयुक्त किया गया है तो यह बताया जाना चाहिए कि उसे किन अर्थों में प्रयोग किया गया है। इसी तरह, यह बताया जा सकता है कि किन-किन चरों को केन्द्रीय विषय बनाया जा रहा है तथा उनसे सम्बन्धित कौन-कौन सी परिकल्पनाओं का निर्माण किया गया है। परिकल्पनाओं का निर्माण गवेषणा को सुनिश्चित बना देता है तथा उनमें शोध की दिशा, सीमा क्षेत्र आदि निर्धारित हो जाते हैं।

कोहन एवं नगेल ने बताया है कि हम समस्या को प्रस्तावित व्याख्याओं या समाधान के बिना एक कदम भी आगे नहीं बढ़ा सकते। ये समस्या से सम्बन्द्ध विषय-सामग्री तथा शोधक के पूर्वज्ञान द्वारा सुझाए जाते हैं। जब इन सुझावों या व्याख्याओं को प्रस्तावनाओं की तरह रखा जाता है, वे परिकल्पनाएँ कहलाती हैं। ये परिकल्पनाएँ तथ्यों में सुव्यवस्था लाकर शोध को निर्देशित कर देती है।

9. विश्लेषण एवं निर्वचन-सामग्री के एकत्रित होने के बाद उसके सारणीयन, वर्गीकरण एवं विश्लेषण प्रणालियों का संकेत दिया जा सकता है। इसके निर्वाचन में कौन-सी पद्धतियों को सहारा लिया जाएगा? अथवा उसकी सामान्यता या प्रामाणिकता की मात्रा क्या होगी ? आदि बातों का उल्लेख न्यूनाधिक मात्रा में किया जा सकता है।

10. सर्वेक्षण काल, समय एवं धन-इसमें यह भी संकेत दिया जाना चाहिए कि सर्वेक्षण कितने समय के भीतर संपन्न हो जाएगा। उसे लगातार एक ही बार, या कई

बार किया जाएगा? इसी प्रकार शोध में लगने वाले समय एवं धन का अनुमान भी बताया जाना चाहिए। एक अच्छे अन्वेषण-रूपांकन या अभिकल्प में अनेक विशेषताएँ पाई जाती हैं। वह शोध-प्रक्रिया के दौरान आवश्यकतानुसार संशोधित एवं परिवर्तित किए जा सकने के कारण लचीला होता है। उसकी अवधारणाएँ स्पष्ट, सुनिश्चित एवं आनुभविक होती हैं। इससे शोध में परिशुद्धता आ जाती है। दूसरे शब्दों में , शोध को अभिनितियों तथा पूर्वाग्रहों से बचाने का पूर्व प्रबंध कर लिया जाता है। ऐसा करने से उसमें विश्वसनीयता बढ़ जाती है। शोध-अभिकल्प सभी उपलब्ध सामग्री, साधनों से जोड़ने का प्रयास भी किया जाता है। किन्तु ऐसा करते समय अन्य विषयों या अनुशासनों से सामग्री यथावत् ग्रहण नहीं की जाती। उसमें अवधारणाओं को प्रयोग से शोधक अनुसंधन अभिकल्प: अन्वेषणत्मक, वर्णनात्मक, निदानात्मक और प्रायोगिक अपने मूल्यों को पृथक रखने में सफल हो जाता है और अनुसंधान प्रकल्प की बाध्य नहीं है। नई स्थितियों, दशाओं एवं विशेषताओं के दृष्टिगोचर हो जाने पर उनमें स्पष्टीकरण देते हुए परिवर्तन कर लिया जाता है। वस्तुत: राजनीतिक-विषयक अनुसंधान-प्रकल्प में ऐसा करना आवश्यक भी हो जाता है।

अनुसंधान अभिकल्प के चरण

अनुसंधान अभिकल्प के प्रमुख चरण निम्नांकित हैं-

1. अनुसंधान समस्या का स्पष्ट एवं विस्तृत ज्ञान अनुसंधानकर्त्ता को होना चाहिए।

2. अनुसंधानकर्त्ता को अध्ययन से विशिष्ट उद्देश्यों को भी स्पष्ट जानकारी होनी चाहिए।

3. अनुसंधानकर्त्ता को उन ढंगों एवं कार्यविधियों की भी स्पष्ट एवं विस्तृत जानकारी होनी चाहिए। जिनका प्रयोग करते हुए अनुसंधान के लिए आवश्यक आंकड़ों के संग्रह के मार्ग में आने वाली विभिन्न समस्याओं का समाधान किया जाएगा।

4. आंकड़ों के विश्लेषण के लिए भी उपयुक्त योजना का प्राप्त होना आवश्यक है।

5. आंकड़ों के संग्रह के लिए विस्तृत एवं सुनियोजित योजना का उपलब्ध होना भी अत्यावश्यक है।

इस प्रकार से ये चरण ही अनुसंधान की रचना करते समय अनेक रचणों से गुजरना होता है। इस प्रकार से ये चरण ही अनुसंधान के अनिवार्य अंग है। इन चरणों की सहायता से ही हम एक अनुसंधान अभिकल्प निर्माण कर सकते हैं। संक्षेप में, अनुसंधान अभिकल्प के महत्त्वपूर्ण चरणों को क्रमश: इस प्रकार प्रस्तुत किया जा सकता है-

1. अनुसंधान अभिकल्प में सर्वप्रथम अध्ययन समस्या का प्रतिपादन किया जाना चाहिए।
2. वर्तमान में जो अनुसंधान कार्य किया जा रहा है उसको अनुसंधान समस्या से स्पष्ट रूप से सम्बन्धित करना अनुसंधान अभिकल्प का दूसरा मुख्य चरण है।
3. वर्तमान में हमें जो अनुसंधान कार्य करना है उसकी सीमाओं को स्पष्ट रूप से निर्धारित करना।
4. अनुसंधान अभिकल्प का चौथा चरण अनुसंधान के विभिन्न क्षेत्रों का विस्तृत विवरण प्रस्तुत करने का है।
5. इसके पश्चात् हमें अवलोकन, विवरण तथा परिमापन के लिए उपयुक्त चरों का चयन करना चाहिए तथा इन्हें स्पष्ट रूप से परिभाषित करना चाहिए।
6. तद्पुरांत अध्ययन क्षेत्र एवं समग्र का उचित चयन एवं इनकी परिभाषा प्रस्तुत करनी चाहिए।
7. अनुसंधान अभिकल्प के इस चरण में हम अनुसंधान परिणामों के प्रयोग के विषय में निर्णय लेते हैं।
8. इसके बाद अध्ययन के प्रकार एवं विषय-क्षेत्र के विषय में विस्तृत निर्णय लेने चाहिए।
9. अनुसंधान अभिकल्प के आगामी चरण में हमे अपने अनुसंधान के लिए उपयुक्त विधियों एवं प्रविधियों का चयन करना चाहिए।
10. इसके बाद अध्ययन में निहित मान्यताओं एवे उपकल्पनाओं का स्पष्ट उल्लेख करना चाहिए।
11. बाद में उपकल्पनाओं की परिचालनात्मक परिभाषा करते हुए उसे इस रूप में प्रस्तुत करना चाहिए कि यह परीक्षण के योग्य हो।
12. अनुसंधान अभिकल्प के आगामी चरण के रूप में हमें अनुसंधान के दौरान प्रयुक्त किए जाने वाले प्रलेखों, रिपोर्टों एवं अन्य प्रपत्रों का सिंहावलोकन करना चाहिए।
13. आंकड़ों के गुणात्मक एवं संख्यात्मक विश्लेषण के लिए विस्तृत रूपरेखा तैयार करना।

14. तदुपरांत अध्ययन के प्रभावपूर्ण उपकरणों का चयन एवं इनका निर्माण करना तथा इनका व्यवस्थित पूर्ण-परीक्षण करना।
15. आंकड़ों के संपादन की व्यवस्था के उल्लेख के बाद उनके वर्गीकरण हेतु उचित श्रेणियों का चयन किया जाना एवं उनकी परिभाषा करना।
16. आंकड़ों के संकेतीकरण के लिए समुचित व्यवस्था का विवरण तैयार करना।
17. आंकड़ों को प्रयोग योग्य बनाने हेतु संपूर्ण प्रक्रिया की समुचित व्यवस्था का विकास करना।
18. आंकड़ों के एकत्रीकरण का संपादन किस प्रकार किया जाएगा इसकी विस्तृत व्यवस्था का उल्लेख करना।
19. इसके पश्चात् अन्य उपलब्ध परिणामों की पृष्ठभूमि में समुचित विवेचन की कार्यविधियों का उल्लेख करना।
20. यदि आवश्यक हो तो पूर्व-परीक्षणों एवं पूर्वगामी अध्ययनों का प्रावधान करना।
21. अनुसंधान अभिकल्प के इस चरण में हम अनुसंधान प्रतिवेदन के प्रस्तुतीकरण के बारे में निर्णय लेते हैं।
22. अनुसंधान अभिकल्प का यह चरण संपूर्ण अनुसंधान प्रक्रिया में लगने वाला समय, धन एवं मानवीय श्रम का अनुमान लगाने का है। इसी दौरान हम प्रशासकीय व्यवस्था की स्थापना एवं विकास का अनुमान भी लगाते हैं।
23. अनुसंधान अभिकल्प के इस चरण में हम कार्यविधियों से सम्बन्धित संपूर्ण प्रक्रिया, नियमों, उपनियमों को विस्तारपूर्वक तैयार करते हैं।
24. अनुसंधान के इस चरण में हम कर्मचारियों, अध्ययनकर्ताओं के प्रशिक्षण के ढंग एवं कार्यविधियों का उल्लेख करते हैं।
25. अनुसंधान अभिकल्प के इस अन्तिम चरण में हम यह प्रावधान करते हैं कि समस्त कर्मचारी एवं अध्ययन अनुसंधानकर्त्ता एक सामंजस्य की स्थिति को बनाए रखते हुए कार्य के नियमों, कार्यविधियों की पालना करते हुए किस प्रकार संतोषप्रद ढंग से कार्य को पूर्ण करेंगे।

□□□

10

शोध की समस्या

समस्या की उत्पत्ति उस परिस्थिति से होती है जिसमें कार्यकर्ता जागरूक होता है तथा उसे इस बात की अनुभूति होती है कि सुचारु रूप से कार्य संचालन के मार्ग में बाधाएँ हैं, इन बाधाओं को दूर किया जा सकता है तथा उनके दूर करने से सैद्धान्तिक अथवा व्यावहारिक, किसी समरूप का समाधान हो सकता है। हम अपने दैनिक जीवन में, अपने कार्य क्षेत्र में अनेक कठिनाइयों को अनुभव करते हैं, फिर भी उनसे मुख मोड़ लेते हैं। अत: तब तक हमारे अन्दर जिज्ञासा न होगी तथा हमारी प्रवृत्ति वैज्ञानिक न होगी, हमें कोई भी समस्या दिखायी नहीं पड़ेगी। जिज्ञासु तथा वैज्ञानिक प्रवृत्ति का व्यक्ति प्रत्येक क्षेत्र में अनेक समरूपता देखता है तथा उनके समाधान की आवश्यकता और महत्त्व को समझता है। उसमें असन्तोष वृत्ति होती है। यह असन्तोष तथा जिज्ञासा उसमें अनुसन्धान वृत्ति पैदा करते हैं। एक शिक्षक अपनी कक्षा की प्रगति से, सामाजिक कार्यकर्ता सामाजिक विषमताओं तथा समरूपता से वैज्ञानिक अपनी उपलब्धियों से यदि असन्तुष्ट है तो इस असन्तोष को दूर करने की समस्या उसके सामने होगी और उसके फलस्वरूप वह नवीन मार्गो का अनुसन्धान करेगा। ऐसी स्थिति में उसके सामने यह समस्या नहीं होगी कि किस विषय अथवा समस्या पर क्या कार्य करूँ? उसकी वैज्ञानिक तथा बौद्धिक रुचि उसके सामने अनुसन्धान का द्वार खोल देती है। वह किसी व्यावहारिक

समस्या का समाधान ढूँढ़ने में लग जाता है, वह ऐसे सिद्धान्त की खोज में लग जाता है जिसके बारे में बहुत ही कम ज्ञात है अथवा वह उन निष्कर्षों का मूल्यांकन करने में लग जाता है, जिन्हें किन्हीं परिस्थितियों में ढूँढ़ निकाला गया था।

अब प्रश्न यह उठता है कि सामान्य रूप से सभी लोग तो इस स्थिति तक नहीं पहुंच सकते। विशेष प्रकार से नये अनुसन्धानकर्ताओं के लिए समरूपता ढूँढ़ना ही कठिन होता है। उपर्युक्त बातें तो विशेष अनुभवी और विशिष्ट व्यक्तियों के लिए ही सही हैं। इस समस्या के समाधान के लिए समस्या के निम्नलिखित स्त्रोतों की चर्चा की गयी है :

समस्या के स्त्रोत

जे.सी. अलमाक ने समस्या ढूंढ़ने के निम्नलिखित चार साधनों की चर्चा की है :

1. ऐतिहासिक अभिलेखों के साथ जो कुछ ज्ञात है, उसका विश्लेषण किया जाये।

2. व्याख्या में जो कमी रह गयी है, उसे अथवा अन्धकारपूर्ण क्षेत्र को ढूँढ़ निकाला जाये।

3. अनियमितताओं, विरोधाभास, मत भिन्नता के स्थल तथा ऐसे स्थलों को ढूँढ़ निकाला जाये जिनके निष्कर्षों की विधिवत् जाँच नहीं की गयी है।

4. विषय से सम्बन्धित गोष्ठी, अध्ययन तथा चिन्तन को विकसित किया जाय तथा उन बातों पर दृष्टि रखी जाये जिनमें क्रियाएँ अधिक हुई हैं तथा जो उपेक्षित हैं। पद्धति को भी ध्यान में रखा जाये। इस विश्लेषण से हम समस्या को प्राप्त कर सकते हैं।

एच.एच. अबेलसन ने समस्या के स्रोत के सम्बन्ध में निम्नलिखित चार सुझाव दिये हैं :

1. जो शिक्षा पा रहा है, शिक्षा की प्रक्रिया का अध्ययन कर रहा है अथवा किसी प्रकार का शिक्षा सम्बन्धी कार्य कर रहा है, उसके अनुभव में अन्तर्द्वन्द्व एक प्रमुख साधन है। जिज्ञासा तथा अन्तर्द्वन्द्व उसके सामने अनेक समस्याएँ स्वयं प्रस्तुत करता रहेगा।

2. दूसरा प्रमुख साधन शोध प्रबन्धों के अन्त में दिये गये भावी अध्ययन सम्बन्धी सुझाव हैं। सभी शोध प्रबन्धों के अन्त में इस प्रकार के सुझावों की एक सूची दी होती है कि इस क्षेत्र में और क्या कार्य हो सकता है। इसके अध्ययन के द्वारा भी समस्या को ढूँढ़ निकाला जा सकता है।

3. अनुसन्धान कार्य जो पूरा हो चुका है तथा इनका निचोड़ अथवा इनकी लघु रूपरेखा को देखकर बुद्धिमान व्यक्ति अनेक समस्याएँ ढूँढ़ निकालते हैं।

4. चौथा प्रमुख साधन उन क्षेत्रों को ढूँढ़ निकालना है जो आज तक उपेक्षित रह गये हैं और जिन पर कार्य हुआ ही नहीं है।

कोलम्बिया यूनिवर्सिटी टीचर्स कॉलेज के डब्ल्यू. ए. मैक्काल ने प्रयोगात्मक समस्याओं को ढूँढ़ने के निम्न पाँच मार्ग बताये हैं :

1. प्रयोगात्मक समस्या ढूँढ़ने का सबसे उत्तम उपाय यह है कि जितना शीघ्र सम्भव हो, किसी विशेष क्षेत्र के जिज्ञासु छात्र बन जायें और उस क्षेत्र का गहन अध्ययन करें।

2. दूसरा उपाय यह है कि आलोचनात्मक ढंग से साहित्य का अध्ययन करें, लोगों की चर्चा सुनें तथा आलोचनात्मक दृष्टिकोण से ही कार्य करें।

3. समस्या को ढूँढ़ने का तीसरा ढंग प्रत्येक बाधा को, जो चिन्तन अथवा कार्य क्षेत्र में आ रही हो, महत्त्व प्रदान करना है।

4. चौथी पद्धति यह हो सकती है कि अनुसन्धान कार्य प्रारम्भ कर दिया जाय और फिर उसमें उत्पन्न कठिनाइयों को जिज्ञासापूर्वक देखा जाय।

5. पाँचवीं विधि यह है कि अब तक उस क्षेत्र में जो कुछ भी प्राप्त हुआ है, उस सम्पूर्ण पर अधिकार किया जाये क्योंकि उसमें एक दिशा प्राप्त होगी। इसका तात्पर्य यह है कि जो समस्याएँ तथा विचार आये हैं, उनका एक व्यवस्थित अभिलेख तैयारकिया जाये।

जॉन डब्ल्यू. बेस्ट के अनुसार शिक्षा क्षेत्र में समस्या के निम्नलिखित स्त्रोत हैं :

1. कक्षा, विद्यालय अथवा समाज स्वयं में एक साधन है। प्रत्येक शिक्षक नित्य अनेक समस्याओं का सामना करता रहता है। जो कुछ भी हम कर रहे हैं, वैसा क्यों? जो पाठ्यक्रम पढ़ा रहे हैं, वही क्यों पढ़ाया जाये? क्या हमारी शिक्षण विधि प्रभावपूर्ण है? क्या छात्रों में आवश्यक परिवर्तन लाने में हम समर्थ हो रहे हैं? यदि नहीं तो बाधाएँ क्या हैं? आदि अनेक समस्याओं का सामना वह नित्य करता रहता है। यदि वह जिज्ञासु है और उसकी अनुसन्धान में रुचि है तो वह किसी पर भी कार्य कर सकता है।

2. प्राविधिक परिवर्तन तथा सामाजिक विकास भी नित्य नयी समस्याएँ तथा अनुसन्धान हेतु व्यापक क्षेत्र प्रस्तुत कर रहे हैं। शिक्षा के क्षेत्र में नयी विधियाँ, टीचिंग मशीन, टेलीविजन आदि के प्रयोग कहाँ तक शिक्षा में क्रान्तिकारी परिवर्तन ला सकते हैं, यह अनुसन्धान का विषय है।

3. स्नातकीय शैक्षिक अनुभव के द्वारा अनुसन्धानकर्ता में खोजपूर्ण आलोचनात्मक दृष्टिकोण का विकास हो जाना चाहिए। यह प्रवृत्ति उसमें वर्तमान कार्य पद्धति के प्रति

आलोचनात्मक दृष्टिकोण पैदा करती है और उसमें समस्या की जानकारी बढ़ती है। कक्षा के व्याख्यान, वाद-विवाद, परिचर्चा प्रतिवेदन, तथा कक्षा के बाहर अपने मित्रों एवं प्राध्यापकों से चर्चा के बीच उसे अनेक समस्याओं की जानकारी हो सकती है। इनके अतिरिक्त जिज्ञासु छात्रों के लिए पाठ्यपुस्तकों का अध्ययन, विशेष कार्य प्रतिवेदन, स्नातकोत्तर शोध प्रबन्ध, तथा इनकी सूची आदि अनेक प्रकाशन ऐसे हैं जिनके अध्ययन से समस्याएँ ढूँढ़ी जा सकती हैं।

4. समस्या की खोज का चौथा साधन उस क्षेत्र के अधिकारी विद्वानों, शिक्षकों तथा अनुसन्धान निर्देशकों से परामर्श करना है। ये लोग अनुसन्धानकर्ता की इस क्षेत्र में पर्याप्त सहायता कर समस्या का चुनाव सरल कर सकते हैं।

गुड, बार और स्केट्स का कहना है कि शिक्षा के क्षेत्र में अनुसन्धान के लिए समरूपता के ढूँढ़ने हेतु सबसे महत्त्वपूर्ण सुझाव यह है कि निम्नलिखित बातों को ध्यान में रखते हुए उपलब्ध शैक्षिक साहित्य का गहन अध्ययन किया जाय :

1. शिक्षा के विभिन्न क्षेत्रों में कितना अनुसन्धान कार्य हो चुका है :
2. पूर्ण अनुसन्धान कार्य के आधिकारिक वर्णन,
3. नवीन प्रवृत्तियों का विश्लेषण
4. किसी क्षेत्र विषय में प्राप्त आलोचनात्मक निबन्ध पत्र, पत्रिकाएँ तथा टिप्पणियाँ
5. शिक्षा सम्बन्धी भविष्यवाणी
6. अनुसन्धान, जिस पर कार्य हो रहा है तथा
7. अनुसन्धान की आवश्यकता।

इन बातों का ध्यान रखकर किया गया आलोचनात्मक अध्ययन समस्या को ढूँढ़ने में सहायक हो सकेगा।

गुड तथा स्केट ने अनुसन्धान की समस्या के निम्न स्त्रोत बताये हैं :

1. विशेष अध्ययन
2. शैक्षिक कार्य का अनुसरण
3. अध्ययन कार्यक्रम
4. ज्ञान के किसी क्षेत्र का विश्लेषण
5. वर्तमान क्रियाओं और आवश्यकताओं पर विचार

6. अनुसन्धान की पुनरावृत्ति अथवा प्रसार

7. अध्ययनान्तर्गत विभिन्न क्षेत्र

इनकी शब्दावली ही भिन्न है। वैसे इन सबका अध्ययन पहले किया जा चुका है। अतः इन पर विस्तृत चर्चा यहाँ अपेक्षित नहीं है।

अभी तक हमने समस्या की उत्पत्ति तथा उसकी खोज और स्त्रोत के सम्बन्ध में विभिन्न विद्वानों के दृष्टिकोण प्रस्तुत करने का प्रयास किया है। यदि सभी पर विश्लेषणात्मक ढंग से विचार करके एक सर्वग्राह्य रूपरेखा प्रस्तुत करने का प्रयास करें तो निम्नलिखित साधनों तथा विधियों द्वारा अनुसन्धान के लिए समस्या का चुनाव सरलता से किया जा सकता है:

समस्या का चुनाव

अब तक हमने समस्या के स्त्रोत और उसकी उत्पत्ति के सम्बन्ध में चर्चा की है। अब प्रश्न यह उठता है कि जिज्ञासु अनुसन्धानकर्ता के सामने अनेक समस्याएँ होंगी। वह सभी पर तो एक साथ कार्य नही कर सकता है, अतः उन सभी समस्याओं में से उसे किसी एक समस्या का चुनाव करना होगा, जिस पर वह अपना अनुसन्धान कार्य प्रारम्भ कर सकें।

उदाहरण के लिए, मान लीजिए कि एक विद्यालय में नव नियुक्त प्रधानाचार्य अनुसन्धान कार्य में रुचिवान है। उसने विद्यालय की स्थिति और परिस्थितियों का विश्लेषण करके देखा कि इस विद्यालय में भौतिक साधनों का अभाव है, अध्यापक अपने कार्य में रुचि नहीं लेते हैं, अध्यापकों को पूरा वेतन समय से नहीं मिलता है, वे समय से न तो विद्यालय आते हैं, न कक्षा में ही जाते हैं, विद्यालय का अनुशासन अत्यन्त खराब हो चुका है, परीक्षाफल बहुत पिछड़े हुए हैं, विद्यालय में संश्लिष्ट जीवन का अभाव है, आदि। इस प्रकार की अनेकानेक समस्याएँ हैं। अब प्रश्न यह उठता है कि यदि उसके अनुसन्धान का दृष्टिकोण व्यावहारिक है तो वह इनमें से सबसे पहले किस समस्या का चुनाव करे? इसके लिए उसे चिन्तन और विश्लेषण करके प्राथमिकता क्रम अपनाना पड़ेगा। सम्भव है कि एक समस्या के समाधान के साथ ही साथ अनेक समस्याएँ अपने आप दूर हो जायें। इस प्रकार का विश्लेषण सैद्धान्तिक तथा व्यावहारिक सभी प्रकार के अनुसन्धान कार्यों के लिए आवश्यक है। किसी भी समस्या विशेष के चुनाव हेतु निम्नलिखित चार कारण हो सकते हैं :

1. अनुसन्धानकर्ता की रुचि उसी विषय में है।

2. इस अध्ययन को किसी बड़े अध्ययन का आधार बनाना चाहता है।

3. शैक्षिक परिस्थितियों में सुधार लाना चाहता है।

4. उसकी व्यक्तिगत महत्त्वाकांक्षा।

समस्या के चुनाव के सिद्धान्त

अनेक समस्याओं में से किसी विशेष समस्या का चुनाव करने में अनुसन्धानकर्ता को अग्रलिखित सिद्धान्तों का ध्यान रखना चाहिए :

1. अनुसन्धानकर्ता की रुचि–अनुसन्धानकर्ता उसी समस्या का चुनाव करे जिसमें उसकी विशेष रुचि हो, तभी वह अच्छा कार्य कर सकता है।

2. अनुसन्धानकर्ता की अभियोग्यता–समस्या अनुसन्धानकर्ता की अभियोग्यता के अनुयप हो। मान लीजिए, उसमें प्राविधिक अभियोग्यता नहीं है किन्तु उसने किसी के कहने से कोई प्राविधिक समस्या ले ली तो कार्य पूर्ण करने में अनेक कठिनाइयाँ आयेंगी और सम्भव है कि कार्य पूर्ण भी न हो।

3. समस्या ऐसी हो जिस पर कुछ कार्य हो चुका हो–नये अनुसन्धानकर्ता को बिलकुल नयी समस्या नहीं लेनी चाहिए, किन्तु जो अनुभवी और दक्ष है, वे कोई नयी समस्या भी ले सकते हैं।

4. समस्या मापन की सीमा में हो–समस्या वहीं लेनी चाहिए जिसका मापन और मूल्यांकन सरलता से हो सके। यदि मापन के लिए यन्त्र और साधनों का अभाव है तो या तो पहले उपकरण तैयार किये जायें अन्यथा ऐसी समस्या ली जाये जिसमें परीक्षण आदि उपलब्ध हों।

5. समस्या सैद्धान्तिक तथा व्यावहारिक दृष्टि से उपयोगी हो–समस्या ऐसी होनी चाहिए जिसकी कोई सैद्धान्तिक अथवा व्यावहारिक उपयोगिता हो। जो न तो सिकी नवीन सिद्धान्त का प्रतिपादन कर रही हो और न किसी समस्या का समाधान ही प्रस्तुत कर रही हो, ऐसी समस्या का कोई मूल्य नहीं है। उस पर श्रम और समय, दोनों व्यर्थ नष्ट होंगे।

6. समस्या की व्यावहारिक मान्यताएँ–इसमें निम्नलिखित बातों का ध्यान रखना आवश्यक है :

क. व्यय–वही समस्या लें जिसके लिए व्यय कर सकें।

ख. समय–कितने समय में कार्य पूर्ण होगा, इसका भी ध्यान रखना चाहिए।

ग. निर्देशन की प्राप्ति–समस्या ऐसी ली जाये जिसमें सरलता से निर्देशक और निर्देशन प्राप्त हो सके। यदि ऐसी समस्या ले ली गयी जिसका निर्देशन करने वाला वहाँ

है ही नहीं तो अनेक समस्याएँ उपस्थित होंगी।

घ. आँकड़ों की सम्भावना–वही समस्या लेनी होगी जिसके आँकड़े प्राप्त हो सकें। किसी गोपनीय राष्ट्रीय विषय अथवा नैतिक मूल्यों के विपरीत आँकड़े दुर्लभ होंगे, अतः ऐसी समस्या लेना व्यर्थ होगा।

ङ नैतिक समस्या–समाज के नैतिक मूल्यों का हनन करने वाली समस्या न हो अन्यथा उसको न तो सहयोग मिलेगा और न उसका स्वागत ही होगा।

इन सिद्धान्तों को ध्यान में रखते हुए जब कोई अनुसन्धानकर्ता किसी समस्या का चुनाव करता है तो उसे स्वयं उसे निम्नलिखित प्रश्न करने चाहिए :

1. क्या यह समस्या रुचि की है?
2. क्या यह समस्या रुचि की नहीं है?
3. क्या यह समस्या सैद्धान्तिक अथवा व्यावहारिक दृष्टि से उपयोगी है?
4. क्या यह समस्या व्यावहारिक है?
5. क्या इस समस्या पर कार्य करने की क्षमता मुझमें है?
6. क्या आँकड़े सरलता से प्राप्त हो सकेंगे?
7. क्या मुझे अपने निर्देशक से इस क्षेत्र में उचित और पर्याप्त निर्देशन प्राप्त हो सकेगा?
8. क्या इस समस्या के अध्ययन के लिए मेरे पास धन है?
9. क्या इस समस्या का अध्ययन करने के लिए मेरे पास पर्याप्त समय है?

यदि उपर्युक्त प्रश्नों के उत्तर हाँ में मिलें तो वह समस्या अच्छी होगी और उस पर कार्य प्रारम्भ किया जा सकता है।

समस्या-कथन

अनुसन्धान का शीर्षक तो केवल विषय का नाम अथवा उसके क्षेत्र को सूचित करता है। अब आवश्यकता इस बात की है कि विषय निर्धारण के बाद समस्या का विधिवत् कथन किया जाये। यह कथन सामान्य वर्णन अथवा प्रश्नों के माध्यम से हो सकता है, इसका वर्णन आगे किया जायेगा। **गुड तथा स्केट** का कहना है कि चाहे जिस रूप में भी हो किन्तु जैसे प्रकार के शीर्षक से बचना चाहिए क्योंकि यह एक दिशा निर्देशित कर देता है जबकि अनुसन्धान का उद्देश्य किसी समस्या का निष्पक्ष हल ढूँढ़ना है।

अनुसन्धान की समस्या के कथन में सामान्य रूप से व्यक्ति निम्नलिखित त्रुटियाँ कर बैठते हैं : 1. विशिष्ट समस्या के स्थान पर व्यापक क्षेत्र ही ले लेते हैं। उदाहरणार्थ, भारत में स्त्री शिक्षा की समस्याओं का अध्ययन।

2. अत्यन्त संक्षिप्त विषय ले लेते हैं जिस पर अनुसन्धान कार्य महत्त्वहीन हो जाता है।

3. भ्रमपूर्ण, पक्षपात-युक्त अथवा संवेगात्मक शब्दों का प्रयोग करते हैं, जैसे शिक्षक एक साहसपूर्ण मानव सेवा।

अत: अनुसन्धान के लिए शीर्षक का कथन करते समय उपर्युक्त बातों को ध्यान में रखकर विषय को सन्तुलित न अधिक व्यापक और न अति संक्षिप्त तथा सरल व स्पष्ट शब्दों में रखना आवश्यक है। वही शीर्षक उत्तम होता है जो समस्या को समुचित रूप में सीमित और वस्तुनिष्ठ रख सके। उदाहरणार्थ–

1. माध्यमिक स्तर के छात्रों के पिछड़ेपन के लक्षण और कारणों का अध्ययन।

2. ब्रज मण्डल के ग्रामीण किशोरों की साहित्यिक रुचियों का अध्ययन।

3. 12 वर्ष की आयु में ग्रामीण तथा शहरी बालकों की मूलभूत शब्दावली का तुलनात्मक अध्ययन।

4. शाब्दिक तथा अशाब्दिक बुद्धि पर सामाजिक आर्थिक स्तर तथा शिक्षा के माध्यम का प्रभाव।

समस्या कथन की विधियाँ

यद्यपि सामान्य कथन तथा प्रश्न के द्वारा, दोनों रूपों में समस्या का कथन किया जाता है तथापि सामान्य कथन प्रणाली अधिक व्यवहार में आती है, किन्तु प्रश्न प्रणाली स्पष्टता के विचार से अधिक उपयुक्त है। उदाहरणार्थ–

1. क्या संक्षिप्त उत्तर-परख वस्तुनिष्ठ परख से अधिक विश्वसनीय और वैध है?

2. क्या 15 वर्ष की आयु के बाद रुचियाँ स्थिर हो जाती हैं?

समस्या कथन की दो प्रमुख प्रणालियों को उनके उदाहरण सहित ऊपर प्रस्तुत किया गया है। अनुसन्धान विशेषज्ञों ने समस्या कथन के निम्नलिखित रूपों की चर्चा की है। इनमें से अनुसन्धानकर्ता की रुचि और समस्या की प्रकृति के अनुयप किसी को भी लिया जा सकता है।

1. एक अथवा अनेक प्रश्न–

क. एक अकेला प्रश्न,

ख. अनेक प्रश्न,

ग. एक विस्तृत और अनेक संक्षिप्त प्रश्न,

2. ज्ञापक कथन–

क. एक अकेला कथन,

ख. एक कथन जिसके अनेक अंग हों,

ग. पूर्ण कथन शृंखला,

घ. एक सामान्य कथन के अन्तर्गत उप कथन,

3. एक कथन के साथ अनेक प्रश्न ।

4. एक कथन अनेक पक्षों के साथ ।

समस्या की परिभाषा

अनुसन्धान के लिए समस्या के चुनाव और उसके कथन के पश्चात् सबसे महत्त्वपूर्ण कार्य समस्या का परिभाषीकरण है। पारिभाषीकरण समस्या के मूल्य और उसकी व्यावहारिकता को स्पष्ट करेगा। अब प्रश्न यह उठता है कि समस्या के पारिभाषीकरण से तात्पर्य क्या है वास्तव में, पारिभाषीकरण से तात्पर्य अध्ययन की समस्या को चिन्तन द्वारा सम्पूर्ण समस्या क्षेत्र से बाहर निकालकर स्पष्ट करना है।

पारिभाषीकरण के सम्बन्ध में डब्ल्यू.एस. मुनरो का कथन बहुत ही महत्त्वपूर्ण है। इनका कहना है कि समस्या के पारिभाषीकरण से तात्पर्य उसका शुद्धता एवं विस्तारपूर्वक विशेष वर्णन करना है। प्रत्येक प्रमुख तथा सहायक प्रश्न का विशेष स्पष्टीकरण आवश्यक है। अनुसन्धान की सीमा भी निश्चित करनी होगी। क्या करना है, इसके निश्चय के लिए सम्बन्धित पूर्व अध्ययन का भी वर्णन करना होगा। इसके साथ ही कभी-कभी उन सिद्धान्तों पर भी विचार करना होता है जो अनुसन्धान के लिए आधार बनेंगे। यदि कुछ अवधारणाएँ बनानी हों तो उनका भी स्पष्ट कथन आवश्यक होगा।

इसका तात्पर्य यह हुआ कि किसी समस्यापूर्ण स्थिति का विश्लेषण करने में व्यक्ति को अनेक क्रियाएँ करनी पड़ती हैं। उन्हें हम संक्षेप में इस प्रकार दे सकते हैं :

1. समस्या से सम्बन्धित तथ्यों का संग्रह।

2. यह निश्चय करना कि क्या निरीक्षण से वे संगत दिखायी देते हैं?

3. तथ्यों में उस सम्बन्ध को ढूँढ़ना जो कठिनाई का मूल कारण हो।

4. कठिनाई के कारणों की अनेक व्याख्याएँ परिकल्पनाएँ प्रस्तुत करना।

5. निरीक्षण तथा विश्लेषण द्वारा यह निश्चित करना कि क्या वे संगत रूप में सम्बन्ध हैं?

6. समस्या पूर्ण स्थिति में सूझ पैदा करने वाले सम्बन्धों को विश्लेषणात्मक ढंग से ढूँढ़ना।

7. तथ्य तथा व्याख्याओं के सम्बन्ध ढूँढ़ना।

8. समस्या के विश्लेषण में निहित अवधारणाओं की जाँच करना।

अतः स्पष्ट है कि किसी समस्या के पारिभाषीकरण के समय उसकी विस्तृत व्याख्या हेतु हमें आगे दी गयी रेखाकृति में दी हुई बातों का स्पष्टीकरण करना होगा।

इस प्रकार के श्रमसाध्य परीक्षण द्वारा व्यक्ति क्रमशः असंगत विचारों एवं अवधारणाओं का त्याग करता हुआ विश्लेषणात्मक ढंग से कठिनाई के मूल कारणों को प्राप्त करने एवं समस्या के वास्तविक रूप को समझने में समर्थ होता है।

1. समस्या का उसके तत्वों में विश्लेषण–समस्या का कथन प्रश्न रूप में हो अथवा साधारण कथन के रूप में,उससे सम्बन्धित प्रश्न भी साथ-साथ आने चाहिए। इस प्रकार पारिभाषीकरण में मूल समस्या को विभिन्न तत्वों में विभाजित कर लेते हैं। इसे हम दूसरे शब्दों में उपकल्पना तथा सहायक उपकल्पना का निर्माण भी कह सकते हैं। उदाहरणार्थ, यदि हमारी मूल समस्या यह हो–क्या सामाजिक आर्थिक स्तर का बालकों की शैक्षिक तथा व्यावसायिक रुचियों से कोई सम्बन्ध है ? तो इसका विश्लेषण इस रूप में किया जा सकता है। क्या उच्च स्तर के छात्रों की रुचियाँ भी भिन्न होती है? क्या शैक्षिक तथा व्यावसायिक रुचियों में भी परस्पर सम्बन्ध है? आदि। इस प्रकार समस्या के जितने पक्ष हो सकते हैं, सभी पर विचार कर लेंगे।

2. अध्ययन की सीमा का निश्चय–विभिन्न तत्वों के विश्लेषण के बाद उसकी सीमा का भी निश्चय कर देना होगा। उदाहरणार्थ यह अध्ययन काशी के उच्चतर स्तर के नगरीय छात्रों तक ही सीमित है तथा केवल अमुक विधि का प्रयोग किया गया है। इस प्रकार उसके स्वरूप, क्षेत्र तथा पद्धति की सीमा निश्चित कर दी जायेगी।

3. सम्बन्धित साहित्य का सर्वेक्षण–इस अवसर पर सम्बन्धित साहित्य का सर्वेक्षण अत्यन्त महत्त्वपूर्ण है। इसमें यह स्पष्ट किया जायेगा कि इस समस्या के किन पक्षों पर किनके द्वारा, कब और कितना कार्य किस पद्धति से किया गया है तथा कौनसा पक्ष अछूता रह गया है, जिसे इस अध्ययन का विषय बनाया गया है। इससे एक तो अनावश्यक पुनरावृत्ति से बचा जा सकेगा, दूसरे अनुसन्धानकर्ता की गहनता स्पष्ट होगी।

4. आँकड़ों के साधन तथा प्राप्त करने की विधि–यहीं पर इस बात को स्पष्ट करना होगा कि आँकड़े कहाँ से प्राप्त होंगे तथा कैसे लिये जायेंगे? आँकड़ों को प्राप्त करने के लिए किस विधि का तथा किन यन्त्रों का प्रयोग करेंगे? वे उपलब्ध हैं अथवा बनाने होंगे? उनकी विश्वसनीयता तथा वैधता देखनी होगी। इन बातों के साथ ही साथ आँकड़ों को नियोजित करने के लिए किस विधि को अपनायेंगे, इसका स्पष्टीकरण भी होगा।

5. प्रत्यय, निर्मित तथा अन्य विशेष शब्दों की व्याख्या–समस्या के परिभाषीकरण में प्रत्यय, निर्मित तथा अन्य विशेष शब्दों की व्याख्या भी आवश्यक है। यह समस्या को स्पष्ट करने और उसकी योजना बनाने में सहायक होगा। उदाहरण के लिए, मान लीजिए कि छात्रों की व्यक्त रुचियों का अध्ययन कर रहे हैं। यहाँ यह स्पष्ट करना आवश्यक है कि व्यक्त रुचियों से हमारा तात्पर्य क्या है? अथवा विद्यालयों के संश्लिष्ट जीवन का छात्रों की उपलब्धि पर प्रभाव देखना चाहते हैं तो संश्लिष्ट जीवन और उपलब्धि के प्रभाव की व्याख्या करनी होगी कि इनका किस विशेष अर्थ में हम प्रयोग करने जा रहे हैं। यह विश्लेषण मापन को ध्यान में रखते हुए क्रियात्मक रूप में होना चाहिए।

6. मूलभूत धारणाएँ–प्रत्येक अनुसन्धान कार्य कुछ मूलभूत धारणाओं के साथ आरम्भ होता है। अनुसन्धान का निष्कर्ष इन्हीं धारणाओं की पुष्टि के पक्ष अथवा विपक्ष में होता है। इन मूलभूत धारणाओं का स्पष्टीकरण समस्या के पारिभाषीकरण का एक महत्त्वपूर्ण अंग है। उदाहरणार्थ, मान लीजिए कि अनुसन्धान का विषय अध्यापकों के समायोजन का अध्ययन है। इसमें अनेक धारणाएँ हो सकती हैं यथा, समायोजन में लिंग सम्बन्धी भिन्नता है, समायोजन में ग्राम तथा शहर सम्बन्धी भिन्नता है, समायोजन में अध्यापकों की शैक्षिक योगयता तथा बुद्धि स्तर सम्बन्धी भिन्नता है। इन्हें देकर ही पारिभाषीकरण पूर्ण हो सकेगा।

उपर्युक्त बातों को ध्यान में रखकर किया गया पारिभाषीकरण समस्या की स्पष्टता में सहायक होगा और कार्य की रूपरेखा इतनी स्पष्ट होगी कि कार्य सरल हो जायेगा।

समस्याओं के प्रकार

सामाजिक विज्ञानों में जिन समस्याओं पर अनुसन्धान कार्य होता है, उन्हें सामान्य रूप से हम सात श्रेणियों में विभाजित कर सकते हैं:

1. दार्शनिक समस्याएँ–ये वे समस्याएँ हैं जिनकी प्रकृति दार्शनिक होती है तथा जिनका अध्ययन भी दार्शनिक पृष्ठभूमि में ही किया जाता है। उदाहरण के लिए, शिक्षा के व्यावहारिकतावादी सिद्धान्त, गांधी का शिक्षा दर्शन, शिक्षा के आधुनिक दर्शन आदि प्रकार की समस्याओं पर दार्शनिक व्याख्या के आधार पर ही अध्ययन किया जाता है। शिक्षा तथा मनोविज्ञान में आजकल इन्हें कम महत्त्व देते हैं।

2. ऐतिहासिक समस्याएँ–ये वे समस्याएँ हैं, जिनमें किसी विशेष अवधि में किसी विशेष प्रवृत्ति अथवा विचारधारा के विकास अथवा उसकी स्थिति का अध्ययन करते हैं। उदाहरणार्थ, प्राचीन भारत में शिक्षा, 1947 के बाद स्त्री शिक्षा की प्रगति का अध्ययन, पहाड़ी क्षेत्रों में शिक्षा का विकास आदि। इस प्रकार की समस्या पर कार्य करने में ऐतिहासिक आँकड़े ढूँढ़ने पड़ते हैं और उनके आधार पर प्रगति का मूल्यांकन करते हैं। शिक्षा तथा मनोविज्ञान में इस प्रकार के अध्ययन को भी आजकल विशेष महत्त्व नहीं दिया जा रहा है।

3. सर्वेक्षण प्रकार की समस्याएँ–अपने देश में शिक्षा, मनोविज्ञान तथा समाज-विज्ञान आदि में इस प्रकार का अध्ययन बहुत होता है। इसके अन्तर्गत किसी विशेष क्षेत्र अथवा उस क्षेत्र में प्राप्त गुणों का सर्वेक्षण कर लेते हैं ओर उसके आधार पर यह स्पष्ट करने का प्रयास करते हैं कि इस क्षेत्र, वर्ग अथवा समाज में इस प्रकार के गुण पाये जाते हैं। उदाहरणार्थ, किशोरों की रुचियों का अध्ययन, शाहजहाँपुर जिले के किशारोंक के गव्यक्तित्व सम्बन्धी गुणों का अध्ययन, आगरा नगर के अध्यापकों के सामाजिक आर्थिक स्तर तथा शैक्षिक स्तर का अध्ययन, छात्रों द्वारा अवकाश काल में पढ़े जाने वाले साहित्य का सर्वेक्षण, शिक्षकों द्वारा पुस्तकालयों के उपयोग का सर्वेक्षण, आदि अनेक प्रकार की समस्याओं का अध्ययन सर्वेक्षण द्वारा होता है। सामाजिक विज्ञानों समाज शास्त्र, शिक्षा तथा मनोविज्ञान में अधिकांश स्नातकोत्तर स्तर के छात्र इस प्रकार की समस्याओं को ही अपने शोध प्रबन्ध का विषय बनाते हैं। बढ़ते हुए तकनीकी ज्ञान के कारण विद्वान अब धीरे-धीरे इनसे भी हट रहे हैं, और जब सर्वेक्षण का विशेष स्वागत नहीं हो रहा है।

4. सैद्धान्तिक समस्याएँ–जिन समस्याओं में सैद्धान्तिक प्रश्न निहित होते हैं, उन्हें सैद्धान्तिक समस्या कहते हैं। इनका उद्देश्य नये सिद्धान्तों की खोज एवं प्रचलित सिद्धान्तों में परिवर्तन एवं परिवर्द्धन होता है।

5. व्यावहारिक समस्याएँ–व्यावहारिक समस्याएँ वे समस्याएँ हैं, जिनका सम्बन्ध व्यवहार पक्ष से होता है। इन पर अनुसन्धान कार्य करने वाले सिद्धान्तों की खोज न करके उनकी व्यावहारिकता पर विशेष ध्यान देते हैं तथा जीवन के व्यवहार पक्ष में आने वाली कठिनाइयों एवं समस्याओं एवं समस्याओं का समाधान प्रस्तुत करते हैं।

6. सह सम्बन्धात्मक समस्याएँ–जिन समस्याओं में दो चरों में सम्बन्ध ढूँढ़ने का प्रयास किया जाता है, उन्हें सह सम्बन्धात्मक समस्या कहते हैं।

7. प्रायोगिक समस्याएँ–इसकी वैज्ञानिक प्रकृति के कारण आजकल लोगों का विशेष सम्मान इसी प्रकार की समस्याओ की ओर है। इसी प्रकार की समस्याओं में स्वतन्त्र चलराशियों में परिवर्तन कर आश्रित चलराशि पर उसका प्रभाव देखते हैं। इसके

अन्तर्गत अन्य सभी प्रभावकों पर नियन्त्रण रखते हैं तथा किसी एक के ही प्रभाव का अध्ययन करते हैं अतः प्राप्त निष्कर्ष अधिक विश्वसनीय होता है। इसकी विस्तृत चर्चा प्रायोगिक अनुसन्धान प्रणाली के अध्याय में की जायेगी। यहाँ हमारा उद्देश्य इसके कुछ उदाहरण देना तथा विभिन्न प्रकार की प्रायोगिक समस्याओं की चर्चा करना ही है।

मानव समाज अपनी आवश्यकताओं की सन्तुष्टि के लिए अनेक साधनों को अपनाता है। यदि किसी आवश्यकता की सन्तुष्टि किसी उपलब्ध साधन द्वारा नहीं हो पाती है तो एक समस्या उत्पन्न हो जाती है। इसका अर्थ यह हुआ कि आवश्यकता की सन्तुष्टि के मार्ग में उपस्थित बाधा ही समस्या है। ज्यों ही साधन उपलब्ध हो जाते हैं, बाधा दूर हो जाती है और आवश्यकता की सन्तुष्टि के साथ ही समस्या का अन्त हो जाता है। इसे हम इस रूप में भी प्रस्तुत कर सकते हैं : आवश्यकता-साधन = समस्या

एकोफ ने किसी समस्या के लिए निम्नलिखित पाँच तत्वों की उपस्थिति आवश्यक मानी हैं :

1. अनुसन्धान उपभोक्ता तथा अन्य सहभागी
2. उद्देश्य
3. उद्देश्य प्राप्ति के लिए अन्य साधन
4. उपभोक्ता में अन्य साधन की उपयुक्तता के प्रति सन्देह तथा
5. समस्या से सम्बन्धित वातावरण

1. उपभोक्ता तथा सहभागी–प्रत्येक समस्या किसी व्यक्ति अथवा समूह से सम्बन्धित होगी। इन्हें लेखक ने अनुसन्धान के उपभोक्ता तथा प्रभाव में आने वाले सभी लोगों को सहभागी कहा है।

2. आवश्यकता अथवा उद्देश्य–अनुसन्धान उपभोक्ता की कुछ आवश्यकताएँ होंगी, उसका कोई उद्देश्य या लक्ष्य होगा जिसे वह प्राप्त करना चाहता है। वास्तव में, ऐसा व्यक्ति जिसकी कोई आवश्यकता अथवा इच्छा नहीं है, उसकी कोई समस्या भी नहीं है।

3. उद्देश्य प्राप्ति के लिए अन्य साधन–अनुसन्धानकर्ता के समक्ष उद्देश्य प्राप्ति के अन्य साधन भी हों अन्यथा जो सामने हैं, उसे ही वह अपना लेगा।

4. अनुसन्धान उपभोक्ता के मन में सन्देह–अनुसन्धानकर्ता के मन में साधन अथवा साधनों की उपयोगिता के सम्बन्ध में सन्देह भी अन्यथा समस्या उत्पन्न ही नहीं होगी।

5. समस्या से सम्बन्धित वातावरण–प्रत्येक समस्या से सम्बन्धित एक विशेष वातावरण आवश्यक है। वातावरण में परिवर्तन समस्या का समाधान प्रस्तुत कर देता है। समस्या से सम्बन्धित वातावरण के विस्तार क्षेत्र में अन्तर हो सकता है। उदाहरण के लिए, कुछ समस्याएँ किसी विशिष्ट वातावरण से सम्बन्धित होती हैं, अन्य सामान्य से।

एक उदाहरण से यह बात स्पष्ट हो सकती है। मान लीजिए, अंग्रेजी के अध्यापक के सामने यह समस्या है कि किस विधि से पढ़ाने से छात्र अच्छा ज्ञानार्जन कर सकते हैं। यहाँ अध्यापक उपभोक्ता है, उसकी आवश्यकता इस बात का पता लगाना है कि अनुवाद विधि अथवा प्रत्यक्ष विधि में कौनसी विधि उत्तम है। दोनों विधियों की उपयुक्तता के बारे में उसे सन्देह है, वह वातावरण में परिवर्तन करके बारी-बारी से दोनों विधियों से पढ़ाकर उनकी प्रभावशीलता के बारे में जानकारी प्राप्त कर लेता है। इस उदाहरण में पीछे वर्णित सभी बातें आ जाती हैं। किन्तु यह आवश्यक नहीं कि सभी प्रकार के अनुसन्धानों में सभी बातें इतनी स्पष्टता से पायी जा सकें। इस प्रकार किसी समस्या के लिए आवश्यक अंगों की चर्चा करते हुए लेखक ने यह स्पष्ट करने का प्रयास किया है कि समस्या की गम्भीतर तो आवश्यकात की गहनता, उद्देश्य के महत्त्व तथा अन्य साधन की समता पर निर्भर है। आवश्यकता जितनी प्रबल होगी, अवरोध जितना तीव्र होगा, समस्या उतनी ही गहन होगी। **टाउनसेण्ड** ने समस्या की परिभाषा देते हुए कहा है कि, "समस्या तो समाधान के लिए प्रस्तावित एक प्रश्न है। वास्तव में जब किसी प्रश्न का कोई उत्तर प्राप्त नहीं होता तो समस्या उपस्थित हो जाती है। वैज्ञानिक, मनोवैज्ञानिक तथा अन्य अनुसन्धानकर्ता, जिनकी अनुसन्धान की विधियाँ बहुत अधिक वैज्ञानिक और प्रयोगात्मक हैं, दो चलराशियों के सम्बन्ध क्या हैं"। इसी को समस्या मानते हैं **करलिंगर** के अनुसार- "समस्या एक प्रश्नवाचक वाक्य अथवा विवरण है, जिसमें दो चलराशियों में सम्बन्ध ज्ञात किया जाता है। अनुसन्धानकर्ता इसी प्रश्न का उत्तर ढूँढ़ता है और वहीं अनुसन्धान है।" यदि समस्या वैज्ञानिक है तो उसमें सदैव दो या दो से अधिक चलराशियाँ होंगी। उदाहरण के लिए, यदि यह समस्या लें कि विभिन्न प्रकार के प्रलोभनों का छात्रों की उपलबिध पर क्या प्रभाव पड़ता है? तो इसमें एक चलराशि प्रलोभन है व दूसरी छात्रो की उपलब्धि। एक अन्य उदाहरण इस प्रकार ले सकते हैं : क्या अध्यापकों की टिप्पणी के कारण छात्रों की उपलब्धि बढ़ती है? इसमें एक चलराशि शिक्षक की टिप्पणी और दूसरी छात्रों की उपलब्धि है। यदि यह कहें कि किन परिस्थितियों में यह सीखना कि कैसे सीखना चाहिए, नयी परिस्थिति में स्थानान्तरित होता है? तो इसमें एक चलराशि कैसे सीखी जाय तथा दूसरी सीखने का स्थानान्तरण है।

वैज्ञानिक अनुसन्धान के लिए समस्या रचना आवश्यक है। **जहोदा** के अनुसार, "समस्या की रचना इस प्रकार हो जिसका वैज्ञानिक पद्धति द्वारा अन्वेषण किया जा

सके।'' समस्या रचना में अग्रलिखित विशेषताएँ हैं :

1. समस्या की रचना इस प्रकार की जाये कि वह स्पष्ट तथा मूर्त हो। समस्या की रचना करते समय अनुसन्धानकर्ता को यह ध्यान रखना चाहिए कि अध्ययन की समस्या इस प्रकार रचित हो जिससे वैज्ञानिक विधि द्वारा जानकारी प्राप्त की जा सके। इसके लिए यद्यपि कोई विशेष नियम नहीं है, फिर भी वैज्ञानिक समरूप की रचना विशद अध्ययन से स्पष्ट हो सकती है। समस्या की रचना से पहले अनुसन्धानकर्ता अपने क्षेत्र के साहित्य का अध्ययन, क्षेत्र अथवा विषय-सामग्री में अपने द्वारा किये हुए निरीक्षण तथा अपने क्षेत्र के विद्वानों से समस्या पर की गयी चर्चाओं आदि की सहायता ले सकता है।

2. समरूप रचना में किसी समस्या का समाधान योग्य होना भी आवश्यक है। वैज्ञानिक दृष्टिकोण से केवल उन्हीं समस्याओं का अध्ययन किया जा सकता है जिनका समाधान हो सकना सम्भव हो। ऐसी समस्याएँ जिनका समाधान न हो सकता हो अथवा जिसके समाधान की आवश्यकता ही न हो, समस्या रचना के लिए व्यर्थ है।

समरूप को समाधान योग्य रखने में अध्ययन के आकर का महत्त्वपूर्ण कार्य है। यदि अध्ययन का क्षेत्र विस्तृत है तो अनुसन्धान द्वारा समरूप के समाधान में कठिनाई होती है। इसके अतिरिक्त, एक अध्ययन के लिए एक ही समरूप का समाधान ढूँढ़ना अधिक लाभदायक है। कई समस्याओं से युक्त अध्ययन में अनुसन्धानकर्ता को अधिक प्रयासों के बाद भी उचित तथा उपयुक्त समाधान मिलने की सम्भावना कम रहती है।

3. समस्या के आकार तथा क्षेत्र को सीमित कर लेने के बाद समस्या समाधान के लिए उचित परिकल्पनाएँ बनायी जाती हैं जिनका विस्तृत वर्णन आगे किया जायेगा। समस्या रचना के साथ-साथ परिकल्पना का स्वरूप निश्चित होने लगता है। समरूप का समाधान परिकल्पना पर ही निर्भर करता है। इसके अतिरिक्त समस्या रचना के द्वारा ही अनुसन्धानकर्ता कार्यवाहक परिभाषाओं तथा अध्ययन के प्रत्ययों इत्यादि के स्वरूपों को निर्धारित करता है।

मैंकगुइगन के अनुसार, एक समाधान योग्य समरूप ऐसा प्रश्न है, जिसका उत्तर व्यक्ति की सामान्य क्षमताओं के प्रयोग से दिया जा सकता है। इसके अनुसार समस्या की अभिव्यक्ति के तीन कारण हैं :

1. ज्ञान में दरार हो–कोई भी समस्या उस समय स्वयं अभिव्यक्त हो उठेगी जब व्यक्ति का ज्ञान किसी जानकारी की तर्कयुक्त ढंग से व्याख्या न कर सके। ऐसी परिस्थिति में व्यक्ति यद्यपि अपने ज्ञान से परिचित होता है तथा साथ ही साथ वह इस सत्य से भी इन्कार नहीं करता कि उसके ज्ञान में कुछ कमी है जिसके कारण वह किसी घटना आदि की उचित व्याख्या नहीं कर पा रहा है। उदाहरण के लिए अध्ययन-विधियों में से कौन

सी विधि सर्वश्रेष्ठ हैं? अथवा चिकित्सा क्षेत्र में कौनसी चिकित्सा प्रणाली सर्वोत्तम है? आदि प्रश्नों से यह स्पष्ट है कि मनुष्य के ज्ञान में वास्तव में दरार है।

2. विरोधी परिणाम–प्रयोग विधि द्वारा किये जाने वाले अनुसन्धानों में समस्या अभिव्यक्ति का तरीका विरोधी परिणाम भी है। कभी-कभी ऐसा भी होता है कि एक ही समस्या पर विभिन्न प्रयोगों द्वारा विभिन्न निष्कर्ष निकलते हैं, यद्यपि इसका वास्तविक कारण प्रयोगकर्ता द्वारा अपने प्रयोग को उचित रूप से न कर सकना है। इन परिस्थितियों में प्रयोगकर्ता अपने बाह्य चरों को उचित प्रकार से नियन्त्रित नहीं कर पाता जिससे इन बाह्य चरों की भिन्नता के कारण विभिन्न प्रयोगों में भिन्न-भिन्न परिणाम तथा निष्कर्ष प्राप्त होते हैं। प्रयोगकर्ता की यह त्रुटि भी समस्या अभिव्यक्ति का स्त्रोत बन जाती है।

3. किसी तथ्य की व्याख्या–समस्या की अभिव्यक्ति में कभी-कभी व्यक्ति द्वारा किसी तथ्य की उपलब्धि भी आती है जिसकी व्याख्या कर सकने में अविा उसका कारण बता सकने में वह अपने आपको असमर्थ पाता है। ऐसे तथ्य जो हमारी जानकारी से अलग रहते हैं, व्याख्या चाहते हैं जब कोई भी नया तथ्य वैज्ञानिक को प्राप्त होता है, तो वह उसे ज्ञान से सम्बन्धित करने का प्रयत्न करता है। किन्तु वह अपने प्रयास में पूर्ण रूप से सफल नहीं होता, तथा उसका असफल हो जाना समरूप की अभिव्यक्ति करता है। ऐसी परिस्थिति में वह अतिरिक्त जानकारी एकत्रित करता है, जिसके द्वारा वह इस नये तथ्य की व्याख्या कर कसके। वदाइमर का फाइ फिनोमिनन का प्रयोग मनोविज्ञान के लिए मसमस्या अभिव्यक्ति का एक अच्छा उदाहरण है। इस प्रकार हमने शिक्षाशास्त्रियों, समाज वैज्ञानिको तथा मनोवैज्ञानिकों के विचार प्रस्तुत करने का प्रयास किया है। वास्तव में, सभी के विचारों में शब्दावली का ही अन्तर है अन्यथा इस बात को सभी स्वीकार करते हैं कि आवश्यकता की सन्तुष्टि के मार्ग्र की बाधा ही समस्या है, चाहे यह आवश्यकता जिज्ञासा की सनतुष्टि मात्र हो, जो सभी मूलभूत अनुसन्धानों का आधार है अथवा किसी उपयोगिता पर आधारित हो।

□□□

11

शोध में साक्षात्कार

साक्षात्कार में सफलता प्राप्त करने के लिए आवश्यक है कि साक्षात्कार लेने वाले में कुछ अच्छे गुण हों। कुछ गुण जो गुण जो एक अच्छे साक्षात्कार लेने वाले अथवा समयपालक में होने चाहिए, निम्न प्रकार हैं।

1. स्पष्ट वक्ता– समयपालक को कोई भी बात घुमा-फिराकर नहीं कहनी चाहिए। साक्षात्कार देने वाले पर वह प्रभाव डाले कि वह उसमें अधिक रुचि रखता है।

2. हास्य–समयपालक को हंसमुख होना चाहिए। तंनावपूर्ण स्थिति की समाप्ति करने के लिए गुण को होना आवश्यक है।

3. अच्छे बुरे पर आश्चर्य प्रकट करना– समयपालक को छात्र की अच्छी या बुरी बातों पर आश्चर्य प्रकट नहीं करना चाहिए। छात्र की सभी त्रुटियों, कमियों को शन्तिपूर्वक सुनना चाहिए।

4. वार्तालाप पर एकमात्र अधिकार न करना– समयपालक को वार्तालाप में साक्षात्कार देने वाले को समान समय देना चाहिए। उसे स्वयं वार्तालाप पर एकमात्र अधिकार नहीं करना चाहिए। वार्तालाप के समय अगर साक्षात्कार देने वाला बोल रहा हो तो मध्य में नही बोलना चाहिए।

5. आत्मविश्वास बनाये रखने का प्रयत्न करना- साक्षात्कार द्वारा प्रकट किये गये विश्वास की अन्त बनाये रखने के लिए समयपालक को साक्षात्कार के विषय में उसके किसी परिचित से वर्णन नहीं करना चाहिए।

6. अभिवृत्ति तथा भावनाओं को स्वीकार करना- समयपालक को साक्षात्कार देने वाले की भावनाओं का आदर करना चाहिए जिससे वह व्यक्ति अपने सन्देह व्यक्त कर सके। समयपालक को किसी प्रकार निर्णय नहीं देना चाहिए।

7. अच्छ सुनने वाला हो- समयपालक को चाहिए कि वह साक्षात्कार की बातों पर धैर्य न खो बैठे। अपनी अभिवृत्ति तथा कथन द्वारा उसकों यह प्रदर्शित करना चाहिए कि वह साक्षात्कार देने वाले में गहरी रुचि रखता है। समयपालक में दो गुण विशुद्धता तथा सद्भाव अवश्य होने चाहिए।

8. सीमित सूचनाओं का संग्रह- एक ही साक्षात्कार में अनेक तथ्यों को प्राप्त करने का प्रयत्न नहीं करना चाहिए। समयपालक को चाहिए कि पूर्ण-निश्चित सूचनाएं प्राप्त करने का प्रयत्न करे।

रूथ स्ट्रेंग ने कहा - ''साक्षात्कार कीं सफलता समयपालक के व्यक्तित्व पर निर्भर रहता है।'' समयपालक का व्यक्तित्व का आकर्षक होना चाहिए, जिससे वह साक्षात्कार देने वाले प्रभावित कर सके।

साक्षात्कार के लाभ

साक्षात्कार विधि के निम्नलिखित लाभ हैं-

1. इस विधि का प्रयोग समस्याओं तथा उद्देश्यों के लिए किया जा सकता है।

2. साक्षात्कार विधि को प्रयोग में लाना सरल हैं।

3. छात्रों को अन्तर्दृष्टि को विकसित करने में सहायक होती है।

4. निषेधात्मक भांवनाओं को स्वीकार करने तथा उनको स्पष्ट करने का अवसर साक्षात्कार में प्राप्त होता है।

5. सम्पूर्ण व्यक्ति को समझने की यह उत्तम विधि है। व्यक्ति की अभिवृत्ति, संवेग, विचार आदि का अध्ययन है।

6. साक्षात्कार देने वाले को अपनी समस्याओं प्रकट करने का साक्षात्कार अच्छा अवसर प्रदान करता है।

7. विभिन्न दशाओं तथा परिस्थितियों में साक्षात्कार का प्रयोग करने के लिए इसे लचकदार बनाया जा सकता है।

8. छात्र की समस्याओं के कारण ज्ञात करने में साक्षात्कार समयपालक की सहायता करना है।

साक्षात्कार की परिसीमाएँ

उपर्युक्त लाभ होने पर भी इस विधि में कुछ कमियाँ पायी जाती है-

1. यह एक आत्मनिष्ठ विधि है।

2. एक साक्षात्कार के परिणामों की व्याख्या करना कभी-कभी कठिन हो जाता है।

3. पृथक सामाजिक पृष्ठभूमि की सभापाल को प्रभावित करती है। सभी व्यक्तियों पर समाज की मान्यताओं, धारणाओं और विश्वास का प्रभाव रहता है। सभापाल तथा साक्षात्कार देने वाले व्यक्तियों की सामाजिक पृष्ठभूमि में अन्तर होने पर सभापाल उस व्यक्ति की अनेक सूचनाओं द्वारा साक्षात्कार प्रभावित हो सकता है।

4. व्यक्तिगत भावनाओं द्वारा साक्षात्कार प्रभावित हो सकता है।

5. यह तनाव दूर करने में सहायक होता है।

6. इस विधि में विश्वसनीयता भी कम पायी जाती है।

साक्षात्कार विधि के उपयोग

साक्षात्कार का उपयोग अनेक व्यावहारिक परिस्थितियों में किया जाता है यथा-

1. नौकरी देने के लिए साक्षात्कार में नियुक्तिकर्ता नौकरी चाहने वाले की प्रतिक्रियाएँ, व्यक्तित्व सम्बन्धी गुण धैर्य, आत्म विश्वास, क्षमता, अभिव्यक्ति, मानसिक तत्परता आदि ज्ञात करना चाहता है। सामाजिक गुणों को भी ज्ञात करता है।

2. शिक्षा के क्षेत्र में इसका व्यापक उपयोग शिक्षकों द्वारा छात्रों ताा अभिभावकों से जानकारी प्राप्त करने में, उपस्थिति अधिकारी द्वारा, निर्देशकों द्वारा तथा प्रधानाचार्य द्वारा अपने विषय एवं कार्य से सम्बन्धित सूचनाएँ प्राप्त करने के लिए किया जाता है।

3. सामाजिक व्यक्ति अध्ययन तथा मानसिक रोगों के निदान में भी इसका उपयोग सरलता से होता है।

4. जनगणना में सामाजिक तथा आर्थिक स्तर को ज्ञात करने, उनके रहन सहन के स्तर को ज्ञात करने, पारिवारिक बजट को ज्ञात करने आदि में इसका प्रयोग किया जाता है।

5. सफल तथा असफल व्यक्तियों में उनकी कार्य पद्धति में अन्तर ज्ञात करने तथा उनकी सफलता के कारणों को ज्ञात करने के लिए भी इस विधि का प्रयोग करते हैं।

6. प्रयोगों के पश्चात् साक्षात्कार द्वारा विषयी से सूचना प्राप्त करते हैं।

7. आन्तरिक अनुभूतियों को प्राप्त करने की यही सुगम विधि है।

8. इसका प्रयोग सभी स्तर के व्यक्तियों का अध्ययन करने हेतु करते हैं।

9. व्यक्तियों के मनोवैज्ञानिक अध्ययन में यह विशेष उपयोगी है।

10. जब पारस्परिक प्रेरणा आवश्यक हो तो इसका प्रयोग करते हैं।

साक्षात्कार के प्रकार

साक्षात्कार अनेक प्रकार का हो सकता है। इसका वर्गीकरण निम्न रूपों में करते हैं:

1. कार्यानुसार

क. निदानात्मक ख. उपचार ग. अनुसन्धान

2. भाग लेने वालों के अनुसार

क. व्यक्तिगत ख. सामूहिक

3. सम्पर्क की अवधि के अनुसार

क. अल्पकालीन सम्पर्कख. दीर्घकालीन सम्पर्क

4. साक्षात्कारकर्ता और विषयी के सम्बन्ध तथा अन्त:क्रिया के अनुसार

क. अनिर्देशित साक्षात्कार ख. केन्द्रित अथवा गहन साक्षात्कार ग. पुनरावर्तित साक्षात्कार

क. अनिर्देशित साक्षात्कार–इसमें प्राय: प्रत्यक्ष एवं पूर्व निर्धारित प्रश्नों का उपयोग नहीं किया जाता है। सामान्य वार्तालाप के माध्यम से सूचनादाता को अपनी सूक्ष्म अनुभूतियों को प्रकट करने के लिए प्रोत्साहित किया जाता है। इस प्रकार साक्षात्कारकर्ता सूचनाओं का संकलन करता है। इस प्रकार के साक्षात्कार में प्रश्नों के उत्तरों पर किसी प्रकार नियन्त्रण नहीं होता।

ख. केन्द्रित साक्षात्कार– इसको गहन साक्षात्कार भी कहते हैं। इसका प्रधान उद्देश्य परिकल्पना के उस औचित्य कापरीक्षण करना होता है जिसकी प्रतिस्थापना मानव व्यवहार की पूर्व विश्लेशित अवस्था के आधार पर हुई हो। इसके अन्तर्गत प्रेरणा के स्त्रोत तथा अन्य गहन तथ्यों पर ध्यान केन्द्रिता होत है। किस मूल प्रेरणा ने किसी व्यक्ति को

एक विशेष प्रकार का व्यवहार करने को प्रेरित किया, यह इसी विधि से ज्ञात कर सकते हैं।

अन्य प्रकार के साक्षात्कार से इसमें भिन्नता निम्नवत् है :

1. इसका प्रयोग उन पर होता है जो परिस्थिति विशेष से पूर्व सम्बन्ध रखते हैं।

2. यह केवल उन्हीं स्थितियों से सम्बन्धित है जिनका पूर्व विश्लेषण प्राप्त है।

3. इसको साक्षात्कार निर्देशिका की सहायता से सम्पन्न करते हैं।

4. इसका सम्बन्ध आन्तरिक अनुभूतियों से होता है। इसके आधार पर अनुसन्धानकर्ता अपनी परिकल्पना की वैधता की परीक्षा करता है तथा नवीन परिकल्पना कानिर्माण करता है।

ग. **पुनरावर्तित साक्षात्कार**–इसका प्रयोग उन प्रगतिशील कार्यों तथा दृष्टिकोणों के अध्ययन हेतु किया जाता है जो किसी मनुष्य के किसी व्यवहार विशेष को निर्धारित करते हैं। इसकी सहायता से प्रगतिशील क्रियाओं तथा घटनाओं का अध्ययन सरलता से किया जाता है तथा विश्वसनीयता निश्चित करते हैं।

साक्षात्कार के विभिन्न स्तर एवं महत्त्वपूर्ण तथ्य

1. साक्षात्कार के पूर्व की तैयारी–साक्षात्कार में वार्तालाप का क्षेत्र अत्यन्त विस्तृत होता है। वार्तालाप का विस्तार अनुसन्धान के उद्देश्य की पूर्ति के अनुकूल सुगठित होना चाहिए। अत: साक्षात्कार के प्रश्नों के सम्बन्ध में एक सुनियोजित पूर्व योजना होना आवश्यक है। इसके लिए निम्नलिखित तथ्यों का ध्यान का रखना होगा :

क. साक्षात्कार के उद्देश्य का निर्धारण तथा कौनसी सूचनाएँ प्राप्त करनी हैं, इसका स्पष्ट निश्चय कर लेना होगा।

ख. साक्षात्कार के प्रकार का भी निश्चय कर लेना होगा कि यह व्यक्तिगत, सामूहिक, निर्देशित, अनिर्देशित, अल्पकालीन अथवा दीर्घकालीन किस प्रकार का रखने से उद्देश्यपूर्ण होगा।

ग. उन प्रश्नों का व्यवस्थित एवं उद्देश्यपूर्ण निश्चय भी कर लेना होगा जिनके आधार पर सूचनाएँ लेनी हैं।

घ. साक्षात्कार से प्राप्त सूचनाओं के लेखन की विधि भी निश्चित कर लेनी होगी।

2. अनुकूल अवसर तथा उपयुक्त स्थान–साक्षात्कार के लिए अनुकूल अवसर एवं उपयुक्त स्थान का चुनाव करना आवश्यक है। अवसर तथा स्थान ऐसा हो जिसमे

सूचनादाता से अधिकतम सूचना प्राप्त हो सके। उत्तरदाता की सुविधा का ध्यान रखना होगा तथा उसकी सुविधानुसार स्थान एवं समय के लिए अनुमति लेनी होगी।

3. पारस्परिक परिचय–साक्षात्कार के लिए आने के पश्चात् सर्वप्रथम कार्य सुदृढ़ आत्मीय सम्बन्ध स्थापित करने के लिए पारस्परिक परिचय करना होगा। प्रसन्नता के साथ सूचनादाता का स्वागत करें तथा प्रारम्भ में कुछ ऐसे भी प्रश्न करें जो समस्या से मूल रूप में सम्बद्ध न हों किन्तु समस्या के प्रति रुचि उत्पन्न करने में सहायक हों।

4. साक्षात्कार का संचालन–सम्पूर्ण व्याख्या तथा आत्मीय सम्बन्ध स्थ्ज्ञापित हो जाने के पश्चात् साक्षात्कार प्रारम्भ होगा।

साक्षात्कार के लिए प्रश्न करने में निम्न तथ्यों का ध्यान रखना आवश्यक है :

क. प्रश्न क्रमबद्ध हों। कभी इधर के तथा कभी उधर के प्रश्न न पूछें।

ख. प्रश्न सरल तथा स्पष्ट हो जिससे वह समझकर उत्तर दे सके।

ग. भावात्मक प्रश्नों से बचा जाय। ऐसा न हो कि प्रश्न इतने उत्तेजित करने वाले हों कि उत्तरदाता भावावेश में आ जाये। उसे उत्तेजित होता हुआ अथवा चुप होता हुआ देखकर साक्षात्कारकर्ता को सावधानीपूर्वक रुककर अथवा प्रश्न का परिवर्तित कर पूदना होगा।

घ. सम्भव है कि उत्तरदाता मूल विषय से साक्षात्कारकर्ता को दूर हटा ले जाय। ऐसी स्थिति में उसे सावधान रहकर उद्देश्य पर ही ध्यान केन्द्रित करना होगा।

5. उत्तर का लेखन तथा विश्लेषण–उत्तर लेखन की सबसे उत्तम विधि टेप रिकॉर्डर में सम्पूर्ण वार्तालाप को रिकार्ड कर लेना है किन्तु यदि टेप रिकार्डर उपलब्ध न होता दो प्रकार से लेख लेते हैं :

क. साक्षात्कार के साथ साथ लिखते जायें। इसमें कठिनाई यह है कि साक्षात्कार में बाधा उत्पन्न होती है।

ख. साक्षात्कार समाप्त होने के पश्चात् लिख लें। इसमें कठिनाई यह है कि अनेक बातें भूल जायेगी।

अत: अच्छा यह है कि सांकेतिक नोट लेते जायें, तत्पश्चात् उसे व्यवस्थित रूप में लिख लें। कुछ व्यक्ति साथ-साथ विश्लेषण एवं मूल्यांकन भी करते जाते हैं। यह विधि भी बाधक है। विश्लेषण बाद में ही करना उत्तम होगा।

6. साक्षात्कार की समाप्ति–अन्त में, धन्यवाद के दो शब्दों के साथ प्रसन्नतापूर्ण वातावरण में साक्षात्कार समाप्त कर देना चाहिए।

साक्षात्कार एक आत्मनिष्ठ विधि है। इस विधि द्वारा व्यक्ति को समस्याओं तथा गुणों का ज्ञान प्राप्त कराया जाता है। साक्षात्कार निर्देशन कार्य-विधि का एक आवश्यक अंग है। यह परामर्श प्रक्रिया का हृदय माना जाता है। विद्यालयों में छात्रों के समक्ष अनेक समस्याएं उत्पन्न होती है। इन समस्याओं के समझने तथा उनके समाधान में छात्रों की सहायता करने के लिए साक्षात्कार एक महत्त्वपूर्ण विधि है।

साक्षात्कार की परिभाषाएँ

1. **जॉन. जी. डार्ले** ने साक्षात्कार की परिभाषा इस प्रकार दी है-"साक्षात्कार एक उद्देश्यपूर्ण वार्तालाप हैं।"

2. **गुड और हैट** ने भी कहा है- "किसी उद्देश्य से किया गया गम्भीर वार्तालाप ही साक्षात्कार हैं। " उपर्युक्त परिभाषाएँ स्पष्ट करती है कि साक्षात्कार में आमने-सामने बैठकर किसी उद्देश्य को लेकर व्यक्तियों में वार्तालाप होता है। सभी प्रकार के साक्षात्कार मे निम्नलिखित तत्त्व समान रूप से पाये जाते हैं।

1. व्यक्ति का व्यक्ति से सम्बन्ध
2. एक दूसरे से सम्पर्क स्थापित करने का साधन
3. साक्षात्कार में संलग्न दो व्यक्तियों में से एक को साक्षात्कार के उद्देश्य का ज्ञान रहता है।

साक्षात्कार के प्रकार

साक्षात्कार अनेक प्रकार के होते हैं। यहाँ कुछ प्रकार के साक्षात्कार का विवरण दिया जा रहा है-

1. **नियुक्ति साक्षात्कार**- किसी भी जीविका में नवीन नियुक्ति के लिए व्यक्ति का साक्षात्कार किया जाता है। इस साक्षात्कार का प्रमुख उद्देश्य जीविका के लिए व्यक्ति की उपयुक्तता निश्चित करना है। इसमें जीविका से सम्बन्धित प्रश्न पूछे जाते हैं ये प्रश्न साक्षात्कार करने वाले के द्वारा पूछे जाते हैं।

2. **सूचनात्मक साक्षात्कार**- इस प्रकार के साक्षात्कार में छात्र के साफल्य तथा विभिन्न परीक्षाओं में प्राप्त अंको की व्याख्या सम्बन्धी सूचनाएं प्रदान की जाती है। छात्रों की भिन्न-भिन्न नौकरियों जीविकाओं तथा शिक्षण-सस्थाओं के सम्बन्ध में सूचनाएँ देना भी सूचनात्मक साक्षात्कार का उद्देश्य हैं।

3. **निदानात्मक साक्षात्कार**- इस साक्षात्कार का उद्देश्य छात्र के घर तथा वातावरण आदि से सम्बन्धित सूचनायें प्राप्त करना है। तथ्य संकलन निदान का महत्त्वपूर्ण

अंग होता है।

4. अनुसंधानात्मक साक्षात्कार– साक्षात्कार लेने वाला व्यक्ति साक्षात्कार देने वाले वाला व्यक्ति में रुचि ने रखकर उन तथ्यों में रुचि लेता है जो तथ्य साक्षात्कार देने वाला बताता है। इस प्रकार के तथ्य बहुत व्यक्तियों से प्राप्त किये जाते हैं।

5. परामर्श साक्षात्कार– साक्षात्कार परामर्श प्रक्रिया का मुख्य आधार माना जाता है। इसका उद्देश्य व्यक्ति में सूझ उत्पन्न करना है जो कि आत्म-बोध प्राप्त करने में सहायक होता है।

6. तथ्य-संकलन साक्षात्कार– इस साक्षात्कार में व्यक्ति या व्यक्तियों के समुदाय से मिलकर तथ्य संकलित किये जाते हैं। शिक्षण या निर्देशक भी इसी विधि द्वारा छात्रों के सम्बन्ध में तथ्य एकत्रित करते हैं।

7. उपचारात्मक साक्षात्कार– उपचारात्मक साक्षात्कार में व्यक्ति से इस प्रकार वार्तालाप किया जाता है कि उसको पत्नी चिन्ताओं एवं परिस्थितियों सबसे मुक्ति मिले, उसका समायोजन ठीक हो सके। वह अपनी सभी चिन्ताओं, भावनाओं आदि की व्यक्त करके अपने मन के भार को दूर करता है।

तथ्य-संकलन साक्षात्कार के उद्देश्य– तथ्य संकलित करने के लिए जो साक्षात्कार किया जाता है उसके तीन प्रमुख उद्देश्य हैं।

1. अन्य विधियों द्वारा संग्रहीत किये गये तथ्यों में न्यूनता-पूर्ति करना। कुछ तथ्य अन्य विधियों द्वारा प्राप्त नहीं हो पाते। साक्षात्कार में उन सूचनाओं को एकत्रित करने का प्रयत्न किया जाता है। जो मनोवैज्ञानिक जाचों द्वारा प्राप्त नहीं हो पाती है।

2. पहले से संकलित की गयी सूचनाओं की पुष्टि करने के लिए तथ्य संकलन-साक्षात्कार किया जाता है।

3. तथ्य-संकलन का तीसरा उद्देश्य शारीरिक रूप का अवलोकन करना है। बहुत से छात्रों में अनेक शारीरिक दोष पाए जाते हैं। जिनका ज्ञान मनोवैज्ञानिक जाँचों से नहीं हो सकता है। इसके साथ ही साक्षात्कार देने वाले व्यक्ति का बातचीत करने तथा आचरण करने के ढंग का ज्ञान होता है।

साक्षात्कार के भाग

साक्षात्कार के तीन भाग होते हैं–

1. प्रारम्भ 2. मध्य 3. अन्त

1. साक्षात्कार का आरम्भ

साक्षात्कार के इस भाग में साक्षात्कार करने वाले तथा प्रार्थी के मध्य मधुर सम्बन्ध स्थापित करना सम्मिलित है। साक्षात्कार की सफलता इन मधुर सम्बन्धों पर ही निर्भर रहती है। साक्षात्कार प्रारम्भ करने के लिए निम्नलिखित सुझावों के अनुसार कार्य करना आरम्भ करना चाहिए।

(अ) **आत्मीयता स्थापित करना**- साक्षात्कार देने वाले व्यक्ति के साथ एकात्मकता स्थापित करनी चाहिए। एकात्मकता स्थापना हेतु डेविस तथा रॉबिन्सन ने निम्न सुझाव दिए हैं।

1. **सहानुभूति**- साक्षात्कार लेने वाले व्यक्ति को कुछ शब्दों या अन्य किसी विधि द्वारा साक्षात्कार देने वाले के साथ सहानुभूति प्रकट करनी चाहिए।

2. **स्वीकृति**- साक्षात्कारकर्त्ता या तो साक्षात्कार देने वाले के साथ अपनी सहमति प्रकट करता है या उसके कृत्यों को स्वीकृति प्रदान करता है। यह स्वीकृति व्यक्ति को उत्साहित करने के लिए दी जाती है जिसमें वह स्वयं भी भावनाओं को स्वतंत्रतापूर्वक निस्संकोच होकर प्रकट कर सके।

3. **विश्वास**- साक्षात्कारकर्त्ता को चाहिए कि वह साक्षात्कार देने वाले व्यक्ति में विश्वास पैदा करे तथा साथ ही उसको प्रोत्साहित करे कि उसकी समस्या का समाधान अवश्य होगा।

4. **हास्य**- तनाव दूर करने के लिए हास्य का भी प्रयोग करना चाहिए।

5. **भय**- कभी-कभी साक्षात्कारकर्त्ता का यह भय दिखाना चाहिए कि अगर साक्षात्कार देने वाला सही सूचनाएँ नहीं देता है तो इसका परिणाम अच्छा नही होगा।

6. **व्यक्तिगत सन्दर्भ**- अपनी बातों को स्पष्ट करने के लिए साक्षात्कार को अपने अनुभवों के उदाहरण देने चाहिए।

7. **प्रश्न पूछना**- व्यक्ति को अपनी समस्याओं के सम्बन्ध में अधिक विचार करने की प्रेरणा देने के लिए साक्षात्कार को कुछ प्रश्न पूछने चाहिए।

8. **आश्चर्य**- साक्षात्कार देने वाले के कथन या क्रिया पर कभी-कभी साक्षत्कार लेने वाले को आश्चर्य भी प्रकट करना चाहिए। इस प्रकार व्यक्ति अपने कथन या व्यवहार में सुधार कर लेता है।

(अ) प्रारम्भ में व्यवस्थित रचना पर कम ध्यान- साक्षात्कार प्रारम्भ में कोई भी व्यवस्थित रचना नहीं होनी चाहिए। प्रारम्भिक अवस्थाओं में साक्षात्कार स्वच्छन्द

होना चाहिए। साक्षात्कार को अपने उद्देश्य तक सीधे पहुँचने का प्रयत्न नहीं करना चाहिए।

(ब) अनुमोदन- अनुमोदन से तात्पर्य है कि साक्षात्कारकत्त साक्षात्कार देने वाले व्यक्ति को बातचीत की स्वतंत्रता प्रदान करता है। वह उसके कथन पर कोई निर्णय नहीं देता है। उसमें विश्वास पैदा होता है कि वह जो कुछ कहैगा, वह स्वीकार किया जाएगा।

(स) बातचीत का समान समय- साक्षात्कार में बातचीत के लिए दोनों को ही समान समय मिलना चाहिए। साक्षात्कार देने वाले व्यक्ति को अगर बोलने के लिए पर्याप्त समय नहीं दिया जाएगा तो साक्षात्कार बहुत कम उपयोगी होगा।

2. साक्षात्कार का मध्य भाग

साक्षात्कार का मध्य भाग महत्त्वपूर्ण होता है, क्योंकि इसके द्वारा ही इच्छित सूचनाओं एकत्रित की जाती है। मध्य भाग को अधिक उपयोगी बनाने के लिए निम्नलिखित सुझावों पर ध्यान देने चाहिए।

(1) प्रेरक प्रश्नों का निर्माण- प्रश्न इस प्रकार के हों जो साक्षात्कार देनें वाले को प्रेरणा दें। प्रश्नों द्वारा ही व्यक्ति को बात करने की प्रेरणा प्राप्त हो। बहुत से प्रश्न हाँ या नहीं उत्तर वाले होते हैं। ये प्रश्न साक्षात्कार देने वाले की बात करने की या अधिक बालने की स्वतंत्रता नहीं देते हैं। ऐसे प्रश्नों का उपयोग नहीं करना चाहिए।

(2) निस्तब्धता का रचनात्मक उपयोग- निस्तब्धता का प्रयोग सावधानीं से करना चाहिए। अगर साक्षात्कार देने वाला चुप हो जाता है। तो इसका अर्थ है कि उसके मस्तिष्क में विचार द्वन्द्व चल रहा है। साक्षात्कारकर्त्ता की चुप्पी का कारण साक्षात्कार की प्रगति के बारे में चिन्तन हो सकता है।

(3) साक्षात्कार देने वाले की भावना तथा अभिवृत्ति समझने का प्रयत्न- साक्षात्कार देते समय व्यक्ति अपनी प्रतिगामी या नकारात्मक भावनाओं को प्रदर्शित करता है। परामर्शदाता को चाहिए कि वह उसकी भावनाओं को समझें, उसकों स्वीकार करें। स्वीकृति का आभास भाव-भंगिमा, हाँ, अच्छा आदि के द्वारा दे सकता है।

(4) सीमित सूचनाएँ- साक्षात्कारकर्त्ता को एक बार के साक्षात्कार में ही छात्र के बारे में सब कुछ ज्ञात करने का प्रयत्न नहीं करना चाहिए। सीमित सूचनाएँ ही एक बार साक्षात्कार में संग्रह करनी चाहिए।

(5) साक्षात्कार पर नियन्त्रण- अगर साक्षात्कार लेने वाला व्यक्ति वार्तालाप पर नियंत्रित नहीं रखता है तो वह निश्चित सूचनाओं के प्राप्त करने में असमर्थ रहेगा।

नियंत्रण से तात्पर्य के समय नाममात्र की स्वतन्त्रता दी जाती है। और वार्तालाप के मध्य में ही प्रत्यक्ष प्रश्न पूछकर वह साक्षात्कार देने वाले को विषय पर लाता है।

3. साक्षात्कार की समाप्ति

साक्षात्कार की समाप्ति करना भी एक कठिन कार्य है। साक्षात्कार की समाप्ति दो रूपों में होती है।

1. साक्षात्कार की समाप्ति इस प्रकार करना कि छात्र को सन्तोष हो।

2. साक्षात्कार इस प्रकार समाप्त किया जाए कि दूसरे साक्षात्कार को प्रारम्भ करने में कम समय लगे।

साक्षात्कार के समय साक्षात्कार रुचि के कारण साक्षात्कार को इतना लम्बा कर देता है कि उसकी समाप्ति करना उसके लिए दुष्कर हो जाता है। उसकों चाहिए कि साक्षात्कार के समय यह ध्यान रखे कि साक्षात्कार का अन्त किस प्रकार करना है। अगर पुनः उसी व्यक्ति का साक्षात्कार लेना है तो इन शब्दों के साथ साक्षात्कार समाप्त किया जा सकता है- "अच्छा, आज के साक्षात्कार का समय पूरा हो चुका है। परन्तु अगर तुमको सुविधाजनक हो तो एक सप्ताह बाद हम लोग फिर मिल सकते हैं।" साक्षात्कार की मुख्य बातें तुरन्त ही लिख देनी चाहिए।

साक्षात्कार के लिए तैयारी

1. साक्षात्कार आरम्भ करने से पहले ही यह निश्चित कर लेना चाहिए कि साक्षात्कार का उद्देश्य क्या है। जो तथ्य साक्षात्कारकर्त्ता को प्राप्त करने हैं उनकी सूची पहले से ही बना लेनी चाहिए।

2. साक्षात्कार देने वाले व्यक्ति के सम्बन्ध में ज्ञान प्राप्त करना चाहिए। साक्षात्कार लेने वाले व्यक्ति छात्र के संचय आलेख-पत्र से उसके बारे में परिचय प्राप्त कर सकता है।

3. साक्षात्कार के लिए गुप्तता रखनी चाहिए। साक्षात्कार देते समय छात्र तभी तथ्य प्रकट करेगा, जब उसको यह विश्वास दिलाया जाएगा कि उसकी सभी सूचनाएँ गुप्त रखी जायेंगी। गुप्त स्थान पर ही वह अपने विचारों को निस्संकोच व्यक्त कर सकता है।

4. साक्षात्कारकर्त्ता को चाहिए कि साक्षात्कार देने वाले व्यक्ति से साक्षात्कार का दिन तथा समय निश्चित कर लिया जाए। जो समय निश्चित किया जाए, वह दोनों के अनुकूल हो।

5. साक्षात्कारकर्त्ता को पक्षपात नहीं करना चाहिए। साक्षात्कार के समय उसको निष्पक्ष रहना चाहिए।

साक्षात्कार करना

साक्षात्कार करते समय परामर्शदाता को निम्नलिखित सुझाव ध्यान रखने चाहिए-

1. साक्षात्कार देने वाले का विश्वास प्राप्त करना एक आवश्यक तत्त्व है। विश्वास प्राप्त करने के लिए साक्षात्कार करने वाले व्यक्ति को छात्र में रुचि तथा विश्वास दिखाना चाहिए। साक्षात्कारकर्त्ता को मित्र बनाने की कला में निपुण होना चाहिए।

2. साक्षात्कार देने वाले का यथार्थ सेवा प्रदान करनी चाहिए। उसको सहानुभूति तथा सहयोग की भावना रखनी चाहिए।

3. साक्षात्कार लेते समय इस बात का प्रयत्न किया जाए कि साक्षात्कार देने वाला आराम अनुभव करे। उसकी भावनाओं को चोट पहुँचायी जाए। उसको वार्तालाप के लिए तैयार किया जाए। उसमें यह भाव पैदा कर दिया जाए कि साक्षात्कार लेने वाले स्तर का है। अत: वह साक्षात्मकारकत्ता के साथ विचारों का आदान-प्रदान कर सकता है।

4. साक्षात्कार को सफल बनाने के लिए आवश्यक है कि साक्षात्कार के लिए अधिक समय दिया जाए।

5. साक्षात्कार देने वाले व्यक्ति की बातें धैर्यपूर्वक सुननी चाहिए। बहुत से व्यक्ति सुनने की कला में प्रवीण नहीं होते हैं। साक्षात्कारकर्त्ता को चाहिए कि चाहे वह व्यक्ति इधर-उधर की बात करे तो सुने।

6. साक्षात्कार पर साक्षात्कारकर्त्ता का पूर्ण नियन्त्रण होना चाहिए। साक्षात्कारकर्त्ता को स्वयं चातुर्य से बीच-बीच में साक्षात्मकार देने वाले को निश्चित उद्देश्य से परिचित करते रहना चाहिए।

❑❑❑

12

शोध प्रविधि में प्रश्नावली

प्रश्नावली प्रश्नों की वह क्रमबद्ध तालिका है जो विषय-वस्तु के सम्बन्ध में सूचनाएँ अर्जित करने में योग देती है। लुण्डबर्ग के अनुसार, मूल रूप में प्रश्नावली उत्तेजनाओ का समूह है जिनके प्रति शिक्षित व्यक्तियों को दिखाया जाता है जिससे इन उत्तेजनाओं के प्रति उनके मौखिक व्यवहार का निरीक्षण किया जा सके।

1. प्रतिबन्धित प्रश्नावली–इस प्रकार की प्रश्नावली में प्रश्नों की व्यवस्था इस प्रकार की जाती है कि उत्तरदाता नियन्त्रित रूप में ही उत्तर दे सकता है। उत्तरदाता को हाँ नहीं में से एक को काटना होगा, किसी एक उत्तर पर निशान लगाना अथवा रेखांकित करना होगा। उदाहरणार्थ, क्या आप भेदभाव में विश्वास करते हैं? हाँ नहीं यदि हाँ, तो किस प्रकार के भेदभाव में, क. सामूहिक खान-पान, ख. विवाह सम्बन्ध ग. साथ उठना बैठना? इस प्रकार की प्रश्नावली सुविधाजनक होती है। अनुसन्धानकर्ता की आवश्यकता की पूर्ति एवं सांख्यिकीय विश्लेषण सुविधाजनक होता है।

2. खुली प्रश्नावली–खुली प्रश्नावली में उत्तरदाता अपने शब्दों में अपने विचारानुकूल उत्तर देने के लिए स्वतन्त्र होता है। इसमें उत्तरदाता की अपनी प्रेरणा तथा प्रवृत्ति को व्यक्त करने का अवसर मिलता है। तथा उन परिस्थितियों को भी सूचित करना होता है। जिन पर उत्तर आधारित है। इन अच्छाइयों के होते हुए भी इसकी कुछ सीमाएं हैं, यथा 1. जब उत्तरदाता सामान्य प्रश्नों के उत्तर देता है तथा उसके चिन्तन के लिए कोई निर्देश अथवा

संकेत नहीं होता है तो सम्भव है कि उत्तरदाता अनजाने में महत्त्वपूर्ण तथ्यों को छोड़ जाये अथवा पर्याप्त विवरण न दे सके। 2. यदि उत्तरदाता पर्याप्त शिक्षित न हो तथा उत्तर देने के लिए चिन्तन एवं समय न देना चाहता हो तो भी उचित आँकड़े प्राप्त नहीं होंगे, 3. यदि वह बहुत अधिक सूचनाएँ देने में समर्थ है तो उसके विभिन्न एवं विस्तृत उत्तर सारणीयन एवं विश्लेषण की समस्या उत्पन्न कर सकते हैं।

3. चित्र रूपी प्रश्नावली–कुछ प्रश्नावलियों में प्रश्नों के स्थान पर चित्र दिये जाते हैं जिनसे उत्तरदाता को उत्तर चुनना होता है। उन्हें मौखिक निर्देश भी दिये जा सकते हैं। इस प्रकार की प्रश्नावली विशेष रूप से बच्चों तथा कम पढ़े लिखे व्यक्तियों के लिए उपयोगी होती है। चित्र ध्यान को शीघ्र आकर्षित कर लेते हैं तथा उत्तर देने के लिए प्रेरित करते हैं। इस माध्यम से कभी-कभी ऐसी सूचनाएँ भी प्राप्त हो जाती हैं जो अन्य माध्यमों से प्राप्त नहीं की जा सकतीं। इस विधि की दो सीमाएँ हैं : 1. चित्र तथा उनकी परिस्थितियाँ यदि परिचित एवं सुविधाजनक नहीं हैं तो उत्तर नहीं मिलेगा, तथा 2. इनका मानकीकरण कठिन होता है।

4. मिश्रित प्रश्नावली–इसमें प्रथमत: दोनों प्रकार के प्रश्न रखे जाते हैं। अत: दोनों के दोषों से बचाव हो जाता है।

किस प्रकार की प्रश्नावली का कब प्रयोग करें?

1. खुली प्रश्नावली का प्रयोग तब करना चाहिए जबकि उत्तरदाता की अनुभूति, मत, अभिवृत्ति आदि ज्ञात करनी हो।

2. प्रतिबन्धित प्रश्नावली का प्रयोग तब करना चाहिए जब विशिष्ट उत्तर प्राप्त करना हो।

3. चित्र रूप में प्रश्नावली का प्रयोग बच्चों, अशिक्षितों तथा अन्य भाषा-भाषियों के लिए किया जाता है।

प्रश्नावली का निर्माण

प्रश्नावली के निर्माण में निम्नलिखित तथ्यों का ध्यान रखना आवश्यक है:

क. उद्देश्य एवं स्वरूप-निर्धारण–1. प्रश्नावली अधिक लम्बी न हो।

2. प्रश्नावली में अनावश्यक प्रश्न न हों, केवल विशिष्टट प्रश्न ही रखे जायें।

3. प्रश्नावली के प्रत्येक भाग के लिए स्पष्ट निर्देश हों।

4. प्रश्नावली में प्रश्नों की व्यवस्था मनोवैज्ञानिक विधि की हो, यथा सरल से कठिन तथा सामान्य से विशिष्ट की ओर

5. प्रतिबन्धित तथा खुली दोनों प्रकार की प्रश्नावलियों का मिश्रण हो।

6. प्रश्नावली का गठन इस प्रकार से किया जाये कि उसका सारणीयन एवं सांख्यिकीय विश्लेषणसुविधाजनक हो।

7. भ्रमपूर्ण एवं कठिन भाषाका प्रयोग न किया जाये।

8. दुहरे प्रश्न न रखे जायें।

9. चुनाव के लिए दिये गये प्रश्न तर्कयुक्त एवं सुसंगत हों।

10. प्रश्न बहुत लम्बे न होकर संक्षिप्त, सुगम तथा प्रत्यक्ष हों।

11. नकारात्मक प्रश्नों से बचा जाये।

12. भाषा आडम्बरपूर्ण तथा विस्तृत न होकर संक्षिप्त एवं सारगर्भित हो।

13. तुम, प्रतिदिन, सर्दव कोई नहीं, कभी नहीं, कोई, आदि शब्दों का प्रयोग बहुत ही सावधानी से किया जाये। इनसे भ्रम उत्पन्न होने का भय रहता है।

14. प्रश्न अपरिचित धारणा पर आधारित न हो।

15. प्रश्न उत्तरदाता को उत्तेजित अथवा अपमानित करने वाले न हों।

16. अपरिचित व भ्रम उत्पन्न करने वाले शब्दों का विश्लेषण दे दिया जाये।

17. यदि किसी शब्द पर विशेष बल देना हो तो उसे रेखांकित कर दें।

ग. सहयोगियों तथा विशेषज्ञों से परामर्श–प्रश्नों का गठन करने के पश्चात् सहयोगियों तथा विशेषज्ञों से उसके विषय में परामर्श ले लेना चाहिए कि जिन उद्देश्यों को ध्यान में रखते हुए प्रश्नावली बनायी है, क्या प्रश्न उसी उद्देश्य को पूर्ण करते हैं? इस चर्चा से प्रश्नों में सुधार, कमी अथवा विस्तार किया जा सकता है।

घ. प्राथमिक परीक्षण–प्रश्नावली तैयार कर लेने के पश्चात् एक छोटा न्यादर्श लेकर उस पर प्रयोग करके यह निश्चित कर लेना चाहिए कि प्रश्न उन्हें कहाँ तक समझ में आते हैं तथा उत्तर कैसे प्राप्त होते हैं, कठिनाइयाँ क्या आती हैं? इस परीक्षण के पश्चात् उन प्रश्नों को निकाल देंगे जिनके उत्तर प्राप्त नहीं हो सके। निर्देश में आवश्यक सुधार तथा परिवर्तन करके उपयोगी बनाया जा सकता है।

ङ प्रश्नावली की छपाई–निर्देश तथा मुखपृष्ठ आदि का निश्चय कर लेने के पश्चात् प्रश्नावली को आकर्षक एवं शुद्ध छपा लेना चाहिए।

प्रश्नावली के उत्तरों की वैधता को प्रभावित करने वाले तत्व

प्रश्नावली के उत्तरों की वैधता को प्रभावित करने वाले तत्व निम्नलिखित हैं :

1. प्रश्नों की भ्रमपूर्ण शब्दावली।

2. प्रश्नों का अनियमित गठन।

3. प्रश्नों की उत्प्रेरक क्षमता में कमी।

4. अनुसन्धानकर्ता तथा उत्तरदाता के सामाजिक एवं शैक्षित स्तर में भारी अन्तर।

5. उत्तर का असंगत होना।

डाक द्वारा भेजी गयी प्रश्नावली के उत्तर न मिलने की समस्या

इसके लिए निम्नलिखित उपाय अपनाने होंगे :

1. प्रश्नावली के महत्त्व पर प्रकाश डालकर रुचि उत्पन्न करें।

2. प्रश्नावली संक्षिप्त हों।

3. प्रश्नावली के साथ विनम्र शब्दावली में एक व्यक्तिगत पत्र भी भेजें।

4. न्यादर्श का चयन सावधानी से किया जाये।

5. जिस संस्था में देना है, उसके अध्यक्ष से अनुमति ले ली जाये तथा जहाँ तक सम्भव हो, उन्हीं के माध्यम से दी जाये।

6. उत्तरों को गोपनीय रखा जाये।

7. टिकट लगा हुआ लिफाफा साथ में भेजा जाये।

8. उत्तरदाता को पर्याप्त समय दिया जाये।

9. थोड़े-थोड़े समय के अन्तर से पुनः निवेदन करें।

बोगार्डस के अनुसार, प्रश्नावली विभिन्न प्रश्नावली एक प्रकार का उत्तर प्राप्त करने का साधन है, जिसका स्वरूप ऐसा होता है कि उत्तरदाता उसकी पूर्ति स्वयं करता है।

बार, डेविस तथा जॉन्सन के अनुसार, प्रश्नावली प्रश्नों का व्यवस्थित संग्रह है जिसे एक निदर्शित जनसंख्या को उत्तर प्राप्त करने के लिए दिया जाता है।

वॉन डैलेन के अनुसार, प्रश्नावली एक उपकरण है, जो शिक्षा के क्षेत्र में कार्य करने वालों के द्वारा वर्तमान परिस्थितियों तथा क्रियाओं के विषय में तथा अभिवृत्ति एवं मत को ज्ञात करने के लिए व्यापक रूप में प्रयोग यिका जाता है।

उपर्युक्त सभी परिभाषाएँ इस तथ्य को स्पष्ट करती हैं कि प्रश्नावली प्रश्नों की एक उद्देश्यपूर्ण सुनियोजित तालिका है जो उत्तर प्राप्त करने के लिए अभिप्रेरक का कार्य करती है तथा उससे प्राप्त उत्तरों का व्यवस्थापन एवं सांख्यिकीय विश्लेषण सम्भव है। वास्तव में, आँकड़े प्राप्त करने के उपकरण के रूप में शिक्षा, मनोविज्ञान तथा समाज विज्ञान, आदि में इसका अत्यधिक प्रयोग किया जाता है तथा इसकी निन्दा भी अत्यधिक होती है। इसकी आलोचना उपयोग की नहीं, अपितु इसके दुरुपयोग की होती है। सच तो यह है कि यह परिस्थितियों के सर्वेक्षण का सबसे सुगम साधन है।

प्रश्नावली के दोष

1. बहुधा प्रश्नावली काफी विस्तृत होती है।

2. प्रश्नावली की शब्दावली भ्रमपूर्ण होती है।

3. प्रश्न अधिकांश में वस्तुनिष्ठ नहीं होते।

4. प्रश्नों का क्रम असंगत होता है।

5. प्रश्नों की छपाई ठीक नहीं होती।

6. प्रश्नों में व्यापकता का अभाव होता है।

7. प्रश्नों का क्रम ऐसा होता है कि अंकन एवं मूल्यांकन कठिन होता है। इन दोषों के होते हुए भी अपने विशेष गुणों के कारण प्रश्नावली की महत्ता असंदिग्ध है।

प्रश्नावली के गुण

1. प्रश्नावली के द्वारा विस्तृत क्षेत्र से सूचना प्राप्त कर सकते हैं।

2. इसके द्वारा अन्य भौगोलिक क्षेत्रों के उन व्यक्तियों से भी सूचना ले सकते हैं जिनसे सम्पर्क नहीं हो सकता।

3. गोपनीयता की रक्षा करते हुए वे सूचनाएँ भी प्राप्त कर सकते हैं जो अन्य साधनों से नहीं प्राप्त की जा सकतीं।

4. पर्याप्त समय मिलने से व्यक्ति सोच-विचार कर उचित उत्तर देते हैं।

5. साक्षात्कार के दोषों से बचाव होता है।

6. एक उत्तम प्रश्नावली व्यापक क्षेत्र को समेटते हुए भी संक्षिप्त होती है।

7. इसकी छपाई आदि आकर्षक होती है।

8. इसमें पूर्ण स्पष्ट निर्देश दिये होते हैं।

9. महत्त्वपूर्ण प्रश्न स्पष्ट रूप से विश्लेषित होते हैं तथा एक प्रश्न में एक विचार निहित होता है।

10. समुचित व्यवस्थापन एवं विश्लेषण की सुविधा के लिए प्रश्न श्रेणियों में विभक्त होते हैं।

11. उत्तम प्रश्नावली के प्रश्न वस्तुनिष्ठ होते हैं।

12. प्रश्नों का क्रम सुगम से कठिन तथा सामान्य से विशिष्ट की ओर होता है।

13. प्रश्न ऐसे होते हें जिससे उत्तरदाता क्षुब्ध न हो उठे।

14. अच्छी प्रश्नावली का व्यवस्थापन, सारणीयन एवं सांख्यिकीय विश्लेषण सुविधाजनक होता है।

15. अच्छी प्रश्नावली विश्वसनीय एवं वैध होती है।

प्रश्नावली के उपयोग में असुविधाएँ

1. इससे विश्व के कौने-कौने की सूचना घर बैठे ले सकते हैं।

2. एक साथ हजारों व्यक्तियों को दे सकते हैं।

3. इसके प्रयोग से समय, श्रम एवं धन की बचत होती है।

4. साक्षात्कार में प्रश्नकर्ता के सामने रहने से जो सूचनाएँ देने में व्यक्ति संकोच करते हैं, वे इससे प्राप्त हो जाती है।

5. तुलनात्मक दृष्टि से सूचनाएँ अधिक वस्तुनिष्ठ एवं वैध प्राप्त होती हैं।

6. इसका बनाना, प्रशासन करना एवं अंक देना सुविधाजनक होता है।

प्रश्नावली के उपयोग में असुविधाएँ

1. प्रश्नों में यदि कोई भ्रम है तो उसका निवारण कठिन होता है।

2. प्रश्नकर्ता कुछ चाहता है और उत्तर कुछ और मिल सकता है।

3. कभी-कभी उत्तर देना उत्तरदाता की सामर्थ्य के बाहर होता है।

4. कुछ उत्तरदाता उचित उत्तर देना ही नहीं चाहते हैं।

5. कुछ प्रश्न छूट जाते हैं जिनकी पूर्ति असम्भव हो जाती है।

6. बच्चों तथा निरक्षरों पर इसका प्रयोग नहीं कर सकते।

7. ऐसा सम्भव है कि जिन व्यक्तियों ने लौटाया है, वे या तो समस्या के पक्ष में हों अथवा विपक्ष में, उनमें प्रतिनिधित्व नहीं हो सकता है।

8. संवेगात्मक तथ्यों को ज्ञात करना कठिन होता है।

9. वे उत्तर को सोचकर परिवर्तित कर सकते हैं। अतः उत्तर स्वाभाविक नहीं होगा।

10. अनेक बार प्रार्थना करने पर भी कुछ व्यक्ति लौटाते नहीं हैं।

प्रश्नावली के उपयोग में स्मरणीय तथ्य

1. क्या प्रश्नावली अध्ययन की समस्या से सम्बद्ध है?

2. क्या ये सूचनाएँ अन्य साधनों द्वारा प्राप्त हो सकती हैं?

3. क्या अन्य विधि से इस समस्या का समाधान नहीं होगा?

4. क्या इस परिस्थिति के लिए प्रश्नावली के द्वारा विश्वसनीय तथा वैध आँकड़े प्राप्त किये जा सकते हैं?

यदि प्रश्नावली अध्ययन की समस्या से पूर्णतः सम्बद्ध नहीं हैं, वांछित सूचनाएँ अभिलेखों आदि से मिल सकती हैं, यदि समस्या का समाधान अन्य विधि से हो सकता है, तथा प्रश्नावली के द्वारा विश्वसनीय एवं वैध आँकड़े प्राप्त होने की आशा नहीं है, तो प्रश्नावली का प्रयोग करना व्यर्थ है।

प्रश्नावली के प्रयोग की विधियाँ

प्रश्नावली को उत्तरदाताओं को दो प्रकार में दिया जा सकता है :

1. प्रत्यक्ष सम्बन्ध–जब सम्पूर्ण जनसंख्या एक ही स्थान पर हो तो अनुसन्धानकर्ता उनसे प्रत्यक्ष सम्पर्क स्थापित करके उन्हें प्रश्नावली देता है, उसके महत्त्व को स्पष्ट करता है : तथा यदि कोई शंका हुई तो उसका समाधान भी कर देता है। किन्तु एक स्थान पर एक साथ सभी को प्राप्त करना प्रायः असम्भव होता है।

2. डाक द्वारा भेजकर–जब जनसंख्या एक स्थान पर उपलब्ध नहीं होती है तो डाक द्वारा भेजकर उत्तर प्राप्त करने का प्रयास करते हैं। इसकी सुविधाओं एवं असुविधाओं की चर्चा ऊपर हो चुकी है। अधिकांश अनुसन्धानकर्ता यही शिकायत करते हैं कि व्यक्ति सहयोग शिकायत करते हैं कि व्यक्ति सहयोग नहीं करते, उत्तर लापरवाही से लेते हैं या लौटाते ही नहीं इसके कुछ कारण हैं।

प्रश्नावली के सन्तोषजनक उत्तर क्यों नहीं प्राप्त होते?

1. प्रश्नावली बहुत बड़ी होगी तो उत्तरदाता उतना समय नहीं दे सकता।

2. ऐसे व्यक्तियों को दी गयी होगी जिनकी उसमें कोई रुचि ही नहीं है।

3. अनुसन्धाकनर्ता ने उचित विधि से निवेदन नहीं किया होगा।

4. प्रश्नावली में असंगत एवं भ्रमपूर्ण तथ्यों पर प्रश्न किया गया होगा।

5. समस्या महत्त्वहीन होगी अथवा सूचना अप्राप्य होगी।

6. कुछ उत्तरदाता प्रश्नावली देने वाले की प्रतिष्ठा को ध्यान में रखकर भी उत्तर देते अथवा नहीं देते हैं।

प्रश्नावली का प्रयोग करने वाला यदि उपर्युक्त दोषों से बचने का प्रयास करे, तो उसे सहयोग एवं सफलता अवश्य मिलेगी।

❑❑❑

13

शोध में अनुसूची

जब अनुसूची को इस प्रकार तैयार करते हैं कि उनमें किसी समस्या से सम्बन्धित अनेक तथ्य, स्थिति अथवा चर दिये होते हैं तथा यह जाँच करनी होती है कि इनमें से कौन कौनसे तथ्य अथवा अन्य अंग उपस्थित हैं तो चिह्नांकन सूची का प्रयोग करते हैं। इनकी उपस्थिति अथवा अनुपस्थिति हाँ नहीं से दिखा सकते हैं अथवा उसके समक्ष सही का चिह्न बना देते हैं यह सुगम उपकरण किसी वस्तु आिवा उपसिीति के विभिन्न अंगों की ओर ध्यान आकष्रित करता है जिससे कोई छूट न जाय। व्यवहार के निरीक्षण के लिए भी इसका उपयोग यिका जाता है। एक विशेश प्रकार की चिह्नांकन सूची पैमाने के रूप में भी प्रयोग में आती है जिसमें अंक दिये जाते हैं। इसकी सबसे बड़ी विशेषता यह है कि इसके आधार पर तथ्यों को अंकित करते हैं, कोई मूल्यांकन आिवा निर्णय नहीं देते। सर्वेक्षण, व्यकित इतिहास, व्यवहार तथा शिक्षा सम्बन्धी परिस्थितियों के अंकन के लिए इसका प्रयोग सफलता से होता है। निम्नलिखित क्षेत्रों में चिह्नांकन सूची का प्रयोग यिका गया है–विद्यालय भवन, विद्यालय सम्पत्ति, भवन योजना, उपकरणों की पूर्ति, अधीक्षक के प्रतिवेदन का विश्लेषण, माध्यमिक विद्यालयों का संगठन एवं मूल्यांकन, राजय में शिक्षा की सुविधा, कक्षा की शैक्षिक क्रियाएँ, पर्यवेक्षण तथा सफल शिक्षा के गुण।

चिह्नांकन सूची का निर्माण

चिह्नांकन सूची का निर्माण करने में निम्नलिखित तथ्यों का ध्यान रखना आवश्यक हैं :

1. सूची बनाने के पूर्व इससे सम्बन्धित साहित्य का गहन अध्ययन करना चाहिए जिससे सैद्धान्तिक एवं व्यावहारिक पक्ष से परिचित हो सकें।

2. उस क्षेत्र में बनायी गयी अन्य अनुसूचियों का अध्ययन करना चाहिए।

3. समस्या के किस पक्ष पर किन किन तथ्यों का संग्रह करना है, इसकी विस्तृत सूची तैयार कर लेनी चाहिए।

4. सूची के प्रश्नों को विभिन्न श्रेणियों में विभाजित कर लेना चाहिए तथा सभी भाग तार्किक क्रम युक्त हों।

5. विशेष शब्दावली यदि प्रयोग कर रहे हों तो उसकी परिभाषा दे दें।

6. प्रत्येक प्रश्न संगत एवं पूर्ण हो।

7. एक प्रकार के प्रश्नों को एक समूह में रखना उचित है।

8. चिह्नांकन सूची को व्यापक एवं पूर्ण बनाना चाहिए।

अनुसन्धान कार्य में सूचना एकत्र करने के परोक्ष साधनों की अपेक्षा अब प्रत्यक्ष साधनों का महत्त्व बढ़ता जा रहा है। समस्या के प्रत्यक्ष अवलोकन द्वारा संचित सूचनाएँ अधिक उपयोगी एवं विश्वसनीय होती हैं। इस दृष्टि से अनुसूची विशेष महत्त्वपूर्ण है। अनुसूची का प्रयोग करने वाला अध्ययनकर्ता अध्ययन क्षेत्र में स्वयं उपस्थित होकर प्रश्न करता है तथा अनुसूची पूर्ण करता जाता है। प्रश्नावली भी एक प्रकार की अनुसूची ही है, किन्तु दोनों में अन्तर उनके प्रयोग की विधि में निहित है। जब सूचनाएँ दूर-दूर तक क्षेत्र से लेनी होती हैं तो प्रश्नावली का प्रयोग करते हैं, उन्हें डाक से भी भेज सकते हैं। जब पास से सूचनाएँ लेनी होती हैं तो क्षेत्र में स्वयं जाकर सूचना प्राप्त करते हैं और अनुसूची का प्रयोग करते हैं। प्रश्नावली में अनेक प्रश्न छूटे रह जाते हैं जबकि अनुसूची में ऐसा नहीं होता। इसमें भ्रमपूर्ण प्रश्नो का स्पष्ट भी किया जा सकात है। व्यक्तिगत प्रयोग के कारण अनुसूची प्रश्नावली से उत्तम उपकरण है।

परिभाषाएँ

गुड तथा **हैट** के अनुसार, अनुसूची प्रश्नों के एक समूह के लिए प्रयुक्त नाम है जो साक्षात्कार करने वाले के द्वारा दूसरे व्यक्तियों से आमने सामने की स्थिति में पूछा और पूर्ण किया जाता है।

बोगार्डस के अनुसार, अनुसूची संक्षिप्त प्रश्नों की एक रचना है जिसे सामान्यत: सर्वेक्षणकर्ता स्वयं रखता है और अपने अन्वेषण में अग्रसर होने के साथ-साथ पूर्ण करता जाता है।

प्रश्नावली तथा अनुसूची दोनों में समानता यह है कि दोनों में सभी उत्तरदाताओं के लिए प्रश्नों की शब्दावली समान होती है।

अनुसूची से लाभ

अनुसूची से अनेक लाभ हैं :

1. अनुसन्धानकर्ता तथा उत्तरदाता में उत्तम सम्बन्ध स्थापित होता है।
2. अनुसूची में सभी प्रश्नों के उत्तर पूर्ण किये जा सकते हैं।
3. उत्तरदाता को प्रेरित करना सुगम होता है।
4. कार्य सुगमता से शीघ्र पूर्ण हो जाता है।
5. श्रम एवं धन की बचत होती है।

अनुसन्धान में अनुसूची का महत्त्व

अनुसन्धान में अनुसूची का महत्त्व निम्नवत् है :

1. इसके प्रयोग से वास्तविक तथ्यों की प्राप्ति होती है।
2. अस्पष्ट प्रश्नों का स्पष्टीकरण हो जाता है तथा उचित उत्तर प्राप्त हो जाता है।
3. आवश्यकतानुसार प्रश्न परिवर्तन का पर्याप्त अवसर होता है।
4. विषय वसतु की पृष्ठभूमि का अध्ययन किया जा सकता है।
5. अनावश्यक अध्ययन एवं विस्तार से बचाव होता है।
6. प्रामाणिक अवलोकन द्वारा विश्वसनीय सूचना प्राप्त होती है।

अच्छी अनुसूची की विशेषताएँ

एक अच्छी अनुसूची की निम्नलिखित विशेषताएँ होती हैं :

1. प्रश्न स्पष्ट एवं सरल होते हैं।
2. प्रश्न संक्षिप्त होते हैं।
3. एक उत्तम अनुसूची विश्वसनीय, वैध, वस्तुनिष्ठ तथा व्यापक होती है।
4. प्रश्न परस्पर पुष्टि करने वाले होते हैं।

5. प्रश्न इस प्रकार आयोजित होते हैं कि एक वर्ग के उत्तर दूसरे से सम्बन्धित हो सकें।

अनुसूची की सीमाएँ

1. दूर-दूर से सूचना प्राप्त करना कठिन होता है।

2. अनुसन्धानकर्ता की उपस्थिति उत्तरदाता को प्रभावित करती है जिससे संगत सूचना मिलने में कठिनाई हो सकती है।

प्रश्नावली तथा अनुसूची में अन्तर

प्रश्नावली तथा अनुसूची में निम्नलिखित अन्तर है :

1. अनुसूची का उपयोग प्रत्यक्ष पद्धति पर आधारित है, जबकि प्रश्नावली का उपयोग परोक्ष पद्धति पर।

2. अनुसूची का कार्य क्षेत्र सीमित होता है, जबकि प्रश्नावली का व्यापक।

3. अनुसूची प्रश्नावली की अपेक्षा अधिक विश्वसनीय होती है।

4. अनुसूची के प्रश्न संक्षिप्त होते हैं, जबकि प्रश्नावली में ऐसा आवश्यक नहीं है।

5. प्रश्नावली को अवलोकन का आधार नहीं बनाया जा सकता, जबकि अनुसूची अवलोकन का आधार होती है।

6. प्रत्यक्ष सम्पर्क पर आधारित होने के कारण अनुसूची का प्रयोगकर्ता सूचना संग्रह करने में सुगमता से सफल होता है, जबकि प्रश्नावली में ऐसा नहीं होता।

7. अनुसूची का प्रयोग प्रत्येक सांस्कृतिक एवं बौद्धिक स्तर के व्यक्तियों के लिए किया जा सकता है, प्रश्नावली का नहीं

8. प्रश्नावली में सूचना द्वारा अभिव्यक्ति के लिए अधिक स्वतन्त्रता होती है क्योंकि अनुसन्धानकर्ता उपस्थित नहीं होता। अनुसूची में ऐसा नहीं है। अनुसन्धानकर्ता के समक्ष होने से उस पर प्रभाव पड़ सकता है।

9. अनुसूची को प्रतिनिधि न्यादर्श के अध्ययन में सुगमता प्रयोग कर सकता हैं किन्तु प्रश्नावली में ऐसा करना कठिन होता है।

अनुसूची के प्रकार

1. **अवलोकन अनुसूची**-इसे निरीक्षण अथवा किसी घटना के अवलोकन हेतु प्रयोग करते हैं।

2. साक्षात्कार अनुसूची–इसका उपयोग साक्षात्कार के लिए किया जाता है जबकि आँकड़े गुणात्मक हों। यह सामाजिक अनुसन्धानों में अधिक प्रचलित है। इसमें प्रश्नों के आगे रिक्त स्थान होते हैं। साक्षात्कारकर्ता उनकी पूर्ति स्वयं करता जाता है।

3. लेख सम्बन्धी अनुसूची–इसमें प्रश्न करने की आवश्यकता नहीं पड़ती। अभिलेखों में प्राप्त आँकड़ों के आधार पर अनुसूची की पूर्ति करते जाते हैं। यह ऐतिहासिक, विकासात्मक तथा सर्वेक्षणप्रकारके अनुसन्धान के लिए अधिक उपयोगी है। अधिक से अधिक अभिलेखों, पत्रों, पुस्तकों तथा पुस्तिकाओं को प्राप्त कर उनसे सूचना लेते हैं।

4. निर्धारण अनुसूची–इनका प्रयोग वहाँ करते हैं जहाँ अनुसूची के आधार पर मूल्यांकन, गुण निर्धारण ताा उसकी तुलनात्मक क्षमता का निर्धारण करना होता है। अभिवृतित, मत, प्रथा, फैशन आदि के विषय में अध्ययन करने हेतु इसका प्रयोग सफलता से यिका जाता है। उदाहरणार्थ, परिवार नियोजन अथवा विद्यालय संगम को सम्बन्ध में व्यक्तियों का दृष्टिकोण ज्ञात करने के लिए इसका प्रयोग लाभदायक होगा।

अनुसूची बनाने की पद्धति

अनुसूची बनाने में निम्नलिखित स्तर होंगे :

1. अध्ययन के क्षेत्र का विश्लेशण करके प्रत्येक अंग को अंकित करना।
2. प्रत्येक अंग के लिए वांछित सूचना के प्रकार का निर्धारण।
3. प्रत्येक अंग के लिए महत्त्व निश्चित करना।
4. विशिष्टीकरण तालिका का निर्माण।
5. प्रश्नों का निर्माण
6. प्रश्नों का आयोजन एवं व्यवस्थापन।
7. विशेषज्ञों का परामर्श ज्ञात करना।
8. पूर्व परीक्षण।
9. अन्तिम रूप प्रदान करना।
10. प्रयोग।

□□□

14

प्रयोगात्मक अभिकल्प

प्रयोग के अभी तक विकस में दो स्थितियाँ दिखाई पड़ती हैं, एक तो सामूहिक जीवन का विकास और दूसरे सामूहिक तनावों का विकास। अब सामूहिक तनावों के स्थायित्व की बारी आती है। दोनों समूहों में तनाव देखते-ही देखते उत्पन्न हो गया कोशिश की गई। दोनों समूहों के सदस्यों को एक साथ बैठा कर भोजन कराया गया, एक साथ सिनेमा दिखाया गया तथा अन्य कई कार्य भी साथ-साथ कराये गये। परन्तु जब-जब दोनों दलों के मिलने का मौका आता तब-तब उनमें कहा-सुनी हो जाती। इससे यह स्पष्ट हुआ कि सामूहिक तनाव एक बार उत्पन्न हो जाने के बाद उसमें स्थायित्व की प्रवृत्ति होती है।

परन्तु प्रयोग यहीं समाप्त नहीं हो गया, क्योंकि ऐसा नहीं है कि सामूहिक तनावों को दूर किया ही न जा सकता हो। सामूहिक तनाव दूर करने के लिए कुछ ऐसे लक्ष्य सामने लाये गये जिनको प्राप्त करने के लिए दोनों दलों का सहयोग अत्यंत आवश्यक था। सबसे पहले पानी की जिस टंकी में बच्चों को पानी मिलता था उसकी टोंटी का मुँह बोरे के टुकड़ों से बंद कर दिया गया और बच्चों से यह कह दिया गया कि शायद पाइप में छेद हो जाने की वजह से पानी नहीं आ रहा है। पानी की बड़ी जरूरत थी। दोनों ही समूह के सदस्य प्यासे थे। इसलिए एक व्यापक सामान्य लक्ष्य बन गया। दोनों के सामने एक ही समस्या थी किसी तरह पानी मिलना चाहिये। नतीजा यह हुआ कि दोनों

समूहों ने सहयोग किया। मनोवैज्ञानिकों ने टंकी पर चढ़ने की सीढ़ी भी हटा दी थी। दोनों समूह उसको ढूंढ लाये और दोनों के सदस्य टंकी पर चढ़कर देखने लगे। टंकी पानी से भरी हुई दिखाई पड़ी। इससे यह निष्कर्ष निकला की टोंटी में ही कोई खराबी है। अब क्या था। दोनों समूह के सदस्य अपने-अपने चाकू लेकर टोंटी का मुँह साफ करने में जुट गये। शीघ्र ही टोंटी साफ हो गई और पानी आने लगा। इससे सभी प्रसन्न हुए और तनाव कुछ कम हुआ। परन्तु एक घंटे बाद भोजन के समय समूहों के मिलने का समय आया तो उनमें फिर कहासुनी हो गई। स्पष्ट है कि थोड़े-बहुत सहयोग से सामूहिक तनाव के स्थायित्व में अधिक कमी नहीं आती।

अब एक दूसरी तरकीब निकाली गई। बाजार में सिनेमा की एक रील किराये पर लाने की योजना बनाई गई। मनोवैज्ञानिकों ने रील का आधा किराया अपनी ओर से देने का वायदा किया जिससे बच्चों को रील लाने की प्रेरणा मिले। कोई भी एक समूह बाकी आधा किराया नहीं दे सकता था। जाहिर था दोनों को सहयोग करने की जरूरत थी। सहयोग हुआ, दोनों समूहों ने चंदा दिया पैसा इकट्ठा हुआ। रील आई और शाम को दिखलाई गई। परन्तु जब रील देखने के लिए दोनों समूह इकट्ठे हुऐ तो वे अलग-अलग बैंचों पर बैठे। इससे स्पष्ट हुआ कि तनाव का स्थायित्व अब भी बना हुआ था यद्यपि अब संघर्ष की स्थिति नहीं थी।

मनोवैज्ञानिकों ने और कोशिश की। रॉबर्स केव से साठ मील दूर एक ऊंचे पहाड़ी प्रदेश में एक झील थी। दोनों दलों को इस झील के किनारे कैंप के लिए ले जाया गया। दोनों अलग-अलग ट्रकों में पहुँचाये गये, वहाँ खाना भी अलग-अलग बनवाया गया। बर्तन एक ही स्थान पर रखे गये जहाँ से दोनों समूहों के सदस्यों ने अपने-अपने बर्तन उठा लिये। परन्तु अब समस्या थी बाजार से सामान लाने की। सामान ट्रक द्वारा ही लाया जा सकता था। परन्तु ड्राइवर ने लाख कोशिश करने पर भी ट्रक स्टार्ट नहीं हो सकी। ट्रक का मुँह चढ़ाई की ओर होने के कारण धक्के देने से भी काम नहीं चल सकता था। एक ही उपाय थ कि ट्रक पर पड़े रस्से से ट्रक को बांधकर खींचा जाये और इस काम में बीस से कल लोगों से बात नहीं बन सकती थी। चारा ही क्या था। सहयोग करना ही पड़ा। ट्रक के सामने रस्से को फंदा दिया गया और रस्से के दोनों छोरों को एक-एक समूह ने पकड़ लिया। दोनों समूह मिलकर खींचने लगे। ट्रक चल पड़ा। सभी लोग प्रसन्न हुए। सहयोग से खाने का सामान आया। सामान आने पर सबने मिलकर खाना बनाना शुरू कर दिया। सहयोग और भी बढ़ गया। इसके बाद एक बार फिर ट्रक खींचने के लिए सामूहिक प्रयत्न करना पड़ा। इस बार और भी अधिक सहयोग दिखाई पड़ा। इस बार अलग-अलग दलों के सदस्यों ने अलग-अलग तरफ से रस्सों को नहीं पकड़ा बल्कि दोनों दलों ने मिलकर दोनों ही तरफ से जोर लगाया। इससे दोनों समूहों के सदस्यों में

एक–दूसरे समूह के सदस्यों से मेल–जोल बढ़ा यहाँ तक कि बाद मे जब उनसे अपना-अपना मित्र चुनने को कहा गया तो प्रत्येक समूह के सदस्यों ने भिन्न समूह से अपना मित्र चुना। अब सामूहिक तनाव दूर हो चुका था।

उपर्युक्त प्रयोग के विस्तृत विवरण से स्पष्ट है कि यद्यपि सामूहिक तनाव में स्थायित्व की प्रवृत्ति होती है परन्तु कुछ व्यापक सामान्य लक्ष्य प्राप्त करने के लिए सहयोग करने के बार–बार अवसर आने पर यह सामूहिक तनाव दूर किया जा सकता है।

समाज मनोवैज्ञानिक के क्षेत्र में सन् 1920 से प्रयोग विधि का व्यापक रूप से इस्तेमाल किया जा रहा है। जनमत, अरुचि, प्रचार, नेतृत्व आदि अनेक समस्याओं का प्रयोग विधि से अध्ययन किया गया है। फिर भी यह मानना पड़ेगा कि समाज विज्ञानों में प्रयोग विधि अत्यंत सीमित क्षेत्र में ही इस्तेमाल की जा सकती है क्योंकि प्रयोगशाला की कृत्रिम परिस्थिति में मनुष्यों के व्यवहार के कृत्रिम हो जाने की संभावना है। कुछ विषयों में प्रयोग अनुचित होता है और कुछ में असंभव। कुछ में पात्र के रुख के नियंत्रण में कठिनाई होती है तो कुछ में पात्र का सहयोग प्राप्त करने में कठिनाई होती है।

प्रयोगात्मक अनुसंधान अभिकल्प के प्रकार

सामाजिक विज्ञानों में सदा प्रयोग की समस्त शर्तों को पूरा करना संभव नहीं होता है। इसलिए आवश्यकता एवं सुविधा के अनुसार प्रयोग के ढंग में कुछ फेर–बदल कर दिया जाता है। इसलिए प्रयोगात्मक अनुसंधान अभिकल्प के अनेक प्रकार बन जाते है। इनमें मुख्यत: दो वर्गों में रखा जाता है।

1. केवल पश्चात् परीक्षण 2. पूर्व–पश्चात् परीक्षण

1. केवल 'पश्चात्–माप' वाले प्रयोग–इस प्रकार के प्रयोग में प्रयोगात्मक और यथास्थ समूह ऊपर बताई गई प्रविधियों के अनुसार बनाए जाते हैं। प्रारंभ में कोई भी चर नहीं मापे जाते। फिर प्रयोगात्मक समूह पर प्रयोगात्मक चर का प्रभाव डाला जाता है। यथास्थ समूह पर प्रयोगात्मक चर का प्रभाव नहीं डाला जाता। प्रयोग के दौरान या अंत में परतंत्र चर ख को दोनों समूहों में मापते हैं। दोनों समूहों में ख का अन्तर, क का प्रभाव माना जाता है।

इस अभिकल्प में सह–परिवर्तन का प्रमाण इस प्रकार मिलता है कि प्रयोगात्मक समूह पर प्रयोगात्मक चर का प्रभाव पड़ता है और यथास्था समूह पर नहीं। इसलिये दोनों समूहों में परतंत्र चर में पाया जाने वाला भेद प्रयोगात्म चर के प्रभाव के कारण ही हो सकता है। घटनाक्रम का प्रमाण इस प्रकार मिलता है कि दोनों समूह प्रारंभ में समान थे और यथास्थ समूह पर प्रयोगात्मक चर का प्रभाव नहीं पड़ा। इसलिये यथास्थ समूह में ख

का 'पश्चात्' माप प्रयोगात्मक समूह में ख के 'पूर्व' माप के बराबर माना जा सकता है। इस प्रकार अंत में दोनों समूहों में पाया हुआ भेद प्रयोगात्मक चर का प्रभाव समूह के होने से मिलता है। अन्य चरों ने इसे भी प्रभावित किया होगा। इसलिये दोनों समूहों का भेद अन्य कारकों के प्रभाव घटा कर आता है।

इस प्रयोग के एक अच्छे उदाहरण में अमरीका में द्वितीय महायुद्ध के समय एक फिल्म 'द बेट्ल ऑफ ब्रिटेन' का प्रभाव देखा गया था। इसमें सेना की टुकड़ियों को मिलाकर दो समूह बनाये गये थे। यह समूह शिक्षा, आयु,जन्म-क्षेत्र, परीक्षाफल, प्रशिक्षण-स्तर आदि के आधार पर समान थे। फिर सिक्का उछाल कर तय किया गया कि कौन-सा प्रयोगात्मक समूह माना जाये। इस समूह को साधारण प्रशिक्षण के कार्यक्रम के अन्तर्गत यह फिल्म दिखाई गई। दूसरे समूह को यथास्थ समूह माना गया, फिल्म नहीं दिखाई गई। लगभग एक सप्ताह के बाद दोनों समूहों में एक प्रश्नावली भरवाई गई। सैनिकों को यह पता नहीं था कि उन पर कोई प्रयोग हो रहा है या फिल्म के प्रभाव का अध्ययन हो रहा है। दोनों समूहों के उत्तरों के भेद के आधार पर फिल्म के प्रभाव का पता लगाया गया।

2. 'पूर्व' और 'पश्चात्-माप' वाले प्रयोग-इस अभिकल्प में प्रयोगात्मक समूह तो सदा होता है किन्तु यथास्था समूह कभी होता है और कभी नहीं। कभी-कभी दो या अधिक यथास्थ समूह भी होते हैं। इसके छ: प्रमुख प्रकार हैं-

(*i*) एक समूह द्वारा 'पूर्व' और 'पश्चात्' अध्ययन,

(*ii*) एक यथास्थ समूह वाला 'पूर्व' और 'पश्चात्' अध्ययन,

(*iii*) समूहों को अदल-बदल कर 'पूर्व' और 'पश्चात्' अध्ययन

(*iv*) दो यथास्थ समूहों वाला 'पूर्व' और 'पश्चात्' अध्ययन,

(*v*) तीन यथास्थ समूहों वाला 'पूर्व' और 'पश्चात्' अध्ययन

(*vi*) दो या अधिक प्रयोगात्मक चरों के संयुक्त प्रभाव का अध्ययन।

(*i*) एक समूह द्वारा ' पूर्व' और 'पश्चात्' अध्ययन-इस प्रकार के अध्ययन की विशेष बात यह है कि इसमें यथास्थ समूह नहीं होता। एक ही समूह में प्रयोग के पहले और बाद के भेद को प्रयोगात्मक चर का प्रभाव मान लिया जाता है। साधारण जीवन में हम इस प्रकार के प्रयोग करते ही रहते हैं। जैसे किसी को कोई रोग है। वह एक दवा लेता है और उसका रोग कम हो जाता है। यह स्वास्थ्य लाभ को दवा का प्रभाव मान लेता है। वैज्ञानिक शोध में इस प्रकार के प्रयोग पर आधारित अनुमानों को पूर्ण रूप से प्रामाणिक नहीं माना जा सकता। केवल किसी विशेष स्थिति में ही, जहाँ यथास्थ समूह

बनाना संभव न हो, इसका। केवल किसी विशेष स्थिति में ही, जहाँ यथास्थ समूह बनाना संभव न हो, इसका उपयोग किया जाता है। जैसे, यदि किसी भीषण रोग की चिकित्सा से सम्बन्धित शोध करनी हो और इस चिकित्सा से शीघ्र लाभ की आशा हो तो संभव है अपने प्रयोग में सभी रोगियों की हम यही चिकित्सा करें, यथास्थ समूह न बनाएँ। यहाँ यथास्थ समूह बनाने का अर्थ होगा कुछ रोगियों को इस चिकित्सा से वंचित रखना। इसलिए ऐसे प्रयोग में यह समूह नहीं बनाया जाता। निष्कर्ष भी पूर्णतया मान्य या प्रामाणिक नहीं होता।

(*ii*) एक यथास्थ समूह वाला 'पूर्व' और 'पश्चात्' अध्ययन-प्रयोगात्मक अभिकल्प का सबसे सरल और अधिक प्रयुक्त होने वाला रूप यही है। इसमें प्रयोगात्मक और यथास्थ दोनों प्रकार के समूह बनाये जाते हैं और दोनों में पूर्व और पश्चात् परतंत्र चर का माप किया जाता है। प्रयोग के पश्चात् दोनों समूहों के माप का अन्तर प्रयोगात्मक चर का प्रभाव माना जाता है।

पढ़ाने में टेलीविजन पुराने तरीके से अधिक लाभकर है या नहीं, यह पता लगाने के लिए किये जाने वाले प्रयोग में हम इस प्रकार के अध्ययन का विवेचन कर आये हैं। इसमें दो लगभग एक जैसे समूह बनाकर दोनों को एक ही परीक्षा में बिठाते हैं। अब एक समूह के सब विद्यार्थियों के अंकों का औसत निकालते हैं। यह उस समूह का 'पूर्व' माप हुआ। इसी तरह दूसरे का 'पूर्व' माप निकालते हैं। फिर सिक्का उछालकर एक समूह को प्रयोगात्मक बना देते हैं अर्थात् इसे टेलिविजन की सहायता से पढ़ाते हैं। दूसरे समूह को यथास्थ कहते हैं, अर्थात् इसे पुराने तरीके से पढ़ाते हैं। शिक्षा-सत्र के अंत में दोनों समूहों को फिर से एक ही परीक्षा में बिठाते हैं। फिर दोनों समूहों का अलग-अलग 'पश्चात्' माप निकालते हैं। फिर प्रयोगात्मक समूह में हुआ अन्तर कहेंगे। इसी तरह यथास्थ समूह में हुआ अन्तर भी निकालते हैं। बत यह देखते हैं कि कौन सा अन्तर अधिक है- प्रयोगात्मक समूह वाला या यथास्थ समूह वाला। यदि प्रयोगात्मक समूह में यथास्थ समूह से अधिक अन्तर हुआ है तो कहेंगे कि टेलिविजन से पढ़ाना अधिक लाभकर है, अन्यथा नहीं।

(*iii*) समूहों को अदल-बदल कर 'पूर्व' और 'पश्चात्' अध्ययन-इस प्रकार के अध्ययन में, प्रयोगात्मक और यथास्थ दोनों समूह होते हैं। 'पूर्व' माप केवल यथास्थ समूह में किया जाता है, प्रयोगात्मक समूह में नहीं किया जाता। प्रयोगात्मक चर का प्रभाव केवल प्रयोगात्मक समूह पर डाला जाता है। 'पश्चात्' माप केवल प्रयोगात्मक समूह में किया जाता है। दोनों मापों का अन्तर प्रयोगात्मक चर का प्रभाव माना जाता है।

जैसा कि स्पष्ट हो गया होगा इस प्रकार के प्रयोग की विशेष बात यह है कि इसमें दोनों समूहों में प्रयोग के पूर्व और पश्चात् मान नहीं लिया जाता। इसका एक विशेष लाभ है। कभी-कभी पहला माप लेने से दूसरा माप प्रभावित हो जाता है। जैसे यदि हम कुछ लोगों से दो बार साक्षात्कार करें तो संभव न हों, चाहे फिर इस बीच उनके विचारों में परिवर्तन ही क्यों न आ गया हो। इस प्रकार हम देखते है कि 'पूर्व' माप से 'पश्चात्' माप प्रभावित हो सकता है। इस समस्या का एक हल यह अभिकल्प है। इसमें हम जिन लोगों से पहली बार साक्षात्कार करते हैं उनसे दूसरी बार नहीं। इस प्रकार 'पूर्व' माप से 'पश्चात्' माप प्रभावित हो सकता । किन्तु चूंकि दोनों समूह प्रारंभ में समान होते हैं, अत: यह मानना तर्कसंगत होगा कि प्रयोगात्मक समूह के लोगों से भी यदि पहले प्रश्न पूछे गये होते तो लगभग वही उत्तर मिलते जो यथास्थ समूह के लोगों से मिले थे। इसलिये दोनों मापों के अन्तर को प्रयोगात्मक चर का प्रभाव मान लेते हैं।

उदाहरण के लिए मान लें, मनोविज्ञान में सीखने के किसी प्रयोग में हम सिखाने की किसी पद्धति का प्रभाव मापना चाहते हैं। हमारी कठिनाई यह है कि हमारे पास परीक्षण करने का एक ही ढंग है। साथ ही किसी भी व्यक्ति का एक परीक्षण दो बार नहीं किया जा सकता क्योंकि पहली बार के परीक्षण से दूसरी बार के परीक्षण के प्रभावित हो जाने की संभावना है। ऐसी स्थिति में हम दो एक जैसे समूह बनाकर केवल एक समूह का परीक्षण पहले करते हैं। यह 'पूर्व' माप हुआ। इस समूह को यथास्थ समूह कहते हैं और इसे नई पद्धति से नहीं सिखाते। दूसरे समूह को प्रयोगात्मक कहते हैं और नये ढंग से सिखाते हैं। अंत में प्रयोगात्मक समूह का परीक्षण करते हैं। यह 'पश्चात्' माप हुआ। यहाँ हम यह मानकर चलते हैं कि दोनों समूहों के एक जैसे होने के कारण उनका 'पूर्व' माप लगभग एक जैसा ही था। इसलिए 'पश्चात्' और 'पूर्व' माप लगभग एक जैसा ही था। इसलिए 'पश्चात्' और 'पूर्व' मापों का भेद प्रयोगात्मक चर का प्रभाव माना जा सकता है।

(*iv*) दो यथास्थ समूहों वाला 'पूर्व' और 'पश्चात्' अध्ययन- यह अभिकल्प एक दूसरी कठिन समस्या को हल करता है। यह पिछले दोनों अभिकल्पों के मिश्रण से बनता है। जैसे पिछले अभिकल्प में हमने देखा था कि कभी-कभी 'पूर्व' माप 'पश्चात्' माप को प्रभावित कर देता है, उसी प्रकार कभी-कभी 'पूर्व' माप 'पश्चात्' माप को प्रभावित कर देता है, उसी प्रकार कभी-कभी 'पूर्व' माप प्रयोगात्मक चर को भी प्रभावित कर देता है। इस प्रकार प्रयोगात्मक चर का विशुद्ध प्रभाव हम नहीं जानते। प्रयोगात्मक चर के 'पूर्व' माप द्वारा इस प्रकार प्रभावित हो जाने की दोनों की अल्योन्य क्रिया दोनों का पता लगा लेते हैं। इसमें दो यथास्थ समूह होते हैं। प्रयोगात्मक और दोनों यथास्थ समूह लगभग एक जैसे होते हैं। प्रयोगात्क समूह में 'पूर्व' और 'पश्चात्' माप लिये जाते हैं।

प्रयोगात्मक समूह पर प्रयोगात्मक घर का प्रभाव डाला जाता है, किन्तु पहले यथास्थ समूह पर नहीं। द्वितीय यथास्थ समूह में 'पूर्व' माप नहीं लिखा जाता, इस पर प्रयोगात्मक चर का प्रभाव डाला जाता है और 'पश्चात्' माप लिया जाता है। यद्यपि द्वितीय यथास्थ समूह का 'पूर्व' माप नहीं लिया जाता, हम इस माप का अनुमान कर लेते हैं। हम यह मान लेते हैं कि तीनों समूहों में प्रयोग का 'पूर्व' माप लगभग एक जैसा था। इसलिए प्रयोगात्मक समूह और प्रथम यथास्थ समूह के 'पूर्व' मापों की औसत को हम द्वितीय समूह के 'पूर्व' माप का हम अनुमान कर लेते हैं। इसके 'पश्चात' माप हम स्वयं ले लेते है। इस पर प्रयोगात्मक चर का प्रभाव डाला जाता है, किन्तु इसमें 'पूर्व' माप और प्रयोगात्मक चर के बीच अन्योन्य क्रिया की संभावना नहीं है, क्योंकि 'पूर्व' माप वास्तव में इसमें कभी नहीं लिया गया। साथ ही 'पूर्व' माप द्वारा 'पश्चात' माप के प्रभावित होने की संभावना भी नहीं है। इसलिएस इस समूह के 'पर्व' और 'पश्चात' मापों का अन्तर प्रयोगात्मक चर की विशुद्ध प्रभाव डालता है।

प्रथम यथास्थ समूह पर प्रयोगात्मक चर का प्रभाव नहीं पड़ा इसलिए वहाँ भी अन्योन्य क्रिया नहीं हो सकती। इसलिए यदि यह मानना तर्कसंगत हो कि अन्य संभव चरों का प्रभाव नगण्य है, तो प्रथम यथास्थ समूह में 'पूर्व' और 'पश्चात' मापों का अन्तर इन तीनों प्रभावों का योग है। अपने अनुमानों को संक्षेप में इम इस प्रकार कह सकते हैं कि यदि यह मानना तर्कसंगत हो कि अन्य संभव चरों (जैसे समसामयिक घटनाओं और विकास की प्रक्रियाओं) का महत्त्वपूर्ण प्रभाव नहीं पड़ा है तो–

1. प्रयोगात्मक समूह में 'पूर्व' और 'पश्चात' मापों का अन्तर (ख)=प्रयोगात्मक चर का प्रभाव+'पूर्व' माप का 'पश्चात' माप पर प्रभाव+अन्योन्य क्रिया,

2. प्रथम यथास्थ समूह में 'पूर्व' और 'पश्चात' मापों का अन्तर (ख)='पूर्व' माप का 'पश्चात' माप पर प्रभाव, और

3. द्वितीय यथास्थ समूह में (अनुमानित) 'पूर्व' और 'पश्चात' मापों का अन्तर ($ख_2$)= प्रयोगात्मक चर का प्रभाव।

साथ ही हमें अन्योन्य क्रिया का भी अनुमान हो जाता है। ऊपर के समीकरणों से स्पष्ट है कि

$ख - अन्योन्य\ क्रिया = ख_1 + ख_2$,

$अन्योन्य\ क्रिया = ख - (ख_1 + ख_2)$

(*v*) तीन यथास्थ समूहों वाला 'पूर्व' और 'पश्चात' अध्ययन–ऊपर के अंतिम अभिकल्प में हमने यह मान लिया था कि समसामयिक घटनाओं और विकास की

प्रक्रियाओं का प्रभाव नगण्य है। किन्तु यह मानना तर्कसंगत न हो और यह संभावना भी हो कि अन्योन्य क्रिया हो रही है तो हम तीन यथास्थ समूहों वाले अभिकल्प का उपयोग करते हैं। इसमें जो नया, तृतीय यथास्थ समूह होता है उसका 'पूर्व' माप और प्रयोगात्मक चर का प्रभाव नहीं होता। बाकी अभिकल्प ठी वैसा ही रहता है जैसे दो यथास्थ समूहों वाला था।

इसके अनुमानों को हम इस प्रकार कह सकते हैं-

प्रयोगात्मक समूह में 'पूर्व' और 'पश्चात' मापों का अन्तर

(क)=प्रयोगात्मक चर का प्रभाव+अन्य चरों का प्रभाव +'पूर्व' माप को 'पश्चात' माप पर प्रभाव +अन्योन्य क्रिया।

प्रथम यथास्थ समूह में 'पूर्व' और 'पश्चात' मापों का अन्तर।

(ख)=अन्य संभव चरों का प्रभाव+'पूर्व' माप का 'पश्चात' माप पर प्रभाव।

प्रथम यथास्थ समूह में (अनुमानित) 'पूर्व' और 'पश्चात' मापो का अन्तर।

(ग)=प्रयोगात्मक चर का प्रभाव+अन्य संभव चरों का प्रभाव।

तृतीय यथास्थ समूह में (अनुमानित) 'पूर्व' और 'पश्चात' मापों का अन्तर।

(घ)=अन्य संभव चरों का प्रभाव।

ऊपर के समीकरणें में स्पष्ट है कि-

(*i*) प्रयोगात्मक चर का प्रभाव $=\text{ख}_2+\text{ख}_3$,

(*i*) अन्योन्य क्रिया $=\text{ख}-(\text{ख}_1+\text{ख}_2-\text{ख}_3)$

$=\text{ख}-(\text{ख}_1+\text{ख}_2-\text{ख}_3)$

इस प्रकार हम प्रयोगात्मक चर का विशुद्ध प्रभाव और अन्योन्य क्रिया दोनों को मापने में समर्थ हो जाते हैं।

(*iv*) दो या अधिक प्रयोगात्मक चरों के संयुक्त प्रभाव का अध्ययन- ऊपर के अभिकल्पों में हमने केवल एक प्रयोगात्मक चर का प्रभाव जानने का प्रयत्न किया है। किन्तु कभी-कभी दो या अधिक प्रयोगात्मक चर एक साथ सक्रिय होते हैं। इनके संयुक्त प्रभाव के अध्ययन के लिए हमें जटिल अभिकल्पव बनाने होते हैं, जिनमें बहुत से समूह होते हैं। फिर अनुमान के लिए सांख्यिकी की विशेष प्रविधियों जैसे अंतवर्ग विश्लेषण का उपयोगी किया जाता है।

प्रयोगात्मक अभिकल्प की आलोचना

प्रयोगात्मक अभिकल्प का लाभ यह है कि इसके द्वारा हम विभिन्न कारकों के प्रभाव का वैज्ञानिक पद्धति से पता लगा सकते हैं, अर्थात् चरों के सम्बन्धों के विषय में अमूर्त परिकल्पनाओं का परीक्षण कर सकते हैं। यदि ये परिकल्पनाएँ सत्य सिद्ध हों तो हमारे सिद्धान्त को बल मिलेगा और अन्य परीक्षणों द्वारा हम नियमों की खोज की दिशा में प्रगति कर सकेंगे। प्रयोग की पद्धति में कुछ हानियाँ भी हैं। इसकी एक आलोचना यह है कि केवल दो चरों के सम्बन्ध में अध्ययन करते समय यह अन्य चरों के प्रभाव को आँखों से ओझल कर देती है। दूसरे शब्दों में प्रयोग की पद्धति चरों को एक-दूसरे से कृत्रिम ढंग से अलग कर देती है। वास्तव में, चर अलग-अलग संदर्भों में अलग-अलग प्रभाव डालते हैं। जैसे एक प्रकार की परिस्थिति में सत्तावादी नेतृत्व प्रभावशाली हो सकता है और दूसरे प्रकार की स्थिति में प्रभावहीन। इस आलोचला के अनुसार सामाजिक विज्ञान में शोध को प्रयोग के स्थान पर क्षेत्रीय अध्ययन का रूप लेना चाहिये जिसमें विभिन्न परिस्थितियों के प्रतिनिधि प्रतिदर्श का अध्ययन किया जाये। इसमें चरों के नियंत्रण की प्रचलित पद्धति को छोड़ना होगा। जिन परिस्थितियों का अध्ययन किया जा रहा है उनमें जो अन्योन्य क्रिया मिलती है वह हम स्वीकार कर लेंगे। इस प्रकार के अध्ययनों के मुख्य उपकरण होते हैं सांख्यिकी की आंशिक सह-सम्बन्ध और बहु-सम्बन्ध की प्रविधियाँ। मनोविज्ञोन क्षेत्र में इस पद्धति का विशेष उपयोग हुआ है।

अनुसंधान अभिकल्प के निर्माण के नियम

जॉन स्टुअर्ट मिल ने सबसे पहले अनुसंधान अभिकल्प में तर्क के प्रयोग का महत्त्व स्पष्ट रूप से बताया था। उन्होंने संरचना में कारकों का अंतःसम्बन्ध स्पष्ट करने के लिए तर्क के आधार पर निम्नांकित संरचना-विधियों का उल्लेख किया है।

1. स्वीकृति की प्रविधि जिसके द्वारा किन्हीं भी दो प्रकार के तथ्यों का प्रत्यक्ष सम्बन्ध बताया जाता है, जैसे यदि किसी शिशु को बचपन से उसके माता-पिता द्वारा अस्वीकृत किया जायेगा तो आगे चलकर वह बालक अपने माता-पिता के प्रति मानसिक दूरी तथा अविश्वास प्रकट करने लगेगा। यहाँ यह कार्य और कारण का सम्बन्ध स्पष्ट रूप से प्रकट किया गया है, अर्थात् यहाँ दो प्रकार के तथ्य हैं, पहला तथ्य है-जिसमें शिशु अवस्था में शिशु के प्रति माता-पिता के प्रति उसका शुष्क व्यवहार बताया गया है। दूसरा तथ्य है-शिशु के बड़े होने पर माता-पिता के प्रति उसका शुष्क व्यवहार होना। यहाँ इन दोनों प्रकार के तथ्यों में यदि सीधा अंतःसम्बन्ध पाया जाता है तथा अन्य किसी कारक को उस शिशु को प्रभावित नहीं करने दिया जाता है तो स्टुअर्ट मिल के अनुसार यह स्वीकृति की प्रविधि कहलायेगी।

2. जॉन स्टुअर्ट मिल ने सामाजिक विज्ञानों के अभिकल्पों के निर्माण में तर्क के प्रयोग का दूसरा सिद्धान्त बताया है और इसे नकारात्मक सिद्धान्त की संज्ञा दी गई है। इस नकारात्मक सिद्धान्त के अनुसार कार्य-कारण के सम्बन्धों को और अधिक स्पष्ट किया जाता है, जैसे यदि बाल्यकाल में किसी शिशु के साथ उसके माता-पिता द्वारा शुष्कता का व्यवहार प्रदर्शित नहीं किया जायेगा तो बड़ा होने पर वही शिशु अपने माता-पिता के प्रति अप्रिय व्यवहार प्रदर्शित नहीं करेगा। अनुसंधान-अधिकल्पा में अस्वीकृति के सिद्धान्त को व्यावहारिक रूप से सिद्ध करने के लिए उन्होंने निम्नांकि चित्र प्रस्तुत किया है-

अ ब स से उत्पन्न होता है च

अ ब स नहीं उत्पन्न होता है च

अत: स के द्वारा ही च का जन्म होता है।

इस प्रकार अस्वीकृति सिद्धान्त के अनुसार दो कारकों का अंत:सम्बन्ध तर्क द्वारा सिद्ध किया जाता है, जैसे-जब अ और ब के साथ स मिल जाता है जो उनके साथ च प्रकट होता है अर्थात् चारी की घटना होती है। दूसरी बार अ और ब के साथ जब स नहीं होता तो च प्रकट नहीं होता है अर्थात् चोरी की घटना नहीं होती है। इससे तर्क द्वारा यह सिद्ध किया जाता है कि जब स होता है तभी चोरी होती है और जब स नहीं होता तो उस अवस्था में चोरी की घटना नहीं होती है। अंत: सम्बन्ध ज्ञान करने का प्रयास किया जाताा है, उसक तर्क द्वारा भी सिद्ध किया जाना चाहिये। मिल के अस्वीकृति सिद्धान्त के अनुसार जब तक इस प्रकार उपकल्पना को तर्क के द्वारा सिद्ध नहीं कर लिया जाता है, तब उसके कार्यकारण का अंत:सम्बन्ध स्पष्ट नहीं किया जा सकता है।

इस प्रकार तर्क के आधार पर अन्य विज्ञानों में भी अनुसंधान-अभिकल्पों का निर्माण किया जाता है। इस बार मिल के इसी तर्क के अस्वीकृति-सिद्धान्त के अनुसार औषधि विज्ञान में एक प्रयोग किया गया था। मलेरिया की बीमारी की रोकथाम के लिए एटाब्रीन नामक एक औषधि का आविष्कार किया गया था। एटाब्रीन औषधि का परीक्षण यह करना था कि उसके प्रयोग से मलेरिया के कीटाणुओं का नाथ होता है अथवा नहीं होता है। इसके अनुसंधानकर्त्ताओं ने अपने अनुसंधान की अभिकल्प बनाई इस अभिकल्प के अनुसार मलेरिया से पीड़ित व्यक्तियों को दो पृथक-पृथक समहों में विभाजित किया गया। एक समूह के रोगियों को एटाब्रीन नामक औषधि दी गई तो यह ज्ञात हुआ कि जिस समूह के रोगियों को एटाब्रीन औषधि दी गई तो यह ज्ञात हुआ कि अपेक्षा अधिक शीघ्रता से मलेरिया रोग से मुक्त हो गये। यहाँ तर्क तथा प्रयोग दोनों के द्वारा ही हमारी उपकल्पना सिद्ध होती है अर्थात् एटाब्रीन औषधि मलेरिया रोग के निवारण में एक सफल औषधि सिद्ध होती है। इस प्रकार के अनुसंधान-अभिकल्पों के निर्माण में केवल इस बात का

ध्यान रखना आवश्यक है कि जब कार्यकारण का अंत:सम्बन्ध ज्ञात करने के लिए एक नियंत्रित समूह और दूसरा अप्रभावित समूह लेते हैं तो यह स्पष्ट रूप से ज्ञात कर लेना आवश्यक है कि उन दोनों समूहों में से एक समूह में प्रभावक तत्व प्रारंभ करने से पूर्व वे दोनों समूहों ही समूह प्रत्येक दशा में एक-दूसरे से पूर्ण रूप से समान हों। इस प्रकार के अनुसंधान के उदाहरण और भी दिये जा सकते हैं। एक उदाहरण अल्पसंख्यकों तथा बहुसंख्यकों के पारस्परिक सम्बन्धों के विषय में है। जहाँ अल्पसंख्यक तथा बहुसंख्यक दोनों ही एक साथ पास-पास निवास करते हैं, वहाँ बहुसंख्यक लोगों के प्रति विशेष प्रकार के पूर्वाग्रह बन जाते हैं और उन्हीं पूर्वाग्रहों के फलस्वरूप दोनों समूहों में तनाव की परिस्थितियाँ प्राय: उत्पन्न हो जाती है।

अभिकल्प के सत्यापन की समस्या

1. अनुसंधान के महत्त्वपूर्ण कारकों को ज्ञात करना तथा उनको नियंत्रित करना-जब किसी अनुसंधान-अभिकल्प का कार्य प्रारंभ करना होता है तो यह ज्ञात करना आवश्यक है कि उस अनुसंधान अभिकल्प से सम्बन्धित उपकल्पना के अनुसार कार्यकारण का अंत:सम्बन्ध किस प्रकार ज्ञात किया जाये। उदाहरणार्थ-यदि हमें यह ज्ञात करना है कि एटाब्रीन नामक औषधि के प्रयोग से मलेरिया का रोग नहीं होता है, तो हमें यह भी ज्ञात करना होगा कि शरीर-विज्ञान सम्बन्धी अन्य कोई कारक तो ऐसे नहीं है जो इस रोग से पीड़ित व्यक्ति को प्रभावित कर रहे हों। यह ज्ञान हमें उसी अवस्था में मिल सकता है जब हम उस विषय पर सविस्तार अध्ययन करके उस सभी कारकों को ज्ञात कर लें जो मलेरिया-पीड़ित रोगी को किसी प्रकार से प्रभावित कर सकते हों। इस प्रकार एक उचित अभिकल्प के निर्माण में अध्ययनकर्ता को अपने अध्ययन-विषयक सिद्धान्तों का, उससे पूर्व किये गये अन्य सभी प्रयोगों का तथा उस विषय से सम्बन्धित सभी उपकल्पनाओं का समुचित एवं प्रचुर ज्ञान होना आवश्यक है। इतना सब-कुछ कर लेने पर ही अनुसंधान कार्य में सफलता मिलने की संभावना रहती है।

जब मलेरिया-पीड़ित रोगी के शरीर को प्रभावित करने वाले समस्त संभव कारकों का ज्ञान हमें हो जायेगा तो उन कारकों को नियंत्रित करने में भी हमें सुविधा रहेगी तथा उचित नियंत्रण पद्धति का भी सफलतापूर्वक प्रयोग किया जा सकेगा। अत: जब दो सर्वथा समान अवस्था के रोगियों का चयन कर लिया जायेगा तो उनमें से एक रोगी एटाब्रीन नामक औषधि से प्रभावित होने को कारण स्पष्ट हो जायेगा।

2. दूसरी समस्या अनुसंधान अभिकल्प में तब उपस्थित होती है जब दो कारकों के अन्त:सम्बन्ध अर्थात् पारस्परिक सम्बन्ध सुस्पष्ट नहीं होते हैं- जब कार्य और कारण का अंत:सम्बन्ध सुस्पष्ट नहीं होता है तो तर्क सिद्धान्त के अनुसार हमारा

अनुसंधान अभिकल्प दोषपूर्ण हो जाता है। इस दोष के चित्र क्रमसंख्या 2 में भली-भाँति स्पष्ट किया गया है, क्योंकि इस चित्र में निम्नांकित सम्भावनायें सदा बनी रहती हैं-

(*i*) स ही च की उत्पत्ति का कारण है।

(*ii*) च भी स की उत्पत्ति का कारण हो सकता है।

(*iii*) स और च दोनों ही ऐसे हो सकते हैं जिनकों उत्पन्न करने वाला कोई तीसरा कारक हो।

(*iv*) अ अथवा व भी च की उत्पत्ति के कारक हो सकते हैं।

(*v*) स से च की उत्पत्ति अन्य अपरिचित कारकों द्वारा भी संभव हो सकती है।

(*vi*) स के कारण च की उत्पत्ति नहीं हो सकती है, क्योंकि यह अचानक घटना के रूप में भी हो सकता है।

अतः इस प्रकार की संभावनाओं को नियंत्रित करना अनुसंधानकर्त्ता का प्रमुख लक्ष्य होना चाहिए।

3. तीसरी समस्या समय सम्बन्धी तत्व की है-जब कोई अनुसंधान कार्य दीर्घ समय जक चलता रहता है तो उसमें भी कई समस्याएँ उत्पन्न हो जाती हैं। कभी-कभी पर्याप्त समय व्यतीत जो जाने के पश्चात जब पूर्व-उदारता से समान प्रश्न दूसरी बार पूछा जाता है तो इस मध्यवर्ती समय में उस उत्तरदाता के विचार बदल सकते हैं और उस एक ही उत्तदाता से समान प्रश्न पर दो प्रकार के उत्तर प्राप्त होने की संभावना बनी रहती है। इसी प्रकार यदि कोई अनुसंधान कार्य दीर्घ समय तक चलता रहता है तो क्षेत्रीय तथा उत्तरदाता की व्यक्तिगत परिस्थितियाँ स्वाभावतः बदल सकती हैं और ऐसी परिवर्तन एवं नवीन परिस्थितियों में पूर्व-प्राप्त उत्तरों से भिन्न प्रकार के उत्तर प्राप्त होते हैं। इस प्रकार की समस्या के समाधान के लिए यह आवश्यक है कि कोई भी अनुसंधान कार्य अनावश्यक रूप से अधिक समय तक स्थगित न रखा जाये। इसके अतिरिक्त यह भी देखना आवश्यक है कि यदि किसी नवीन कारक का किसी प्रयोगाधीन समूह को प्रभावित करने के लिए चयन किया गया है तो उसे प्रभावक कारक की मात्रा को भी उचित प्रकार से माप लेना भी उतना ही आवश्यक है।

4. क्लासिकल (शास्त्रीय) अनुसंधान अभिकल्प का आवश्यकता से अधिक सरल होना-अनुसंधान अभिकल्प के निर्माण में एक दोष यह बताया जाता है कि इसमें कार्य-कारण का प्रत्यक्ष सम्बन्ध एक सहज मान्यता के आधार पर प्रकट किया जाता है, जैसे एटाब्रीन नामक औषधि मलेरिया रोग के निवारण की एक अचूक औषधि होती है, जैसे एटाब्रीन नामक औषधि मलेरिया रोग के निवारक की एक अचूक औषधि

होती है। वास्तव में इस प्रकार के कार्यकारण के सम्बन्ध इतने सरल नहीं होते हैं, क्योंकि जिस प्रकार जीवन विज्ञान में किसी एक क्रिया के अनेक कारक हो सकते हैं, ठीक उसी प्रकार एक समाजिक प्रक्रिया का भी एक निश्चित कारक न होकर अनेक कारक होते हैं। अतः मूल समस्या यह बनी रहती है कि एक कार्य का सम्बन्ध एक ही कारक से किस प्रकार स्थापित किया जाये। इस प्रकार का सम्बन्ध स्थापित करना उसी अवस्था में सम्भव होता है जब अन्य कारकों का जो उस क्रिया को प्रभावित करने की क्षमता रखते हैं, पूर्ण रूप से निश्चित और नियंत्रित कर लिया जाये।

अनुसंधान अभिकल्प सम्बन्धी अन्य समस्याएँ

1. कारकों (चरों) का परिसीमन अथवा सीमांकन– समाजशास्त्रीय अनुसंधानों में सबसे बड़ी समस्या यह रहती है कि किसी प्रक्रिया के कारकों का निश्चय करना कठिन होता है। उदाहरणार्थ किसी कार्यालय अथवा किसी फैक्टरी में श्रमिकों व कर्मचारियों के कार्य-सम्पादन में आलस्य एवं प्रमाद के क्या कारण हो सकते हैं। इसके वैयक्तिक, सामाजिक, आर्थिक एवं प्रशासनिक आदि भिन्न-भिन्न कारण अथवा कारक हो सकते हैं। किन्तु दो समकक्ष समूहों का चयन किस प्रकार किया जाना चाहिए कि उनमें सभी संभव कारक समान हों और केवल एक प्रभावक चर अथवा कारक केवल एक ही समूह में पाया जाता हो। तदुपरान्त यह देख लेना आवश्यक तथा उचित है कि श्रमिकों व कर्मचारियों के किस समूह में आलस्य एव्र प्रमाद अधिक अथवा कम मात्रा में पाया जाता है।

अनुसंधान-प्रारूप रचना में चरों अथवा कारकों के नियंत्रण हेतु शोधनकर्ता को निम्नलिखित निर्देशनों का पालन करना अति आवश्यक है-

(*i*) सम्बन्धित समस्या के विषय में अध्ययनकर्ता को अधिक से अधिक उपलब्ध सहित्य का अध्ययन करना आवश्यक है। ऐसा करने में शोधकर्ता को सभी संभव कारकों का समुचित ज्ञान हो सकेगा।

(*ii*) उपकल्पना का विकास पर्याप्त सोच-विचार के उपरांत करना चाहिए।

(*iii*) जिस समस्या, विषय अथवा घटना का अध्ययन किया जा रहा हो, वहाँ अध्ययनकर्ता को स्वयं जाकर उसका अवलोकन व अध्ययन करना चाहिए।

(*iv*) अपने सहयोगियों, विषय के विद्वानों तथा अध्यापकों के समस्या के विषय में व्यापक चर्चा करनी चाहिए।

(*v*) अप्रकाशित साहित्य का भी विस्तृत अध्ययन करना चाहिए।

(vi) पूर्ण अध्ययन की अंतिम प्रक्रिया प्रारंभ करने से पूर्व अध्ययनकर्ता को अपनी संपूर्ण प्रक्रिया का पूर्व अध्ययन कर लेना अत्युतम होता है। ऐसा करने से यदि किसी चरण पर किसी प्रकार की त्रुटि आ गई है तो उसका उचित समय पर निराकरण किया जा सकता है। इस प्रकार के अध्ययन को पूर्व अध्ययन की संज्ञा दी जाती है। एक उत्तम अभिकल्प के निर्माण के लिए ये सभी चरण आवश्यक होते हैं।

प्रयोगात्मक अभिकल्प में अन्य विभिन्नतायें

मिल द्वारा प्रतिपादित प्रयोगात्मक अभिकल्प के प्रतिमानों में दो समान समूहों पर हुए किसी कारक का प्रभाव ज्ञात करने से पूर्व पूर्ण समानता के आधार पर उन दोनों समूहों का अध्ययन किया जाता है। अर्थात् दोनों समूहों की सामाजिक, आर्थिक तथा अन्य प्रकार की समस्त संभावित परिस्थितियों एवं प्रक्रियाये समान पायी जानी चाहिएं। पुनः एक समूह के किसी कारक विशेष से प्रभावित हो जाने की स्थिति के उपरांत नियंत्रित एवं प्रभावित दोनों समूहों की तुलना की जाती है। यदि तुलना करने पर उन समूहों में किसी प्रकार का अन्तर पाया जाता है तो तर्क-सिद्धान्त के अनुसार यही निष्कर्ष निकाला जाता है कि वह कारक विशेष को उस परिवर्तन-विशेष का प्रत्यक्ष कारण रहा है। उपर्युक्त परीक्षण को क्रियान्वित करने के लिए एक अन्य परिवर्तित एवं परिवर्धित अभिकल्प का निर्माण किया जाता है। इस अभिकल्प में और अधिक प्रामाणिकता एवं विश्वसनीयता लाने के लिए चार समकक्ष सामाजिक इकाइयों के चयन किया जाता है। प्रथम समूह हो पूर्ण रूप से नियंत्रण एवं उद्दीपन से पूर्णतः मुक्त रखा जाता है। दूसरे समूह में उद्दीपन की एक निश्चित मात्रा द्वारा उद्दीपन की मात्रा दूसरें समूह की अपेक्षा क्रमशः दुगुनी तथा तीन गुनी क्रियान्वित की जाती है। पुनः इन चारों समूहों का अंत में तुलनात्मक अध्ययन किया जाता है। प्रथम समूह की परिवर्तित स्थिति की मात्रा की तुलना दूसरे, तीसरे और चौथे समूहों में हुए परिवर्तनों की मात्रा से की जाती है। इस अनुसंधान प्रक्रिया का निर्माण निम्नांकित चित्र द्वारा और अधिक स्पष्ट किया जाता है-

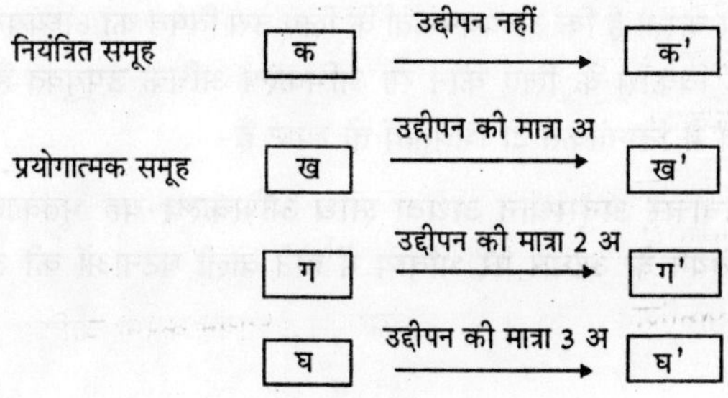

2. घटनोत्तर अनुसंधान अभिकल्प-जैसा कि पूर्व-वर्णित प्रारूप में बताया गया है कि यदि एक कारक का प्रभाव किसी एक व्यक्ति अथवा व्यक्तियों के किसी समूह पर प्रयोग किया जाना चाहिए। पुन:भविष्य में दीर्घकाल के उपरांत ही उसके परिणामों को ज्ञात किया जा सकता है। जैसे यदि भारतवर्ष में ग्रामीण समुदाय में परिवार नियोजन का प्रचार एवं प्रसार आज प्रारंभ किया जाता है और अन्य किसी ग्रामीण समुदाय में जो प्रथम ग्रामीण समुदाय की भांति ही सभी दृष्टियों के समान विशेषताओं से युक्त है, इस प्रकार के परिवार नियोजन का कार्य उस ग्रामीण समुदाय में प्रारंभ नहीं किया जाता है। पुन: एक दो वर्ष बाद दोनों ग्रामीण समुदायों में परिवार स्वरूपों का तुलनात्मक अध्ययन किया जाता है और यह ज्ञात करने का प्रयास किया जाता है कि परिवार नियोजन के प्रचार एवं प्रसार के प्रयोगात्मक समूह में नियंत्रित समूह की अपेक्षा परिवर्तन की प्रकिया पर कोई प्रभाव पड़ा अथवा नहीं पड़ा है। इस प्रकार के सभी प्रयोगों के परिणाम तत्कालीन अवस्था में ज्ञात नहीं हो सकते। उनका निष्कर्ष तो भविष्य में होने वाले परिवर्तनों एवं प्रभावों के आधार पर ही निकाला जा सकता है। अत: इस प्रकार के प्रयोगों को प्रक्षेपण अभिकल्प कहा जाता है। एक प्रसिद्ध समाजशास्त्री अर्नेस्ट ग्रीनवुड ने अपनी पुस्तक "प्रयोगात्मक समाजशास्त्र" में एक अन्य प्रकार के प्रक्षेपण अभिकल्प का वर्णन किा है जिसमें ऐसी घटनाओं के आधार पर निष्कर्ष निकालने का प्रयास किया जाता है जो पहले घटित हो चुकी है अर्थात् इसमें भूतकालीन घटनाओं और उसमें उत्पन्न नवीन परिस्थितियों के फलस्वरूप उत्पन्न परिणामों का अध्ययन किया जाता है। इस प्रकार की भूतकालीन घटनाओं के परिणामों के अध्ययनों के आधर पर निर्मित अभिकल्पों को अर्नेस्ट ग्रीनवुड ने घटनोत्तर शोध अथवा अनुसंधान अभिकल्प की संज्ञा दी है।

प्रक्षेपण अभिकल्प एवं घटनोत्तर में भिन्नताएँ

सामाजिक अनुसंधान के विभिन्न अध्ययनों में परिस्थितियों तथा घटनाओं के समय क्रम के आधार पर समाजशास्त्रीय अध्ययनकर्ताओं ने दोनों ही प्रकार की अभिकल्पों का प्रयोग किया है। यह समाजशास्त्रीय अध्ययनकर्ताओं ने दोनों ही प्रकार की अभिकल्पों का प्रयोग किया है। एक समाजशास्त्रीय अध्ययन की प्रकृति, उसके विषय के विभिन्न पहलुओं पर निर्भर करता है कि अध्ययनकर्ता के लिए उस विषय का अध्ययन करने और वैज्ञानिक ज्ञान के विकास के लिए कौन सा अभिकल्प अधिक उपयुक्त हैं। इन दोनों अध्ययन पद्धतियों में निम्नांकित दो भिन्नतायें तो स्पष्ट हैं-

1. घटनोत्तर अनुसंधान अथवा शोध अभिकल्प-यह भूतकाल में घटित घटनाओं के अध्ययन के आधार पर भविष्य में होने वाली घटनाओं की ओर निर्दिष्ट करती है।

2. दोनों अभिकल्प प्रविधियों में दूसरा अन्तर यह है कि घटनोत्तर शोध अभिकल्प में नियंत्रण उसी का कारक का किया जा सकता है जिसका भूतकालीन विकल्प प्राप्त हो सकता है। वैसे दोनों ही अभिकल्प तर्क के आधार पर प्रक्षेपण प्रविधि की श्रेणी में ही गिने जाते हैं। दोनों की प्रविधियों के द्वारा दो समूहों की तुलना की जाती है। जब दोनों समूह प्रत्येक दशा में एक-दूसरे से उनकी विभिन्न विशेषताओं की दृष्टि से पूर्णतः समान विशेषताओं के द्योतक हैं और एक समह की केवल एक विशेषता ऐसी है जो दूसरे में नहीं पायी जाती है तो उस एक भिन्न विशेषता के कारण एक समूह में जो अन्तर उत्पन्न होता है, उसका दोनों ही अभिकल्पों के द्वारा अध्ययन किया जा सकता है। घटनोत्तर शोध अभिकल्प में भी ऐसे दो समान समूहों का चयन किया जाता है जिसमें एक जैसी कोई घटना घटित हुई होती है और उस घटना का पूरा विवरण रखा जाता है। पुनः उन दोनों समूहों की समान विशेषताओं में एक विशेषता ऐसी होती है जो एक समूह में पाई जाती है और दूसरे समूह में उसका नितांत अभाव होता है। जब भूतकाल में हुई घटनाओं का अभिलेखों के रूप में पूरा-पूरा विवरण रखा जाता है तो उन भूतकालीन विवरणों के आधार पर ही वर्तमान में पाये ने वाले अन्तर का अध्ययन किया जाता है। यही घटनोत्तर अध्ययन अभिकल्प कहलाती है। विद्वानों ने इसको भी एक प्रक्षेपण प्रविधि के आधार पर की गई एक प्रकार की अनुसंधान अभिकल्प ही स्वीकार किया है।

घटनोत्तर शोध अभिकल्प का उदाहरण

अमेरिका में सन् 1932 के लगभग एक बड़ा भारी आर्थिक संकट आया था। उसमें बहुत बड़ी संख्या में लोग बेरोजगार हो गये थे। बेरोजगार लोगों के लिए सरकार की ओर से कई प्रकार की रोजगार सम्बन्धी कार्य प्रारंभ किये गये थे। (*i*) कुछ कार्य स्थान ऐसे थे जहाँ मुफ्त सहायता के साथ-साथ आंशिक श्रम भी लिया जाता था। कुछ कार्य-स्थान ऐसे थे जहाँ लोगों को पूरा काम करने पर ही पूरा पारिश्रमिक मिलता था। इस आर्थिक संकट को समाप्त होने के उपरांत जब इन तीनों श्रेणियों के लोगों को पुन काम पर लगाया गया तो इन तीनों समूहों के सदस्यों के द्वारा कार्य के प्रति जो प्रतिक्रियायें प्रदर्शित की गई थी, वे एक दूसरे से बिलकुल भिन्न पाई गई थी। इसी प्रयोग के आधार पर एक घटनोत्तर शोध अभिकल्प की कल्पना की गई थी और उसी के अनुसार अध्ययन किया गया था। निम्नांकित चित्र से अंकित करने पर यह अभिकल्प और स्पष्ट हो जाता है। उपरोक्त चित्र के अनुसार इस घटनोत्तर शोध अभिकल्प में स्पष्ट रूप से चार समूह ऐसे चयन किये गये थे जो आर्थिक संकट आने से पूर्व लगभग सभी बातों में समान थे। इसमें ऐसे परिवारों का चयन किया गया था जो सामाजिक-आर्थिक आधारों पर पूर्ण रूप से समान थे, किन्तु जब इन लोगों को अर्थिक संकट के समय काम पर लगाया गया तो इनके चार समूह बना लिये गये थे।

पुनः अमेरिका में जब आर्थिक संकट पूर्ण रूप से समाप्त हो गया तो कुछ समय बाद इन चारों समूहों के परिवारों के सदस्यों को काम पर लगाया गया तो काम के प्रति इन चारों समूह के सदस्यों की प्रतिक्रियायें भिन्न-भिन्न प्रकार की पयी गईं। प्रथम समूह के लोगों को जिन्हें बिना काम किये मुफ्त सहायता उपलब्ध होती थी, जब वेतन के बदले पूरा श्रम करना पड़ा तो उन्होंने श्रम करना पड़ा तो उन्होंने श्रम के प्रति पूर्ण उदासीनता प्रकट की। दूसरे समूह के परिवारों के सदस्य जिनकों पहले निःशुल्क सहायता अधिक और श्रम कम करना पड़ता था, अब काम के प्रति उत्साह प्रकट करते थे। तीसरे परिवार-समूह का जिन्हें थोड़े समय निःशुल्क और अधिक समय पूरा श्रम करना पड़ता था, श्रम के प्रति रवैया दूसरे समूह से अपेक्षाकृत अच्छा पाया गया। श्रम के प्रति पूर्ण उत्साह एवं लगन चौथे परिवार-समूह के सदस्यों में पायी गयी जिन्होंने पहले कभी मुफ्त सहायता नहीं ली थी और काम करने पर ही वेतन पाकर अपनी उदर-पूर्ति की थी।

इस प्रकार की भूतकालीन परिस्थितियों का विस्तृत एवं प्रामाणिक विवरण होने पर तथा उन्हीं समूहों की वर्तमान परिस्थितियों के भी पूर्ण तथ्य उपलब्ध होने पर ही घटनोत्तर अध्ययन अभिकल्प का प्रयोग किया जाना संभव हो सकता है, अन्यथा नहीं।

अनुसंधान अभिकल्प का तीसरा प्रकार प्रयोगात्मक अभिकल्प है। प्रयोगात्मक अनुसंधान अभिकल्प जैसा कि नाम से ही स्पष्ट 'प्रयोग' की अवधारणा पर आश्रित है। प्रयोग मूलतः एक प्रकार का नियंत्रित अन्वेषण है। प्रयोगात्मक अनुसंधान अभिकल्प को विस्तार से समझने के लिए यह आवश्यक होगा कि हम 'प्रयोग' को समझ लें।

आर. एल. एकॉफ ने लिखा है कि "प्रयोग एक क्रिया है जिसे हम अन्वेषण कहते हैं।"

ई. ग्रीनवुड के अनुसार, "एक प्रयोग एक ऐसी उपकल्पना का प्रमाण है जो दो कारकों को ऐसी विरोधी परिस्थितियों के अध्ययन के माध्यम से कारणात्मक सम्बन्ध स्थापित करता है, जिनमें केवल अभिरुचिपूर्ण कारक को छोड़कर अन्य सभी कारकों पर नियंत्रण कर लिया जाता है, बाद वाले अभिरुचिपूर्ण कारक या तो उपकल्पनात्मक कारण या उपकल्पनात्मक प्रभाव होता है।"

सेलिस, जहोदा एवं अन्य के अनुसार, "अपने सबसे सामान्य अर्थ में एक प्रयोग के प्रमाण के संग्रह के संगठन के ऐसे ढंग के रूप में समझा जा सकता है, जिससे उपकल्पना की सत्यता के विषय में परिणाम निकालने की अनुमति मिल सके।" इसके लिए हम दो समान समूह लेंगे-एक 'प्रयोगात्मक समूह' कहलाएगा एवं दूसरा 'यथास्थ समूह'। प्रयोगात्मक समूह पर हम स्वतंत्र चर (या प्रयोगात्मक चर) का प्रभाव डालते हैं। यहाँ हमारा प्रयोगात्मक। चर संगणक है। अब हम किसी स्कूल की कक्षा के दो समूह

बनाते हैं और एक समूह को संगणकों के माध्यम से पढ़ाते हैं व दूसरे को परंपरागत ढंग से। शिक्षा सत्र के अंत में दोनों समूहों को एक ही परीक्षा में बिठाकर उनके परीक्षाफल की तुलना करते हैं। यदि हम पाते हैं कि संगणक द्वारा शिक्षित समूह का परीक्षाफल श्रेष्ठ है तो हम कह सकते हैं कि संगणकों द्वारा पढ़ाना अधिक लाभकारी है।

इस प्रकार प्रयोगात्मक अनुसंधान अभिकल्प 'प्रयोग' पर आधारित है। यह भी भौतिक विज्ञानों में प्रयोगों की भांति होती है। इस प्रकार के अभिकल्पों का निर्माण अत्यंत सोच-समझकर किया जाता है। इस अभिकल्प के आधार पर तार्किक निष्कर्षों को निकाला जाता है। 'जॉन स्टुअर्ट मिल' पहले व्यक्ति थे, जिन्होंने प्रयोगात्मक विधि के आधार पर अनुसंधान अभिकल्पों के सम्बन्ध में सुधार किए। प्रयोगात्मक अनुसंधान अभिकल्प में कारणत्व की अवधारणा का विश्लेषण करना भी परमावश्यक हो जाता है। सामान्य शब्दों में, इसका आशय यह है कि इस घटना दूसरी घटना का कार्य या कारण होती है। इस प्रकार इसमें अधिकतर दो या दो से अधिक घटनाओं, कारकों या चरों के मध्य कार्यकारण सम्बन्ध की अनेक परिस्थितियों का अध्ययन किया जाता है।

प्रयोग क्या है ?

गैरेट के अनुसार प्रयोग का अर्थ पद्धति से पूछा गया प्रश्न है। प्रयोग में प्रयोगकर्ता के सामने एक स्पष्ट प्रश्न या समस्य होती है और उसका उत्तर पाने के लिए वह प्रयोग करता है। इसलिए जहोडा तथा अन्य ने सामाजिक प्रयोग को उपकल्पना की जाँच के लिए प्रमाण एकत्रित करने की विधि बतलाया है। प्रयोग उपकल्पना पर आधारित होता है। यह उपकल्पना युक्ति से निकलती है। इस उपकल्पना को प्रयोगों के आधार पर सिद्ध अथवा असिद्ध किया जाता है। ग्रीनवुड के शब्दों में, ''प्रयोग उपकल्पना का प्रमाण है जिसके द्वारा दो तथ्यों के मध्य कार्यकरण या प्रभाव होता है।'' इस प्रकार प्रयोग विधि में नियंत्रण का कारक सबसे अधिक महत्त्वपूर्ण है। इसमें विषय नियंत्रित परिस्थितियों में अध्ययन किया जाता है। **जॉन आर. पी. फ्रेंच** के अनुसार, ''हम क्षेत्र प्रयोग की परिभाषा एक मौखिक अनुसंधान योजना से करेंगे जिसमें प्रयोगकर्ता किसी परिकल्पना की जाँच करने के लिए किसी वास्तविक परिस्थिति में स्वतंत्र परिवर्त्य में परिवर्तन करता हैं।''

इस प्रकार प्रयोग में विभिन्न कारकों को स्वतंत्र और आश्रित परिवर्त्यों में बांट दिया जाता है। इनमें पहला प्रायोगिक तथा दूसरा नियंत्रणात्मक समूह है। स्वतंत्र परिवर्त्य एक ऐसा कारक है जिसको इच्छानुसार परिवर्तित किया जा सकता है। बहुधा यह परिवर्त्य एक ही होता है क्योंकि प्रयोगकर्ता प्रत्येक कारक का अलग-अलग प्रभाव देखना चाहिता है, यदि कोई परिवर्तन दो कारकों के कारण होता है तो यह निश्चय करना कठिन होता है कि उनमें से किस कारक का उस परिवर्तन में कितना महत्त्व है।

सांख्यिकी पद्धति में एक बार में एक से अधिक कारक भी स्वतंत्र परिवर्त्य हो सकते है परन्तु सांख्यिकीय विश्लेषण प्रत्येक कारक के प्रभाव को अलग कर देता है और किसी एक कारक में पड़ती हैं। ये अनुक्रियांएँ उस प्रयोग के आश्रित परिवर्त्य हैं। ये उसक कारक पर आश्रित हैं जिसके प्रभाव का अध्ययन किया जा रहा है। ग्रीनवुड के अनुसार प्रयोग में नियंत्रण से तात्पर्य यह है कि जबकि अन्य समस्त कारक स्थिर हों केवल अध्ययन किये जाने वाली कारक को भी परिवर्तित किया जाये। उदाहरण में स्वतंत्र परिवर्त्य के परिवर्तन के कारण आश्रित परिवर्त्यों में परिवर्तन होता है। इसलिए फैंस्टियर ने प्रयोग विधि अनुसंधानकर्त्ता अपनी मनोवांछित दशाओं में से एक परिस्थिति निर्माण करता है और जिससे कि वह कुछ को नियंत्रित करता है और अन्य को परिवर्तित करता है।

ग्रीनवुड के अनुसार समाजशास्त्र के क्षेत्र में निम्नलिखित पाँच प्रकार के प्रयोग किये जा सकते हैं-

1. शुद्ध प्रयोग अथवा प्रयोगशाला प्रयोग।

2. अनियंत्रित प्रयोग अथवा स्वाभाविक प्रयोग।

3. एक्स पोस्ट फैक्टे प्रयोग जिसमें कि अनुसंधानकर्त्ता प्रभाव से उसके कारण पर पहुँचने के लिए प्रयोग करता है।

4. प्रयत्न और भूल प्रयोग जो सामान्य व्यवहार में देखे जाते हैं।

5. नियंत्रित निरीक्षण अध्ययन।

जॉन आर. पी. फ्रेंच के अनुसार सामाजिक प्रयोग की विशेषता उसकी अनुसंधान की रूपरेखा, उसमें स्वतंत्र परिवर्त्य का आयोजन और प्रहस्तन और उसके प्रयोजन, पर निर्भर होता है। सामाजिक प्रयोग में सबसे पहले समस्या का चुनाव किया जाता है। इसके बाद समस्या को परिकल्पना के शब्दों में रख दिया जाता है। तब अनुसंधान के लक्ष्य निश्चित किये जाते हैं। इसके बाद प्रयोग का आयोजन किया जाता है।

भौतिक विज्ञानों की तुलना में सामाजिक विज्ञानों के क्षेत्र में प्रयोग विधि का इस्तेमाल कठिन होता है। इस सम्बन्ध में मुख्य कठिनाइयाँ अग्रलिखित हैं-

1. सामाजिक घटनाओं की जटिलता-सामाजिक घटनाओं में अनेक कारक परस्पर गुंथे होते हैं। दूसरे शब्दों में, उनमें बहुत से परिवर्त्य एक साथ काम कर रहे होते हैं। इन सब परिवर्त्यों को एक-दूसरे से अलग करना बड़ा कठिन काम है। उदाहरण के लिए केशोरापराध एक जटिल व्यवहार है जिसमें शारीरिक मनौवैज्ञानिक, सामाजिक, आर्थिक, राजनीतिक अनेक प्रकार के कारक काम करते हैं। सामाजिक कारकों में भी परिवार, सामाजिक परिस्थिति, पास-पड़ोस, संगति आदि का प्रभाव होता है। इन सब

कारकों को एक-दूसरें से अलग करके प्रत्येक के प्रभाव का पता लगाना बड़ा कठिन है। इसीलिए किशोरापराध के क्षेत्र में प्रयोग विधि के इस्तेमाल नहीं किया जा सकता। समाज-विज्ञानों में अधिकतर सामाजिक घटनाएँ इसी प्रकार की हैं। इन जटिल घटनाओं में प्रयोगात्मक प्रविधि को इस्तेमाल करना संभव नहीं है।

2. सजातीय की न्यूनता-भौतिक विज्ञानों में विषय-सामग्री पूर्णतया सजातीय होने के कारण प्रयोगों से मिले हुए निष्कर्षों को उस सामग्री के विषय में कहीं भी लागू किया जा सकता है। इस प्रकार की सजातीयता सामाजिक अनुसंधान के क्षेत्र में दिखलाई नहीं पड़ती। उदाहरण के लिए सामाजिक सम्बन्ध कहीं भी एक प्रकार के नहीं होते। किन्हीं भी दो पति-पत्नी के सम्बन्धों को बिल्कुल समान नहीं कहा जा सकता। इसलिए जॉन स्टुअर्ट मिल ने सामाजिक क्षेत्र में प्रयोगात्मक विधि का उपयोग कठिन बतलाया है। सामाजिक प्रयोगों में यह कठिनाइ बहुत कुछ टैक्नीकल है। यह ठीक है कि कोई भी पति-पत्नी के सम्बन्ध एक-से-नहीं हो सकते परन्तु फिर भी वैवाहित सम्बन्धों का अध्ययन करके समाजशास्यिों ने महत्त्वपूर्ण सामान्य नियमों का पता लगाया है। फिर भी इतना तो कहा ही जा सकता है कि सजातीय की न्यूनता के कारण समाजशास्त्र में प्रयोग विधि का बहुत कम इस्तेमाल किया जा सकता है।

3. चेतन विषय-सामग्री-भौतिक विज्ञानों की विषय-सामग्री अचेतन होती है इसलिए प्रयोगशाला में उसे पर चाहे जिस तरह से परीक्षा की जा सकती है। किन्तु सामाजिक विज्ञानों की विषय सामग्री मनुष्य और उसके सामाजिक सम्बन्ध अचेतन नहीं हो सकते, ये चेतन होते हैं और इसलिए इनके प्रति चाहे जिस तरह से व्यवहार नहीं किया जा सकता क्योंकि ये व्यवहार के प्रति प्रतिक्रियाएं करते हैं। चेतन होने के कारण इनमें व्यक्तिगत भिन्नताएँ भी होती हैं, इसलिए मनुष्यों के ऊपर प्रयोग करके उनके व्यवहार के विषय में सामान्य नियम बनाना बड़ा कठिन है। अस्तु, समाज-विज्ञानों में प्रयोग विधि का क्षेत्र अत्यंत सीमित है।

4. नियंत्रण की न्यूनता-चूँकि भौतिक विज्ञानों में विषय सामग्री भौतिक होती है इसलिए उसका आसानी से नियंत्रण किया जा सकता है। दूसरी और सामाजिक विज्ञानों में विषय सामग्री चेतन होने के कारण उसका नियंत्रण करना कठिन है। उसके नियंत्रण में अध्ययन करने के लिए पति-पत्नी में कृत्रिम रूप से तलाक उत्पन्न नहीं किया जा सकता। इसी प्रकार बालकों को उनके परिवेश के प्रभाव का अध्ययन नहीं किया जा सकता। पी.वी. यंग तथा अन्य सामाजिक अनुसंधनकर्ताओं ने सामाजिक अनुसंधान में नैतिक, उचित-अनुचित का ध्यान रखना आवश्यक माना है। इनमें मनुष्यों को सामाजिक अनुसंधान के साधन के रूप में इस प्रकार के प्रयोग नहीं किया जा सकता जिसकी उनकी किसी भी प्रकार से हानि होने की संभावना हो।

5. प्रत्यक्ष अवलोकन की न्यूनता–भौतिक विज्ञानों की विषय सामग्री अचेतन और स्थूल होने के कारण विभिन्न प्रकार के यंत्रों से उसका प्रत्यक्ष निरीक्षण में विभिन्न यंत्रों का प्रयोग किया जा सकता है और न ही सभी मानसिक स्थितियों का निरीक्षण किया जा सकता है।

सामाजिक प्रयोगों में उपरोक्त कठिनाइयों के होते हुए भी समाज–विज्ञानों के क्षेत्रों में महत्त्वपूर्ण प्रयोग किये गये हैं। शैरिफ ने सामाजिक मध्यमान के निर्माण की प्रक्रिया का प्रयोगात्मक अध्ययन किया। उसने दो प्रकार से प्रयोग किये, व्यक्तिगत परिस्थिति में प्रयोग और सामाजिक परिस्थिति में प्रयोग। दोनों ही प्रकार के प्रयोगों को एक कमरें में किया गया जिससमें सब ओर पूर्ण अंधकार था और केवल एक जलता हुआ बल्ब एक डिब्बे में बंद लटका हुआ था। डिब्बे में एक छोटा–सा सुराख था जिससे प्रकाश की एक बहुत ही क्षीण रेखा कमरे में फैल रही थी। व्यक्तिगत परिस्थिति में प्रयोज्य को कमरे में अकेले बैठाया गया और सामूहिक परिस्थिति में एक व्यक्ति को नहीं बल्कि समूह को कमरे में बैठाया गया।

वैयक्तिक परिस्थिति में प्रयोज्य को प्रकाश से पाँच मीटर की दूरी पर एक मेज के सामने रखकर बैठाया गया जिस पर कि एक कुंजी लगी हुई थी। प्रयोज्य को आदेश दिया गया कि जब कमरें में पूर्ण अंधकार हो जायेगा तो उसे सावधान होने का संकेत दिया जायेगा और फिर एक प्रकाश बिंदु दिखलाया जायेगा। थोड़ी देर बाद यह प्रकाश बिंदु अपने स्थान से चलने लगेगा। उसको चलते–देखते ही प्रयोज्य को कुंजी को दबा देना था। प्रयोज्य को बतलाया गया कि कुछ समय बाद प्रकाश–बिंदु विलीन हो जायेगा। जब उसे अनुमान के द्वारा यथासंभव ठीक–ठीक बतलाना था कि प्रकाश–बिन्दु अपने स्थान से कितनी दूर तक चला था।

वास्तव में प्रयोग में प्रकाश–बिन्दु एक ही स्थान पर निर्भर था। परन्तु 'सावधान' का संकेत मिलते ही कुछ क्षण बाद प्रयोज्य को प्रकाश–बिंदु चलता हुआ दिखलाई दिया। यह आत्मोत्पादित गति के कारण था। इस प्रकार 19 विद्यार्थियों पर प्रयोग करने के बाद निम्नलिखित निर्णय निकाले गये। जिस परिस्थिति में व्यक्ति किसी एक वस्तु की दूसरी से तुलना नहीं कर सकता वहाँ वह अपना निजी मानदंड बनाते हैं। अतः यह मानदंड न होकर आत्मगत होता है। एक बार मानदंड बना लेने पर व्यक्ति उसे बनाये रखने की कोशिश करता है और बराबर उसी परिस्थिति में रखा जाने पर उस एक ही मानदंड के विस्तार में प्रक्रिया करता है। वह मानदंड की कभी भी अवहेलना नहीं करता बल्कि उसके अनुरूप निर्णय करने की कोशिश करता है। सामूहिक परिस्थिति में 40 छात्रों पर प्रयोग कर शैरिफ को कुछ अन्य बातों का भी पता चला। सामूहिक परिस्थिति में प्रयोग

करने का उद्देश्य निम्नलिखित प्रश्नों का उत्तर पाना था– 1. समूह के सदस्य के रूप में व्यक्ति के निर्णयों पर क्या प्रभाव पड़ता है ? क्या वह सामूहिक परिस्थिति में वैयक्तिक परिस्थिति से भिन्न एक नया मानदंड निर्माण करता है?

2. क्या सामूहिक परिस्थिति में व्यक्ति की मानदंड बनाने की क्षमता कम हो जाती है अथवा क्या वह कोई उत्तर नही दे सकता?

3. क्या समूह के सारे सदस्य मिलकर अपने-अपने वैयक्तिक मानदंडों के औसत के रूप में एक सामान्य मानदंड बना लेते हैं ?

सामूहिक मानदंड बन जाने के बाद यदि प्रयोज्य को फिर से अकेले उसी परिस्थिति में रखा जाये तो क्या वह फिर व्यक्तिगत मानंदंड बनाने का प्रयास करता है?

सामूहिक प्रयोग में शैरिफ ने यह देखा कि सब व्यक्ति एक सामान्य मानदंड की ओर झुकते तो अवश्य है परन्तु एक-दूसरे के समरूप नहीं हो पाते। व्यक्तिगत ओर समूह मानदंडों में कुछ-न-कुछ अन्तर बराबर रहता है। सामूहिक परिस्थिति समूह के व्यक्तियों को मानदंड बनाने को प्रेरित करती हैं।

शैरिफ के उपर्युक्त प्रयोगों से यह सिद्ध निष्कर्ष निकलता है कि जब व्यक्ति किसी ऐसी परिस्थिति में होता है जिसमें निर्णय करले के लिए उसके पास पहले से कोई मानदंड नहीं होता तो वह अपना निजी मानदंड बनाकर उसी के अनुसार कार्य करता है और उसी पर डटा रहता है। सामूहिक परिस्थिति में व्यक्ति सामाजिक मानदंड के अनुसार चलने का प्रयास करता है। मानदंड सामाजिक परिस्थिति के कारण बनता है। चाहे व्यक्तिगत रूप में कोई व्यक्ति इस मानदंड को पसंद न भी करता हो परन्तु सामूहिक मानदंड होने के कारण इसका प्रभाव पड़ता है और व्यक्ति इसी के अनुसार व्यवहार करता है। प्रयोगशाला के इन प्रयोगों के अतिरिक्त शैरिफ ने स्वाभाविक अथवा प्राकृतिक स्थितियों में सामूहिक तनाव के विषय में महत्त्वपूर्ण प्रयोग किये। इसका एक उदाहरण राबर्स केव अध्ययन के नाम से प्रसिद्ध है। इस अध्ययन में शैरिफ तथा उसके सहयोगियों ने प्रयोगात्मक विधि से यह पता लगाया कि किन-किन परिस्थितियों में विभिन्न समूहों में तनाव की स्थिति बन जाती है और तनाव की इस स्थिति को किस प्रकार से दूर किया जा सकता है। शैरिफ, उनकी पत्नी, हारवे, ह्वाइट तथा हुड आदि मनोवैज्ञानिकों के निर्देशन में सन् 1954 में सयुक्त राज्य अमेरिका में ओखलाहोमा नगर से 150 मील की दूरी पर राबर्स केव स्टेट पार्क में सामूहिक तनाव के विषय में एक प्रयोग किया गया। इस प्रयोग में 22 बच्चों को इस स्थान पर रखा गया। इन बच्चों की आयु 11 वर्ष की थी। उनकों दो समूहों में बांट दिया गया। इन दोनों समूहों को अलग-अलग बसों में राबर्ट केव स्टेट पार्क ले जाया गया। दोनों समूहों का आपस में कोई सम्पर्क नहीं होने दिया गया। उनको अलग-

अलग डेरों में रखा गया, यहाँ तक कि उनको काफी दिन तक यह भी नहीं मालूम हुआ किं उनके अलावा दूसरा कोई समूह भी आया हुआ है। ऐसा इसलिए किया गया था कि जिससे दोनों समूहों से अलग-अलग सामूहिक जीवन का विकास हो सके। इनमें सब बच्चों में परस्पर सम्बन्ध स्थापित हो सके, उनमें कुछ मान्यताओं का विकास हो सके, उनमें भिन्न-भिन्न सदस्यों की स्थिति निश्चित हो जाये और उनके नेताओं का विकास हो ओर यह हुआ भी। भिन्न-भिन्न समूहों को ऐसे काम में लगाया गया जिसमें कि सामूहिक जीवन में उसके कार्य के अनुसार उसकी प्रतिष्ठा भी निश्चित हो गई। समूहों के नाम भी रख दिये गये। एक समूह का नाम ईगल्स और दूसरे का नाम रैटलर्स पड़ा। लोगों ने अपने-अपने झण्डों पर अपने नाम लिख दिये।

सामूहिक जीवन के विकास के बाद अब सामूहिक तनाव की नौबत आई। अब दोनों समूहों को एक-दूसरे से परिचित कराया गया और कुछ प्रतियोगिताओं की घोषणा की गई। पहली बार रस्सा खींचने की प्रतियोगिता हुई जिसमें रैटलर्स ने ईगल्स को हरा दिया। अब क्या था, दोनों दलों में तनाव पैदा हो गया। खेल खत्म होने के बाद ईगल्स ने मैदान में लहराता हुआ रैटलर्स का झण्डा जला डाला। दूसरे दिन सवेरे जब रैटलर्स ने अपना झण्डा जला हुआ देखा ओर उन्हें यह मालूम हुआ कि ईगल्स ने झण्डा जलाया है तो उन्होंने तुरंत ईगल्स को झण्डा जला दिया। दोनों समूहों ने एक-दूसरें को गालियां देनी शुरू की। देखते-ही-देखते मारपीट होने लगी और सामूहिक तनाव गंभीर स्थिति पर पहुँच गया। ईगल्स पर तो इतना प्रभाव पड़ा कि उन्होंने अयोग्य जानकर नेता को बदल दिया। समूह के सदस्यों में हार के लिए एक-दूसरे पर दोषारोपण भी हुआ। परन्तु जहाँ तक दूसरे समूह का सामना करने का प्रश्न था उनमें एकता और दृढ़ता और भी बढ़ गई। इस समय मनोवैज्ञानिकों ने दोनों समूहों के एक-दूसरे के बारे में मूल्यांकन प्राप्त किये। कुछ एसी रूढ़ युवतियों का प्रयोग किया जो कि संषर्ष और तनाव की स्थिति में ही पाई जाती हैं। प्रशंसनात्मक और निन्दासूचक दोनों तरह की रूढ़ युक्तियाँ चुनी गई। दोनों में तीन-तीन रूढ़ि प्रत्यय थे। प्रशंसनात्मक प्रत्ययों में ये तीन प्रत्यय थे-वीर, दृढ़, और मैत्रीपूर्ण। प्रत्येक समूह ने इस रूढ़ि, प्रत्ययों को अपने लिए ही इस्तेमाल किया। हरएक ने अपने दल के सदस्यों को वीर, दृढ़ और मैत्रीपूर्ण बतलाया। निन्दासूचक प्रत्यय थे, नीच, सुस्त और दुर्गंधयुक्त। प्रत्येक दल ने इन प्रत्ययों से दूसरे दल के सदस्यों को नीच, सुस्त दुर्गंधयुक्त बतलाया। इससे यह स्पष्ट होता है कि किस तरह तनाव की स्थिति में प्रत्येक समूह अपने सदस्यों के लिए प्रशंसात्मक और विरोधी पक्ष के लिए निन्दासूचक रूढ़ि प्रत्ययों का इस्तेमाल करता है। भारत में सांप्रदायिक मनोवृत्ति के लिए हिन्दू लोग मुसलमानों को 'म्लेच्छ' और मुसलमान हिन्दुओं को 'काफिर' कहते हैं। दोनों अपने ही तौर-तरीकों, चरित्र, आचार-विंचार को ऊँचा और ठीक मानते हैं तथा दूसरे को नीचा

और गलत मानते हैं। केवल विभिन्न धर्मों में ही नहीं बल्कि भारत में विभिन्न धर्मों में ही नहीं बल्कि भारत में विभिन्न जातियों में भी इस तरह का तनाव देखा जा सकता है। ब्राह्मण तो शूद्रों को अपवित्र समझते हैं। परन्तु कहीं-कहीं शूद्र भी ब्राह्मण को अपवित्र समझते हैं। दक्षिण के गांवों में अपवित्र समझे जाने के कारण भंगियों को गांव से बाहर रहना पड़ता है। परन्तु कहीं-कहीं पर ऐसा देखा गया है कि यदि ब्राह्मण भंगियों की बस्ती में पहुँच जाता है तो उसको झाड़ुओं से पीटा जाता है और उसकी छुई हुई वस्तु को गोबर से लीपा जाता है।

□□□

15

शोध में अभिकल्प

अन्वेषणात्मक अभिकल्प के निर्माण के लिए अनुसंधानकर्त्ता की योग्यता व अनुभव का विशेष महत्त्व होता है। इसके साथ ही निम्न बातों का भी विशेष महत्त्व है-

1. सम्बंधित साहित्य का अध्ययन-सामाजिक अनुसंधान में मितव्ययिता के लिए, दूसरे अनुसंधानकर्त्ताओं द्वारा संपादित अध्ययन कार्यों का सिंहावलोकन आवश्यक है। अन्वेषणात्मक अभिकल्प में इस सिंहावलोकन को उपकल्पनाओं की खोज पर केन्द्रित किया जाता है। फलस्वरूप सर्वेक्षण का कार्य सरल हो जाता है। अनेक समस्याओं के सम्बन्ध में अन्य उपकल्पनाएँ भी प्राप्त होती हैं। अतः ऐसे अवसरों पर अन्वेषण पद्धति द्वारा कार्य करने वाला अनुसंधानकर्त्ता उन समस्त उपलब्ध उपकल्पनाओं को संकलित कर, आगामी अध्ययन के आधार के लिए उनकी उपयोगिता का मूल्यांकन करता है। इसके विपरीत उन क्षेत्रों में जहाँ पूर्व प्रतिस्थापित उपकल्पना उपलब्ध नहीं है। वहाँ अनुसंधानकर्त्ता उपलब्ध साहित्य का अनुशीलन उपकल्पना उपलब्ध नहीं है। वहाँ अनुसंधानकर्त्ता उपलब्ध साहित्य का अनुशीललन करता है ओर प्राप्त निष्कर्षों के आधार पर उपकल्पना का निरूपण करता है।

2. अनुभवपूर्ण सर्वेक्षण-समाज में अनेक ऐसे व्यक्ति होते हैं, जो अपने व्यावहारिक अनुभव द्वारा मानवीय सम्बन्धों में उत्पन्न प्रक्रियाओं को समझने में समर्थ होते हैं, किन्तु व्यस्त जीवन के कारण अपने अनुभव एवं ज्ञान का लिखित प्रतिपादन नहीं

कर सकते। उदाहरण के लिए किसी सांस्कृतिक संस्था का व्यवस्थापक अथवा किसी व्यावसायी संघ का जनसम्पर्क अधिकारी अनेक दैनिक कार्यों द्वारा सामाजिक जीवन की अनेक समस्याओं से भली-भाँति अवगत होता है। इस प्रकार से व्यक्तियों का ज्ञान व अनुभव, अनुसंधानकर्त्ता के लिए उपयोगी होता है। इन समस्त अनुभवों के आधार पर, अनुसंधानकर्त्ता प्रभावकारी तत्वों को समझने में समर्थ होता है जो अध्ययन की समस्या में गतिशील रहते हैं। इसलिए इन अनुभवी व्यक्तियों के ज्ञान से लाभे उठाने के लिए अनुसंधानकर्त्ता का उनके साथ सम्पर्क स्थापित करना एवं समस्या के सम्बन्धित प्रश्नों का उत्तर प्राप्त करना आवश्यक है। यह कार्य अनुभवपूर्ण सर्वेक्षण द्वारा संपन्न होता है।

3. सूचनाओं का चयन-अन्वेषणात्मक अभिकल्प में अनुभवी सूचनादाताओं को निर्वाचित करना आवश्यक है। इस प्रकार के निर्वाचन का मुख्य उद्देश्य, समस्या की वस्तुस्थिति का ज्ञान प्राप्त करना है। अतएव सूचनादाताओं का निर्वाचन उनके अनुभव को दृष्टि में रखकर होना चाहिए। दूसरे शब्दों में सूचना-प्राप्ति के लिए केवल उसी सूचनादाता का चुनाव वांछनीय है, जो समस्या की वास्तविकता के ऊपर प्रकाश डालने में समर्थ हो। अतएव एक अनुभवपूर्ण सर्वेक्षण में उन व्यक्तियों से साक्षात्कार करना निरर्थक है जो समस्या के सम्बन्ध में विवरण प्रदान करने के लिए प्रयुक्त नहीं है या जिनका ज्ञान सीमित है अथवा जिन्हें केवल ज्ञान है किन्तु उसे अभिव्यक्त करने में समर्थ है। इसलिए सूचनादाताओं के निर्वाचन की सबसे प्रत्यक्ष पद्धति यह है कि केवल उन व्यक्तियों को सूचना प्रदान करने के लिए चुना जाये, जो समस्या से सम्बन्धित क्षेत्र में किसी महत्त्वपूर्ण पद पर कार्य कर रहे हों। साथ ही जिनमें सामाजिक समस्याओं के प्रति विश्लेषण की अभिरुचि हो।

4. अनुभवपूर्ण सर्वेक्षण का उपयोग-अन्वेषणात्मक अभिकल्प में अनुभवपूर्ण सर्वेक्षण अनेक दृष्टि से उपयोगी है। अध्ययन की प्रारंभिक प्रक्रिया की दृष्टि से अनुभवपूर्ण सर्वेक्षण समस्या से सम्बन्धित उपकल्पनाओं को प्रदान करते हैं, जिन पर आगामी चरण आधारित होते हैं। इसके अतिरिक्त इस प्रकार के सवेक्षण सूचनाएँ प्रदान करते हैं। जिनके आधर पर अनुसंधान के लिए उस पद्धति को अपनाया जाता है जिसका समस्या के संदर्भ में व्याव्हारिक उपयोग संभव है।

5. सूचनाओं से प्रश्न-समस्या के सम्बन्ध में ज्ञान एवं अनुभव की प्राप्ति के लिए सूचनाओं के निर्वाचन के बाद उनके समक्ष वांछनीय प्रश्नों को पेश करना आवश्यक है। इन प्रश्नों के निरूपण से पूर्व समस्या से सम्बन्धित प्राथमिक धारणाओं का ज्ञान होना आवश्यक है। इन धारणाओं की प्राप्ति का प्रधान स्रोत विवरणात्मक सर्वेक्षण है। इस प्रकार के सर्वेक्षण द्वारा प्राप्त सूचनाओं के अनुरूप के लिए उन व्यक्तियों का साक्षात्कार

करना आवश्यक है, जिन्हें अध्ययन के क्षेत्र का अनुभव एवं ज्ञान है। किन्तु इस सम्बन्ध में कितने व्यक्तियों का साक्षात्कार किया जाये, इसके लिए निश्चित नियम नहीं है।

6. प्रेरक घटनाओं का विश्लेषण-निरीक्षण-प्रेरक घटनाओं का विश्लेषण, अन्वेषणात्मक अभिकल्प का तृतीय आधार है। इसका तात्पर्य उन घटनाओं के विश्लेषण एवं अनुशीलन से है जो अनुसंधानकर्त्ता को प्रेरित करती हैं तथा उप-कल्पनाओं की प्रतिस्थापना के लिए उपयोगी विचारों को विस्तृत करती हैं। इनमें वैयक्तिक विषय अध्ययन प्रमुख हैं। वैयक्तिक विषय अध्ययन अनुसंधानकर्त्ता के प्रोत्साहन का प्रधान स्रोत है। इसके अंदर निम्नलिखित तथ्य हैं-

(*i*) **सर्वेक्षण का दृष्टिकोण**-वैयक्तिक विषय के अध्ययन में सर्वेक्षक का दृष्टिकोण महत्त्वपूर्ण होता है, जिसके फलस्वरूप वह उपलब्ध उप-कल्पनाओं के परीक्षण में केन्द्रित नहीं होता बल्कि अध्ययन वस्तु की विशिष्टताओं से प्रभावित होता है।

(*ii*) **वैयक्तिक अध्ययन की गहनता**-वैयक्ति अध्ययन की दूसरी विशेषता, इसके अध्ययन स्तर की गहनता है। वैयक्तिक का तात्पर्य केवल किसी व्यक्ति विशेष में नहीं। समूह, समुदाय इत्यादि को एक इकाई मानकर वैयक्ति अध्ययन की संज्ञा दी गई। वैयक्तिक अध्ययन में विषय का सर्वांगीण अध्ययन किया जाता है।

(*iii*) **सर्वेक्षक की संगठित शक्तियाँ**-वैयक्तिक अध्ययन की तृतीय प्रोत्साहक विशेषता, सर्वेक्षक की वह शक्ति है जिसके अनुसार वह विषय से सम्बन्धित सूक्ष्म-से-सूक्ष्म सूचना को भी संकलित करता है।

(*iv*) **सर्वेक्षक के लिए प्रेरक घटनाएँ**-निरीक्षण प्रेरक घटनाओं के चयन के लिए कोई पूर्व निश्चित नियम नहीं होता। सामान्य रूप से निम्न प्रकार की घटनाएँ अनुसंधानकर्त्ता को प्रेरित करती हैं-

(क) अपरिचितों की प्रतिक्रियायें-किसी समुदाय की विशेषताओं के अध्ययन के लिए अपरिचित व्यक्तियों द्वारा प्रकट की गई प्रतिक्रियाएँ महत्त्वपूर्ण होती हैं। अत: अपरिचित व्यक्ति की प्रतिक्रियाएँ भी सामुदायिक जीवन की विशेषताओं की ओर, ध्यान आकर्षित करती हैं। इन प्रक्रियाओं को यात्रियों के वृत्तांतों में देखा जा सकता है। उदाहरण के लिए प्राचीनकाल में फाह्यान, मेगस्थनीज इत्यादि विदेशी यात्री भारत आये। अपने संस्मरणों में, उन्होंने भारतीय समाज का जो चित्रण किया है, उसे दूसरे शब्दों में,

भारत की तत्कालीन स्थिति के प्रति उनकी प्रतिक्रिया ही कह सकते हैं। ऐसे वृत्तांत सर्वेक्षक प्रेरणा के स्रोत रहे हैं।

(ख) सीमांत व्यक्तियों द्वारा वर्णन-सीमान्त व्यक्तियों से तात्पर्य उन व्यक्तियों से है जो न किसी समुदाय में सम्मिलित हैं और न पूर्णतया समुदाय से पृथक हैं। अर्थात् वे व्यक्ति जो एक सांस्कृतिक समुदाय से दूसरे सांस्कृतिक समुदाय में आते रहते हैं। इसकी स्थिति समुदायों के मध्य की स्थिति है। अतएव इस तरह के व्यक्ति प्रत्येक समुदाय के प्रभावों को स्पष्ट रूप से प्रकट कर सकते हैं।

(ग) सक्रमणशील समस्याएँ-सर्वेक्षक की प्रेरणा के लिए ऐसी समस्याएँ भी महत्त्वपूर्ण होती हैं जिनमें विकासक्रम जारी रहता है। अर्थात् ये घटनाएँ एक स्तर से दूसरे स्तर में अग्रसर होती रहती हैं। उदाहरण के लिए बच्चे का अबोध अवस्था से विकसित होकर, एक पूर्ण व्यस्क के रूप में बदल जाना। बच्चे का यह विकास, भिन्न प्रक्रमों तथा सामाजिक व मनोवैज्ञानिक लक्षणों को दर्शाता है।

(घ) व्याधिशास्त्र समस्याएँ-व्याधिशास्त्रीय समस्याएँ भी सर्वेक्षक को अध्ययन के लिए प्रेरित करती हैं। इनसे सामाजिक विघटन होता है। अत: इनका स्वरूप संगठनात्मक शक्तियों से भिन्न होता है।

(ङ) स्पष्ट समस्याएँ-स्पष्ट समस्याओं का तात्पर्य उन समस्याओं से है जिनका स्पष्टीकरण जटिल नहीं है और जिनका अध्ययन सरलतापूर्वक किया जा सकता है। उदाहरण के लिए यदि मानसिक बीमारियों तथा सामाजिक वातावरण के सम्बन्धों का अध्ययन करना है तो विभिन्न मानसिक अवस्थाओं के ऊपर विचार करना आवश्यक है। समस्या की सरलता उसके स्पष्टीकरण में सहायक होती है। साथ ही सर्वेक्षक को प्रोत्साहित भी करती है।

(च) शक्तियों की विशेषताओं-प्रत्येक व्यक्ति की कुछ पृथक विशेषताएँ होती है। व्यक्ति की विशेषताएँ जिस सामाजिक स्थिति के लिए अनुकूल होती हैं, उसके लिए दूसरे व्यक्ति की विशेषताएँ अनुकूल नहीं होती। इन विशेषताओं की पारस्परिक भिन्नता से परिस्थिति के ऊपर प्रकाश पड़ता है।

7. सामाजिक संरचना में विभिन्न स्थितियाँ-अध्ययन के लिये, सामाजिक संरचना की प्रत्येक स्थिति का प्रतिनिधित्व करने वाली समस्याएँ स्थिति के सम्बन्ध में एक स्वस्थ दृष्टिकोण प्रदान करती है। अधिकांश सामाजिक स्थिति के सम्बन्ध में एक स्वस्थ दृष्टिकोण प्रदान करती है। अधिकांश सामाजिक समूहों में व्यक्तियों के सामाजिक स्तर और कार्यों के बीच भिन्नता पाई जाती है। इस प्रकार व्यक्ति अपने विभिन्न स्तरों से

स्थिति का पर्यावलोकन करता है। इस प्रकार व्यक्ति अपने विभिन्न स्तरों से स्थिति का पर्यावलोकन करता है। यदि उनके दृष्टिकोणों से समस्या का अवलोकन किया जाये तो समस्या को सम्बन्धित अनुभव की वृद्धि होती है। परिणामस्वरूप सर्वेक्षण को प्रोत्साहन मिलता है। इस प्रकार उपर्युक्त समस्यायें अन्वेषणात्मक अभिकल्प में अनुसंधानकर्त्ता को प्रेरित करती है। यह प्रेरणा अनुसंधानकर्त्ता के लिये, अनुसंधानकर्त्ता की प्राथमिक प्रक्रियाओं को पूरा करने के लिए विशेष रूप से उपयोगी है। इन्हीं विशेषताओं के कारण अन्वेषणात्मक या निरूपणात्मक अभिकल्प सामाजिक अनुसंधान के लिए अत्यंत महत्त्वपूर्ण है-क्योंकि यह निरीक्षण एक गहन अध्ययन पर आधारित है।

सामान्यता कोई एक अध्ययन इनमें से किसी एक प्रकार का होता है अर्थात् उसका लक्ष्य मुख्यता अन्वेषणात्मक, विवरणात्मक या प्रयोगात्मक सम्बन्ध का पता लगाना होता है। किन्तु इसी अध्ययन में इसका मिश्रण भी हो सकता है। प्रत्येक अध्ययन आगे आने वाले अध्ययनों का मार्ग प्रशस्त करता है। जैसे यदि हम किसी राजनीतिक दल का अध्ययन कर रहे हैं, तो यह पता लगायेंगे कि उसके सदस्यों की संख्या कितनी है, उसकी नीतियाँ क्या हैं, उसका आंतरिक संगठन किस प्रकार का है, पिछले चुनाव में उसकी क्या स्थिति थी, आदि। इन अन्वेष्णात्क अध्ययन के दौरान हमें अनेक बातों के बारें में सामान्य जानकारी प्राप्त हो जाती है। इस सामान्य जानकारी के आधार पर हम उपकल्पनाओं का निर्माण करेंगे। जैसे एक उपकल्पना यह हो सकती है, ''इस दल को अनुसूचित जाति का समर्थन प्राप्त है।'' उपरोक्त उपकल्पना की परीक्षा हम विवरणात्मक अध्ययन में करेंगे। हम 'समर्थन' की संक्रियात्मक या परिचालनात्मक परिभाषा करेंगे। समर्थन की परिचालनात्मक परिभाषा यहाँ 'वोट देना' हो सकती है अर्थात् हम यह माने लेंगे कि ''जिसने जिस दल को वोट दिया था वह उस दल का समर्थन करता है।'' वोट सामान्यत: गुप्त होते हैं। अत: जब हम यह जानना चाहें कि आपने किसको वोट दिया था तो हमें उनसे पूछना पड़ेगा। साथ ही यह कुछ नई, अधिक महत्त्वपूर्ण उपकल्पनाओं को जन्म दे सकता है। संभव है हम यह जानना चाहें कि इस दल के इतने चुनाव क्षेत्रों में जीतने का क्या कारण है ? स्पष्ट है अनेक कारण हो सकते हैं। यह पता लगाने के लिए कि महत्त्वपूर्ण कारण कौन से थे ?

इन महत्त्वपूर्ण कारणों का पता लगाने के लिए हमें एक नई विशेष प्रकार के अभिकल्प के निर्माण का अध्ययन करना होगा। यह प्रयोगात्मक अनुसंधान अभिकल्प द्वारा होगा। हम अपने सामान्य ज्ञान के आधार पर यह अनुमान लगा सकते हैं कि कौन-कौन से महत्त्वपूर्ण कारक हैं। जैसे-सुदृढ़ आर्थिक स्थिति महत्त्वपूर्ण कारण था। यह कार्य-कारण सम्बन्धी उपकल्पना हुई। इसके परीक्षण के लिए हम एक ढंग प्रयुक्त कर सकते हैं कि दो प्रकार के चुनाव क्षेत्रों में उस दल का परिणाम देखें-एक ऐसा जहाँ काफी

पैसा खर्च किया गया हो एवं दूसरा जहाँ कम पैसा खर्च किया गया हो। शेष दूसरे दृष्टिकोण से ये क्षेत्र एक जैसे होने चाहिए। यदि हमें अधिक पैसा खर्च करने वाले क्षेत्र में दल को अधिक सफलता मिले तो हम कह सकते हैं कि सुदृढ़ आर्थिक स्थिति सफलता का एक कारण है। इस प्रकार विभिन्न प्रकार के अध्ययन विभिन्न लक्ष्यों की पूर्ति करते हैं। जैसे-जैसे हमारा ज्ञान बढ़ता है, हम अधिक महत्त्वपूर्ण प्रश्नों का उत्तर देने वाली किन्तु अधिक जटिल अनुसंधान-अभिकल्प बनाने योग्य हो जाते हैं।

1. अनुसन्धान के लिए क्षेत्र का निश्चय–अनुसन्धानकर्ता को सबसे पहले क्षेत्र का निश्चय करना होगा कि हमें अमुक विषय के क्षेत्र में कार्य करना है। यह निश्चय उस क्षेत्र में उसकी विशेष अभिरुचि और सूझ पर निर्भर होगा। उदाहरण के लिए, मनोविज्ञान में अनुसन्धान के लिए उत्सुक छात्र को पहले अपनी रुचि के अनुसार यह निश्चय करना होगा कि वह शिक्षा मनोविज्ञान, सामाजिक मनोविज्ञान, औद्योगिक मनोविज्ञान, दैहिक मनोविज्ञान, बाल मनोविज्ञान, किशोर मनोविज्ञान, आदि विभिन्न क्षेत्रों में से किसमें विशेष अभिरुचि रखता है और कार्य करने का इच्छुक है? इसके साथ ही , यह भी निश्चय करना होगा कि उस क्षेत्र के विभिन्न अंगों, जैसे विकास, बुद्धि सीखना व्यक्तित्व अभिरुचि, अभियोग्यता, विशिष्ट बालक, स्मृति आदि किस विशेष क्षेत्र में उसकी रुचि अधिक है तथा कार्य करने का इच्छुक है? इसी प्रकार शिक्षा के क्षेत्र में अनुसन्धान के इच्छुक व्यक्ति को शिक्षा के विभिन्न क्षेत्रों–उद्देश्य, पाठ्यक्रम, पाठ्य पुस्तक, शिक्षण विधि, मूल्यांकन, पर्यवेक्षण, प्रशासन आदि में से किसमें विशेष रुचि है? उसी क्षेत्र को उसे अपने अध्ययन का विषय बनाना होगा।

2. सम्बन्धित साहित्य का अध्ययन–क्षेत्र निर्धारण के बाद उसे निम्न प्रकार के सम्बन्धित साहित्य का गहन और आलोचनात्मक अध्ययन करना होगा :

क. पाठ्यपुस्तकें–उस क्षेत्र से सम्बन्धित प्राचीन तथा नवीनतम मूल पाठ्यपुस्तकों का अध्ययन वैज्ञानिक दृष्टिकोण से करना होगा। इससे एक तो उसका सैद्धान्तिक ज्ञान पुष्ट होगा,अनेक जिज्ञासाओं की सन्तुष्टि होगी तथा उस विषय से सम्बन्धित विशेष समस्याओं का भी ज्ञान होगा। पुस्तकों के अन्त में अनुसन्धान के लिए कभी-कभी समस्याएँ दी हुई होती हैं। इससे भी समस्या ढूँढ़ने तथा चयन करने में सहायता मिलेगी।

ख. पत्र-पत्रिकाएँ–इसके साथ साथ समाचार-पत्रों में प्रकाशित विचारों तथा उस विषय से सम्बन्धित पत्रिकाओं का अध्ययन भी उसके चिन्तन को रचनात्मक दिशा प्रदान करेगा तथा उस क्षेत्र में हो रहे कार्यों की प्रकृति और उनके फल से परिचित होकर अपना मार्ग निश्चित करने में उसे विशेष सहायता मिलेगी। अतः इनका भी वैज्ञानिक दृष्टिकोण से अध्ययन करें।

ग. पहले किए गये अनुसन्धान का अवलोकन–विश्व ज्ञान कोष शैक्षिक तथा मनोवैज्ञानिक अनुसन्धान सार तथा उस विषय से सम्बन्धित प्रचलित पत्रिकाओं आदि के अध्ययन द्वारा यह ज्ञात हो जायेगा कि इस विषय में किस पक्ष पर कितना कार्य हो चुका है वह कार्य किस प्रकार किया गया है तथा आजकल किस पक्ष पर क्या कार्य, किस रूप में हो रहा है? इस प्रकार का ज्ञान समस्या के क्षेत्र में विशेष सूझ पैदा करेगा,पुनरावृत्ति से बचा जा सकेगा तथा कार्य की रूपरेखा निश्चित करने में सरलता होगी।

3. अनुसन्धानकर्ता और प्राध्यापक सम्पर्क–अध्ययन के साथ-साथ प्राध्यापक से सम्पर्क और परिचर्चा का भी समस्या के चुनाव में विशेष महत्त्व है। प्राध्यापक के व्यकितत्व, कार्य शैली और रुचि का प्रभाव छात्र में एक सूझ, जिज्ञासा और उत्तेजना पैदा करता है। इसी प्रकार की प्रेरणा के उदाहरण इतिहास में भरे होल, जड़ और टिचनर मोहदय तथा थॉर्नडाइक और जड़ ने बीसवीं सदी के शिक्षा और मनोविज्ञान के क्षेत्र को अनुप्रेरित किया है, यह किसी से छिपा नहीं है। अत: जिज्ञासु अनुसन्धाकनर्ता को कक्षा में और कक्षा के बाहर तथा गोष्ठियों और महासभाओं में अपने प्राध्यापक एवं अन्य प्राध्यापकों से मिलकर चर्चा करनी चाहिए तथा आवश्यकतानुसार समस्याओं के स्पष्टकीकरण का प्रयास करना चाहिए।

4. वर्तमान कार्यों का वैज्ञानिक निरीक्षण–वर्तमान कार्य पद्धति का वैज्ञानिक निरीक्षण भी अनुसन्धानकर्ता में समस्याओं के प्रति सूझ उत्पन्न करेगा और उसमें रुचि भी विकसित करेगा। मान लीजिए, कोई अनुसन्धानकर्ता छात्र असन्तोष के कारणों पर कार्य करना चाहता है और वह विशेष रूप से भूख हड़तालियों की सामाजिक, आर्थिक तथा मनोवैज्ञानिक दशा के अध्ययन में रुचिवान है तो उसे इस विषय पर होने वाली सारी गोष्ठियों में भाग लेना होगा, लोगों से चर्चा करनी होगी, भूख हड़तालियों के साथियों तथा स्वयं उनसे निकट सम्पर्क स्थापित कर विभिन्न अवस्थाओं मे उनका अध्ययन करना होगा। अनेक स्थानों पर अनेक परिस्थितियों में उन्हें देखकर उसमें एक सूझ पैदा हो सकती है, और वह समस्या का अध्ययन सुगमतापूर्वक कर सकता है।

5. अनुसन्धानकर्ता का स्वयं का अनुभव–अनुसन्धानकर्ता यदि जिज्ञासु है और सजग दृष्टि से कार्य करने वाला है तथा उसका दृष्टिकोण वैज्ञानिक है तो उसका स्वयं का अनुभव भी अनुसन्धान के लिए अनेक समस्याएँ प्रस्तुत करता रहता है। किन्तु यह बात अनुभव-वृद्धों के लिए तो ठीक है, नये सीखने वालों के लिए नहीं

6. पहले किये गये कार्य की पुनरावृत्ति–पहले किये गये कार्य की पुनरावृत्ति भी हम करते हैं और उसी समस्या पर कार्य प्रारम्भ कर देते हैं जिस पर कहीं और कार्य हो चुका है अथवा वहीं पर कुछ वर्ष पूर्व हो चुका हो। इस प्रकार की पुनरावृतित सम्बन्धी

समस्या तभी ली जा सकती है जबकि क. यह ज्ञात हो कि पुनरावृत्ति से कुछ महत्त्वपूर्ण बातें ज्ञात हो सकेंगी, ख. मूल अध्ययन में जो सन्देहास्पद स्थल रह गये थे, उनका निवारण किया जा सकेगा, तथा ग. पहले किये गये अध्ययन की वैधता के सन्देह के लिए पर्याप्त प्रमाण मिल चुके हैं।

प्रतिपादनात्मक अथवा अन्वेषणात्मक अनुसंधान अभिकल्प का सम्बन्ध नवीन तथ्यों की खोज से है। इस अभिकल्प के द्वारा अज्ञात तथ्यों की खोज अथवा सीमित ज्ञान के बारे में विस्तृत ज्ञान की खोज की जाती है। इस प्रकार इस लक्ष्य अज्ञात तथ्यों की खोज एवं मानवीय ज्ञान में वृद्धि करना है। अनेक अन्वेषणात्मक अध्ययनों का उद्देश्य उपकल्पनाओं को विकसित करने और समस्याओं के निर्माण में संक्षिप्त अनुसंधानों पर जोर देना है। इनके अतिरिक्त इन अध्ययनों के और भी प्रकार हो सकते हैं।

उदाहरण के लिए, अनुसंधानकर्त्ता में घटना के अध्ययन की जागरूकता पैदा होती है, जो अवधारणाओं की व्याख्या करते हैं, और साथ-साथ अनुसंधानों को प्रधानता प्रदान करते हैं। इनका उद्देश्य किसी समाजिक घटना के अंतर्निहित कारणों को ढूंढ निकालना होता है। इन कारणों से ढूंढ निकालने की सम्बद्ध रूपरेखा को 'अन्वेषणात्मक अनुसंधान अभिकल्प' कहा जाता है। इस अनुसंधान अभिकल्प में अनुसंधान कार्य की रूपरेखा इस प्रकार प्रस्तुत की जाती है कि घटना की प्रकृति एवं प्रक्रियाओं की वास्तविकओं की खोज की जा सके। सामाजिक विज्ञान के लिए किसी क्षेत्र में जहाँ अनुसंधान कार्य द्वारा अर्जित ज्ञान सीमित है, साथ ही सिद्धान्त का विकास भी परीक्षात्मक अनुसंधान के निर्देशन की दृष्टि से संक्षिप्त है, वहाँ उपकल्पना का निर्माण अन्वेषणात्मक अध्ययन के आधार पर किया जाता है। सेल्टिज, जहोदा एवं अन्य ने लिखा है कि "अन्वेषणात्मक अध्ययन ऐसे अनुभव की प्राप्ति के लिए आवश्यक हैं, जो अधिक निश्चत अध्ययन के लिए उपकल्पनाओं के निरूपण में सहायक होते है।" इस प्रकार इन अन्वेषणात्मक अध्ययनों के माध्यम से अनुसंधानकर्त्ता के समक्ष कार्यकारण सम्बन्ध भी नष्ट हो जाते हैं। उदाहरण के लिए किसी विशेष सामाजिक परिस्थिति में अपराध एवं अपराधियों की पारिवारिक पृष्टभूमि का अध्ययन करना है जो उसके लिए हमें सर्वप्रथम उन कारकों का पता लगाना होता है कि अपराध को जन्म देते हैं। अन्वेषणात्मक अनुसंधान अभिकल्प इन्हीं कारणों के अन्वेषण की एक योजना बन सकता है।

अन्वेषणात्मक अनुसंधान अभिकल्प के उद्देश्य

अन्वेषणात्मक अनुसंधान अभिकल्प के अनेक उद्देश्य, प्रकार्य या प्रयोजन हो सकते हैं। प्रमुख रूप से एक अन्वेषणत्मक अनुसंधान अभिकल्प के चार उद्देश्य हो सकते हैं, जो निम्नलिखित हैं-

1. अनुसंधान विषय की जानकारी करना-अन्वेषणात्मक अनुसंधान अभिकल्प का एक मुख्य उद्देश्य या प्रकार्य यह हो सकता है कि यदि हम किसी ऐसे विषय के बारे में अनुसंधान करना चाहें तो पहले हमें यह पता लगाना पड़ेगा कि यह संस्था कब, किसने व क्यों स्थापित की ? इसकी स्थापना के पीछे कौन से कारण थे ? इनका आय-व्यय क्या है ? आदि। इस प्रकार हमें सबसे पहले अनुसंधान विषय की जानकारी करनी होती है।

2. अनुसंधान की संभावनाओं एवं क्षेत्र का निर्णय-अन्वेषणात्मक अनुसंधान अभिकल्प का दूसरा उद्देश्य है। अनुसंधान की संभावनाओं का पता लगाना। इस प्रकार का अध्ययन वर्णनात्मक अनुसंधान अभिकल्प का मार्ग प्रशस्त करता है। बड़े एवं अधिक धन वाले अध्ययनों से पहले हमें इस बात की जानकारी प्राप्त हो जानी चाहिए कि हमारा मार्ग सही है। अन्यथा हो सकता है, हम व्यर्थ ही समय ण्वं धन का व्यय कर बैठें ? इसी प्रकार सामाजिक अनुसंधन में हम अन्वेषणात्मक अभिकल्प ये यह पता लगाते हैं कि किसी विषय-विशेष में अनुसंधान की क्या वास्तविक संभावनाएँ हैं। जैसे यदि हम किसी सरकारी संगठन का अध्ययन करना चाहते हैं तो संभव है वहाँ यह कठिनाई हो कि उसके तथ्य एवं आँकड़े सरकार गोपनीय मानती हो। यदि हम अन्वेषणात्मक अध्ययन करें तो यह बात हमें पहले ही ज्ञात हो जाएगी कि हमें सरकार से उसकी अनुमति प्राप्त हो जायेगी या हम उस विषय को छोड़ देंगे। इसी प्रकार अन्वेषणात्मक अभिकल्प से हम विषय का क्षेत्र निर्धारण भी ठीक प्रकार कर सकेंगे।

3. अवधारणाओं का स्पष्टीकरण एवं नवीन अवधारणाओं की खोज-अन्वेषणात्मक अनुसंधान अभिकल्पों का एक और उद्देश्य हो सकता है अवधारणाओं का स्पष्टीकरण एवं नवीन अवधारणाओं की खोज। वस्तुत: किसी भी वैज्ञानिक अध्ययन में यदि हमारी अवधारणा स्पष्ट न हों तो अनुसंधान कार्य का मूल्य बहुत कम हो जाने की संभावना है। दूसरे शब्दों में यह कहा जा सकता है कि हम यह भी नहीं जाने कि हम किसका अध्ययन कर रहे हैं। जैसे यदि हम किसी संस्था की कार्यकुशलता का अध्ययन कर रहे हैं तो हमारा अध्ययन तब तक पूर्ण नहीं होगा तब तक कि हम यह भी न जाने कि 'कार्यकुशलता' की अवधारणा क्या है ? एवं यह किस प्रकार 'लाभ' व अन्य समानार्थ अवधारणाओं से भिन्न हैं ? इसके अलावा अवधारणाएँ सैद्धान्तिक संरचना की आधार होती हैं। इसलिए नई सैद्धान्तिक संरचना के लिए कभी-कभी नवीन अवधारणाओं की रचना की जाती है। मार्क्स का 'वर्ग-संघर्ष' वेबर का 'आदर्श प्रारूप' आदि इसी प्रकार की नवीन अवधारणाएँ हैं। यहाँ अनुसंधानकर्त्ता किसी पुरानी अवधारणा की नीवन परिभाषा भी कर सकता है, जैसे काल मार्क्स ने 'वर्ग' के संदर्भ में की। इस प्रकार दोनों ही आधारों में अवधारणाओं का उपयोग अन्वेषणात्मक अभिकल्प से बढ़ जाता है।

4. उपकल्पनाओं का निर्माण-अन्वेषणात्मक अनुसंधान अभिकल्प का एक और उद्देश्य उपकल्पनाओं का निर्माण है। ये उपकल्पनाएँ अनुसंधान में अत्यंत महत्त्वपूर्ण होती है। वर्णनात्मक अध्ययनों में भी इन उपकल्पनाओं का अत्यंत महत्त्व होता है। किसी भी वैज्ञानिक अध्ययन का उद्देश्य होता है सिद्धान्तों का परीक्षण। सिद्धान्त उपलकल्पनाओं के तंत्र होते हैं। इसलिए क्रियात्मक दृष्टिकोण से हमारा उद्देश्य उपकल्पनाओं का परीक्षण हो जाता है। इस प्रकार उपकल्पनाएँ वैज्ञानिक अध्ययन को दिशा देती हैं। ये बताती हैं कि हमें किन लक्षणों एवं सम्बन्धों का अध्ययन करता है। इस प्रकार विषय या समस्या से परिचय प्राप्त करके, उसका निरूपण करके, तथा अवधारणाओं के स्पष्टीकरण एवं खोज द्वारा अन्वेषणात्मक अध्ययन नवीन उपकल्पनाएँ बनाने में सहायक होता है।

इसी प्रकार इन मुख्य उद्देश्यों या प्रकार्यों के अतिरिक्त अन्वेषणात्मक अनुसंधान अभिकल्प के कुछ उद्‌देश्य और बताये जा सकते हैं, जैसे-

1. अनुसंधानकर्त्ता को प्रघटना के बारे में जागरूकता एवं समझ प्रदान करना।

2. भविष्य में आने वाले अनुसंधान के विषय में प्रधानता या प्रमुखता की स्थापना करना।

3. सामाजिक महत्त्व की समस्याओं की ओर अनुसंधानकर्त्ता को प्रेरित करना।

4. समस्या के किस क्षेत्र में अध्ययन को केन्द्रित किया जाए, इसका निर्धारण करना, एवं

5. विज्ञान को परंपरागत सीमाओं से मुक्त करके उसके अध्ययन क्षेत्र का विकास करना।

अन्वेषणात्मक अनुसंधान अभिकल्प के लिए कुछ आवश्यकताओं या अनिवार्यताओं का होना भी आवश्यक होता है। वस्तुतः अन्वेषणात्मक अभिकल्प में सबसे बड़ी कठिनाई समस्या का उपयुक्त चुनाव करने की है। सामान्यतः समस्या का चयन करते समय निम्न बातों का ध्यान रखा जाना चाहिए-

1. समस्या का सामाजिक महत्त्व।

2. भविष्य में आने वाले अनुसंधान के विषय में प्रधानता या प्रमुखता की स्थापना करना।

3. सामाजिक महत्त्व की समस्याओं की ओर अनुसंधानकर्त्ता को प्रेरित करना।

4. समस्या के किस क्षेत्र में अध्ययन को केन्द्रित किया जाए, इसका निर्धारण विकास करना।

अन्वेषणात्मक अनुसंधान अभिकल्प के लिए कुछ आवश्यकताओं या अनिवार्यताओं का होना भी आवश्यक होता है। वस्तुतः अन्वेषणात्मक अभिकल्प में सबसे बड़ी कठिनाई समस्या या उपयुक्त चुनाव करने की है। समान्यतः समस्या का चयन करते समय निम्न बातों का ध्यान रखा जाना चाहिए-

1. समस्या का सामाजिक महत्त्व,
2. समस्या का व्यावहारिक परिप्रेक्ष्य, एवं
3. विश्वसनीय तथ्यों की प्राप्ति की संभावनाएँ।

अन्वेषणात्मक अनुसंधान अभिकल्प की विधियाँ

उपरोक्त विवेचन से यह स्पष्ट है कि अनुसंधान का अन्वेषणात्मक प्रारूप प्राथमिक दिशाएँ प्रदान करता है। इसमा महत्त्व इसलिए भी बढ़ जाता है, क्योंकि प्रारंभिक दृष्टिकोण निश्चित करने में भी यह उपयोगी सिद्ध होता है। जब तक किसी अनुसंधानकर्त्ता को समस्या की सुस्पष्ट व्याख्या करके सैद्धान्तिक परिप्रेक्ष्यों तथा प्रयोगात्मक पक्षों का ज्ञान नहीं होगा तब तक वह अनुसंधान करने में समर्थ नहीं हो पाएगा। अन्वेषणात्मक अनुसंधान अभिकल्प की कुछ विधियाँ/पद्धतियाँ होती हैं, जो प्रमुखतः निम्नलिखित हैं-

1. सम्बन्धित साहित्य का सर्वेक्षण एवं सिंहावलोकन-किसी भी अनुसंधान कार्य को प्रारंभ करते समय या उसकी समालोचना करते समय हमें यह ध्यान रखना चाहिए कि हमें शून्य से प्रारंभ नहीं करना है। आज शाहद ही कोई ऐसा विषय हो जिस पर कुछ भी कान न हुआ हो। अतः अनुसंधानकर्त्ता को सबसे पहले यह पता लगाना चाहिए कि उस विषय पर क्या ज्ञान प्राप्त हो चुका है। अतः हमें उस विषय पर उपलब्ध साहित्य का सर्वेक्षण एवं सिंहावलोकन करना चाहिए। इस सर्वेक्षण व सिंहावलोकन के परिणामस्वरूप उसे यह पता चल जाएगा कि उस विषय से सम्बन्धित महत्त्वपूर्ण सिद्धान्त कौन-कौन से हैं ? इन सिद्धान्तों के प्रकाश में उसे बहुत-सी नवीन उपकल्पनाएँ भी सूझ जाएंगी। पिछली उपकल्पनाओं को एकत्र करके अनुसंधान के संदर्भ में उनकी उपयोगिता को देखकर भी नवीन उपकल्पनाएँ बनाई जा सकती है।

इसी प्रकार सम्बन्धित साहित्य के सर्वेक्षण एवं सिंहावलोकन के लिए वर्तमान में अनेक उपकरण भी प्रचलित हैं, जैसे-

(*i*) संदर्भ ग्रंथ सूची, (*ii*) लेखों के सारांश, (*iii*) अनुक्रमणिका

वर्तमान में लगभग प्रत्येक विषय की विभिन्न शाखाओं-उपशाखाओं से सम्बन्धित साहित्य की सूचियाँ, अनुक्रमणिका, संदर्भ ग्रंथ-सूचियाँ आदि पुस्तकालयों में उपलब्ध हो जाती हैं। अतः इसकी सहायता से टिप्पणियों की सहायता से वह पढ़ने योग्य पुस्तकें

और लेख इनमें से चुन सकता है। दूसरा सहायक उपकरण है सारांश। कुछ संस्थाएँ अनुसंधान लेखों व अनुसंधाकर्ता को सारांश का पता लग जाता है और वह आवश्यकतानुसार अपने मतलब की अध्ययन सामग्री का चयन उसमें से कर सकता है। पुस्तकों को पूरी आद्योपांत पढ़ने की भी आवश्यकता उसे नहीं है। यहाँ अनुक्रमणिका उसकी मदद करती है। इस प्रकार अन्वेषणत्मक अनुसंधान अभिकल्प में हम सबसे पहले सम्बन्धित अनुसंधान साहित्य का सर्वेक्षण एवं सिंहावलोकन कर लेते हैं।

2. आनुभविक व्यक्तियों से सर्वेक्षण-समाज विज्ञान की प्रयोगशाला संपूर्ण समाज है और अनुभव के द्वारा इसे परिपुष्टता प्राप्त होती है। किसी भी विषय के साथ परिचय प्राप्त करने का सीधा ढंग है अनुभवी व्यक्तियों से बातचीत। इसमें कोई संदेह नहीं है कि अनुभव द्वारा हमें ऐसी अनेक जानकारियाँ प्राप्त होती हैं जो न तो हमें ज्ञात थीं, न लिखित रूप में उपलब्ध थीं और न ही जिनके बारे में हम सोच भी सकते थे। इसलिए समस्याओं का जितना ज्ञान अनुभवी व्यक्तियों को होता है, दूसरों को नहीं। उनसे बातचीत करके हम सहज ही मूल्यवान उपकल्पनाएँ प्राप्त कर सकते हैं। फिर चाहे ये उपकल्पनाएँ हमें सुझाएँ या वे हमें स्वयं सूझ जाएँ।

(*i*) अजनबी एवं नवागन्तुक।

(*ii*) सीमान्त व्यक्ति जो एक सांस्कृतिक समूह से दूसरे सांस्कृतिक समूह में आते-जाते रहते हैं तथा दोनों समूहों से अपने संपर्क बनाए रखते हैं।

(*iii*) वे व्यक्ति जो विकास की एक स्थिति से दूसरी स्थिति की ओर संक्रमण काल में है।

(*iv*) विचलनपूर्ण व्यक्ति, एकाकी व्यक्ति तथा समस्याग्रस्त व्यक्ति।

(*vi*) अत्यधिक सामंजस्य अथवा असामंजस्य की स्थिति में पाए जाने वाले व्यक्ति

(*vii*) सामाजिक संरचना के अन्तर्गत विभिन्न स्थितियों का प्रतिनिधित्व करने वाले व्यक्ति।

(*viii*) जांच-पड़ताल करने वाले व्यक्तियों के अपने अनुभव का पुनरावलोकन तथा उसकी निजी प्रक्रियाओं की परीक्षा।

3. एकल-विषय अध्ययन-अनुसंधान अभिकल्प के अन्वेषणात्मक प्रारूप की एक और महत्त्वपूर्ण पद्धति एकल-विषय अध्ययन है। इसका साधारण आशय है कि किसी एक मामले, समूह, व्यक्ति, संस्था या घटना का सर्वांगीण एवं गहन अध्ययन। इस प्रकार एकल-विषय अध्ययन मूल में किसी विशिष्ट इकाई का अध्ययन करता है।

इस प्रकार के अध्ययन अन्वेषणात्मक अनुसंधन अभिकल्प में महत्त्वपूर्ण होते हैं क्योंकि प्रथम तो यह अध्ययन सर्वांगीण होता है। इसमें हम सभी अंगों का अध्ययन करते हैं। दूसरा, एकल, विषय अध्ययन में हम इकाई का उसकी समग्रता में अध्ययन करते हैं। तीसरा, यह गहन अध्ययन होता है। इस प्रकार यह मूल में ही एक प्रकार से अन्वेषणात्मक पद्धति है। इस प्रकार अन्वेषणात्मक अनुसंधान अभिकल्प की उपरोक्त विवेचना से स्पष्ट है कि यह मूलत: उन आधारों को प्रस्तुत करता है जो कि एक सफल अनुसंधान कार्य के लिए महत्त्वपूर्ण होता है। सेंलिज, जहोदा एवं उनके सहयोगियों ने लिखा है कि "अन्वेषणात्मक अनुसंधान अभिकल्प उन अनुभव को प्राप्त करने के लिए आवश्यक है जो कि अधिक निश्चित अनुसंधान हेतु सम्बन्धित उपकल्पना के निरूपण में सहायक होगा।'

अन्वेषणात्मक या निरूपणात्मक अभिकल्प का महत्त्व

समस्या का चुनाव, अनुसंधान का प्रारंभिक चरण है। अत: समस्या को ऐसा होना चाहिए जो सामाजिक व सैद्धान्तिक दृष्टि से महत्त्वपूर्ण हो। साथ ही उसके बारे में प्राथमिक तथ्य उपलब्ध हों। लेकिन समस्याएँ ऐसी होती हैं जिनके बारें में न तो प्राथमिक तथ्य सुलभ होते हैं और न उसके बारे में कोई कार्य किया गया होता है। अत: समाज विज्ञान के किसी भी क्षेत्र में जहाँ शोध का पर्याप्त विकास नहीं हुआ है, वहाँ एक उपयोगी उपकल्पना के निर्माण के लिए, अन्वेषणात्मक अभिकल्प को अपनाना अनिवार्य है। नवीन तथ्यों के निर्माण के लिए, अन्वेषणात्मक अभिकल्प को अपनाना अनिवार्य है। नवीन तथ्यों की खोज की दृष्टि से यह अभिकल्प उपकल्पना में निर्माण में सहायक होते हैं। किसी भी सामाजिक घटना के कारणों को खोजने की दृष्टि से भी यह अभिकल्प उपयोगी होता है।

सामाजिक अनुसंधान में यह अभिकल्प निम्न दृष्टिकोण से उपयोगी हैं-

1. तात्कालिक स्थिति सम्बन्धी सूचना-कार्य की दृष्टि से अन्वेषणात्मक अथवा निरूपणात्मक अभिकल्प, समस्या की तात्कालिक स्थितियों के सम्बन्ध में सूचनाएँ प्रदान करता है, जिनके आधार पर पूर्व प्रतिस्थापित उपकल्पना का परीक्षण किया जाता है। साथ ही यह विभिन्न प्रकार की अध्ययन प्रणालियों को प्रयोग में लाने की व्यावहारिक संभावनाओं को स्पष्ट करता है।

2. महत्त्वपूर्ण समस्याओं को प्रस्तुत करना-अन्वेषणात्मक अथवा निरूपणात्मक अभिकल्प का द्वितीय कार्य सामाजिक महत्त्व की समस्याओं को प्रस्तुत करना है। इसका तात्पर्य उन समस्याओं की ओर अनुसंधानकर्त्ता को प्रेरित करना है जो अत्यंत महत्त्वपूर्ण है क्योंकि समस्याओं के अभिकल्प की सामाजिक उपयोगिता, उन

समस्याओं के अध्ययन से अधिक हैं जिनका सामाजिक महत्त्व अधिक नहीं है।

3. अपरिचित क्षेत्र का अध्ययन-अन्वेषणात्मक अभिकल्प अनुसंधान की दीर्घकालीन आयोजनों की दृष्टि से भी महत्त्वपूर्ण है। दीर्घकालीन अनुसंधान के लिए सिद्धान्त तथा उपकल्पना का व्यवस्थित आधार आवश्यक है लेकिन एक अपरिचित क्षेत्र के अध्ययन में ये आधार उपलब्ध नहीं होते हैं। अतएव इनकी प्राप्ति के लिए अन्वेषणत्मक अभिकल्प के विविधि पक्षों के सम्बन्ध में जानकारी प्रदान करता है।

4. अनुसंधान का प्रारंभ-उपयुक्त कार्यों के अतिरिक्त, अनुसंधान कार्य को प्रारंभ करने की दृष्टि से भी अन्वेषणात्मक अभिकल्प महत्त्वपूर्ण है। **जडोडा** और **कुक** के अनुसार, ''प्रयोग में, किसी भी अध्ययन का सबसे जटिल भाग उसको आरंभ करने का है। अध्ययन के अनुवर्ती स्तरों का सतर्क पद्धतियों की बहुत कम उपयोगिता है यदि उसका प्रारंभ गलत एवं असंगत हुआ है।'' इसलिए अन्वेषणात्मक अभिकल्प का प्रमुख कार्य, अध्ययन के आरंभ में उपयोगी उपकल्पना के निर्धारण में आवश्यक सूचनाओं को एकत्रित करना है। यदि उपकल्पना यथार्थ और आधार सैद्धान्तिक है, तो अनुसंधान कार्य सफल एवं उपयोगी होता है।

5. अनिश्चित समस्याओं का निर्धारण-अन्वेषणात्मक अभिकलप का एक महत्त्वपूर्ण कार्य अनिश्चित समस्याओं के अध्ययन को निश्चित करना है। इसमें नवीन खोज पर बल दिया जाता है। अत: समस्या के प्रारंभिक रूप को अध्ययन की प्रक्रिया आरंभ करने के बाद अंतिम रूप दिया जाता है। साथ ही निरीक्षण द्वारा समस्या के केन्द्रीय स्वरूप का ध्यान एकाग्र किया जाता है और उसके पक्ष विशेष पर अध्ययन को केन्द्रित किया जाता है।

6. सैद्धान्तिक महत्त्व-इनके अतिरिक्त समाज-विज्ञान की अनेक शाखाओं के अन्तर्गत अनवेषणात्मक अभिकल्प को अधिक महत्त्व नहीं दिया गया और अभिकल्पा के उसी अंश को वैज्ञानिक अध्ययन स्वीकार किया गया, जिसका आधार परीक्षणात्मक था। किन्तु परीक्षणात्मक अभिकल्प को केवल परीक्षण की विषय-वस्तु तक ही सीमित न होकर, व्यापक समस्याओं तक विस्तृत होना चाहिए। यह केवल अन्वेषणात्मक पद्धति द्वारा ही संभव होता है। इस प्रकार अन्वेषण अभिकल्प, विज्ञान को परम्परागत सीमाओं में युक्त कर, उसके अध्ययन-क्षेत्र का विकास करता है।

❑❑❑

16

शोध में क्षेत्रीय तकनीक

मापन प्रक्रिया में चार स्तर होते हैं जिनसे चार प्रकार के आँकड़े प्राप्त होते हैं। इस प्रकार आँकड़े को चार स्तरों में बाँट सकते हैं–

(1) नाम–सम्बन्धी आँकड़े, (2) क्रम–सूचक आँकड़े,

(3) समान–आवान्तर आँकड़े, तथा (4) अनुपात आँकड़े।

(1) नाम–सम्बन्धी आँकड़े–आँकड़े साधारणतः चार प्रकार के होते हैं परन्तु यह सबसे कम शुद्ध स्तर के आँकड़े माने जाते हैं। इसमें केवल दो या दो से अधिक वर्गों में किसी समूह या तथ्य का विभाजन किया जाता है। उसकी आवृत्तियों में गणना की जाती है, जैसे–पास या फेल, छात्र और छात्राएँ, हिन्दू तथा मुस्लिम आदि। उसके परिमाण का बोध नहीं होता है। इस प्रकार आँकड़ों के लिए निरीक्षण–प्रविधित तथा प्रश्नावली प्रविधि प्रयुक्त की जाती है। इस प्रकार के आँकड़ों को आवृत्तियों के रूप में एकत्रित किया जाता है। इस प्रकार के आँकड़ों के विश्लेषण के लिये प्रतिशत, बहुलांक-मान, कोई वर्ग परीक्षण तथा सह–सम्बन्ध के लिए कनटिनजेन्सी प्रविधि प्रयुक्त की जाती है। साधारणतः वर्णनात्मक सांख्यिकीय प्रविधियों को ही प्रयुक्त किया जा सकता है। कक्षा–शिक्षण की व्यवस्था में इसी प्रकार के आँकड़ों को प्रयुक्त किया जाता है।

(2) **क्रम-सूचक आँकड़े**-नाम सम्बन्धी आँकड़ों की अपेक्षा आँकड़ों का यह रूप अधिक शुद्ध होता है। प्रत्येक वर्ग के छात्रों को एक क्रम में व्यवस्थित किया जाता है। प्रत्येक वर्ग के सदस्य को अनुस्थित दी जाती है। इस प्रकार के आँकड़ों के लिए निरीक्षण प्रविधि तथा अनुपस्थित-मापनी का प्रयोग किया जाता है। सदस्यों की योग्यता के आधार पर उनका स्तरीकरण किया जाता है और अपुसितियाँ प्रदान की जाती हैं। सदस्य के क्रम स्तर का तो बोध होता है परन्तु उनकी सही दूरी स्पष्ट नहीं होती है। इसमें सदस्यों के समूह का विभाजन करके योग्यतानुसार अनुस्थित प्रदान की जाती है, जैसे-कक्षा के छात्रों को लड़के तथा लड़कियों में विभाजित करके प्रत्येक को उनकी योग्यतानुसार क्रम में रखा जाता है। इसमें आवृत्तियों को क्रम में प्रस्तुत किया जाता है। सांख्यिकीय प्रविधियों में मध्यांक, चतुर्शामन, काईवर्ग परीक्षण तथा स्पीयरमेन अनुपस्थिति सह-सम्बन्ध विधि द्वारा इस प्रकार के आँकड़ों का विश्लेषण किया जाता है। कक्षा-शिक्षण में अध्यापक अपने निरीक्षण के आधार पर छात्रों का स्तरीकरण करता है। छात्र के व्यवहार के आधार पर अनुस्थितियाँ प्रदान की जाती है।

(3) **समान-आवान्तर आँकड़े**-इसी प्रकार के आँकड़ों की वह सब विशेषताएँ होती हैं जो उपरोक्त दोनों प्रकार के आँकड़ों की होती हैं, परन्तु इस प्रकार के आँकड़ों की विशेषता यह होती है कि सदस्यों के मध्य की दूरी प्रकट हो जाती है। इस प्रकार के आँकड़ों में शून्य माना हुआ होता है। शैक्षिक मापन में अधिक शुद्ध आँकड़े इसी स्तर के होते हैं। शैक्षिक तथा मनोवैज्ञानिक मापन अपेक्षाकृत होता है। अत: शून्य माना हुआ होता है। इन आँकड़ों के लिये समूह के सदस्यों के किसी गुण के मापन में अंक प्रदान किये जाते हैं, जैसे-शैक्षिक उपलब्धियों के लिए विषयगत अंक दिये जाते हैं। बुद्धि के मापन हेतु भी अंक दिये जाते हैं। शिक्षा तथा मनोविज्ञान में यह सबसे शुद्ध प्रकार का आँकड़े होते हैं। इस प्रकार के आँकड़ों से शोध-कार्यों में जो निष्कर्ष निकाले जाते हैं, वे अधिक विश्वसनीय तथा शुद्ध होते हैं।

(4) **अनुपात आँकड़े**-इस प्रकार के आँकड़ों की वह सभी विशेषताएँ होती हैं जो आवान्तर आँकड़ों की तथा दो अतिरिक्त विशेषताएँ होती हैं-

(अ) इस प्रकार के आँकड़ों का मान शून्य होता है और वही आँकड़ों का संदर्भ बिन्दु होता है। जबकि उपरोक्त आँकड़ों का सन्दर्भ बिन्दु शून्य नहीं होता है अपितु समूह होता है। शून्य मान उस चर की अनुपस्थिति प्रदर्शित करता है। भौतिक विज्ञानों में इस प्रकार के आँकड़े एकत्रित किये जाते हैं। भौतिक विज्ञान के मापनियों पर शून्य सभी में होता है।

(ब) अनुपात आँकड़ों में जो अंक दिये जाते हैं वे वास्तविक अंक होते हैं, उन्हें जोड़ा जा सकता है,घटाया जा सकता है जबकि आवान्तर आँकड़ों में ऐसा सम्भव नहीं होता है। 15 ग्राम, 5 ग्राम का तिगुना होता है परन्तु शैक्षिक मापन में अंकों में ऐसा सम्बन्ध नहीं स्थापित किया जा सकता है।

उपरोक्त चार प्रकार के आँकड़ों का वर्गीकरण मापन में चार स्तरों पर आधारित होता है। आँकड़ों की प्रकृति मापन के स्तर से स्पष्ट हो जाती है। अनुसन्धानकर्त्ता को इन चारों मापन के स्तर विस्तृत जानकारी होना आवश्यक है तभी वह आँकड़ों की प्रकृति समझ सकता है। इनका विस्तृत विवरण अग्रांकित तालिका में दिया गया है।

इस तालिका से मापन स्तरों तथा आँकड़ों के प्रकार की प्रकृति, अवधारणाओं तथा विशेषताओं को भली प्रकार समझा जा सकता है। प्रथम तीन स्तरों/आँकड़ों का उपयोग शैक्षिक तथा मनोवैज्ञानिक शोध-कार्यों में अधिक होता है जबकि चतुर्थ प्रकार के आँकड़ों का उपयोग भौतिक विज्ञानों में ही किया जाता है।

आँकड़ों का संकलन

व्यावहारिक मनोविज्ञान में शोध-कार्य के लिए आँकड़ों का संकलन शोध के उपकरणों का प्रशासन, न्यादर्श के सदस्यों पर करके किया जाता है। शोध में विभिन्न प्रकार के चरों के मापन के लिए विविध प्रकार की मापन प्रविधियों का प्रयोग किया जाता है। शोध के उपकरणों की सहायता से विविध प्रकार के आँकड़ों का संकलन किया जाता है। इसके लिये आवश्यक होता है कि शोध-कर्त्ता अपने चरों की प्रकृति को भली प्रकार समझने का प्रयास करे और समुचित मापन प्रविधि का चयन करके आँकड़ों का संकलन करें। आँकड़ों की प्रकृति, चर की प्रकृति तथा मापन के उपकरण की प्रकृति पर आधारित होता है।

शैक्षिक मापन उपकरणों का सम्बन्ध आँकड़ों की प्रकृति तथा सांख्यिकी प्रविधियों से सम्बन्धित होता है। इस प्रकार का वर्गीकरण अधोलिखित तालिका में प्रदर्शित किया गया है-

आँकड़ों के संकलन की आचार-संहिता

शैक्षिक शोध-कार्यों के न्यादर्श में प्रमुख रूप से मानवीय सदस्यों का चयन किया जाता है। अत: आँकड़ों के संकलन में कुछ आचार-संहिताओं को भी ध्यान में रखाना होता है। शैक्षिक शोध-कार्यों के आँकड़ों के संकलन में अधोलिखित आचार संहिता का निर्वाह करना चाहिये-

(1) शोधकर्त्ता को न्यादर्श के प्रति सहानुभूति रखनी चाहिये और उनके सम्मान का ध्यान रखना चाहिये।

(2) न्यादर्श के सदस्यों को स्वतन्त्रता भी देनी चाहिये।

(3) न्यादर्श से प्राप्त आँकड़ों को गोपनीय रखना चाहिये।

(4) शोधकर्त्ता को आँकड़ों की गोपनीयता का उल्लंघन नहीं करना चाहिये।

(5) शोधकर्त्ता को अनुसन्धान के स्तर का उल्लंघन नहीं करना चाहिये।

(6) पर्यवेक्षक को शोधकर्त्ता के सभी कार्यों का पूर्णरूपेण ध्यान रखना चाहिये।

प्रत्येक शोधकर्त्ता को उपरोक्त आचार-संहिता के नियमों का पूर्णरूप से पालन करना चाहिये। न्यादर्श के सदस्यों के नाम का कहीं भी उल्लेख नहीं करना चाहिये। उस संस्था का नाम दिया जा सकता है जहाँ से न्यादर्श के सदस्यों का चयन किया गया है। इसके लिए भी सांकेतिक भाषा प्रयुक्त की जाये तब अधिक उत्तम रहता है। विशिष्टट शोध-कार्य के न्यादर्श के सदस्यों का सम्मान करना चाहिये और उनसे पहले सम्पर्क स्थापित करना चाहिये।

आँकड़ों के संकलन में सावधानियाँ-शोध-कार्य में आँकड़ों के संकलन में अधोलिखित सावधानियाँ रखनी चाहिये-

(1) आँकड़े शोध की समस्या के लिए सार्थक होने चाहिये।

(2) आँकड़ों का संकलन प्रामाणिक उपकरणों की सहायता से करना चाहिये।

(3) आँकड़े इस प्रकार के होने चाहिये जिनके विश्लेषण सांख्यिकीय प्रविधियों द्वारा किया जा सके।

(4) आँकड़ों के संकलन में न्यादर्श त्रुटि भी कम-से-कम होनी चाहिये।

(5) आँकड़ों के संकलन में न्यादर्श त्रुटि भी कम नहीं होनी चाहिये।

(6) आँकड़ों का स्वरूप इस प्रकार का हो जिसमें जनसंख्या के मानकों का सही अनुमान लगाया जा सके।

(7) आँकड़े अपने में पूर्ण तथा व्यापक होने चाहिये।

आँकड़ों की व्यवस्था का वर्गीकरण

आँकड़ों के संकलन के बाद उनका वर्गीकरण तथा व्यवस्था की जाती है जिससे उनका समुचित रूप में विश्लेषण किया जा सके और निष्कर्ष निकाले जा सकें।

आँकड़ों का संकलन विश्वसनीय तथा वैध उपकरणों की सहायता से किया जाता है। यह कच्चे माल की तरह होते हैं। इनका कुछ भी अर्थ नहीं होता है। आँकड़ों को सार्थक बनाने के लिए सांख्यिकीय प्रविधियों का प्रयोग किया जाता है। इसलिए आँकड़ों का वर्गीकरण तथा व्यवस्था करने की आवश्यकता होती है। आँकड़ों के वर्गीकरण का अर्थ होता है कि प्राप्त सूचनाओं का विभिन्न वर्गों में विभाजित करना जिससे अपेक्षित परिणामों के लिए विश्लेषण किया जा सके।

(अ) शोध के आँकड़ों का वर्गीकरण-प्राप्त आँकड़े अपने आरम्भिक रूप में स्पष्ट, विस्तृत, अर्थहीन उलझे हुए होते हैं। वर्गीकरण के बिना सांख्यिकीय प्रविधि का प्रयोग नहीं किया जा सकता है तथा न ही उनके आधार पर कोई परिणाम या निष्कर्ष प्राप्त किए जा सकते हैं। अत: एकत्रित आँकड़ों को उपयोगिता की दृष्टि से संक्षिप्त करना और उन्हें एक व्यवस्थित रूप देना आवश्यक है। इस प्रकार वर्गीकरण आँकड़ों को व्यवस्थित एवं संक्षिप्त करने की प्रक्रिया है जिसके अन्तर्गत समान एवं असमान गुणों के अनुसार आँकड़ों को इस प्रकार विभाजित करते हैं कि समान गुणों वाले आँकड़े एक ही वर्ग में तथा असमान गुणों वाले आँकड़े अन्य वर्गों में आ सकें। ऐसा करने से अनुसन्धान के आँकड़ों में स्पष्टता आ जाती है। डॉ. एलहंस के अनुसार, ''आँकड़ों को उनकी रूपता एवं समानता के अनुसार समूह अथवा वर्गों में व्यवस्थित करने की प्रक्रिया को परिभाषित रूप में वर्गीकरण कहा जाता है।''

आँकड़ों के वर्गीकरण के आवश्यक गुण

अच्छे वर्गीकरण में निम्नलिखित गुणों का होना आवश्यक है-

(1) स्पष्टता-वर्गीकरण की सबसे बड़ी विशेषता उसकी स्पष्टता है। विभिन्न वर्गों में विभाजित आँकड़े इस प्रकार सुगम एवं स्पष्ट होने चाहिये कि उनमें सन्देह के लिये कोई स्थान न रहे।

(2) स्थिरता-वर्गीकरण में स्थिरता का होना भी आवश्यक है। यदि उसमें स्थिरता नहीं, तो प्रत्येक पुनरावृत्ति में भिन्नता पैदा हो जाती है, तो उसके आधार पर तुलनात्मक अध्ययन करना असम्भव होगा।

(3) पवरिवर्तनशीलता-वर्गीकरण के लिये यह आवश्यक है कि इसमें समय एवं परिस्थितियों के अनुसार परिवर्तन एवं समन्वय की क्षमता हो।

आँकड़ों के वर्गीकरण के आधार

अनुसन्धान के आँकड़ों का वर्गीकरण निम्नलिखित आधार पर हो सकता है-

(1) गुणात्मक आधार-गुणात्मक आधार से तात्पर्य आँकड़ों को उनके लक्षणों एवं गुणों के आधार पर विभाजित करना है, जैसे रुचि, प्रवृत्ति आदि।

(2) संख्यात्मक एवं परिभाषात्मक आकार-जहाँ आँकड़ों को गुणात्मक आधार पर वर्गीकृत नहीं किया जा सकता, वहाँ संख्यात्मक एवं परिभाषात्मक आधारों को अपनाया जाता है; उदाहरणार्थ-आयु, लम्बाई, ऊँचाई, संख्या आदि।

(3) सामयिक आधार-सामयिक आधार में आँकड़ों का वर्गीकरण विशेष समय की प्रकृति अथवा अवस्था के अनुसार किया जाता है।

(4) भोगोलिक आधार-भौगोलिक क्षेत्रों के अनुसार आँकड़ों का वर्गीकरण हो सकता है।

आँकड़ों का अर्थ है निरीक्षण। वैज्ञानिक शैक्षिक अनुसन्धानों में आँकड़ों की आवश्यकता पड़ती है। आँकड़े प्रामाणिक अनुसन्धान उपकरणों या स्वयं निर्मित उपकरणों के द्वारा प्राप्त किये जाते हैं। आँकड़े परिमाणात्मक एवं गुणात्मक दोनों प्रकार के होते हैं।

प्राप्तांक एक व्यक्ति का अंकीय वर्णन करता है। प्राप्तांकों की अपनी विशेषताएँ होती हैं। मापन प्रक्रिया एक चर का परिणामात्मक रूप से मापन करने में सहायक होती है। आँकड़े आकृति और प्राप्तांकों के रूप में एकत्रित किये जाते हैं, यह इस बात पर निर्भर करता है कि किस प्रकार के उपकरणों के द्वारा आँकड़ों का संकलन किया जा रहा है। अधिकांश: परीक्षणों के द्वारा जो आँकड़े एकत्रित किये जाते हैं, वह प्राप्तांकों के रूप में होते हैं, तथा प्रश्नावली से प्राप्त आँकड़े वह वस्तु है जिसकी सहायता से हम समझते हैं कि शोध के निष्कर्ष वैध तथा विश्वसनीय हैं। इनकी प्रामाणिकता की परख की जा सकती है।

आँकड़ों के संकलन की आवश्यकता

शोध कार्यों के संकलन निम्नांकित उद्देश्यों की पूर्ति हेतु किये जाते हैं-

(1) शैक्षिक अनुसन्धानों में आँकड़ों का संकलन शोध-कार्यों के लिए ठोस आधार प्रदान करता है।

(2) किसी उत्पादन के लिये जिस प्रकार कच्ची सामग्री चाहिए, उसी प्रकार शोध कार्य के लिए आँकड़ों की आवश्यकता आँकड़ो पड़ती है। यदि आँकड़े गुणात्मक रूप में एकत्रित किये जाते हैं तब शोध के परिणाम भी गुणात्मक होंगे।

(3) आँकड़ों के आधार पर शोध के सुनिश्चित उत्तर दिया जा सकता है।

वैज्ञानिक शोध-कार्यों के लिए आँकड़ों की नितान्त आवश्यकता होती है।

(4) शोध के निष्कर्षों की पुष्टि में आँकड़ों का विशेष महत्त्व होता है।

(5) शोध-कार्यों में आँकड़ों का संकलन परिकल्पनाओं की पुष्टि के लिए किया जाता है।

(6) सांख्यिकीय आँकड़ों को दो समस्याओं के लिए प्रयुक्त किया जाता है-

(अ) जनसंख्या के मानकों का अनुमान लगाया जाता है जिससे शोध की समस्या अथवा प्रश्न का उत्तर मिलता है।

(ब) शोध की परिकल्पनाओं का परीक्षण किया जाता है जिससे शोध की समस्या अथवा प्रश्न का उत्तर मिलता है।

(7) गुणात्मक प्रश्नों के आधार पर तथ्यों की खोज की जाती है और परिमाणात्मक आँकड़ों के आधार पर नवीन सिद्धान्तों का प्रतिपादन किया जाता है।

(8) नवीन प्रविधियों की प्रभावशीलता का मूल्यांकन आँकड़ों के आधार पर किया जाता है।

(9) आँकड़ों के आधार पर समस्याओं का वैज्ञानिक समाधान किया जाता है।

(10) शोध के सामान्यीकरणों की शुद्धता आँकड़ों की विश्वसनीयता और वैधता पर आधारित होती है।

आँकड़ों एवं तथ्यों में अन्तर

आँकड़ों एवं तथ्यों में अन्तर अधोलिखित प्रकार है-

(1) तथ्य अपने भौतिक जगत् में संगठित होते हैं जबकि आँकड़े क्रमबद्ध रूप से संगठित होते हैं।

(2) तथ्य किसी पद्धति के सन्दर्भ में प्राप्त नहीं होता है जबकि आँकड़ों में एक क्रमिक संगठन होता है, जैसे-शरीर में एक क्रमिक संगठन होता है।

(3) तथ्यों की विवेचना करना कठिन है तथा तथ्यों की विवेचना अधिकांशत: वस्तुनिष्ठ होती है। यह अनुसन्धानकर्त्ता की कल्पना पर आधारित होता है। जबकि आँकड़ों का विवेचन परिमाणात्मक तथा वस्तुनिष्ठ होता है।

(4) तथ्य प्रकृति से रहस्यात्मक होते हैं जबकि आँकड़े प्रकृति से व्याख्यात्मक होते हैं।

(5) तथ्य प्रकृति से वर्णनात्मक होते हैं जबकि आँकड़े प्रकृति से व्याख्यात्मक होते हैं।

(6) तथ्य वस्तुनिष्ठ सांख्यिकीय व्यवहार के लिए उत्तरदायी नहीं होते हैं जबकि आँकड़े वस्तुनिष्ठ सांख्यिकीय व्यवहार के लिए उत्तरदायी होते हैं।

(7) तथ्यों का सम्बन्ध अनुसन्धान समबन्धी खोजों तथा निष्कर्षों से नहीं होता है जबकि आँकड़ों का सीधा सम्बन्ध अनुसन्धान सम्बन्धी खोजों एवं निष्कर्षों से होता है।

(8) तथ्य अधिकांशतः बहुत विस्तृत होते हैं तथा इनका उपयोग अपने उद्देश्य के लिए नहीं किया जा सकता है जबकि आँकड़े सदैव एक उद्देश्य की पूति के लिए एकत्रित किये जाते हैं।

(9) तथ्यों का संकलन ऐतिहासिक, दार्शनिक या सर्वेक्षण अनुसन्धान द्वारा किया जाता है जबकि आँकड़ों का संकलन वैज्ञानिक तथा प्रयोगात्मक अनुसन्धान के लिए किया जाता है।

आँकड़ों की प्रकृति

शैक्षिक अनुसन्धानों का सम्बन्ध समूह के गुणों से होता है। मापन के उपकरणों की सहायता से गुणों को परिमाण में बदल लिया जाता है परन्तु सभी गुणों को परिणाम में नहीं बदला जा सकता है। अतः आँकड़ों को दो वर्गों में विभाजित किया जा सकता है–

(1) गुणात्मक आँकड़े, तथा (2) परिमाणात्मक आँकड़े।

(1) गुणात्मक आँकड़े–सभी गुणों को मापन की प्रक्रिया द्वारा परिमाण में नहीं बदला जा सकता है अर्थात् कुछ गुणों को अंकीय मूल्य नहीं दिया जाता है उन्हें सापेक्षिक रूप में बदल लेते हैं, जैसे–आत्मविश्वास, ईमानदारी, अभिप्रेरणा तथा सुन्दरता आदि।

(2) परिमाणात्क आँकड़े–जिन गुणों को अंकीय मूल्य प्रदान कर दिये जाते हैं, उन्हें चर कहते हैं, जैसे–निष्पत्ति, बुद्धि, प्रवणता, व्यक्तित्व, अभिरुचि तथा मूल्य आदि।

मापन की प्रक्रिया द्वारा गुणों को परिमाण में बदल लिया जाता है। मापन में अनेंकों विधियाँ तथा अनेकों प्रकार के उपकरणों का प्रयोग किया जाता है। मापन प्रविधि गुण के स्वरूप तथा प्रकृति पर आधारित होती है।

वैज्ञानिक शोध-कार्यों में मापन प्रक्रिया का विशेष महत्त्व है क्योंकि शुद्ध तथा उच्च स्तरीय शोध का विकास मापन के उपकरणों से ही हुआ है। निष्कर्षों को सांख्यिकीय विश्लेषण के आधार पर प्रतिपादित किया जाता है। परिमाणात्मक आँकड़ों के आधार पर गुणों की प्रकृति का अध्ययन शुद्ध रूप में किया जाता है तथा परिणामों का अर्थापन वस्तुनिष्ठ रूप में किया जा सकता है।

मापन की प्रक्रिया द्वारा व्यक्ति के गुणों को अंकीय मान दिया जाता है। न्यायदर्श के अपेक्षित चरों का मापन किया जाता है जिसके लिये अधोलिखित मापनीय प्रविधियों को प्रयुक्त किया जाता है–

(अ) निरीक्षण प्रविधि–इसका प्रयोग छोटे बालकों तथा पशुओं के गुणों के मापन में किया जाता है। कक्षा अन्त:प्रक्रिया के लिए भी निरीक्षण प्रणाली को प्रयुक्त करते हैं। इस प्रविधि का विकास अधिक हुआ है तथा प्रयोग भी शिक्षा के क्षेत्र में अधिक होता है।

(ब) शैक्षिक तथा मनोवैज्ञानिक परीक्षणों की सहायता से कई चरों का मापन शुद्ध रूप में किया जाता है। इनसे प्राप्त आँकड़े अधिक वैध तथा विश्वसनीय होते हैं।

(स) प्रश्नावली, साक्षात्कार से ही अपेक्षित सूचनाओं तथा आँकड़ों का संकलन किया जाता है।

(द) अनुपस्थिति मापन अधिसूची द्वारा अभिरुचि, अभिवृत्ति तथा व्यक्तित्व का मापन किया जाता है।

(य) ऐतिहासिक शोध में आँकड़ों को प्राथमिक तथा गौड़ स्त्रोतों के विश्लेषण से प्राप्त किया जाता है।

इस प्रकार शोध-कार्यों में अनेकों प्रकार के मापन उपकरण प्रस्तुत किये जाते हैं और विविध प्रकार के आँकड़ों का संकलन किया जाता है।

अचर

अचर उस गुण को कहते हैं जो शोध के समय सभी परिस्थितियों में एक-सा रहता है। न्यादर्श के सदस्यों में इस गुण के सन्दर्भ में समानता रहती है। चर उस गुण को कहते हैं जो शोध की सभी परिस्थितियों में परिवर्तनशील रहता है। न्यादर्श के सभी सदस्यों में उस गुण के सन्दर्भ में विषमता रहती है। शोध की परिस्थितियों में अनेकों गुणों को सम्मिलित किया जाता है, परन्तु यह शोध की अवधारणा पर निर्भर करता है कि कौनसा गुण अचर है और कौनसा गुण चर माना गया है। अचर तथा चर को एक उदाहरण से समझ सकते हैं। शिक्षा की दो विधियों की प्रभावशीलता का अध्ययन करना है तब तक एक ही अध्यापक, एक ही पाठ्य-वस्तु, दो कक्षाओं को दो पृथक् विधियों से

पढ़ाकर एक परीक्षण के आधार पर प्रभावशीलता के सन्दर्भ में निष्कर्ष निकाला जा सकता है। इस अध्ययन में शिक्षक, पाठ्य-वस्तु, कक्षा-वातावरण, छात्रों का स्तर आदि अचर माने गये हैं, शिक्षण विधियाँ तथा छात्रों की निष्पति को चर माना गया है। शिक्षक दोनों विधियों में समान कौशल से पढ़ाता है। यह एक प्रमुख अचर है।

चर

चर उस गुण विशेष को कहते हैं जिसको परिमाण में बदल सकते हैं और न्यादर्श का प्रत्येक सदस्य उस चर के सन्दर्भ में एक-दूसरे से भिन्न होता है। समूह की विषमता की गणना अंकीय मूल्यों में की जा सकती है। शैक्षिक या मनौवैज्ञानिक गुण को मापन की प्रक्रिया द्वारा परिमाण में बदल लिया जाये तब उसे चर कहते हैं।

चरों को दो रूपों में विभाजित किया जाता है-

(1) सतत्-चर तथा (2) असतत्-चर

(1) सतत्-चर-सतत्-चर वे कहलाते हैं जब मापन में गुणनखण्डनीय मूल्य भी दिया जाता है। उदाहरण के लिए शैक्षिक निष्पत्ति मापन में 24.50 तथा 64.75 अंक दिये जाते हैं। छात्रों के भार मापन में 62.60 कि.ग्राम तथा 74.25 कि.ग्राम होता है। यह मापक के उपकरण की शुद्धता पर निर्भर करता है।

(2) असतत् स्वर-असतत्-चर वे कहलाते हैं जब मापन पूर्ण इकाइयों से किया जाता है और खण्डनीय मूल्य नहीं दिया जाता है, जैसे-30 छात्र ओर 25 छात्राएँ, 64 पास और 36 फेल, 15 भारतीय तथा 20 अमेरिकन आदि।

चरक.

साधारणत: चर का मापन उपकरण की सहायता से किया जाता है। जब किसी चर को परिमाण में बदल दिया जाता है तब उसे चरक कहते हैं। जब किसी न्यादर्श के सदस्यों की बुद्धि को बुद्धिलब्धि में मापन कर लेते हैं। तब उसे चरक की संज्ञा दी जाती है। इसी प्रकार निष्पत्ति का मापन अंकों में कर लिया जाये तो उसे चरक कहते हैं। सांख्यिकी विश्लेषण में एक चरक विश्लेषण, द्वि-चरक विश्लेषण तथा बहु-चरक विश्लेषण प्रविधियों का प्रयोग किया जाता है। आँकड़ों के सांख्यिकीय विश्लेषण से निष्कर्ष निकाले जाते हैं जिनसे सामान्यीकरण किया जाता है। शोध-कार्यों, चरों तथा सांख्यकीय विश्लेषण में चरकों को प्रयुक्त किया जाता है।

चर का परिमाणीकरण

परिमापीकरण की प्रक्रिया में चर के स्तर के लिये अंकीय मान दिया जाता है। परिमाणीकरण में मापन प्रक्रिया को प्रयुक्त किया जाता है जिससे आँकड़े या अंक प्राप्त

होते हैं। साधारणत: शैक्षिक शोध-कार्यों में आँकड़ों की सहायता से परिकल्पनाओं की पुष्टि की जाती है और इससे निष्कर्ष निकालते हैं। गुणात्मक आँकड़ों को परिमाण में भी बदल लिया जाता है और उनकी सार्थकता की परख सांख्यिकी विश्लेषण से की जाती है। जब गुणात्मक आँकड़ों को परिमाणात्मक आँकड़ों में नहीं बदल पाते हैं तब व्याख्यात्मक अर्थापन किया जाता है।

परिमाणात्मक आँकड़ों की विशेषताएँ

शोध के मापन उपकरणों की सहायता से आँकड़ों का संकलन किया जाता है। इनकी अधोलिखित विशेषताएँ होती हैं-

(1) प्रामाणिक परीक्षणों की सहायता से परिमाणात्मक आँकड़ों का संकलन किया जाता है। यदि अनुसन्धानकर्त्ता स्वयं परीक्षण का निर्माण करता है तब उसकी विश्वसनीयता तथा वैधता भी ज्ञात की जाती है।

(2) परिमाणात्मक आँकड़े विश्वसनीय तथा वैध उपकरण से एकत्रित किये जाते हैं, इसलिए सामान्यीकरण अधिक शुद्ध होते हैं।

(3) परिमाणात्मक आँकड़ों से प्राप्त निष्कर्षों का अर्थापन सरलता तथा सुगमता से किया जा सकता है। सार्थकता का स्तर भी निर्धारित किया जाता है।

(4) परिमाणात्मक आँकड़ों की अंकन प्रक्रिया वस्तुनिष्ठ होती है। व्यक्तिगत पक्षों का प्रभाव नहीं होता है।

(5) परिमाणात्मक आँकड़ों का संकलन शोध के उद्देश्यों की दृष्टि से किया जाता है और शोध की परिकल्पनाओं की पुष्टि की जाती है।

(6) परिमाणात्मक आँकड़ों का सांख्यिकीय विश्लेषण करके निष्कर्ष निकाले जाते हैं जिससे अधिक शुद्ध सामान्यीकरण किया जाता है।

(7) शैक्षिक शोध-कार्यों में परिमाणात्क आँकड़ों की सहायता से शुद्ध तथा सही परिणाम प्राप्त किये जाते हैं।

□□□

17

शोध में सांख्यिकी

सांख्यिकी एक ऐसी मनोवैज्ञानिक विधि है जो किसी भी क्षेत्र से सम्बन्धित संख्यात्मक प्रदत्तों का (Data) अध्ययन, विश्लेषण तथा विवेचन इस प्रकार से करती है कि उसके द्वारा भूतकालीन तथ्यों की वर्तमान तथ्यों से तुलना की जाती है अथवा भविष्य के लिए अनुमान निकाले जाते हैं। सांख्यिकी स्वयं विज्ञान नहीं है वरन् यह केवल एक वैज्ञानिक विधि है। सांख्यिकी एक वैज्ञानिक विधि होने के कारण अनुमान लगाती है एवं अनुमानों की सत्यता को ज्ञात करती है और अन्त में उन्हें स्वीकार या अस्वीकार करती है। बांडिगटन ने इसे 'अनुमान तथा भावनाओं का विज्ञान' कहकर पुकारा है। सांख्यिकी को शाब्दिक रूप से देखा जाये तो 'सांख्यिकी' अंग्रेजी शब्द 'Statistics' का हिन्दी रूपान्तरण है। 'Statistics' शब्द की उत्पत्ति लैटिन (Latin) भाषा के शब्द 'Status' (स्टेटस) तथा इटैलियन (Italion) के शब्द 'Statista' (स्टेटिस्टा) से हुई है। इन दोनों ही शब्दों का अर्थ 'राजनीतिक-स्थिति' होती है। इससे स्पष्ट होता है कि प्राचीनकाल में यह शब्द राज्यों की राजनीतिक स्थिति के संदर्भ में प्रयोग किया जाता था। प्राचीन समय में आँकड़ों का उपयोग राजाओं द्वारा युद्ध लड़ने तथा दैनिक राजनीतिक-स्थिति का अनुमान लगाने में किया जाता था। इसका उपयोग माल-गुजारी, लगान निर्धारित करने में, स्त्री-पुरुष, जन्म-मरण संख्या, कुल जनसंख्या, राज्य की आय तथा व्यय आदि के आँकड़े इकट्‌ठे करने में किया जाता था। इन सबका संख्या में विवरण 'सांख्यिकी' (Statistics) कहलाने लगा।

वर्तमान परिप्रेक्ष्य में उपयोग–आधुनिकीकरण के इस युग में एवं ज्ञान-विज्ञान के प्रत्येक क्षेत्र में संख्याओं का बड़ा महत्त्व है। समाज-सुधार, बीमारियों का प्रकोप, आम चुनाव, कृषि क्षेत्र, औद्योगिक कार्य, देश में शासन प्रबन्ध, शोध-कार्य, व्यक्तित्व, बुद्धि परीक्षण, भूमि, कर्मचारियों का वेतन आदि सभी सांख्यिकी आँकड़ों द्वारा ज्ञात किए जाते हैं। जब आँकड़े शिक्षा के क्षेत्र से सम्बन्धित होते हैं, तो सांख्यिकी को 'शैक्षिक सांख्यिकी' कहते हैं। शैक्षिक तथा मनोवैज्ञानिक मापन में प्राप्तांक के अर्थापन (Interpretation) तथा सार्थक बनाने के लिए सांख्यिकी का प्रयोग आवश्यक एवं समीचीन है।

सांख्यिकी की परिभाषाएँ

सांख्यिकी की विभिन्न परिभाषाएँ विभिन्न विद्वानों द्वारा निम्न प्रकार दी गई हैं–

1. **लॉविट** (Lovit) महोदय के अनुसार–"सांख्यिकी संख्यात्मक तथ्यों के संकलन, वर्गीकरण तथा सारिणीकरण से सम्बन्धित एक अध्ययन है, जो सम्बन्धित घटनाओं का विवरण, विवेचन एवं तुलना करती है।"

2. **ब्लूमर्स** तथा **लिण्डक्विस्ट** के अनुसार–"सांख्यिकी पद्धतियाँ वे प्रणालियाँ हैं जिनके द्वारा संख्यात्मक अथवा परिमाणात्मक प्रदत्तों का संकलन तथा विवेचन किया जाता है।"

3. **डब्ल्यू. टी. स्टक्लिफ** के अनुसार–"सांख्यिकी पूर्व-निर्धारित उद्देश्यों से सम्बन्धित निष्पक्ष और विधिवत ढंग से एकत्रित किए गए तथ्यों का एकत्रीकरण, सारणीयन, प्रस्तुतीकरण और विश्लेषण करना है।"

4. **डॉ. बाडले** के अनुसार–"सांख्यिकी गणना एवं मध्यमानों का विज्ञान है।"

5. **बाडिंगटन** के अनुसार–"सांख्यिकी अनुमान और प्रायिकताओं का विज्ञान है।"

उपर्युक्त परिभाषाओं से स्पष्ट है कि सांख्यिकी अध्ययन का वह विषय है जो आंकिक तथ्यों के वैज्ञानिक ढंग से संग्रह, प्रस्तुतीकरण, विश्लेषण एवं व्याख्या करने में सहायक सिद्ध होता है।

सांख्यिकी की विशेषताएँ/महत्त्व–

सांख्यिकी की निम्नांकित विशेषताएँ होती हैं–

1. **तथ्यों को संख्यात्मक रूप में प्रकट करना**–सांख्यिकी विभिन्न तथ्यों जैसे–उत्पादन, उपभोग, जनसंख्या तथा अनुसंधान आदि को संख्यात्मक रूप में प्रकट करने में सहायक है।

2. व्यक्तिगत अथवा विभिन्न समूहों का तुलनात्मक अध्ययन करना–सांख्यिकी के द्वारा प्राप्त आँकड़ों या प्रदत्तों से हम व्यक्तिगत अथवा विभिन्न समूहों का तुलनात्मक अध्ययन कर निष्कर्ष निकाल सकते हैं। किसी एक समूह या कक्षा स्तर के छात्रों के प्राप्तांकों का वर्गीकरण करके सांख्यिकी की सहायता से प्राप्तांकों की तुलना शीघ्रतापूर्वक एवं सारपूर्ण की जा सकती है तथा इससे उनके बारे में महत्त्वपूर्ण निष्कर्ष निकाले जा सकते हैं।

3. शैक्षिक और व्यावसायिक मार्गदर्शन देने में सहायक–सांख्यिकी का उपयोग छात्रों को उनके प्राप्तांकों, रुचि-रुझान, सामर्थ्य, योग्यता और प्राप्त ज्ञान तथा बुद्धि आदि के आधार पर शैक्षिक विषयों का चुनाव, छात्रों का वर्गीकरण, पाठन-पठन विधियों के मूल्यांकन और परामर्श आदि को मनोवैज्ञानिक एवं सांख्यिकीय आधार पर करने में सहायक होता है।

4. शैक्षिक कुशलता के लिए उपयोगी–सांख्यिकी के आधार पर वर्तमान प्रयोगों और शोधों, शिक्षा की नवीन प्रणाली, नवीन शैली की प्रामाणिक परीक्षाएँ, वस्तुनिष्ठ परीक्षाएँ, अध्यापक निर्मित परीक्षाएँ आदि का निर्माण एवं उपयोग किया जाता है।

5. शैक्षिक अनुसंधान के लिए प्रयुक्त करना–सांख्यिकी भाषा में व्यक्ति अनुसंधान कार्यों को समझने के लिए सांख्यिकी का ज्ञान आवश्यक है। सांख्यिकी अनुसंधान क्रियाओं के लिए आधार प्रस्तुत करती है।

6. उच्च स्तरीय अनुसंधान कार्य को पूरा करने में सहायक–सांख्यिकी की उच्च स्तरीय अनुसंधान कार्य को पूरा करने में आवश्यकता पड़ती है। अनुसंधान कार्य में व्याख्या तथा विवेचन करने के लिए सांख्यिकी का अत्यन्त महत्त्व है।

7. व्यावसायिक साहित्य के अध्ययन में सहायक–जो व्यक्ति मनोविज्ञान अथवा शिक्षा के क्षेत्र में कार्य कर रहे हैं, उनके व्यावसायिक साहित्य में अनेक ऐसे प्रतीक संकेत, सम्बोध विचार तथा प्रत्यय आ जाते हैं, जिनको समझने के लिए सांख्यिकी का ज्ञान आवश्यक होता है।

8. मानसिक योग्यता का ज्ञान–छात्र की मानसिक योग्यता मापने के लिए बुद्धि परीक्षणों की आवश्यकता होती है। इन बुद्धि परीक्षणों का निर्माण, प्रमाणीकरण और परिणामों का विश्लेषण सांख्यिकीय विधियों पर आधारित होता है।

9. भविष्यवाणी (Prediction) करना–सांख्यिकी का प्रयोग कर छात्र के मानसिक, बौद्धिक एवं शारीरिक स्तर का ज्ञान प्राप्त कर उसके बारे में भविष्यवाणी

की जा सकती है। सांख्यिकी से अनेक योजनाओं का पूर्वानुमान लगाकर उनके विभिन्न उद्देश्य निर्धारित किये जाते हैं।

आँकड़ों का संकलन (Collection of Datas)

सांख्यिकी का अध्ययन करने के लिए सर्वप्रथम आवश्यकता होती है सम्बन्धित आँकड़े एकत्रित करना। आँकड़ों के एकत्रीकरण के लिए सांख्यिकीय सर्वेक्षण किया जाता है। यह सर्वेक्षण अपने स्तर पर अभीष्ट समस्या से सम्बन्धित आँकड़े जुटाने का कार्य सुनियोजित ढंग से करता है।

आँकड़ों के प्रकार (Types of Datas)

सांख्यिकी विधियों का उपयोग आँकड़ों के अभाव में नहीं किया जा सकता। इसलिए किसी सांख्यिकीय विश्लेषण के लिए उचित संख्यात्मक आँकड़ों का संकलन अत्यन्त आवश्यक है। सामान्यतया आँकड़े प्रयोग द्वारा, सर्वेक्षण द्वारा तथा प्रशासन कार्यों से प्राप्त किये जाते हैं। प्राकृतिक विज्ञान के विषयों में आँकड़े मुख्यतया प्रायोगिक विधि द्वारा तथा शैक्षणिक विषयों में आँकड़े सर्वेक्षण विधि द्वारा प्राप्त किये जाते हैं।

आँकड़े मुख्यतया दो प्रकार के होते हैं–

(1) प्राथमिक आँकड़े (Primary Datas)

(2) द्वितीयक या गौण आँकड़े (Secondary Datas)

सर्वेक्षण से पहली बार संकलित आँकड़े प्राथमिक आँकड़े कहलाते हैं, जबकि द्वितीयक या गौण आँकड़े वे होते हैं जो पहले से ही दूसरों के द्वारा संकलित हो चुके हों एवं सरकारी और गैर-सरकारी प्रकाशनों, शोध-पत्रिकाओं, अन्य पत्रिकाओं अथवा अप्रकाशित स्रोतों से उपलब्ध होते हैं।

प्राथमिक व द्वितीयक आँकड़ों में अन्तर

प्राथमिक आँकड़े	द्वितीयक आँकड़े
1. ये कच्चे माल की तरह होते हैं।	1. ये निर्मित माल की तरह होते हैं।
2. ये मौलिक होते हैं।	2. ये पूर्व संकलित होते हैं।
3. ये आँकड़े उद्देश्य के सदैव अनुकूल होते हैं।	3. इनका प्रयोग करने से पूर्व संशोधित करना आवश्यक होता है।
4. इनको एकत्रित करने में धन, समय तथा श्रम की आवश्यकता होती है।	4. ये सरलता से प्राप्त हो जाते हैं।

आँकड़ों के संकलन की विधि–

जब किसी समूह के प्रत्येक सदस्य से आवश्यक सूचना संकलित करते हैं तो इस विधि को सम्पूर्ण गणना (Census) या जनसंख्या कहते हैं। इस विधि से संकलित आँकड़े पूरे समूह की प्रत्येक इकाई से इकट्ठे किये जाते हैं। किन्तु यदि समूह बड़ा हो तो सम्पूर्ण गणना करने में अत्यधिक समय और खर्च लग सकता है और प्रत्येक सदस्य से सम्पर्क करके पूरी जानकारी प्राप्त करना असम्भव होता है। ऐसी स्थिति में प्रतिनिधित्व करने वाले कुछ व्यक्तियों को चुन लेते हैं और उन्हीं से जानकारी प्राप्त करते हैं। इस विधि को प्रतिदर्श (Sampling) कहते हैं।

आँकड़े संकलन के लिए निम्नलिखित मुख्य बातें हैं–

1. यह निर्णय करना कि हमें किस समूह से जानकारी प्राप्त करनी है;
2. उस समूह का सही प्रतिनिधित्व करने वाला प्रतिदर्श चुनना;
3. जिस गुण विशेष का हम अध्ययन करना चाहते हैं, उसे संख्याओं में व्यक्त करने के लिए माप की सही विधि के विषय में निर्णय करना।

यह सब निश्चित करने के बाद आँकड़े संकलन की प्रक्रिया आरम्भ की जाती है। प्राथमिक आँकड़े संकलन के लिए मुख्यत: निम्नलिखित विधियाँ उपयोग में लाई जाती हैं–

(1) व्यक्तिगत साक्षात्कार (Personal Interview)

(2) अनुसूची और प्रश्नावली (Schedules and Questionnairs)

(1) व्यक्तिगत साक्षात्कार–इस विधि में सर्वेक्षणकर्ता स्वयं सम्बन्धित स्रोत से जानकारी एकत्रित करता है। इसके लिए यह आवश्यक है कि सर्वेक्षणकर्ता विनम्र स्वभाव का हो और लोगों से धैर्यपूर्वक जानकारी ले।

(2) अनुसूची और प्रश्नावली–इस विधि में समस्या से सम्बन्धित प्रश्नों की एक अनुसूची बना ली जाती है जिसे छपवाकर सम्बन्धित व्यक्तियों के पास भेज दी जाती है और उनसे निवेदन किया जाता है कि प्रश्नों के उत्तर लिखकर उसे लौटा दें। प्राय: अनुसूची के साथ आदमी भी भेजे जाते हैं जो इसे भरवाकर वापस लाते हैं।

आँकड़ों का प्रदर्शन–

बारम्बारता बंटन–समान मान वाले चर (Variable) की संख्या को उस मान की बारम्बारता कहते हैं। चर के मानों को उनकी बारम्बारता बंटन के साथ दिखाने वाली तालिका को बारम्बारता बंटन कहते हैं। बारम्बारता बंटन के रूप में आँकड़ों

को प्रस्तुत करने के लिए उनके मानों को बारम्बारता गणना चिह्नों (Tally Marks) द्वारा सुगमता से ज्ञात किया जा सकता है। गणना चिह्न लगाने की विधि इस प्रकार है–

(i) चरण के मानों को सारणीबद्ध रूप से लिखते हैं।

(ii) प्रत्येक मान की संख्याओं को एक-एक करके क्रम में लिखते हैं।

(iii) क्रम में लिखे गये मानों के सामने एक छोटा-सा दण्ड गणना चिह्न के रूप में लगा दिया जाता है।

(iv) जब किसी मान के सम्मुख चार चिह्न लगा चुके हों और पाँचवाँ चिह्न लगाना हो तो प्रथम चार चिह्नों को काटता हुआ एक चिह्न लगा देते हैं।

(v) यह चिह्न पाँचवाँ गणना चिह्नों का एक समूह बन जाता है। छठा चिह्न इसी मान के सम्मुख लगाना हो तो थोड़ा-सा स्थान छोड़कर एक चिह्न और लगा देते हैं।

उदाहरण–

25 परिवारों के मकानों में कमरों की संख्या निम्न प्रकार है–

1	2	4	3	4
2	5	3	2	2
4	1	2	3	5
1	3	5	1	3
3	1	3	1	1

प्रत्येक मान के लिए गणना चिह्न लगाकर बारम्बारता ज्ञात कीजिए।

हल–

कमरों की न्यूनतम संख्या 1 है और अधिकतम संख्या 5 है। एक स्तम्भ में कमरों की संख्या 1 से 5 को क्रम से लिख लेंगे। प्रत्येक मान के लिए गणना चिह्न लगाकर बारम्बारता ज्ञात की जा सकती है और नीचे दी गई तालिका से बारम्बारता बंटन प्रदर्शित किया जा सकता है–

कमरों की संख्या	गणना चिह्न	बारम्बारता
1	ⵊⵊⵊⵊ ॥	7
2	ⵊⵊⵊⵊ	5
3	ⵊⵊⵊⵊ ॥	7
4					3
5					3

वर्गीकृत बारम्बारता बंटन (Gruoped Frequency Distribution)—

यदि चर के मानों की संख्या अधिक हो तो बारम्बारता बंटन बहुत बड़ा हो जाएगा। अतः इस बंटन को संक्षिप्त रूप में रखने का तरीका यह है कि इन मानों का वर्गीकरण कर दिया जाए और प्रत्येक वर्ग में आने वाले मानों की संख्या ज्ञात कर ली जाए। वर्ग और उसकी बारम्बारता बंटन दिखलाने वाली तालिका को वर्गीकृत बारम्बारता बंटन कहते हैं।

वर्ग बनाते समय एक वर्ग की ऊपरी सीमा अगले वर्ग की निम्न सीमा होती है। व्यवहार में वर्ग की निम्न-सीमा को वर्ग में सम्मिलित मानते हैं। वर्ग की ऊपरी सीमा और निम्न सीमा के अन्तर को वर्ग-माप कहते हैं। इस प्रकार का बंटन सतत बारम्बारता बंटन कहलाता है। प्राय: सभी वर्ग-अन्तराल बराबर माप के होने चाहिए और वर्गों की संख्या 6 से कम और 30 से अधिक नहीं होनी चाहिए।

उदाहरण–

नीचे 50 विद्यार्थियों के प्राप्तांक दिए गए हैं। इन्हें वर्गीकृत बारम्बारता बंटन के रूप में लिखिए।

19, 70, 75, 15, 0, 23, 59, 56, 27, 89, 91, 22, 21, 22, 50, 89, 56, 70, 56, 89, 75, 65, 85, 22, 3, 12, 41, 87, 82, 72, 50, 22, 87, 50, 89, 50, 40, 28, 89, 36, 40, 30, 28, 87, 81, 90, 22, 15, 30, 35

हल–

वर्ग अन्तराल	गणना चिह्न	बारम्बारता
0–10	II	2
10–20	III	4
20–30	~~IIII~~ ~~IIII~~	10
30–40	IIIII	4
40–50	III	3
50–60	~~IIII~~ III	8
60–70	I	1
70–80	~~IIII~~	5
80–90	~~IIII~~ ~~IIII~~ I	11
90–100	II	2

संचयी बारम्बारता (Comulative Frequency)

प्राय: यह जानने की आवश्यकता होती है कि किसी चर के मान की संख्या क्या है जिनका मान चर के उस मान के बराबर या उससे कम (या अधिक) है। चर के मानों की इन संख्याओं को संचयी बारम्बारता कहते हैं। संचयी बारम्बारता को बारम्बारता बंटन की सहायता से आसानी से ज्ञात कर सकते हैं। क्रमित बारम्बारता बंटन के चर के किसी मान की संचयी बारम्बारता उसकी अपनी बारम्बारता में पूर्ववर्ती बारम्बारताओं को जोड़ देने से ज्ञात होता है।

उदाहरण–

वर्ग अन्तराल	गणना चिह्न	बारम्बारता
0–10	2	2
10–20	4	6
20–30	10	16
30–40	4	20
40–50	3	23
50–60	8	31
60–70	1	32
70–80	5	37
80–90	11	48
90–100	2	50

केन्द्रीय प्रवृत्ति की माप–

अर्थ–आँकड़ों के तुलनात्मक अध्ययन के लिए गणितीय अथवा सांख्यिकीय विधियों द्वारा उनका संक्षिप्तीकरण करके या आँकड़ों के किसी समूह का संक्षिप्तीकरण करके ऐसा मान ज्ञात किया जाता है जो समूह विशेष के आँकड़ों का प्रतिनिधित्व कर सके। ऐसी संख्या को **सांख्यिकीय-माध्य (Statistical Mean)** कहते हैं। किसी सांख्यिकीय-माध्य की यह विशेषता होती है कि उस समूह विशेष के अधिकांश आँकड़े, सांख्यिकीय माध्य के निकट, अर्थात् उसमें कुछ कम से लेकर कुछ अधिक के परास (Range) में होते हैं।

किसी समूह के अधिकांश आँकड़ों की किसी एक मान के निकट पाये जाने की प्रवृत्ति को समूह की **केन्द्रीय-प्रवृत्ति (Central Tendancy)** कहते हैं। समूह के आँकड़ों का सांख्यिकीय माध्य ही, उसकी केन्द्रीय प्रवृत्ति की माप होती है। सांख्यिकी में अनेक प्रकार के माध्य होते हैं। इनमें से प्रमुख माध्य निम्नवत् हैं–

(1) समान्तर माध्य (Arithmetic Mean)

(2) माध्यिका (Median)

(3) बहुलक (Mode)

समान्तर माध्य (Arithmetic Mean)

आँकड़ों के किसी समूह का समान्तर माध्य वह संख्या है जो समूह के सभी पदों के मानों के योगफल को पदों की संख्या से भाग देने पर प्राप्त होती है।

उदाहरण–यदि पाँच व्यक्तियों का भार क्रमानुसार 50, 52, 55, 52 तथा 56 किलोग्राम हो तो इनका समान्तर माध्य ज्ञात कीजिए।

हल–

$$\text{समान्तर माध्य } \bar{x} = \frac{\text{राशियों का योग}}{\text{राशियों की संख्या}}$$

$$\text{किलोग्राम} = \frac{50+52+55+52+56}{5} = \frac{265}{5} = 53 \text{ किलोग्राम}$$

इसे $\bar{x}$ से प्रदर्शित करते हैं। यह आवश्यक नहीं है कि कोई आँकड़ा समान्तर माध्य के बराबर भी हो।

समान्तर माध्य ज्ञात करने की विधियाँ–

(क) जब आँकड़े अवर्गीकृत हों–

(i) प्रत्यक्ष विधि (Direct Method)–यदि $x_1, x_2, x_3, \ldots\ldots\ldots x_n$ पद दिये हों, तो समान्तर माध्य निम्नलिखित सूत्र का प्रयोग करके ज्ञात करते हैं–

$$M = \frac{\sum x}{n}$$

जहाँ M = समान्तर माध्य

$\sum x = x_1 + x_2 + x_3 + \ldots\ldots\ldots + x_n$

n = पदों की संख्या

Σ (सिगमा) एक ग्रीक अक्षर है जो योगफल का गणितीय प्रतीक है।

उदाहरण–किसी अर्द्धवार्षिक परीक्षा में 9 छात्रों के गणित में प्राप्तांक निम्नवत् थे– 26, 20, 30, 36, 21, 38, 40, 22, 37। उनके प्राप्तांकों का समान्तर माध्य ज्ञात कीजिए।

हल–

प्राप्तांकों का योग $\sum x = 26+20+30+36+21+38+40+22+37 = 270$

छात्रों की कुल संख्या $n = 9$

समान्तर माध्य = $\frac{\sum x}{n} = \frac{270}{9} = 30$ अंक

(ii) अप्रत्यक्ष विधि (Indirect Method)–इस विधि का प्रयोग तब किया जाता है जब पदों की संख्या अधिक होती है तथा इनका संख्यात्मक मान अधिक होता है जिससे उनका योगफल ज्ञात करने में अशुद्धि की सम्भावना अधिक होती है। इस विधि के विभिन्न चरण निम्नवत् हैं–

(1) दिए हुए आँकड़ों में से एक पद को अथवा किसी उपयुक्त संख्या को कल्पित माध्य (Assumed Mean) मान लेते हैं।

(2) फिर प्रत्येक पद में से कल्पित माध्य से विचलन ज्ञात कर लेते हैं। अत: कल्पित माध्य से विचलन = पद – कल्पित माध्य विचलन का मान धनात्मक (+) अथवा ऋणात्मक (–) हो सकता है।

(3) सभी विचलनों को जोड़कर पदों की संख्या से भाग दे देते हैं। कल्पित माध्य में प्राप्त भागफल को जोड़ने पर अभीष्ट समान्तर माध्य प्राप्त होता है। इस प्रकार–यदि कल्पित माध्य = A, पदों की संख्या = n, विचलन = d हो, तो मान्तर माध्य $(m) = A + \frac{\sum d}{n}$

उदाहरण–पाँच छात्रों को 200 पूर्णांक में से क्रमानुसार 80, 82, 85, 90, 103 अंक प्राप्त हुए। इन प्राप्तांकों का समान्तर माध्य अप्रत्यक्ष विधि से ज्ञात कीजिए।

हल–

प्राप्तांक (x)	कल्पित माध्य (A)	कल्पित माध्य से विचलन (d)
80		$80 - 85 = -5$
82		$82 - 85 = -3$
85	85	$85 - 85 = 0$
90		$90 - 85 = 5$
103		$103 - 85 = 18$
$n = 5$		$\sum d = 15$

समान्तर माध्य $(m) = A + \frac{\sum d}{n}$

$= 85 + \frac{15}{5}$

$= 85 + 3 = 88$ अंक

(ख) जब आँकड़े अवर्गीकृत परन्तु पदों की बारम्बारता एक से अधिक हों–

(i) प्रत्यक्ष विधि (Direct Method)–

(1) सर्वप्रथम दिए हुए प्रत्येक पद को संगत बारम्बारता से गुणा करते हैं।

(2) प्राप्त गुणनफलों के योगफल में बारम्बारताओं के योगफल से भाग देते हैं। यही भागफल अभीष्ट समान्तर माध्य होगा।

यदि कोई पद x, संगत बारम्बारता $= f$, पदों की संख्या $n = \sum f$ हो, तो

समान्तर माध्य $(m) = \frac{\sum fx}{n}$

उदाहरण–50 परिवारों का सर्वेक्षण करने पर प्रत्येक परिवार के पास रहने के कमरों के निम्नलिखित आँकड़े प्राप्त हुए। समान्तर माध्य ज्ञात कीजिए–

कमरों की संख्या x	परिवारों की संख्या f
1	12
2	24
3	8
4	6

हल–समान्तर माध्य ज्ञात करने के लिए निम्नलिखित सारणी बनाई जाती है–

कमरों की संख्या (x)	परिवारों की संख्या (f)	fx
1	12	$12 \times 1 = 12$
2	24	$24 \times 2 = 48$
3	8	$3 \times 8 = 24$
4	6	$4 \times 6 = 24$
	$n = \sum f = 50$	$\sum fx = 108$

$$\text{समान्तर माध्य (M)} = \frac{\sum fx}{\sum f} = \frac{108}{50} = 2.16$$

(ii) अप्रत्यक्ष विधि (Indirect Method)–इसमें कल्पित माध्य की सहायता से समान्तर माध्य ज्ञात किया जाता है। इसमें निम्न चरण हैं–

(1) सर्वप्रथम दिए हुए आँकड़ों में से एक संख्या अथवा किसी उपयुक्त संख्या को कल्पित माध्य मान लेते हैं।

(2) फिर प्रत्येक पद का माध्य से विचलन ज्ञात करते हैं।

(3) प्रत्येक विचलन तथा संगत बारम्बारता का गुणनफल ज्ञात करते हैं।

(4) अन्त में सभी विचलनों व संगत बारम्बारताओं के गुणनफल के योगफल में बारम्बारताओं के योगफल से भाग देकर इसे कल्पित माध्य में जोड़ देते हैं। प्राप्त योगफल समान्तर माध्य होता है, इस प्रकार यदि,

कल्पित माध्य = A, पदों की संख्या $\sum f = n$, विचलन = d, संगत बारम्बारता = f हो, तब

$$\text{समान्तर माध्य } (M) = A + \frac{\sum fd}{\sum f} \text{ या } A + \frac{\sum fd}{n}$$

उदाहरण–निम्नलिखित सारणी से समान्तर माध्य ज्ञात कीजिए–

प्राप्तांक	17	18	19	20	21	22	23
बारम्बारता	1	2	5	15	15	12	10

हल–मान लीजिए कल्पित माध्य A = 20

प्राप्तांक	विचलन (d)	बारम्बारता (f)	$f \times d$
17	17 – 20 = – 3	1	1 × – 3 = – 3
18	18 – 20 = – 2	2	2 × – 2 = – 4
19	19 – 20 = – 1	5	5 × – 1 = –5
20	20 – 20 = 0	15	15 × 0 = 0
21	21 – 20 = 1	15	15 × 1 = 15
22	22 – 20 = 2	12	12 × 2 = 24
23	23 – 20 = 3	10	10 × 3 = 30
योग		$\Sigma f = 60$	$\Sigma fd = 57$

$$\text{समान्तर माध्य } (M) = A + \frac{\Sigma fd}{\Sigma f}$$

$$= 20 + \frac{57}{60} = 20 + .95 = 20.95$$

(ग) जब आँकड़े वर्गीकृत हों–

(i) प्रत्यक्ष विधि–इसमें निम्न चरण हैं–

(1) सभी वर्गान्तरों के मध्यमान ज्ञात कर लेते हैं।

(2) प्रत्येक वर्ग अन्तराल के मध्यमान को उस वर्ग की संगत बारम्बारता से गुणा करके गुणनफलों का योगफल ज्ञात कर लेते हैं।

(3) पुन: प्राप्त योगफल में पदों की संख्या (बारम्बारताओं के योगफल) से भाग देते हैं। यही अभीष्ट समान्तर माध्य होता है। इस प्रकार–यदि वर्ग अन्तराल का मध्यमान = x, संगत बारम्बारता = f, बारम्बारताओं का योग

$n = \Sigma f$ तो समान्तर माध्य $(M) = \frac{\Sigma fx}{\Sigma f}$ या $\frac{\Sigma fx}{n}$

उदाहरण–एक निजी प्रतिष्ठान में दैनिक मजदूरी का बंटन निम्नलिखित है–

दैनिक मजदूरी (रुपयों में)	3–5	5–7	7–9	9–11	11–13	13–15
श्रमिकों की संख्या	7	10	23	51	6	3

इस प्रतिष्ठान के श्रमिकों की औसत मजदूरी ज्ञात कीजिए।

हल–समान्तर माध्य ज्ञात करने के लिए निम्नलिखित ढँग से लिखा जाता है–

दैनिक मजदूरी (रु. में) (वर्ग अन्तराल)	मध्यमान (x)	श्रमिकों की संख्या (बारम्बारता) (f)	बारम्बारता × मध्यमान ($f \times x$)
3-5	4	7	7×4 = 28
5-7	6	10	6×10 = 60
7-9	8	23	8×23 = 184
9-11	10	51	10 × 51 = 510
11-13	12	6	12 × 6 = 72
13-15	14	3	14 × 3 = 42
		$\Sigma f = 100$	$\Sigma fx = 896$

अतः समान्तर माध्य $(M) = \frac{\Sigma fx}{\Sigma f} = \frac{896}{100} = 8.96$ रु.

(ii) अप्रत्यक्ष विधि (Indirect Method)--इसमें विभिन्न चरण निम्नवत् हैं–

(1) सर्वप्रथम प्रत्येक वर्ग अन्तराल का मध्यमान x ज्ञात करते हैं।

(2) पुन: किसी उपयुक्त मध्यमान (प्राय: बीच वाले) को कल्पित माध्य मान लेते हैं।

(3) प्रत्येक विचलन से संगत बारम्बारता का गुणनफल ज्ञात करते हैं।

(4) अन्त में सभी विचलनों व संगत बारम्बारताओं के गुणनफल के योगफल में बारम्बारताओं के योगफल से भाग देकर इसे कल्पित माध्य में जोड़ देते हैं। प्राप्त योगफल समान्तर माध्य होता है, इस प्रकार यदि–

कल्पित माध्य = A, सभी वर्ग अन्तरालों के मध्यमानों के कल्पित माध्य से विचलन व संगत बारम्बारताओं के गुणनफल का योगफल $= \Sigma fd$,

सभी बारम्बारताओं का योग $n = \Sigma f$

तब समान्तर माध्य $(M) = A + \frac{\Sigma fd}{n}$

उदाहरण–पिछले उदाहरण की सारणी से अप्रत्यक्ष विधि द्वारा औसत दैनिक मजदूरी ज्ञात कीजिए।

हल–दिये गये बंटन की सारणी निम्न प्रकार बनाते हैं–

माना कल्पित माध्य A = 10

वर्ग अन्तराल (C.I.)	मध्यमान (x)	बारम्बारता (f)	कल्पित माध्य से विचलन ($d = x - A$)	मध्यमान × विचलन $f \times d$
3-5	4	7	4–10 = –6	7 × – 6 = – 42
5-7	6	10	6 – 10 = – 4	10 × –4= – 40
7-9	8	23	8 – 10 = – 2	23 × –2 = –46
9-11	10=A	51	10 –10 = 0	51 × 0 = 0
11-13	12	6	12 – 10 = 2	6 × 2 = 12
13-15	14	3	14 – 10 = 4	3 × 4 = 12
		$n = 100$		$\Sigma fd = -104$

अत: समान्तर माध्य $(m) = A + \frac{\Sigma fd}{n}$

$$= 10 + \left(\frac{-104}{100}\right)$$

$$= 10 - 1.04$$

$$= 8.96$$ रु.

समान्तर माध्य के गुण, दोष एवं उपयोगिता–

समान्तर माध्य के गुण–

1. समान्तर माध्य की गणना सरल है।
2. समान्तर माध्य की परिभाषा निश्चित एवं स्पष्ट है।
3. समान्तर माध्य श्रेणी के सभी पदों पर आधारित है।

4. समान्तर माध्य की गणना करने के लिए आँकड़ों को आरोही या अवरोही क्रम में रखने की आवश्यकता नहीं है।

5. प्रतिदर्श के उच्चावचन से बहुत कम प्रभावित होता है।

6. समान्तर माध्य की बीजगणितीय विवेचना सम्भव है।

समान्तर माध्य के दोष–

1. समान्तर माध्य निरीक्षण मात्र से ज्ञात नहीं किया जा सकता।

2. आँकड़ों के चरम मानों (उच्चतम और निम्नतम मानों) का समान्तर माध्य पर अधिक प्रभाव पड़ता है।

3. समान्तर माध्य को ग्राफ द्वारा प्राप्त नहीं किया जा सकता है।

4. श्रेणी का कोई पद अज्ञात होने पर इसकी गणना नहीं की जा सकती है।

5. गुणात्मक सामग्री के लिए समान्तर माध्य का उपयोग नहीं किया जा सकता है।

समान्तर माध्य की उपयोगिता–

सामाजिक व आर्थिक समस्याओं के अध्ययन के लिए समान्तर माध्य उपयोगी है। औसत उत्पादन, औसत आयात व निर्यात, औसत प्राप्तांक, औसत भार, औसत आयु, औसत आय आदि में समान्तर माध्य ही प्रयुक्त होता है। सूचकांक में भी समान्तर माध्य का उपयोग किया जाता है।

उदाहरण–

1. 10 विद्यार्थियों द्वारा प्राप्त प्राप्तांकों का प्रत्यक्ष रीति द्वारा समान्तर माध्य ज्ञात कीजिए।

हल– प्रत्यक्ष विधि से समान्तर माध्य $(M) = \frac{\Sigma x}{n}$

विद्यार्थियों की संख्या $n = 10$

प्राप्तांकों का योग $\Sigma x = 12+7+20+24+2+11+15+10+4+5 = 110$

समान्तर माध्य $(M) = \frac{110}{10} = 11$ अंक

2. 10 छात्रों ने गणित की परीक्षा में निम्नलिखित अंक प्राप्त किए–18, 20, 30, 35, 40, 15, 17, 8, 22, 45

हल– माना कल्पित माध्य A = 20

प्राप्तांक x	विचलन $d = x - 20$
18	18 – 20 = – 2
20	20 – 20 = 0
30	30 – 20 = 10
35	35 – 25 = 15
40	40 – 20 = 20
15	15 – 20 = –5
17	17 – 20 = –3
8	8 – 20 = – 12
22	22 – 20 = 2
45	45 – 20 = 25
योग	$\Sigma d = 50$

समान्तर माध्य $(M) = A + \frac{\sum d}{n}$

$$(M) = 20 + \frac{50}{10}$$

$(M) = 20 + 5 = 25$ अंक

3. किसी अस्पताल में एक दिन में जन्मे 10 बच्चों के भार (किग्रा.में) के प्रेक्षण निम्न हैं–3.4, 3.6, 4.2, 4.5, 3.9, 4.1, 3.8, 4.5, 4.4, 3.6 समान्तर माध्य ज्ञात करें तथा सिद्ध करें कि समान्तर माध्य से लिए गए विचलनों का योग शून्य है।

हल– बच्चों की संख्या $n = 10$

10 बच्चों का कुल भार $\Sigma x = 3.4 + 3.6 + 4.2 + 4.5 + 3.9 + 4.1 + 3.8 + 4.5 + 4.4 + 3.6 = 40$

समान्तर माध्य $\bar{x} = \frac{\Sigma x}{n} = \frac{40}{4} = 4$ किग्रा.

सारणी रूप में–

भार (किग्रा. में) (x)	माध्य से विचलन ($d = x - 4$)
3.4	$3.4 - 4 = -0.6$
3.6	$3.6 - 4 = -0.4$
4.2	$4.2 - 4 = 0.2$
4.5	$4.5 - 4 = 0.5$
3.9	$3.9 - 4 = -0.1$
4.1	$4.1 - 4 = 0.1$
3.8	$3.8 - 4 = -0.2$
4.5	$4.5 - 4 = 0.5$
4.4	$4.4 - 4 = 0.4$
3.6	$3.6 - 4 = 0.4$
40.0	$\Sigma d = 0$

समान्तर माध्य से विचलनों का योग $= 1.7 - 1.7 = 0$

4. 35 खेतों की उपज (क्विंटल में) निम्नलिखित सारणी में दी है। प्रत्यक्ष रीति द्वारा समान्तर माध्य की गणना कीजिए–

उपज	15	16	17	18	19
खेतों की संख्या	5	12	11	4	3

हल– सारणी बनाने पर–

उपज (x)	खेतों की संख्या (f)	(fx)
15	5	75
16	12	192
17	11	187
18	4	72
19	3	57
योग	$\Sigma f = 35$	$\Sigma fx = 583$

$$\text{समान्तर माध्य } (M) = \frac{\Sigma fx}{n} = \frac{583}{35}$$

= 16.66 क्विंटल

4. निम्नलिखित सारणी में 50 छात्रों की आयु (वर्षों में) दी हुई है–

आयु (वर्षों में)	16	17	18	19	20
छात्रों की संख्या	10	8	12	15	5

अप्रत्यक्ष विधि से समान्तर माध्य ज्ञात कीजिए।

हल– समान्तर माध्य, $(M) = A + \frac{\Sigma fd}{\Sigma f}$

आयु (वर्षों में) (x)	छात्रों की संख्या (f)	कल्पित माध्य A=18 विचलन ($d = x - 18$)	($f \times d$)
16	10	$16 - 18 = -2$	$10 \times -2 = -20$
17	8	$17 - 18 = -1$	$8 \times -1 = -8$
18	12	$18 - 18 = 0$	$12 \times 0 = 0$
19	15	$19 - 18 = 1$	$15 \times 1 = 15$
20	5	$20 - 18 = 2$	$5 \times 2 = 10$
योग	$\Sigma f = 50$		$\Sigma fd = -3$

समान्तर माध्य $(M) = 18 + \frac{-3}{50} = 18 - 0.6 = 17.94$ वर्ष

5. यदि निम्नलिखित बारम्बारता बंटन का समान्तर माध्य 6 हो तो P का मान ज्ञात कीजिए।

x	2	4	6	10	P + 5
f	3	2	3	1	2

हल– निम्न सारणी तैयार की जायेगी।

(x)	(f)	(fx)
2	3	6
4	2	8
6	3	18
10	1	10
P + 5	2	2P + 10
योग	**11**	**52 + 2P**

समान्तर माध्य $\bar{x} = \frac{\Sigma fx}{\Sigma f}$

यहाँ $\bar{x} = 6$

$$6 = \frac{52 + 2P}{11}$$

$$52 + 2P = 66$$

$$2P = 66 - 52$$

$$2P = 14$$

$$P = 7$$

6. निम्नलिखित बारम्बारता बंटन का समान्तर माध्य ज्ञात कीजिए–

वर्ग अन्तराल (x)	2-4	4-6	6-8
बारम्बारता (f)	2	4	2

हल–

वर्ग अन्तराल (C.I.)	मध्यमान (x)	बारम्बारता (f)	(fx)
2-4	3	2	6
4-6	5	4	20
6-8	7	2	14
		$\Sigma f = 8$	$\Sigma fx = 40$

समान्तर माध्य $(M) = \frac{\Sigma fx}{\Sigma f}$

$= \frac{40}{8}$

$= 5$

7. निम्नलिखित सारणी से प्रत्यक्ष रीति से समान्तर माध्य ज्ञात कीजिए–

वर्ग अन्तराल	0-10	10-20	20-30	30-40	40-50
बारम्बारता	10	12	20	18	10

हल– प्रत्यक्ष विधि से समान्तर माध्य $\bar{x} = \frac{\sum fx}{\Sigma f}$

वर्ग अन्तराल	मध्य बिन्दु x	बारम्बारता f	fx
0-10	5	10	50
10-20	15	12	180
20-30	25	20	500
30-40	35	18	630
40-50	45	10	450
योग		$\Sigma f = 70$	$\Sigma fx = 1810$

समान्तर माध्य $\bar{x} = \frac{\Sigma fx}{\Sigma f}$

$$= \frac{1810}{70} = 25.86$$

8. निम्नलिखित सारणी से अप्रत्यक्ष विधि द्वारा समान्तर माध्य ज्ञात कीजिए–

वर्ग अन्तराल	0-10	10-20	20-30	30-40	40-50
बारम्बारता	8	12	18	7	5

हल– अप्रत्यक्ष विधि से–

माना कल्पित माध्य = A = (वर्ग 20–30 का मध्य बिन्दु) 25 है।

वर्ग अन्तराल (C.I.)	मध्य बिन्दु (x)	बारम्बारता (f)	कल्पित माध्य से विचलन $d = x - A$	fxd
0-10	5	8	5–25 = –20	– 160
10-20	15	12	15–25 = – 10	– 120
20-30	25	18	25 – 25 = 0	0
30-40	35	7	35–25 = 10	70
40-50	45	5	45–25 = 20	100
योग		**$\Sigma f = 50$**		**$\Sigma fd = 110$**

समान्तर माध्य $\bar{x} = A + \frac{\Sigma fd}{\Sigma f}$

$$= 25 + \frac{-110}{50} = 25 - 2.2 = 22.80$$

9. निम्नलिखित सारणी से कल्पित माध्य लेकर समान्तर माध्य ज्ञात कीजिए–

वर्ग अन्तराल	30-34	34-38	38-42	42-46	46-50
बारम्बारता	5	15	18	13	10

हल– अप्रत्यक्ष विधि–

माना कल्पित माध्य A = 40 (38–42 वर्ग अन्तराल का मध्य बिन्दु) है।

वर्ग अन्तराल	मध्यमान (x)	विचलन $d = x - A$	बारम्बारता (f)	fxd
30-34	32	32–40 = –8	5	– 40
34-38	36	38–40 = –4	15	– 60
38-42	40	40–40 = 0	18	0
42-46	44	44–40 = 4	13	52
46-50	48	48–40 = 8	10	80
योग			$\Sigma f = 61$	$\Sigma fd = 32$

समीकरण

समीकरण–वह गणितीय कथन जिसमें दो व्यंजक समानता (बराबर) के चिह्न से जुड़े हों, समीकरण कहलाता है। जैसे–

$4x + 5 = 9$ ....(i)

$3x + 3 = x + 7$ ....(ii)

$y = 2y - 7$ ....(iii)

$15z + 3 = 5z$ ....(iv) समीकरण हैं।

उपर्युक्त सभी समीकरणों में आधार की घात एक है तथा प्रत्येक समीकरण में एक ही चर राशि है। ऐसे समीकरण को एक घातीय सरल समीकरण कहते हैं।

❑❑❑